Michael Baigent/Richard Leigh
Die Schreckensherrschaft der Inquisition

Michael Baigent, Richard Leigh

Die Schreckensherrschaft der INQUISITION

Als die Kirche Gott verriet

Aus dem Englischen
von Andrea Kamphuis

marixverlag

Lizenzausgabe mit Genehmigung der
Verlagsgruppe Lübbe GmbH & Co. KG, Bergisch Gladbach
für Marix Verlag GmbH, Wiesbaden 2004

Titel der englischen Originalausgabe: The Inquisition
Covergestaltung: Thomas Jarzina, Köln
Bildnachweis: akg-images, Berlin
Gesamtherstellung: GGP Media GmbH, Pößneck
Printed in Germany

ISBN: 3-937715-50-9
www.marixverlag.de

INHALT

WIDMUNG

On n'oubliera le hasard
par un coup de dès
et l'orme detachera
le roi des aulnes.
Une cité rosat abritera
les têtes abattues et le
suaire gêne la lumière.

A contrejour sachant
la cellule, la clarté
entrera la garenne.
Les belles éclaircies du vent
poussent le chat à herisser ses poils.
Ils se refugient dans les bruissements
de la haleine de Mèlusine.

Jehan l'Ascuiz

Man kann den Zufall
Nicht durch Würfeln vergessen,
Und aus der Ulme
Wird der Erlkönig kommen.
Eine Stadt voll Rosenbalsam wird
Die Köpfe der Erschlagenen bewahren, und das
Schweißtuch hindert das Licht.

Im Gegenlicht wird die Klarheit
Durch die Kammer hindurch
Ins Wildgehege dringen.
Lichtblicke am Himmel, durch den Wind
Sträubt sich der Katze Fell.
Sie entfliehen in das Säuseln
Des Atems von Melusine.

Jehan l'Ascuiz

(Aus dem Französischen von Christiane Landgrebe)

EINLEITUNG

Als das 15. Jahrhundert dem 16. wich, kam Jesus zurück. Er erschien in Spanien, in den Straßen von Sevilla. Keine Fanfarenklänge begleiteten seine Ankunft, keine himmlischen Chöre sangen, es gab kein übernatürliches Schauspiel, keine ungewöhnlichen meteorologischen Erscheinungen. Im Gegenteil, er kam »still und unbemerkt«.[1] Und doch wurden die Passanten seiner bald gewahr, fühlten sich unwiderstehlich zu ihm hingezogen, scharten sich um ihn, folgten ihm. Maßvollen Schrittes ging er von einem zum nächsten, »mit einem stillen Lächeln unendlichen Mitgefühls«,[2] streckte ihnen seine Hände entgegen, segnete sie; und ein alter Mann in der Menge, der seit seiner Kindheit mit Blindheit geschlagen war, gewann auf wundersame Weise sein Augenlicht zurück. Die Menschen weinten und küßten den Boden vor seinen Füßen, Kinder streuten Blumen vor ihm auf den Weg, sangen und lobpreisten ihn mit ihren zarten, hohen Stimmen.

Die Mitglieder einer Trauergemeinde stiegen schluchzend die Treppe zur Kathedrale hinauf; sie trugen einen kleinen, weißen, offenen Sarg. Darin lag, von Blumen fast zugedeckt, ein siebenjähriges Kind, die einzige Tochter eines angesehenen Bürgers. Auf Drängen der Umstehenden wandte sich die verzweifelte Mutter zu dem Ankömmling und flehte ihn an, dem toten Mädchen das Leben wiederzuschenken. Die Prozession hielt inne, die Träger stellten den Sarg zu Jesu Füßen auf die Stufen vor der Kathedrale. Ruhig gebot er: »Stehe auf, Mädchen«,[3] und sogleich setzte sich das Kind auf, sah sich mit großen Augen um, lächelte verwundert; es hielt noch den Strauß weißer Rosen umfaßt, den man in seine Hände gelegt hatte.

Zeuge dieses Wunders wurde, da er gerade mit seinem Gefolge vorbeizog, der Kardinal der Stadt und Großinquisitor, »ein fast neunzigjähriger Greis, groß und aufrecht, mit vertrocknetem Gesicht, eingesunkenen Augen, in denen aber noch ein Glanz blinkt wie ein Feuerfunke«.[4] Er verbreitete einen solchen Schrecken, daß die Menge trotz der außergewöhnlichen Umstände ehrfürchtig verstummte, sich teilte und ihm eine Gasse schuf. Auch wagte niemand einzuschreiten, als der Ankömmling auf Geheiß des alten Prälaten von seiner Leibwache festgenommen und zum Gefängnis abgeführt wurde.

So beginnt Fjodor Dostojewskis »Geschichte vom Großinquisitor«, eine mehr oder weniger eigenständige Erzählung, die in das umfangreiche Werk *Die Brüder Karamasoff* eingebettet ist, welches 1879 und 1880 als Fortsetzungsroman in einer Moskauer Zeitschrift erschien. Die eigentliche Aussage der Parabel steckt in dem, was auf dieses dramatische Vorspiel folgt: Der Leser erwartet natürlich, daß dem Großinquisitor ein gehöriger Schrecken in die Glieder fährt, sobald er herausfindet, *wen* er da festgesetzt hat. Aber dem ist keineswegs so.

Als der Großinquisitor Jesus in seiner Zelle besucht, wird klar, daß er nur zu genau um die Identität seines Gefangenen weiß. Aber dieses Wissen hält ihn nicht zurück. In seinem ausgedehnten philosophischen und theologischen Monolog, der nun folgt, beharrt der Alte stur auf seinem Standpunkt. In der Heiligen Schrift ist von den Versuchungen die Rede, mit denen der Teufel an Jesus in der Wüste herantritt: von den Verlockungen der Macht, der Befehlsgewalt auf Erden, der säkularen oder zeitlich begrenzten Weltherrschaft. Jetzt, anderthalb Jahrtausende später, wird er mit genau denselben Versuchungen konfrontiert. Als er standhaft bleibt, verurteilt ihn der Großinquisitor zum Tode auf dem Scheiterhaufen.

Die einzige Antwort Jesu ist ein Kuß: Er vergibt dem alten Mann. Dieser erschaudert, »der Kuß brennt auf seinem Herzen«, und er öffnet die Zellentür. »Geh und komme nie wieder«, befiehlt er, »komme überhaupt nicht mehr ..., nie wieder, nie wieder!«[5] Der Häftling, in die Dunkelheit entlassen, verschwindet und wird nie mehr gesehen. Und der Großinquisitor, im vollen Bewußtsein dessen, was gerade geschehen ist, bleibt weiterhin seinen Prinzipien treu. Er fährt fort, seine Schreckensherrschaft auszubauen, fährt fort, andere Opfer – oft genug offenkundig Unschuldige – den Flammen zu überantworten.

Wie aus dieser vielleicht etwas zu stark vereinfachenden Zusammenfassung ersichtlich wird, ist Dostojewskis Großinquisitor kein Dummkopf. Im Gegenteil. Er weiß genau, was er tut. Er spürt die drückende Last der Verantwortung, die auf seinen müden alten Schultern ruht: die Pflicht, die öffentliche Ordnung aufrechtzuerhalten, den Status der Kirche zu wahren, die im Namen jenes Mannes gegründet wurde, den zum Tode zu verurteilen er gerade gewillt war. Er weiß, daß die Kirche, die im Namen dieses Menschen gegründet wurde, letzten Endes mit dessen Lehren unvereinbar ist. Er weiß, daß die Kirche sich verselbständigt hat, daß sie keines Herren Knecht mehr ist, daß sie sich den Caesaren nicht mehr unterwirft, vielmehr diese zu ihren Untertanen macht, daß sie inzwischen selbst ein Imperium besitzt. Er ist sich bewußt, daß man ihm die Rolle des Wächters und »Vollstreckers« dieses Reiches anvertraut hat. Er weiß, daß er sich – gemäß den Aussagen seiner eigenen Theologie – durch die Erlasse, die er in der Ausübung seines Amtes veröffentlicht, und durch die Taten, die er begeht oder befiehlt, zweifellos ewige Verdammnis einhandelt. Kurz, er opfert seine Seele, er zwingt sich zum Bösen. Denn er weiß: Indem er als Repräsentant einer säkularen, weltlichen Macht auftritt und Jesus mit solcher Macht zu verführen sucht, übernimmt er die Rolle des Teufels.

Seit der Veröffentlichung und Übersetzung der *Brüder Karamasoff* ist Dostojewskis Großinquisitor unserem kollektiven Bewußtsein als Prototyp, als wahre Verkörperung der Inquisition eingebrannt. Es mag sein, daß wir Verständnis aufbringen für das schmerzhafte Dilemma, unter dem der alte Prälat leidet. Wir können die Vielschichtigkeit seiner Persönlichkeit bewundern. Es ist sogar denkbar, daß wir ihm Respekt zollen für die Märtyrerrolle, die er auf sich zu nehmen bereit ist, dafür, daß er sich selbst der ewigen Verdammnis ausliefert, um eine Institution zu verteidigen, die er höher schätzt als seine eigene Person. Wir können auch seinen sehr irdischen Realitätssinn anerkennen und das brutale, zynische Weltbild dahinter, die ganz diesseitige Weisheit, mit der er die Mechanismen und Antriebskräfte der weltlichen Macht durchschaut. So mancher von uns wird sich wohl fragen, ob wir – wären wir in seiner Lage und mit seinen Befugnissen ausgestattet – uns genötigt sähen, ebenso zu handeln wie er. Aber bei allem Respekt, bei aller Würdigung, vielleicht sogar Zuneigung und Nachsicht, die wir diesem Mann entgegenbringen mögen, können wir uns der Einsicht nicht verschließen, daß er nach jedem uns verfügbaren moralischen Standard im Kern böse ist – und daß die Einrichtung, die er vertritt, für ihre monströse Scheinheiligkeit zu verurteilen ist.

Wie genau, wie gerecht ist Dostojewskis Porträt? Inwieweit spiegelt die Gestalt aus dieser Parabel die tatsächliche historische Institution wider? Und wenn die Inquisition, personifiziert durch Dostojewskis alten Prälaten, wirklich als der Teufel betrachtet werden kann, läßt sich diese Gleichsetzung dann auf die Kirche als Ganzes ausdehnen?

Heutzutage denken die meisten Leute, wenn sie das Wort Inquisition hören, automatisch an die spanische Inquisition. Auf der Suche nach einer Einrichtung, die stellvertretend für die Gesamtheit der katholischen Kirche steht, hat auch Dostojewski das Bild der spanischen Inquisition heraufbeschworen. Aber die Inquisition in ihrer spanischen und portugiesischen Ausprägung war eine ganz spezifische Erscheinung, für die mindestens ebensosehr die Krone wie die Kirche verantwortlich war.

Das soll nicht heißen, daß es anderenorts keine Inquisition gab oder daß sie dort untätig war. Es gab sie. Aber die päpstliche oder römische Inquisition (wie sie zunächst inoffiziell, dann auch offiziell genannt wurde) unterschied sich von der Inquisition auf der Iberischen Halbinsel. Im Gegensatz zu ihren iberischen Entsprechungen war die päpstliche oder römische Inquisition niemals irgendeinem weltlichen Herrscher verpflichtet. Über das, was sie in den meisten anderen Gebieten Europas tat, war sie einzig und allein der Kirche Rechenschaft schuldig. Sie wurde im frühen 13. Jahrhundert geschaffen, etwa zweihundertfünfzig Jahre früher als die spanische Inquisition. Auch hat sie ihre iberischen Schwestern überlebt: Während die Inquisition in Spanien und Portugal im dritten Jahrzehnt des 19. Jahrhunderts abgeschafft wurde, bestand die päpstliche oder römische Inquisition fort. Sie existiert sogar noch heute und arbeitet fleißig weiter. Sie tut es jedoch unter neuem Namen, der weniger stigmatisiert, mit weniger Emotionen behaftet ist. Immer noch, nun unter dem sauberen Titel »Kongregation für die Glaubenslehre«, spielt sie im Leben von Abermillionen Katholiken in aller Welt eine herausragende Rolle.

Es wäre jedoch falsch, die Inquisition mit der Kirche an sich gleichzusetzen. Es handelt sich nicht um dieselbe Institution. So wichtig die Inquisition in der Welt des Katholizismus auch war – und noch immer ist –, sie bleibt doch nur *ein* Aspekt der Kirche. Es gab und gibt viele weitere Aspekte, die nicht alle soviel Schmach über die Menschen gebracht haben. Dieses Buch behandelt die Inquisition in all ihren Erscheinungsformen, in der Vergangenheit wie in der Gegenwart. Wenn sie dabei in ein fragwürdiges Licht getaucht wird, muß dieses Licht nicht notwendig auch die Kirche als Ganzes treffen.

Die Inquisition wurde von einer brutalen, gefühllosen und unwissenden Welt geschaffen. Es kann daher nicht überraschen, daß sie selbst brutal, gefühllos und unwissend war. Darin unterschied sie sich allerdings nicht von vielen anderen Institutionen jener Zeit, sowohl den geistlichen wie auch den weltlichen. Ebenso wie diese anderen Einrichtungen ist sie Bestandteil unseres gemeinsamen geschichtlichen Erbes. Wir können sie also nicht einfach verdammen und abtun. Wir müssen uns mit ihr auseinandersetzen, sie als Teil unserer Herkunft anerkennen, sie mit all ihren Exzessen und Vorurteilen zu begreifen suchen, um sie dann in ein neues, verständlicheres Gesamtbild einzubetten. Einfach unsere Hände in Unschuld zu waschen hieße, einen Aspekt unserer selbst, ein Element der Entwicklungsgeschichte unserer Zivilisation zu leugnen: Es wäre im Endeffekt eine Form der Selbstverstümmelung.

Wir sollten uns nicht dazu hinreißen lassen, die Vergangenheit nach den modernen Kriterien politischer Korrektheit zu beurteilen. Wenn wir einmal damit anfingen, erschiene uns schließlich die ganze Vergangenheit ungerecht. Alles geriete ins Wanken; unser eigenes Wertesystem könnten wir einzig auf der Gegenwart aufbauen. Und sosehr wir gewisse Errungenschaften schätzen, die wenigsten unter uns wären so naiv, die Gegenwart als ultimatives Ideal zu preisen. Viele üble Exzesse der Vergangenheit sind von einzelnen verursacht worden, die subjektiv die besten, ehrenwertesten Absichten verfolgten – immer nach dem Wissen und den Moralvorstellungen ihrer jeweiligen Epoche. Wir sollten uns vor der Tollheit hüten, unsere heutigen edlen Absichten für unfehlbar zu halten. Es wäre sehr leichtsinnig, davon auszugehen, daß unsere Wertvorstellungen niemals solch verheerende Folgen haben könnten wie jene, für die wir unsere Vorfahren verurteilen.

Die Inquisition – bisweilen zynisch und korrupt, mitunter fanatisch bis zur Besessenheit von ihren vermeintlich ehrenwerten Absichten überzeugt – mag tatsächlich so brutal gewesen sein wie das Zeitalter, aus dem sie hervorging. Es sei jedoch nochmals davor gewarnt, die Inquisition mit der Kirche als Ganzes gleichzusetzen. Selbst in den Phasen ihrer schlimmsten Raserei war die Inquisition einem ständigen Wettbewerb mit anderen Teilen der Kirche ausgesetzt, die ein menschlicheres Antlitz trugen: mit den aufgeklärteren unter den Mönchsorden, mit Bruderschaften wie den Franziskanern, mit Tausenden von einzelnen Priestern, Äbten, Bischöfen und Prälaten, mit Angehörigen selbst des höchsten Klerus, die sich aufrichtig bemühten, die Tugenden zu pflegen, die traditionell mit dem Christentum verbunden werden. Auch sollte man die schöpferischen Kräfte nicht vergessen, welche die Kirche in der Musik, Malerei, Bildhauerei und Architektur freigesetzt und gefördert hat, Kräfte, die ein Gegengewicht zu den Scheiterhaufen und Folterkammern der Inquisition darstellen.

Im letzten Drittel des 19. Jahrhunderts nahm die Kirche gezwungenermaßen Abschied von den letzten Resten ihrer säkularen, politischen Macht. Zum Ausgleich für diesen Verlust versuchte sie, ihre Schäfchen spirituell und psychologisch noch fester in den Griff zu bekommen, also die Kontrolle über die Herzen und Köpfe der Gläubigen zu verschärfen. Infolgedessen wurde die Rolle des Papsttums immer stärker betont, und die Inquisition wurde mehr und mehr zum verbindlichen Sprachrohr des Papstes. Und genau diese Funktion übt die Inquisition – umgetauft in »Kongregation für die Glaubenslehre« – noch heute aus. Doch selbst jetzt gelingt es ihr nicht immer, ihre Auffassungen von der Welt durchzusetzen. Im Gegenteil: Sie gerät zunehmend unter Druck, weil sich Katholiken in aller Welt das Wissen, die Differenzierungsfähigkeit und die Courage aneignen, die Autorität ihrer unflexiblen Verkündungen in Frage zu stellen.

Es gab sicher Inquisitoren, auf die die Charakterstudie in Dostojewskis Parabel vollkommen zutrifft – und man kann durchaus den Standpunkt vertreten, daß es solche Exemplare auch heute noch gibt. Zu bestimmten Zeiten und an bestimmten Orten sind einzelne Personen in Erscheinung getreten, von denen man tatsächlich sagen kann, daß sie für die Institution der Inquisition repräsentativ waren. Ihre Existenz muß aber nicht zwangsläufig bedeuten, daß die gesamte christliche Doktrin, die sie mit solchem Feuereifer zu verbreiten suchten, zu verdammen ist. Was die Inquisition selbst angeht, so wird der Leser am Ende dieses Buches womöglich zu dem Schluß gelangen, daß diese Einrichtung sowohl besser als auch schlechter war als das Bild, das Dostojewski von ihr gezeichnet hat.

1. MIT FEUEREIFER FÜR DEN GLAUBEN

Inspiriert durch die außerordentliche Geschäftstüchtigkeit des heiligen Paulus, hat das Christentum immer wieder Abkürzungen ins Paradies angeboten. So hat es von Beginn an Anhänger rekrutiert – sogar schon zu Zeiten, da es als eigenständige Religion noch gar nicht in Erscheinung getreten war. Durch Märtyrertum und Selbstaufopferung, durch Meditation und Kontemplation, durch Eremitendasein und Enthaltsamkeit, durch Ritual und Buße, durch die Kommunion und die Sakramente könne der Gläubige, so hieß es, die Himmelspforte öffnen und ins himmlische Königreich gelangen. Manche dieser Zugangswege mögen pathologische Züge getragen haben, aber immerhin waren sie zumeist friedfertig. Und wenn Christen im ersten Jahrtausend zu den Waffen griffen – wie etwa unter Karl Martell und später unter Karl dem Großen –, so taten sie dies vor allem zur Selbstverteidigung.

Im Jahr 1095 wurde jedoch ein neuer Weg ins Reich Gottes eingeweiht und der Öffentlichkeit übergeben. Am Dienstag, dem 27. September jenes Jahres, bestieg Papst Urban II. ein Podest, das auf einem Feld jenseits des Osttores der französischen Stadt Clermont errichtet worden war. Von dieser Bühne rief er in seiner Predigt zu einem Kreuzzug auf, zu einem Krieg für das Kreuz. In einem solchen Krieg konnte man sich, so versprach der Papst, die Gnade Gottes und einen Sitzplatz nahe seinem Thron ergattern, indem man tötete.

Natürlich scherte der Papst nicht alles über einen Kamm. Im Gegenteil, er ermahnte die Christen, von ihrer verwerflichen, wenngleich lang geübten Gepflogenheit Abstand zu nehmen, sich gegenseitig umzubringen. Er drängte sie, ihre Mordlust statt dessen auf die islamischen Ungläubigen zu lenken, die die Heilige Stadt, Jerusalem, eingenommen hatten und die Heilige Grabstätte, das mutmaßliche Grab Christi, besetzt hielten. Um Stadt und Grab für die Christenheit zurückzuerobern, wurden die Bewaffneten Europas aufgefordert, unter Gottes unmittelbarer Führung in einen gerechten Krieg zu ziehen.

Aber das Auslöschen von Menschenleben war nur *eine* Komponente dieser attraktiven »Pauschalreise«. Der gute Christ erhielt nicht nur die Lizenz zum Töten, er konnte auch damit rechnen, für die gesamte Zeitspanne, die er aufgrund seiner Missetaten im Fegefeuer hätte schmoren müssen, begnadigt zu werden sowie alle Bußen, die ihm für seine restliche Zeit auf Erden auferlegt worden wären, erlassen zu bekommen. Sollte er in Ausübung seiner heiligen Pflicht sterben, so versprach man ihm, erhalte er automatisch die Absolution für alle seine Sünden. Sollte er überleben, so sei er vor jedweder weltlichen Strafe für alle Sünden geschützt, die er womöglich begehen werde. Wie der Mönch und der Priester sollte der Kreuzfahrer dem Zugriff der weltlichen Gerichtsbarkeit entzogen sein und einzig unter geistliches Recht fallen. Sollte er irgendeiner Straftat für schuldig befunden werden, so würde lediglich sein rotes Kreuz, das Emblem der Kreuzfahrer, entfernt oder konfisziert, und dann würde er »mit derselben Milde bestraft werden wie die Geistlichen«. In den folgenden Jahren wurden diese Vorteile einer noch größeren Schar zugänglich gemacht. Um sie für sich zu nutzen, mußte man nicht einmal mehr selbst an einem Kreuzzug teilnehmen; es reichte völlig, wenn man Geld dafür spendete.

Ganz abgesehen von dem spirituellen und moralischen Gewinn kam der Kreuzfahrer, noch bevor er die Himmelspforten überhaupt durchschritt, in den Genuß etlicher diesseitiger Vergünstigungen. In den von ihm eroberten Territorien konnte er auf Güter, Land, Frauen und Adelstitel Anspruch erheben. Er konnte plündern und Reichtümer an sich raffen, soviel er wollte. Was auch immer er zu Hause gewesen war – der landlose jüngere Sohn zum Beispiel –, im Heiligen Land konnte er sich zum illustren weltlichen Herrscher aufschwingen, mit allem, was dazugehörte: Hof, Harem und ausgedehnten Ländereien. Solcherart waren die Belohnungen, die jedem zustanden, der sich für einen Kreuzzug meldete. Dieses Pauschalangebot war derart verlockend, daß jeder Versicherungsvertreter von heute vor Neid erblassen muß.

So begannen die Kreuzzüge. Der Erste Kreuzzug endete im Jahr 1099 mit der Gründung des Fränkischen Königreiches Jerusalem: der historische Präzedenzfall dessen, was Jahrhunderte später als westlicher Imperialismus und Kolonialismus bekannt werden sollte. Der Zweite Kreuzzug folgte 1147, der Dritte 1189, der Vierte 1202. Insgesamt zog man siebenmal gen Osten. In den Pausen zwischen diesen großangelegten, in Europa organisierten und finanzierten Kampagnen wechselten sich Phasen, die von Scharmützeln zwischen Christen und Muslimen geprägt waren, mit relativ ruhigen Waffenstillstandsperioden ab, in denen der Handel blühte und auch Ideen ausgetauscht wurden.

Im Herzen des islamischen Nahen Ostens entstand *Outremer*, das »Land jenseits des Meers«, wie man es damals nannte, ein selbständiges europäisches Fürstentum, das mit europäischer Waffengewalt und mit Truppen aus fast jedem europäischen Königreich gesichert wurde. Die Stadt Jerusalem selbst wurde 1187 von den Sarazenen zurückerobert. Outremer sollte jedoch, als Außenposten der europäischen Christenheit, noch ein Jahrhundert fortbestehen. Erst im Mai 1291 fiel Akkon, die einzige verbliebene Feste. Ihr letzter Wehrturm begrub, als er in sich zusammenbrach, Angreifer wie Verteidiger unter einer Lawine aus Stein, Schutt und Flammen.

Ob die Versicherungsvertreter jener Zeit ihre aufs Jenseits gerichteten Garantien einhalten konnten – himmlische Reichtümer und einen Platz an Gottes Seite –, vermögen wir natürlich nicht zu sagen. Die Erfüllung der weltlichen Versprechungen ist leichter zu überprüfen. Wie die meisten Geschäfte, die eine hohe Rendite versprechen, erwies sich auch dieses für einige wenige als Segen und für die Mehrheit als Reinfall. Eine schwindelerregend hohe Anzahl europäischer Edelleute, Ritter, Söldner, Kaufleute, Händler, Handwerker und anderer Menschen, darunter Frauen und Kinder, starb einen sinnlosen Tod – oft nach grausamen Torturen und in bitterster Not. So mancher wurde von seinen hungernden Schicksalsgenossen verspeist. Aber es gab auch reichlich Nutznießer, die Grundbesitz, Titel, Kriegsbeute, Geldvermögen und weitere materielle Reichtümer einstrichen, und diese dienten anderen als Anreiz. Wenn man schon sonst nichts gewann, so zumindest Kriegserfahrung: Man konnte sich in den Methoden und Techniken der Kriegskunst weiterbilden, lernte besser zu kämpfen und zu töten. Und wenn das Heilige Land einem Mann diese frisch erworbenen Fähigkeiten nicht angemessen entlohnen konnte, so hatte er immer noch die Möglichkeit, nach Europa zurückzukehren und seine Qualitäten dort gewinnbringend unter Beweis zu stellen.

HEILIGER BRUDERMORD

Im Jahr 1208, als die Kreuzzüge ins Heilige Land noch lange nicht beendet waren und das Fränkische Königreich Jerusalem ums Überleben kämpfte, rief Papst Innozenz III. einen neuen Kreuzzug aus. Diesmal saß der Feind nicht jenseits des Mittelmeers; man wollte nicht gegen die islamischen Ungläubigen zu Felde ziehen, sondern gegen die Anhänger einer Häresie im Süden Frankreichs. Die Häretiker, um die es ging, wurden manchmal als »Katharer« bezeichnet, was soviel heißt wie »die Reinen« oder »die Unschuldigen«. Von anderen, insbesondere ihren Gegnern, wurden sie »Albigenser« genannt – eine Bezeichnung, die von der südfranzösischen Stadt Albi, einer frühen Hochburg ihrer Aktivitäten, abgeleitet war.

Heutzutage, im Zuge des breiten Interesses am Mystizismus verschiedener Kulturen und des allgemeinen Millenniumfiebers, sind die Katharer »in«. Sie sind in jene Wolke aus Romantik, Poesie und Zuneigung eingehüllt, die so oft mit der Tragik einer verlorenen Sache einhergeht. Auch wenn einige der bizarren Verherrlichungen, mit denen sie in unserer Zeit bedacht werden, wohl nicht gerechtfertigt sind, gehören sie doch ganz sicher zu den beklagenswertesten Opfern der Geschichte. Um es klar auszusprechen: Sie waren die Zielscheibe eines organisierten und systematischen Genozids, und zwar eines der frühesten in der Entwicklungsgeschichte der westlichen Zivilisation.

Obwohl man sie im weiteren Sinne als Christen bezeichnen kann (denn sie sprachen Jesus eine theologische Bedeutung zu), waren die Katharer erbitterte Gegner Roms und der römisch-katholischen Kirche. Genau wie später die protestantischen Konfessionen sahen sie in Rom die Verkörperung des Teufels, die biblische »Hure Babylons«. Vergleicht man sie mit den etablierten christlichen Gemeinden ihrer Zeit, wird man sie bezüglich einiger ihrer Lehren eher in der Nähe der byzantinischen oder griechisch-orthodoxen Kirche ansiedeln. In mancher Hinsicht gab es auch Gemeinsamkeiten mit religiösen Überlieferungen aus Fernost, so mit dem Hinduismus und dem Buddhismus: Beispielsweise glaubten die Katharer an die Wiedergeburt.

Man muß jedoch darauf hinweisen, daß die Katharer, denen in letzter Zeit so viel Sympathie entgegengebracht wird, einer Reihe von Glaubenssätzen anhingen, die vermutlich nur wenige moderne westliche Menschen nacheifernswert nennen würden – viele würden sie wohl eher als geradezu krankhaft einstufen. Im Kern waren die Katharer Dualisten. Das heißt, sie betrachteten die gesamte materielle Schöpfung als grundschlecht, als Hervorbringung einer niederen, minderwertigen Gottheit. Alles Fleisch, aller Stoff, alle Körper waren konsequent abzulehnen und sollten zugunsten einer rein spirituellen Wirklichkeit überwunden werden. Denn nur im Reich des Geistes war die wahre Göttlichkeit zu finden.

Insoweit stellten die Katharer nur den jüngsten Auswuchs einer alten Tradition dar, die schon lange in den Randzonen des westlichen Christentums existierte. Sie hatten viel mit den häretischen Bogomilen des Balkan gemein, von denen sie einige ihrer Glaubensprinzipien übernommen hatten. Auch von der alten Häresie des Manichäismus, einer Religion, die der persische Prophet Mani im 3. Jahrhundert gestiftet hatte, fand sich manches bei den Katharern wieder. Und schließlich hatten sie viele Elemente des gnostischen Dualismus aufgesogen, der während der ersten beiden christlichen Jahrhunderte in Alexandria und anderswo geblüht hatte und vermutlich aus altem zoroastrischem Gedankengut hervorgegangen war.

Wie die Bogomilen, Manichäer und gnostischen Dualisten betonten die Katharer die Wichtigkeit des direkten Kontakts mit dem Göttlichen; Gott sollte unmittelbar erfahrbar sein. Dieser Kontakt, so glaubten sie, führe zu »Gnosis«, also zu »Erkenntnis« – zu einem Wissen der besonderen, heiligen Art. Und aus dieser festen Überzeugung von einer direkten, unmittelbaren Erfahrbarkeit des Heiligen ergab sich für die Katharer – wie für ihre Vorgänger –, daß man einer Priesterschaft, einer kirchlich organisierten Geistlichkeit nicht bedürfe. Wenn das höchste Gut die individuell erfahrbare Gotteserkenntnis ist, wird der Priester, der Hüter und Deuter des Göttlichen, überflüssig. Damit verlor das theologische Dogma seine Bedeutung; es war nichts weiter als ein intellektuelles Konstrukt, das einem überheblichen menschlichen Geist entsprungen war und nicht etwa einer höheren, numinosen Macht. Diese Haltung stellte nicht nur für die Lehren, sondern für das gesamte Gefüge der römischen Kirche eine ungeheuerliche Provokation dar.

Allerdings ist die christliche Religion letztlich selbst dualistisch; sie preist den Geist und geißelt das Fleisch sowie die gesamte »verderbte Natur«. Was die Katharer predigten, kann man als Extremform der christlichen Theologie ansehen – oder als den Versuch, die christliche Theologie gemäß ihrer eigenen Logik bis zum Ende weiterzudenken. Sie waren davon überzeugt, sich mit ihren eigenen Lehren dem anzunähern, was Jesus und seine Apostel der Überlieferung nach vertreten hatten. Sicherlich *war* es authentischer als das, was von seiten Roms verbreitet wurde. Und mit der Schlichtheit ihrer Lebensführung und ihrer Ablehnung des weltlichen Luxus entsprachen die Katharer eher als die römische Geistlichkeit jenem Beispiel, das von Jesus und seinen Anhängern in den Evangelien gegeben wurde.

In der Praxis lebten auch die Katharer in der natürlichen, materiellen Welt, und sie mußten sich notgedrungen mit ihr arrangieren. So war es ihnen zum Beispiel verboten, ihrer leiblichen Hülle Schaden zuzufügen, durch Selbstmord ihre Zeit auf Erden, im Reich der Materie, zu verkürzen. Genau wie die Mitglieder älterer dualistischer Sekten haben auch sie sich fortgepflanzt und vermehrt; auch sie haben den Ackerboden bearbeitet, Handwerk und Handel betrieben und – ihrem offiziellen Pazifismus zum Trotz – notfalls zu den Waffen gegriffen. Ihre Riten und ihre Übungen lehrten sie aber, solche Tätigkeitsbereiche als Versuchsfelder anzusehen, als Arena, in der sie ihre Kräfte mit dem Bösen messen und, sofern sie den Versuchungen widerstanden, es überwinden konnten.

Es muß selbstverständlich auch unter den Katharern »Gute« und »Schlechte« gegeben haben, so wie jedes Glaubensbekenntnis sowohl strenge als auch nachlässige Anhänger hat. Aber alles in allem galten die Katharer ihren Mitmenschen – gleich welchen Glaubens – als bemerkenswert tugendhaft. In vielerlei Hinsicht genossen sie einen ähnlichen Ruf wie später die Quäker. Ihre Vorzüge trugen ihnen große Achtung ein und ließen die römische

Geistlichkeit im Vergleich dazu ziemlich schlecht aussehen. In einer eidlichen Zeugenaussage, die in der Bibliothek des Vatikans aufbewahrt wird, gibt ein Mann die Worte zweier Gefährten wieder, die ihn aufgesucht hatten, als er noch jung war. Sie hatten zu ihm gesagt: »Jetzt sind die guten Christen ins Land gekommen; sie folgen dem Weg, den Sankt Peter, Sankt Paul und die anderen Apostel gewiesen haben. Sie folgen dem Herrn nach. Sie lügen nicht. Und sie tun anderen nicht an, was sie sich selbst nicht angetan haben wollen.«[1]

Derselbe Zeuge weiß auch zu berichten, daß man ihm sagte, die Katharer seien »die einzigen, die in den Pfaden der Gerechtigkeit und der Wahrheit wandeln, auf denen die Apostel gingen. Sie lügen nicht. Sie nehmen nicht, was anderen gehört. Selbst wenn sie Gold und Silber auf der Straße liegen sähen, würden sie's doch nicht mitnehmen, wenn es ihnen nicht jemand ausdrücklich schenkte. Man erlangt das Heil im Glauben dieser Leute, die man ›Ketzer‹ nennt, eher und besser als in irgendeinem anderen Glauben.«[2]

Zu Beginn des 13. Jahrhunderts war das Katharertum so weit verbreitet, daß es im Süden Frankreichs den Katholizismus zu verdrängen drohte. Wanderprediger aus den Reihen der Katharer reisten zu Fuß durch die Gegend und trugen ihren Teil dazu bei, daß sich das Heer der Konvertiten vergrößerte. Diese Prediger schüchterten niemanden ein und übten keinen Zwang aus, sie setzten nicht auf Schuldgefühle und übten keine emotionale Erpressung aus, sie tyrannisierten oder terrorisierten ihre Zuhörer nicht mit schaurigen Androhungen der Verdammnis, sie verlangten keinen Lohn und ließen sich nicht auf die üblichen Bestechungen ein. Sie waren, wie nach ihnen die Quäker, berühmt für ihre »sanfte Überzeugungsarbeit«.

Man darf bezweifeln, ob alle Menschen, die behaupteten, zum Katharertum übergetreten zu sein, die neue Lehre wirklich praktizierten. Es ist zu vermuten, daß viele ihre neue Religion nicht ernster nahmen als so mancher ihrer christlichen Zeitgenossen den Katholizismus. Aber der Glaube der Katharer übte fraglos eine große Anziehungskraft aus. Den Rittern, Edelleuten, Händlern, Kaufleuten und Bauern Südfrankreichs erschien er als verlockende Alternative zu Rom: In ihm gab es eine Flexibilität, eine Toleranz, eine Großzügigkeit und Aufrichtigkeit, die man in der etablierten Kirchenhierarchie oft vergebens suchte. Auf der praktischen Ebene bot sich hier eine Möglichkeit, dem allgegenwärtigen Klerus Roms und seiner Überheblichkeit zu entkommen, sich der Ausbeutung durch eine korrupte Kirche zu entziehen, deren Wuchersteuern von Jahr zu Jahr unerträglicher wurden.

Keine Frage: Zu jener Zeit war die Kirche geradezu unverschämt korrupt. Am Beginn des 13. Jahrhunderts schrieb der Papst über seine eigenen Priester, sie seien »schlimmer als in ihrem Kot liegende Tiere«.[3] Der größte deutsche Lyriker des Mittelalters, Walther von der Vogelweide (etwa 1170 bis etwa 1230), drückte es so aus:

Was ruft man nicht auf ihn [den Heiligen Stuhl] herab
  des Himmels Strafen,
Und fraget Gott, wie lang er wolle schlafen?
Sie hintertreiben seine Werk' und fälschen seine Wort',
Sein Kämmerer veruntreut seinen Himmelshort,
Sein Mittler mordet hier und raubet dort,
Sein Hirte wird zu einem Wolf ihm unter seinen Schafen.[4]

Die Bischöfe jener Zeit wurden von einem Zeitgenossen als »Geldfischer, nicht Seelenfischer« charakterisiert, »die mit tausend schönen Betrügereien die Taschen der Armen zu leeren suchen«.[5] Der päpstliche Legat in Deutschland beklagte sich darüber, daß der Klerus in seinem Zuständigkeitsbereich in Luxus und Völlerei schwelge, die Fastenzeit nicht einhalte, der Jagd und

Falkenbeize sowie dem Glücksspiel fröne und sich an geschäftlichen Unternehmungen beteilige. Gelegenheit zur Korruption gab es reichlich, und nur wenige Priester bemühten sich ernsthaft, den Verlockungen zu widerstehen.

Viele erhoben sogar für die Ausführung ihrer offiziellen Amtshandlungen Gebühren. Hochzeiten und Beerdigungen wurden nur dann abgewickelt, wenn man im voraus bezahlte. Die Kommunion wurde so lange verweigert, bis der Priester eine angemessene »Spende« empfangen hatte. Ja sogar die Sterbesakramente wurden erst erteilt, wenn der Familie des Todgeweihten eine gewisse Geldmenge abgepreßt worden war. Zusätzlich trug die Macht, Ablaß zu gewähren, also gegen Bezahlung die Bußen zu erlassen, die zur Sühne von Sünden verhängt worden waren, ganz erheblich zu den Einkünften der Geistlichen bei.

In Südfrankreich grassierte diese Korruption besonders. Es gab zum Beispiel Kirchen, in denen seit mehr als dreißig Jahren keine Messe gelesen worden war. Viele Priester scherten sich nicht um ihre Gemeinde, sondern gingen einträglichen Geschäften nach oder verwalteten ihren großen Grundbesitz. Der Erzbischof von Tours, ein notorischer Homosexueller und früher der Liebhaber seines Vorgängers, verlangte, daß das vakante Bistum Orléans seinem jetzigen Liebhaber übertragen werde. Der Erzbischof von Narbonne stattete dieser Stadt und seiner Diözese niemals auch nur einen Besuch ab. Viele andere Geistliche schlemmten und zechten, hielten sich Mätressen, reisten in protzigen Kutschen, beschäftigten Heerscharen von Dienern und pflegten einen Lebensstil, der eigentlich dem Hochadel vorbehalten war, während die ihrer Obhut anvertrauten Seelen tyrannisiert und ausgepreßt wurden, so daß sie immer tiefer in Elend und Armut versanken.

Von daher kann es kaum verwundern, daß ein beträchtlicher Anteil der Bevölkerung dieser Region, ganz unabhängig von den Fragen des Glaubens und der Seelsorge, sich von Rom abwandte und zum Katharertum bekannte. Und auch die Reaktion Roms auf diese Übertritte und den spürbaren Rückgang der kirchlichen Einkünfte überrascht uns nicht: Das Papsttum fühlte sich bedroht, und zwar nicht ohne Grund. Im Süden Frankreichs bestand tatsächlich die Gefahr, daß das Katharertum den Katholizismus als stärkste Religion ablösen könnte, und von dort hätte es sich dann leicht in andere Gebiete ausdehnen können.

Im November 1207 schrieb Papst Innozenz III. an den französischen König und an eine Reihe hoher französischer Adliger. Er bestürmte sie, die Häretiker in ihren Machtbereichen mit militärischen Mitteln niederzuringen. Im Gegenzug sollte ihnen der konfiszierte Besitz der Ketzer zufließen, und außerdem stellte er ihnen die gleichen Vergünstigungen und Ablässe in Aussicht, die den Kreuzfahrern ins Heilige Land gewährt worden waren. Diese Anreize scheinen jedoch kaum Tatendrang geweckt zu haben, gerade im Süden nicht. Der Graf von Toulouse zum Beispiel versprach, alle Häretiker in seinem Lehen auszumerzen, unternahm aber nichts, um seine Zusage einzuhalten.

Da dem päpstlichen Legaten Petrus von Castelnau der Blutdurst des Grafen sträflich unterentwickelt schien, drängte er auf ein Treffen. Die Verhandlungen entarteten rasch zu einem furchtbaren Streit, in dessen Verlauf der Legat den Adligen beschuldigte, mit den Katharern gemeinsame Sache zu machen, und ihn kurzerhand exkommunizierte. Der Graf, der in der Tat Katharer gewesen sein kann, reagierte, wie vorherzusehen war: Er stieß seinerseits Drohungen aus.

Am Morgen des 14. Januar 1208, als Petrus gerade Vorbereitungen zur Überquerung der Rhône traf, näherte sich ein Ritter aus dem Gefolge des Grafen dem Legaten und stach ihn nieder. Der Papst raste vor Wut und setzte augenblicklich eine an alle Adligen Südfrankreichs gerichtete Bulle auf, in der er den Grafen bezichtigte, diesen Mord in Auftrag gegeben zu haben, und dessen Exkommunikation erneuerte. Außerdem verlangte der Pontifex, daß der Graf in allen Kirchen öffentlich verdammt werde, und er gestattete jedem Katholiken, ihn zur Strecke zu bringen sowie sein Land zu besetzen und zu konfiszieren.

Doch damit nicht genug. Der Papst schrieb auch an den französischen König und forderte einen »heiligen Krieg«, um die katharischen Häretiker auszurotten, die, wie er es formulierte, schlimmer seien als die muslimischen Ungläubigen. Alle, die an diesem Feldzug teilnähmen, würden den unmittelbaren Schutz des Papsttums genießen. Sie sollten von all ihren Zinsschulden befreit und der Gerichtsbarkeit der weltlichen Justiz entzogen werden. Und für ihre Sünden und Laster werde ihnen die volle Absolution erteilt, sofern sie sich für mindestens vierzig Tage verpflichteten.

So verkündete Papst Innozenz III. jenes Unternehmen, das man später als Albigenser-Kreuzzug bezeichnen sollte. Es war der erste Kreuzzug in ein christliches Land, ein Krieg der Christen gegen Christen (so häretisch sie auch sein mochten). Außer den offiziellen Vergünstigungen bot er natürlich zudem inoffiziell die Gelegenheit, ungehindert zu plündern, zu räubern, Beute zu machen und sich fremden Besitz anzueignen. Und damit noch nicht genug der Vorteile: Ein Kreuzfahrer, der gegen die Katharer auszog, mußte zum Beispiel nicht einmal das Meer überqueren. Alle Komplikationen und Unkosten einer Seereise entfielen. Auch mußte er sich nicht den Strapazen eines Wüstenfeldzugs, dem erbarmungslosen Klima des Nahen Osten aussetzen. Wenn etwas schiefginge, würde er nicht allein in einer fremden und feindseligen Umgebung zurückgelassen werden. Im Gegenteil: Er konnte sich entweder mühelos in sichere Gefilde zurückziehen oder aber unauffällig in der örtlichen Bevölkerung untertauchen.

Ende Juni 1209 hatte sich an der Rhône eine Armee von fünfzehn- bis zwanzigtausend Edelleuten, Rittern, Söldnern, Knappen, Abenteurern und Marketendern versammelt. Diese Truppen aus dem Norden Frankreichs unterstanden dem Kommando eines französischen Kleinadligen, Simon de Montfort. Ihr geistiger Anführer war der päpstliche Legat Arnaldus Amalrici: ein Fanatiker, ein Zisterzienser und zu jener Zeit Abt von Cîteaux.

Am 22. Juli hatte das Heer die strategisch wichtige Stadt Béziers erreicht, unter deren Bewohnern auch eine beträchtliche Anzahl Katharer war. Als es zur Einnahme und Verwüstung der Stadt kam, wurde Arnaldus Amalrici gefragt, wie man denn die Häretiker von den rechtgläubigen Katholiken unterscheiden könne. Der Legat des Papstes antwortete mit einem der berüchtigtsten Sätze der gesamten Kirchengeschichte: »Tötet sie alle, denn Gott kennt die Seinen!«[6] Dem Massaker, das daraufhin angerichtet wurde, fielen etwa fünfzehntausend Männer, Frauen und Kinder zum Opfer. Im Taumel des Triumphes schrieb Arnaldus Amalrici dem Papst mit geradezu ekstatischem Frohlocken, daß »keiner verschont wurde, gleich welchen Alters, Geschlechts oder Standes«.[7]

Die Plünderung von Béziers versetzte ganz Südfrankreich in Schrecken. Noch während die Kreuzfahrer bemüht waren, sich inmitten der rauchenden Trümmer der Stadt neu zu formieren, traf bereits eine Abordnung aus Narbonne ein, die sich erbot, alle in ihrer Stadt lebenden Katharer und Juden (die inzwischen ebenfalls als »legitime Ziele« ausgemacht worden waren) auszuliefern sowie die Armee mit Proviant und Geld zu unterstützen. Die Einwohner anderer Städte und Dörfer verließen ihre Häuser und flohen in die Berge und Wälder. Aber den Kreuzfahrern ging es keineswegs nur darum, die Oberhoheit Roms wiederherzustellen. Sie waren vielmehr darauf aus, die Häretiker vollständig zu vernichten und zu plündern, wo immer sich die Gelegenheit bot. So wurde der Feldzug fortgesetzt.

Nach kurzer Belagerung ergab sich am 15. August Carcassonne, und Simon de Montfort wurde Vicomte von Carcassonne. Im ganzen Süden wurden Häretiker massenweise verbrannt, und jeder, der aufzubegehren versuchte, wurde gehenkt. Dennoch gelang es den Katharern – dank der Unterstützung vieler Edelleute des Südens, die den Raubzügen durch ihre Ländereien Einhalt gebieten wollten – dagegenzuhalten. Viele Ortschaften und Burgen wurden mehrmals erobert und zurückerobert. Die Grausamkeit und die Ausmaße des Gemetzels nahmen zu.

Im Jahr 1213 ergriff der König von Aragón Partei für die Katharer und den Adel aus dem Süden, aber die Kreuzfahrer schlugen seine Truppen in der Schlacht von Muret, in der auch der König fiel. Im Herbst 1217 hatten die Kreuzfahrer Toulouse erreicht; die Stadt wurde neun Monate lang belagert. Am 25. Juni 1218 starb Simon de Montfort vor den Stadtmauern, erschlagen von einem Stück Mauerwerk, das eine Frau aus den Reihen der Verteidiger mit einer Schleudermaschine in Richtung der Feinde katapultiert hatte.

Nach Simons Tod begann sich die Armee der Kreuzfahrer aufzulösen, und ein prekärer Frieden legte sich über die verwüstete Region. Die Waffenruhe hielt jedoch nicht lange an, schon 1224 wurde ein neuer Kreuzzug gegen den Süden ausgerufen. Der militärische Befehlshaber war diesmal König Ludwig VIII., die geistliche Führung übernahm wiederum der kriegserfahrene Fanatiker Arnaldus Amalrici.

Obwohl der König 1226 starb, tobte der Kreuzzug weiter, bis sich die französische Krone 1229 schließlich das gesamte Languedoc einverleibt hatte. In den Jahren 1240 und 1242 brachen abermals Revolten der Katharer gegen die neuen Herren aus. Am 16. März 1244 fiel die wichtigste der verbliebenen Katharer-Festen, Montségur, nach ausdauernder Belagerung. Auf einem Scheiterhaufen am Fuß des Berges, auf dem das Bollwerk stand, starben mehr als zweihundert Häretiker den Flammentod.

Quéribus, die letzte Katharer-Festung, fiel elf Jahre später, 1255. Erst jetzt war es mit deren organisiertem Widerstand endgültig vorbei. Zu dieser Zeit waren bereits viele überlebende Ketzer nach Katalonien und in die Lombardei geflohen, wo sie neue Gemeinden aufbauten. Sogar in Südfrankreich war das Katharertum nicht vollständig ausgestorben. Viele der Häretiker waren einfach in der örtlichen Bevölkerung untergetaucht, hingen aber immer noch ihrem Glauben an und praktizierten weiterhin insgeheim ihre Riten. Ihre Aktivitäten in der Region lassen sich noch für mindestens ein halbes Jahrhundert nachweisen, und während der ersten beiden Jahrzehnte des 14. Jahrhunderts gab es in der Gegend um das Dorf Montaillou in den französischen Pyrenäen eine regelrechte Katharer-Renaissance. Zu jener Zeit war jedoch bereits eine Einrichtung zur Bekämpfung der Ketzerei geschaffen worden, die es in Sachen Grausamkeit mit jedem Kreuzfahrerheer aufnehmen konnte.

2. DIE URSPRÜNGE DER INQUISITION

Während die Militärmaßnahmen gegen Katharer-Festungen und gegen Städte mit hohem Bevölkerungsanteil von Anhängern dieser Glaubensrichtung in vollem Gange waren, hatte sich zur gleichen Zeit eine weitere Entwicklung angebahnt. Obwohl auf den ersten Blick unspektakulär und weniger dramatisch – mit den Heldengeschichten um die Kreuzzüge konnte sie nicht konkurrieren –, sollte sie für die Geschichte des Christentums von noch größerer Bedeutung sein und weit über den unmittelbaren historischen Kontext, das südliche Frankreich im 13. Jahrhundert, hinausreichen. Ihre Auswirkungen sollten schließlich in der gesamten christlichen Welt zu spüren sein, sie sollten wesentliche Aspekte der Geschichte des westlichen Kulturkreises prägen und sogar bis zum heutigen Tage anhalten.

Im Sommer des Jahres 1206, anderthalb Jahre vor der Ausrufung des Albigenser-Kreuzzugs, zog der Bischof von Osma, einer Stadt im Nordosten Spaniens, auf dem Rückweg von einer Reise nach Rom durch Südfrankreich. Begleitet wurde er von einem gewissen Dominikus de Guzmán, Subprior der Mönche von der Kathedrale in Osma. Der Sohn eines niederen kastilischen Adligen war zu jener Zeit etwa sechsunddreißig Jahre alt. Er konnte auf eine zehnjährige Ausbildung an der Universität von Palencia zurückblicken und war für seine rhetorischen Fähigkeiten, seine Debattier- und Argumentationskünste berühmt. Vor drei Jahren, Anno Domini 1203, war er erstmals nach Frankreich gereist, und die dort spürbare Bedrohung durch die Häresie der Katharer hatte in ihm den Zorn der Gerechten entfacht.

Seine Empörung hatte sich während des zweiten Besuchs

noch gesteigert. In Montpellier trafen er und sein Bischof die dortigen päpstlichen Legaten, die sich lang und breit über die Häresie beklagten, welche die ganze Region »verseuche«. Zur Bekämpfung dieser »Seuche« ersannen Dominikus und der Bischof einen ehrgeizigen Plan. Der Bischof starb jedoch nicht einmal ein Jahr darauf, und so war Dominikus bei der Realisierung des Vorhabens auf sich allein gestellt. Er kann es sich als Verdienst anrechnen, dies geleistet zu haben – sofern man in diesem Zusammenhang überhaupt von »Verdienst« sprechen möchte.

Das Anschwellen ihrer Gefolgschaft verdankten die Katharer zu einem großen Teil ihren erfolgreichen Wanderpredigern, die aufgrund ihrer Gelehrsamkeit, Beredsamkeit und theologischen Beschlagenheit in der Bevölkerung hohes Ansehen genossen. Aber auch ihr Verhalten verdiente Respekt: ihre offensichtliche Mittel- und Anspruchslosigkeit, ihre Aufrichtigkeit und Redlichkeit. Sie übten konsequent jene Form von Genügsamkeit, die traditionell Jesus und seinen Jüngern nachgesagt wurde.

Hinsichtlich dieser hochgeschätzten »christlichen« Werte konnte die Kirche den Katharern nicht das Wasser reichen. In den oberen Etagen der kirchlichen Hierarchie lebte man mehr als je zuvor in Überfluß und Luxus, ergab sich hemmungsloser Genußsucht und schamloser Extravaganz, was sich wohl kaum mit den christlichen Idealen vereinbaren ließ. Der niedere Klerus vor Ort hingegen war zwar ziemlich arm, aber auch entsetzlich primitiv und ungebildet. Diese Priester waren gerade eben fähig, die Messe zu lesen, und hatten sicher nicht das geistige Rüstzeug, sich auf theologische Debatten einzulassen. Die Mönche verließen kaum je ihre Klöster, in denen sie sich in erster Linie der körperlichen Arbeit, dem Gottesdienst und der Meditation widmeten. Die wenigen Begabten unter ihnen, die sich eine gewisse Gelehrsamkeit angeeignet hatten, fanden so gut wie nie Gelegenheit, dieses Wissen in der Welt jenseits der Klostermauern zu verbreiten.

Dominikus machte sich daran, diesen Mißstand zu beheben. Er hatte vor, die Katharer auf ihrem ureigenen Terrain zu schlagen. Zäh baute er ein rasch wachsendes Netzwerk von umherziehenden Ordensbrüdern und Bettelmönchen auf: Diese Männer ließen die Abgeschiedenheit der Abteien und Klöster hinter sich und zogen durch die Lande, um Dörfer und Städtchen zu besuchen. Im Gegensatz zu den kirchlichen Würdenträgern sollten die Brüder des Dominikus barfuß reisen und sich schlicht und anspruchslos geben, um so als Beispiel zu dienen für die Genügsamkeit und die Askese, die man gemeinhin den frühen Christen und den ersten Kirchenvätern zuschrieb. Wichtiger noch: Dominikus' Männer sollten gebildet sein, geschult in gelehrten Debatten, fähig, jeden Katharer-Prediger oder sonstigen Herausforderer im »theologischen Turnierkampf« zu schlagen. Mochte die Kleidung dieser Barfüßer auch noch so einfach sein, sie trugen stets Bücher mit sich. In der Vergangenheit hatten andere bekannte Kleriker die Gelehrsamkeit um ihrer selbst willen befürwortet oder mit dem Ziel, Rom ein Monopol des Wissens zu sichern. Dominikus war der erste Kirchenmann in der Geschichte dieser Institution, der Gelehrsamkeit als ein unentbehrliches Hilfsmittel und Werkzeug für die Predigt zu etablieren versuchte.

Nach seinem Tod wurden im Zuge des bald darauf eingeleiteten Prozesses zu seiner Heiligsprechung eidliche Aussagen von Menschen gesammelt und ausgewertet, die ihn persönlich gekannt oder ihn in Aktion erlebt hatten. Aus diesen Berichten fügt sich so etwas wie ein Porträt. Dominikus wird als schmächtiger Mann beschrieben, der nachts fast ohne Unterlaß betete und dabei oft weinte. Tagsüber hielt er öffentliche Veranstaltungen ab, auf denen er Gelegenheit fand, gegen die Katharer zu wettern. Während dieser Predigten soll er oft in Tränen ausgebrochen sein. Er führte ein extrem asketisches Leben und kasteite seinen Körper mit großer Inbrunst. Während seiner Predigten geißelte er sich oft mit einer Eisenkette, die er um seine Beine trug. Tag und

Nacht hatte er dasselbe Gewand an, eine rauhe, grobgewebte, härene Kutte mit unzähligen Flicken. Er schlief niemals in einem Bett, sondern legte sich auf den nackten Boden oder auf ein Brett.

Zugleich war er keineswegs frei von einer sehr eigenwilligen Eitelkeit. Er scheint sich über sein Image als Asket sehr genau im klaren gewesen zu sein und war sich nicht zu schade, dieses Bild durch ein paar allzu menschliche, wenn auch ziemlich unheilige Winkelzüge und Betrügereien noch zu verstärken. Wenn er sich einer Gaststube oder Herberge am Wegesrand näherte, in der er die Nacht zu verbringen gedachte, pflegte er beispielsweise zuvor an einer nahe gelegenen Quelle oder einem Bach Rast zu machen, um dort unbeobachtet seinen Durst zu löschen. Danach konnte er in seiner Unterkunft, wo er fast nichts trank, mühelos seinen Ruf der Anspruchs- und Bedürfnislosigkeit festigen.

Schon 1206, zwei Jahre vor dem Aufruf zum Albigenser-Kreuzzug, hatte Dominikus während seiner Reise durch Frankreich an der Seite des Bischofs von Osma in Prouille ein Kloster gegründet. Unter den päpstlichen Legaten, die er kennenlernte, war auch Petrus von Castelnau, dessen Ermordung 1208 den Kreuzzug auslöste. Eine Rede, die Dominikus kurz nach Beginn der Feindseligkeiten in Prouille gehalten haben soll, wirft ein Schlaglicht auf seine Geistesverfassung:

»Ich habe euch nun seit vielen Jahren mit süßen Worten geschmeichelt, habe euch gepredigt, bin in euch gedrungen, habe euch angefleht. Aber wie die Leute in meiner Heimat zu sagen pflegen: Wo Gnädigkeit nichts nützt, mag der Stock obsiegen. Jetzt werden wir Heerführer und Prälaten gegen euch aussenden, die – leider – mit vereinter Kraft gegen dieses Land vorgehen … und viele Menschen durch das Schwert richten werden, die eure Türme schleifen, eure Mauern niederreißen und zermalmen werden und die euch alle in die Knechtschaft zwingen werden … Die Kraft des Stockes wird obsiegen, wo Freundlichkeit und Gnädigkeit nichts erreichen konnten.«[1]

Aus der Zeit des Feldzugs gegen die Katharer sind uns nur wenige Einzelheiten von Dominikus' persönlichem Wirken überliefert. Er scheint mit an der Spitze des Kreuzfahrerheeres gezogen zu sein, offenbar mit einer Vollmacht des ebenso fanatischen päpstlichen Legaten Arnaldus Amalrici ausgestattet, jenes Abtes von Cîteaux, der die Ausrottung der gesamten Einwohnerschaft von Béziers angeordnet und diesen Befehl damit begründet hatte, daß der Herr die Seinen schon erkennen werde. Selbst die ihm wohlgesonnensten unter seinen Biographen räumen ein, daß Dominikus oft damit beauftragt wurde, über jene, die des Katharertums verdächtigt wurden, das Urteil zu sprechen, sie wieder zum rechten Glauben zu bekehren oder aber – wenn dies nicht gelang – den Flammen zu überantworten. Er wohnte der Verbrennung zahlreicher Häretiker bei, und ihr gewaltsamer Tod scheint sein Gewissen nicht belastet zu haben.

Da kann es kaum überraschen, daß Dominikus zum engen persönlichen Freund, Vertrauten und Ratgeber von Simon de Montfort, dem unbarmherzigen obersten Feldherrn des Kreuzzugs, avancierte und stets an dessen Seite war, wenn er und seine Mannen mordend und plündernd durchs Land zogen. Als Simon sich 1213 in Carcassonne niederließ, stand Dominikus eine Zeitlang im Dienst des Bischofs der Stadt. Man nimmt an, daß er auch während der Schlacht von Muret bei den Truppen war und daß seine Predigten die Soldaten Simons so sehr beflügelten, daß sie den König von Aragón besiegten. Im Jahr 1214 übertrug Simon Dominikus die Einkünfte mindestens einer der frisch eroberten Städte. Dominikus taufte auch Simons Tochter und hielt bei der Hochzeit von Simons ältestem Sohn und einer Enkeltochter des französischen Königs den Traugottesdienst ab.

Inzwischen war Dominikus durch seine Taten und seinen intensiven Umgang mit Simon unter den Kreuzfahrern zu einer Berühmtheit geworden. Wohlhabende katholische Bürger von

Toulouse schenkten ihm und seinem im Entstehen begriffenen Mönchsorden 1214 drei Häuser, von denen eines sich bis heute erhalten hat. Ein Jahr später gab er seinen ursprünglichen Plan auf, seine Bruderschaft in Carcassonne anzusiedeln: Offenbar schlug ihnen dort zuviel Kritik, ja sogar offene Feindseligkeit entgegen. Statt dessen zog er nach Toulouse, und so erfolgte dort, in dem Anwesen, das ihm gestiftet worden war, die Gründung des Dominikanerordens, zunächst allerdings noch ohne offizielle Anerkennung.

Im selben Jahr, 1215, reiste Dominikus noch nach Rom und nahm am Vierten Laterankonzil teil. Auf diesem Konzil unterstützte Papst Innozenz III. entschieden Dominikus' Forderung, jede Predigt, jeder Versuch, den christlichen Glauben zu verbreiten und zu festigen, müsse durch eine gründliche theologische Ausbildung der Geistlichen untermauert werden. Der Papst stellte auch die offizielle Approbation der neuen Ordensgemeinschaft in Aussicht, aber er starb, bevor er sie bestätigen konnte. Im Dezember 1216 wurden die Dominikaner vom neuen Pontifex, Honorius III., endlich formell anerkannt.

Bis zum Jahr 1217 hatten die ersten Dominikaner in Toulouse bereits soviel Unwillen hervorgerufen, daß sie gezwungen waren, sich von dort aus zu zerstreuen. Sie gründeten neue Ordensniederlassungen in so entfernten Städten wie Paris und Bologna und in vielen Orten Spaniens. Die Bruderschaft warb nun verstärkt Gelehrte an und erließ Regeln zum Studium und zur pfleglichen Behandlung der Bücher. Jedes Dominikanerhaus hatte seinen eigenen Lehrer, und der Besuch seiner Vorlesungen war Pflicht. Gleichzeitig setzten die Dominikaner unvermindert jene Aktivitäten fort, mit denen sie sich in der Bürgerschaft von Carcassonne und Toulouse alle Sympathien verscherzt hatten: Spitzelei, Denunziation und den Aufbau eines regelrechten Geheimdienstes. Mit diesen Aktivitäten erwiesen sie sich als überaus nützlich für ihre Kirche. Das Netzwerk der Wanderbrüder, die das ganze Land bereisten, war wie geschaffen zum Sammeln von Informationen.

Dominikus starb 1221 in Bologna an einem Fieber. Er war nicht viel älter als fünfzig geworden; vielleicht hatte er mit der extremen Mobilisierung fanatischer Energie den Bogen einfach überspannt und sein Feuer vor der Zeit aufgebraucht. Sein Lebenswerk, der Orden, bestand jedoch fort und wuchs rasch weiter. Zur Zeit seines Todes gab es bereits etwa zwanzig Niederlassungen der Dominikaner in Frankreich und Spanien. Die Mitglieder der Gemeinschaft waren nicht nur für ihre Predigerkunst, sondern auch für ihr eifriges, ja besessenes theologisches Studium bekannt. 1224 waren in Paris mindestens hundertzwanzig Dominikaner für dieses Studium eingeschrieben. Im Jahr 1227 rief der Papst sie erstmals »in Glaubensgeschäften« zu Hilfe. Ausgestattet mit besonderen päpstlichen Vollmachten, spezialisierten sie sich mehr und mehr darauf, Häretiker aufzuspüren und zur Strecke zu bringen, und der Feuereifer, mit dem sie bei der Sache waren, machte sie für die Kirche auf Dauer unentbehrlich.

Schon 1234 wurde Dominikus heiliggesprochen – aus heutiger Sicht wohl mit unziemlicher Hast. Es dürfte nur wenige Heilige geben, an deren Händen mehr Blut klebte. Zu dem Zeitpunkt, da Dominikus postum seinen »gerechten Lohn« erhielt – wie auch immer der ausgesehen haben mag –, umfaßte seine Gemeinschaft bereits nahezu einhundert Ordenshäuser. Die Dominikaner arbeiteten mit so strenger Disziplin und unbedingtem Gehorsam, wie man es heute bei gewissen Sekten und Psychokulten finden kann, und auch die Auswirkungen auf die Familien sind vergleichbar. War ein Mann dem Orden einmal beigetreten, war er für seine Angehörigen und für die profane Welt verloren. Die Hagiographen wissen von einer römischen Adelsfamilie zu berichten, die versuchte, ihren Sohn aus den Klauen des Ordens zu befreien. Daraufhin schickte man den jungen Mann in ein anderes Ordenshaus, weit weg von Rom. Seine Angehörigen setzten ihm nach. Als sie an einen Fluß kamen, sahen sie, wie er gerade das andere Ufer erreichte. Plötzlich schwoll, so heißt es, wie durch ein Wunder der Fluß an, wurde zu einem reißenden Strom und damit unpassierbar. Der Jüngling blieb Dominikaner.

DIE VERNICHTUNG DER HÄRESIE

Im Jahr 1227 hatte ein alter Freund des Dominikus als Papst Gregor IX. auf dem Stuhl Petri Platz genommen. Dieser Mann leitete den Prozeß ein, der 1234 mit der Heiligsprechung des Dominikus seinen Abschluß fand. Zur gleichen Zeit, am 20. April 1233, erließ der neue Pontifex eine Bulle, in der den Dominikanern ausdrücklich der Auftrag erteilt wurde, Häresien auszumerzen. An die Adresse seiner Bischöfe schrieb der Papst:

»Wir sehen euch verstrickt in einen Wirrwarr von Sorgen und kaum imstande, unter dem Drucke der überwältigenden Beunruhigungen zu atmen; wir halten es deshalb für gut, eure Lasten zu teilen, damit sie leichter getragen werden können. Wir haben daher beschlossen, Predigermönche gegen die Ketzer Frankreichs und der benachbarten Provinzen auszusenden, und wir bitten, warnen, ermahnen und befehlen euch, sie im Namen der Verehrung, die ihr für den Heiligen Stuhl empfindet, freundlich aufzunehmen, sie gut zu behandeln und ihnen in diesem und allem anderen eure Gunst, euren Rat und eure Hilfe zuteil werden zu lassen, damit sie ihr Amt erfüllen können.«[2]

Zwei Tage später richtete sich der Papst in einer zweiten Bulle direkt an die Dominikaner: »Daher also seid ihr … ermächtigt, den Klerikern, die auf eure Ermahnung hin von solcher Verteidigung der Ketzerei nicht ablassen, ihre Pfründen für immer zu nehmen und gegen sie und alle anderen ohne Berufung vorzugehen sowie, wenn nötig, die Hülfe des weltlichen Armes anzurufen und ihren Widerstand durch kirchliche Zensuren ohne Berufung zu brechen.«[3]

Außerdem verkündete der Papst die Einrichtung eines ständigen Tribunals, das mit Dominikanerbrüdern besetzt werden sollte. Damit war die Inquisition de facto etabliert. Ein Jahr später, 1234, nahm sie ihre Arbeit auf: In Toulouse wurden zwei offizielle Inquisitoren ernannt. Bemerkenswert ist, daß ihre Aktivität sich, der päpstlichen Bulle zufolge, ursprünglich gegen den Klerus richten sollte: ein Hinweis darauf, wie viele katholische Geistliche es tatsächlich gab, die heimlich mit den Katharern sympathisierten.

Kraft des päpstlichen Edikts hatten die dominikanischen Inquisitoren die gesetzliche Befugnis, der Ketzerei Verdächtige ohne jede Berufungsmöglichkeit zu verurteilen – im Endeffekt also Todesurteile im Schnellverfahren zu sprechen. Die Verbrennung von Häretikern war natürlich nichts Neues. Simon de Montfort und sein Heer hatten dies bereits seit Beginn des Albigenser-Kreuzzugs im Jahr 1209 mit Hingabe praktiziert. Das konnte man jedoch noch als Schandtat eines rücksichtslosen Kriegsherrn ansehen, der auf eigene Initiative handelte, in den eroberten Gebieten seine Auffassung von Kriegsrecht durchsetzte und seine Feinde so behandelte, wie er es für angemessen hielt. Jetzt hingegen etablierte sich, mit dem Segen des Papstes, eine Massenvernichtungsmaschinerie auf gesicherter Rechtsgrundlage: in offiziellem Auftrag und mit direkter Billigung der höchsten Autorität der Christenheit.

In Anbetracht des besonderen Charakters und der Größe des dazu nötigen Verwaltungsapparates nimmt es kaum wunder, daß Probleme auftauchten. Viele Kleriker mißgönnten den Dominikanern ihre neue Macht und zeigten eine gewisse Sympathie für die Katharer, und sei es nur aus Menschlichkeit und nicht aus theologischen Gründen. Auch daß es zwischen den Inquisitoren und den örtlichen Bischöfen zu Kompetenzstreitigkeiten kam, überrascht nicht. Der Papst hatte verkündet, er wolle den Bischöfen eine Last von den Schultern nehmen. Tatsächlich entzog er ihnen damit jedoch einen Teil ihrer kirchlichen Gerichtsbarkeit, was zu Reibereien unterschiedlichen Ausmaßes führte, teils sogar zu offenem Widerstand. Manche Bischöfe bestanden darauf, daß kein Ketzer ohne ihre vorherige Zustimmung verurteilt werden dürfe. Manche nahmen das Recht für sich in Anspruch, die ergangenen Urteile abzuändern. Und manche reklamierten gar für sich die Befugnis, selbst inquisitorisch tätig zu werden.

Im Verlauf des 13. Jahrhunderts flammten der schwelende Neid und die latente Feindseligkeit zwischen den Inquisitoren und den Bischöfen immer wieder neu auf. In der Theorie waren die Tribunale der Inquisition lediglich als Ergänzung zur bischöflichen Gerichtsbarkeit gedacht. In der Praxis jedoch bröckelte die episkopale Macht mehr und mehr ab. Ein Konzil im Jahr 1248 drohte Bischöfen, die den Urteilen der Inquisition ihre Zustimmung verweigerten, mit Hausverbot in ihren eigenen Kirchen. 1257 gab Papst Alexander IV. der Inquisition völlig freie Hand, indem er das Gebot, ihre Vertreter müßten sich mit den Bischöfen beraten, einfach abschaffte. Papst Gregor X. ordnete hingegen im Jahr 1273 wieder an, daß die Inquisitoren mit den örtlichen Bischöfen zusammenarbeiten und daß sie sich die Amtsgewalt und die Rechtsprechung teilen sollten. Diese Regelung setzte sich im Laufe der Zeit auch durch.

Die erste Generation der Inquisitoren hatte es nicht immer leicht. Das Leben bot ihnen reichlich Gelegenheit, sich über schwere Prüfungen, die ihnen auferlegt wurden, zu freuen und die eigene Haltung entsprechend zu verherrlichen. Guillaume Pelhisson zum Beispiel, der aus Toulouse stammte, war den Dominikanern um 1230 beigetreten und trotz seines geringen Alters schon 1234 zum Inquisitor aufgestiegen. Vor seinem Tod im Jahr 1268 verfaßte er ein Manuskript, in dem er die Aktivitäten der Toulouser Inquisition in der Zeit von 1230 bis 1238 schildert. Etwa ein dreiviertel Jahrhundert später stieß Bernhard Gui – einer der bedeutendsten und berüchtigtsten Inquisitoren, der in Umberto Ecos Roman *Der Name der Rose* eine herausragende Rolle spielt – auf Guillaumes Manuskript und befand es für wert, kopiert zu werden. Bernhards Abschrift hat in den Archiven von Avignon die Jahrhunderte überdauert und bietet uns heute wertvolle Einsichten in das wechselhafte Schicksal der frühen Inquisition.

Guillaume schreibt mit der erklärten Absicht, nachfolgende Generationen von Dominikanern sowie andere gottesfürchtige Katholiken sollten »erfahren, wieviel Leid ihre Vorgänger für den Glauben und im Namen Christi zu erdulden hatten und welcher Art diese Leiden waren... Mögen [sie] den Ketzern und allen anderen Ungläubigen mit Tapferkeit begegnen und – wenn nötig – bereit sein, ebensoviel zu tun oder auf sich zu nehmen oder noch mehr... Denn nach den zahlreichen, den ungezählten Prüfungen, die der heilige Dominikus und jene Brüder, die mit ihm in diesem Land waren, geduldig, demütig und mit guten Erfolgen ertragen haben, dürfen die wahren Söhne solcher Väter nicht zurückweichen«.[4]

Um zu zeigen, mit welchen Schwierigkeiten die Inquisitoren 1234 in Albi zu kämpfen hatten, führt Guillaume aus: »Der Herr Legat... ernannte Arnold Catalan, der damals dem Konvent von Toulouse angehörte, zum Inquisitor gegen die Ketzer in der Diözese von Albi, wo er tapfer und ohne Furcht predigte und die Inquisition nach besten Kräften auszuüben versuchte. Die Anhänger der Häresie gaben damals jedoch so gut wie nichts zu, vielmehr leugneten sie allesamt; dennoch sprach er das Urteil über zwei lebende Ketzer..., und beide wurden verbrannt... Er verdammte noch gewisse andere, bereits Verstorbene und ließ ihre Leichen fortschleppen und verbrennen. Dies empörte die Einwohner von Albi, und sie versuchten ihn in den Fluß Tarn zu stoßen, aber da einige unter ihnen darauf bestanden, ließen sie ihn laufen. Er war verprügelt worden, die Kleider hingen ihm in

Fetzen vom Leib, sein Gesicht war blutig ... Später kam viel Unglück über diese Leute, zur Zeit des Bruders Ferrier, des Inquisitors, der eine Anzahl von ihnen ergreifen und einkerkern ließ und auch einige verbrannte, so daß sie Gottes gerechte Strafe zu spüren bekamen.«[5]

Auch über Toulouse selbst beschwert sich Guillaume: »In jenen Tagen wurden Katholiken ständig belästigt, und an einigen Orten wurden jene, die Häretiker aufgespürt und gemeldet hatten, getötet ... Die Anführer jener Region machten gemeinsame Sache mit dem hohen Adel und den Bürgern und anderen und beschützten und versteckten die Häretiker. Sie schlugen, verletzten und töteten jene, die sie verfolgten ... Im Land wurden der Kirche und den Rechtgläubigen viele verruchte Dinge angetan.«[6]

In einem beiläufigen, fast lockeren Ton berichtet Guillaume: »Die Mönche führten auch in Moissac eine Inquisition durch und sprachen das Urteil über den lebenden Johann du Gard, der auf den Montségur entfloh, wo er durch und durch Häretiker wurde und später zusammen mit zweihundertzehn anderen Ketzern verbrannt wurde.«[7]

Die Dominikaner von Toulouse hielten 1234, in dem Jahr, in welchem nach Guillaumes Worten »die Kanonisation des heiligen Dominikus, unseres Vaters, verkündet wurde«,[8] eine feierliche Messe zu Ehren ihres heiliggesprochenen Ordensgründers ab. Als die Teilnehmer der Messe vor ihrem Festmahl die Gefäße reinigten, erreichte sie »durch göttliche Vorsehung« die Nachricht, daß soeben in der Nachbarschaft eine an Fieber erkrankte Frau, die bald sterben würde, von einigen Häretikern das Consolamentum, bei den Katharern die Entsprechung zu den Sterbesakramenten, empfangen habe. Mehrere Dominikaner brachen die Waschung ab, eilten in Begleitung des Bischofs von Toulouse zum Haus der Sterbenden und platzten in ihre Kammer.

»Der Bischof ... setzte sich neben die Kranke und ließ sich in aller Breite über die Nichtigkeit der Welt und die Verächtlichkeit materieller Dinge aus ... Seine Exzellenz, der Bischof, entlockte ihr mit großem Geschick Bekenntnisse zu etlichen Fragen ihres Glaubens, und fast alles davon erwies sich als ketzerisch ... Dann sagte der Bischof: ›Also bist du eine Ketzerin! Denn was du bekannt hast, ist der Glaube der Häretiker, und du kannst ganz gewiß sein, daß diese Häresien enthüllt und verdammt werden. Widerrufe alles! Bekenne dich zum Glauben der katholischen Kirche.‹ [Der Bischof] sprach diese und viele andere Worte zu ihr, so daß alle Umstehenden es vernehmen konnten, aber bei ihr selbst erreichte er nichts – im Gegenteil, sie klammerte sich um so hartnäckiger an ihren Ketzerglauben. Unverzüglich verurteilte der Bischof, der sofort den Vikar und viele andere Leute herbeigerufen hatte, die Frau im Namen von Jesus Christus als Häretikerin. Danach ließ der Vikar sie mitsamt dem Bett, in dem sie lag, auf den Richtplatz tragen und ohne Aufschub verbrennen.«[9]

So krönten die Dominikaner von Toulouse ihre Feier zu Ehren des gerade heiliggesprochenen Dominikus mit einem Menschenopfer.

Guillaume berichtet weiter, daß die Feindseligkeit gegenüber den Dominikanern von Toulouse im Jahr 1235 eskalierte. Diese Ablehnung durch die Bevölkerung scheint ihn zugleich verwundert und empört zu haben, und er reagiert mit stolzem Trotz: »Zu jener Zeit wurden die Leichname gewisser Leute, die verketzert worden waren, ... durch die Stadt geschleift und verbrannt. Die ganze Stadt war über die Inquisition empört, erhob sich gegen die Mönche und rief den Grafen zur Hilfe. Dieser ging zu den Inquisitoren und bat sie, aus Rücksicht auf ihn ihrem Treiben eine Zeitlang Einhalt zu gebieten, aber das, was er als Begründung vorbrachte, war lächerlich. Sie weigerten sich, seinem Wunsch Folge zu leisten.«[10]

Im November 1235 wurden alle Dominikaner – und mit ihnen die Inquisition – von den Konsuln der Stadt gewaltsam aus Toulouse vertrieben. Daraufhin wurden die Konsuln von der

Inquisition ordnungsgemäß exkommuniziert. Kurze Zeit später verlangte der Papst von den Oberen der Stadt, daß sie die Inquisition zurückkehren ließen. Als sie sich wieder eingerichtet hatte, nahm sie mit einer fürchterlichen Gewaltorgie grimmige Rache:

»Zu jener Zeit wurden viele Häretisierungen wichtiger Bürger und anderer Leute [bekannt], die inzwischen verstorben waren... [und sie wurden] durch Urteilsspruch verdammt und exhumiert, und die Überreste der Ehrlosen wurden von den Mönchen im Beisein des Vikars und seiner Mannen von den Friedhöfen entfernt. Ihre Knochen und stinkenden Leiber wurden durch die Stadt geschleift; der Herold rief in den Straßen ihre Namen aus und schrie: ›Wer solches tut, soll so enden!‹ Und anschließend wurden sie auf dem Richtplatz verbrannt, zu Ehren Gottes und der Heiligen Jungfrau, seiner Mutter, und des heiligen Dominikus, seines Dieners, [der] ... dieses Werk des Herrn so glücklich zustande brachte.«[11]

DIE RECHTMÄSSIGKEIT DES MENSCHENOPFERS

Folter und Hinrichtung von Ketzern waren in der Geschichte des Christentums nichts Neues. Im Gegenteil: Diese Praktiken fußten auf einer reichen Tradition, die sich mindestens bis ins 4. Jahrhundert zurückverfolgen läßt. Um das Jahr 385 n. Chr. hatte Priscillian, der von 381 bis 385 Bischof von Ávila war, bestimmte apokryphe Texte aus dem Nahen Osten in seine Lehrpredigten aufgenommen, möglicherweise auch Elemente des gnostischen Dualismus. Er wurde daraufhin der Hexerei und Ketzerei bezichtigt, nach Trier gebracht und dem damaligen römischen Kaiser Maximus vorgeführt. Dort unterwarf man den Bischof einer unaufhörlichen Folter. Der ihm vorgeworfenen Verbrechen für schuldig befunden, wurde er enthauptet. Zwei andere Kleriker wurden mit ihm hingerichtet, eine wohlhabende Schülerin des

Bischofs und ein bekannter Dichter, der mit ihm befreundet war. Nach Spanien wurden Tribunen entsandt, die dort weitere Ermittlungen anstellen sollten, die Hinrichtung zweier weiterer Ketzer bewirkten und fünf andere ins Exil verbannten. Papst Siricius, der damals auf Petri Stuhl saß, legte Protest ein – nicht etwa gegen die Exekutionen, sondern weil die Verfahren nicht in einem kirchlichen, sondern in einem weltlichen Gerichtshof abgehalten worden waren. Priscillians Körper wurde zur Beerdigung nach Spanien zurückgebracht, wo schon bald eine Grabkapelle zu seinen Ehren errichtet wurde – und zwar, wie man heute glaubt, in Santiago de Compostela.[12] Der ursprüngliche Pilgerweg nach Santiago de Compostela folgt angeblich genau der Reiseroute, auf der Priscillians Leichnam zu seiner letzten Ruhestätte in Spanien transportiert wurde.

In den neunhundert Jahren zwischen Priscillians Tod und der Etablierung der Inquisition hatte es weitere Hinrichtungen von Ketzern gegeben. Sie waren jedoch niemals auf eine durchgängige oder zentral organisierte päpstliche Politik zurückzuführen gewesen, es handelte sich vielmehr um spontane Gewaltausbrüche örtlicher Kirchenleute oder um Auswüchse der überspannten Frömmigkeit säkularer Herrscher. So hatte zum Beispiel der französische König 1022 einige angeblich häretische Mönche aus Orléans auf den Scheiterhaufen werfen lassen. Im Jahr 1126 wurde in Saint-Gilles ein einzelner Ketzer verbrannt. Jetzt hingegen, unter der Inquisition, hatte sich eine offizielle, mehr oder weniger reibungslos arbeitende Maschinerie breitgemacht, die den ganzen Prozeß der Ermittlungen, Anklage, gerichtlichen Untersuchung, Folter und Hinrichtung abwickelte.

Zwar existieren kaum Dokumente, die diese Annahme stützen, aber es scheint seit spätestens dem 9. Jahrhundert eine Regel bestanden zu haben, daß kirchliche Würdenträger kein Blut vergießen durften. Blut fließen zu lassen, sei es durch Lanze oder Schwert oder Dolch, galt offenbar als unchristlich. So ist zum

Beispiel in den *Chansons de Ronald* zu lesen, daß der Kirchenmann Turoldus sich sogar als Teilnehmer an einem Feldzug weigerte, Klingenwaffen zu tragen. Statt dessen schwang er eine Keule. Es mag zwar für einen Christen inakzeptabel gewesen sein, einem Menschen Stich- oder Schnittwunden zuzufügen, aber Blut, das »versehentlich« aus einem zerschmetterten Schädel quoll, stellte nach dieser feinsinnigen theologischen Grenzziehung offenbar kein Problem dar.

Vielleicht hat die Inquisition aus Rücksicht auf eine solche Tradition Tötungstechniken entwickelt, die das Blutvergießen zumindest theoretisch auf ein unvermeidliches Minimum reduzierten. Natürlich hatten die Inquisitoren kaum Gewissensbisse und Skrupel, ihren Mitmenschen im Namen des Seelenheils körperliche Schmerzen zuzufügen. Um ihnen diesen Auftrag zu erleichtern, ermächtigte Papst Alexander IV. (1254–1261) die Inquisitoren, sich gegenseitig für alle sogenannten »Unregelmäßigkeiten« – zum Beispiel für den vorzeitigen Tod eines Opfers beim Verhör – die Absolution zu erteilen.

Die meisten Foltermethoden – besonders die beliebten Instrumente Streckbank und Daumenschraube, der *strappado*, eine flaschenzugartige Vorrichtung, und die Wasserfolter – konnten ohne großes Blutvergießen angewandt werden. Derartige Geräte scheinen in der Absicht ersonnen worden zu sein, möglichst große Pein zu bereiten und zugleich möglichst »sauber« zu arbeiten.

Bei aller Vielfalt an pervers-phantasievollen, raffiniert auf das Ziel – das Zufügen von Schmerzen – hin optimierten Instrumenten: das wichtigste Werkzeug der Inquisition blieb das Feuer. Das Feuer verdankte seine unumstrittene Vormachtstellung und Rechtfertigung den Gesetzen des römischen Imperiums, die im 12. Jahrhundert wiederbelebt wurden und die Grundlage für die Jurisdiktion der europäischen Reiche bildeten. Nach dem römischen Rechtskodex war der Feuertod die Standardstrafe für Vater- und Muttermord, Gotteslästerung, Brandstiftung, Hexerei und

Hochverrat. Daran orientierte man sich bei der Bestrafung der Ketzer.

1224 hatte Friedrich II., Kaiser des Heiligen Römischen Reiches, in der Lombardei ein Gesetz erlassen, das die Verbrennung rückfälliger Ketzer gestattete. 1231 wurde diese Ermächtigung in die sizilianische Gesetzessammlung übernommen. Zwischen 1238 und 1239 wurden drei Gesetzeserklärungen herausgegeben, die den sizilianischen Kodex für das ganze Heilige Römische Reich maßgebend werden ließen.

Kaiser Friedrich II. selbst war kein vorbildlicher Christ. Er beschäftigte sich intensiv mit eindeutig heterodoxen Lehren. Er bewahrte und pflegte das umfangreiche Wissen der islamischen und der jüdischen Geisteskultur. Er war praktizierender Anhänger der Alchimie, der Astrologie und anderer Künste, die wir heute als esoterisch bezeichnen würden. Er brachte weder der katholischen Kirche noch dem Papst sonderliche Zuneigung entgegen, der ihn wiederholt der Ketzerei bezichtigte und ihn zweimal exkommunizierte.

Auch wenn die Kirchenleute ständig mit Friedrich im Streit lagen, hatten sie keine Bedenken, sich seines juristischen Kodex zu bedienen, und setzten das Feuer mit der fanatischen Begeisterung institutionalisierter Pyromanen ein. Eine der ersten Handlungen der dominikanischen Inquisition bestand darin, die Leichen enthaupteter Ketzer in Albi zu exhumieren, um sie anschließend zu verbrennen. Wie schon aus dem oben zitierten Augenzeugenbericht Guillaume Pelhissons ersichtlich ist, stieß die Exhumierung und Einäscherung der Toten ebensowenig auf Verständnis wie die Folter und Verbrennung der Lebenden; bei der Bevölkerung, insbesondere im Languedoc, beschworen diese Praktiken oftmals feindselige Reaktionen herauf.

Viele Inquisitoren konnten sich nur mit einer bewaffneten Leibwache auf die Straße trauen und wurden bei ihren Reisen ständig eskortiert. Einige von ihnen wurden ermordet. Solches

Mißgeschick konnte ihrer Begeisterung für das Zündeln jedoch keinen Abbruch tun. Der Inquisitor Robert le Petit zum Beispiel brannte sich eine regelrechte Schneise durch ganz Nordfrankreich. Einmal, 1239, beaufsichtigte er den gleichzeitigen Feuertod von einhundertachtzig Verurteilten. Seine Exzesse fanden erst zwei Jahre später, 1241, mit seinem eigenen Tod ein Ende.

Unter der Schirmherrschaft solcher Männer erwachte der uralte, heidnische Brauch des rituellen Menschenopfers zu neuem Leben, diesmal unter dem Deckmantel christlicher Frömmigkeit. Die Verbrennung eines Ketzers war ein Anlaß zum Feiern, zu einem Freudenfest. Der Charakter dieser Veranstaltungen kommt besonders klar in dem Begriff zum Ausdruck, mit dem sie später in Portugal und Spanien bezeichnet wurden. Wörtlich übersetzt bedeutet das berüchtigte »Autodafé« – der öffentliche Prozeß, dessen Höhepunkt der Urteilsspruch »Tod durch den Scheiterhaufen« und dessen Vollstreckung bildeten – nichts anderes als »Akt des Glaubens« *(auto de fé)*.

DIE METHODEN DER INQUISITION

Die Inquisition entwickelte rasch eine Methodik der Einschüchterung und Kontrolle, die von einer solch beeindruckenden Effizienz war, daß man in dieser Einrichtung durchaus einen Vorläufer von Stalins Geheimpolizei, der SS oder der Gestapo sehen kann. Manchmal erschienen der Inquisitor und sein Gefolge ohne jede Vorwarnung in einer Stadt, einer Siedlung, einer Universität oder – wie in *Der Name der Rose* beschrieben – einem Kloster. Üblicher war jedoch eine umfangreiche, langfristige Vorbereitung seines Besuchs. Seine Ankunft wurde vorab in den Kirchen bei den Gottesdiensten verkündet. Wortreiche, ausgefeilte Proklamationen, die auf das Ereignis hinwiesen, wurden an den Kirchentüren und öffentlichen Anschlagbrettern angebracht, und wer des Lesens kundig war, beeilte sich, auch den anderen, die es nicht beherrschten, diese Neuigkeit mitzuteilen. Wenn der Inquisitor dann eintraf, geschah dies zumeist in Form einer feierlichen Prozession, denn er kam in Begleitung seines Stabs aus Notaren, Sekretären, Ratgebern, Assistenten, Ärzten und Dienern - sowie häufig einer bewaffneten Eskorte. Nach diesem sorgfältig inszenierten Entree ließ er die gesamte Bevölkerung und den örtlichen Klerus zusammenrufen, um in einer salbungsvollen Predigt von seinem Auftrag zu reden und den Zweck seines Besuchs zu verkünden. Anschließend pflegte er - als lade er großherzig zu einem Festbankett ein - allen Leuten die Gelegenheit zur Selbstanzeige anzubieten: Wer sich der Häresie schuldig fühle, möge von sich aus an seine Leute herantreten.

Wer der Ketzerei verdächtigt wurde, erhielt eine »Gnadenfrist« - normalerweise fünfzehn bis dreißig Tage -, um sich selbst zu stellen. Wer diese Chance ergriff, wurde meist wieder in die Kirchengemeinde aufgenommen und kam mit einer Buße als einziger Bestrafung davon. Aber man erwartete von diesen reuigen Sündern auch, daß sie die Namen aller anderen Häretiker nannten, die ihnen bekannt waren, und daß sie die Befrager mit detaillierten Informationen über deren Treiben versorgten. Die Inquisition war letztlich an der Masse interessiert. Sie war gerne bereit, einem Missetäter gegenüber Nachsicht walten zu lassen, auch wenn er sich wirklich schuldig gemacht hatte, sofern sie dafür mindestens ein Dutzend weiterer Verdächtiger in die Finger bekam, auch wenn diese unschuldig waren. Diese Einstellung hatte zur Folge, daß die Bevölkerung als Ganzes, nicht nur die wahren Schuldigen, in einen Zustand ständiger Anspannung und Furcht versetzt wurde, was sie gefügig und steuerbar machte. Und jeder wurde dabei, ob nun freiwillig oder widerstrebend, zum Spitzel umfunktioniert.

Selbst die mildeste Form der Bestrafung, die Buße, konnte hart sein. Die leichteste Strafe - jenen auferlegt, die sich während der »Gnadenfrist« freiwillig meldeten und ein Geständnis ablegten – war die sogenannte »Züchtigung«. Der Ketzer, der sich selbst angezeigt hatte, mußte jeden Sonntag entblößt, soweit die Anstandsregeln (und das Wetter) es zuließen, und mit einer Rute in der Hand in der Kirche erscheinen. An einer bestimmten Stelle der Messe pflegte der Priester ihn dann vor der versammelten Gemeinde der Gläubigen voller Inbrunst auszupeitschen – »ein passendes Zwischenspiel bei den Mysterien des Gottesdienstes«, wie ein Historiker trocken anmerkt.[13]

Damit war die Strafe jedoch noch nicht abgegolten. Jeden ersten Sonntag im Monat wurde der Büßer genötigt, alle Häuser aufzusuchen, in denen er sich jemals mit anderen Ketzern getroffen hatte, und in jedem Haus wurde er aufs neue gezüchtigt. Darüber hinaus mußte er an Festtagen jede feierliche Prozession durch den Ort begleiten, wobei er wiederum gegeißelt wurde. Diese Tortur mußte das Opfer *für den Rest seines Lebens* über sich ergehen lassen – es sei denn, der Inquisitor, der längst die Stadt verlassen hatte, erinnerte sich seiner beim nächsten Besuch und begnadigte ihn.

Eine andere Form der Buße wurde als ebenso leicht und barmherzig angesehen: die Wallfahrt. Diese war zu Fuß zu absolvieren und konnte sich über etliche Jahre hinziehen, in denen die Familie des abwesenden Ernährers durchaus Hungers sterben konnte. Es gab zwei Formen der Wallfahrt. Die »kleine« umfaßte den Besuch von neunzehn Heiligtümern, die über ganz Frankreich verteilt waren; an jeder Station wurde der Büßer gegeißelt. Die »große« Pilgerfahrt erforderte eine ausgedehntere Reise: vom Languedoc nach Santiago de Compostela, weiter nach Rom, nach Köln und nach Canterbury.

Im 13. Jahrhundert schickte man die Büßer manchmal als Kreuzfahrer ins Heilige Land, und zwar für zwei bis acht Jahre. Wenn sie diese Reise lebend überstanden, mußten sie bei ihrer Rückkehr ein Schreiben des Patriarchen von Jerusalem oder Akkon vorweisen, das ihren Dienst bezeugte. Eine Zeitlang wurden so viele Häretiker auf Kreuzfahrt geschickt, daß der Papst einschritt und diese Strafe verbot. Er befürchtete, daß das ganze Heilige Land mit ketzerischem Gedankengut überschwemmt würde.

Häretiker, die ihre Verfehlungen gebeichtet hatten, konnten auch dazu genötigt werden, lebenslang daheim und auswärts ein großes safrangelbes Kreuz zu tragen, das ihnen auf die Brust- und Rückseite aller Kleider genäht wurde. So war der Büßer ständig der gesellschaftlichen Verachtung ausgesetzt, der Erniedrigung und dem Spott, manchmal auch körperlicher Gewalt. Menschen, die durch diese Kreuze stigmatisiert waren, wurden von ihren Mitmenschen geschnitten; niemand wagte es, Geschäfte welcher Art auch immer mit ihnen machen. Für unverheiratete junge Frauen wurde es unmöglich, einen Ehemann zu finden.

Schließlich konnte auch eine Buße in Form einer Geldstrafe verhängt werden. Diese Bußgelder wurden bald zum Skandalthema, denn oft genug preßten die Inquisitoren den Opfern große Beträge ab, die in die eigenen Taschen wanderten. Bestechung und Korruption nahmen überhand. Im Jahr 1251 wurde es selbst dem Papst zuviel, und er untersagte das Auferlegen von Geldstrafen. Das Verbot blieb jedoch nicht lange in Kraft, und die Inquisitoren erhielten wieder das Recht, nach eigenem Ermessen Geldbußen anzuordnen.

Der Tod bedeutete nicht die Befreiung von der Buße. Wenn ein Mann starb, bevor er seine Strafe verbüßt hatte, wurde das als Gottesfluch gedeutet, als Anzeichen dafür, daß das Urteil in Gottes Augen nicht hart genug gewesen war. In solchen Fällen wurden die Knochen des Verstorbenen exhumiert und öffentlich verbrannt. Sein Eigentum konnte rechtmäßig konfisziert werden, und seine Hinterbliebenen mußten oft seine Buße ebenso übernehmen wie seine sonstigen Schulden.

So sahen also die milderen Strafen aus, die gnädigerweise

jenen Menschen auferlegt wurden, die ihre Sünden freiwillig beichteten und gegen andere aussagten. Die Informationen, die solche Denunzianten preisgaben, wurden akribisch festgehalten. So kam allmählich eine gigantische »Datenbank« zusammen, die ständig durch Protokolle weiterer Befragungen ergänzt wurde. Das gesamte Material wurde gewissenhaft geordnet und katalogisiert, damit die jeweils benötigte Information schnell zur Hand war. So konnte man die Verdächtigen auch noch mit Vergehen und Verbrechen konfrontieren, die sie dreißig oder vierzig Jahre zuvor begangen hatten – oder die ihnen damals in die Schuhe geschoben worden waren. Einer Frau wurde zum Beispiel 1316 nachgewiesen, daß sie erstmals 1268 wegen Ketzerei in Gewahrsam genommen worden war. Hierin erkennen wir das Grundmodell jener Prozeduren, mit denen moderne Staaten ihre Bürger überwachen, den Prototyp der – neuerdings computergestützten – Datenbanksysteme der heutigen Polizei, dank derer »Jugendsünden« wie Cannabisrauchen oder die Teilnahme an Demonstrationen Jahre später wieder ausgegraben werden können, um zum Beispiel einen Politiker oder eine andere Person des öffentlichen Interesses in Mißkredit zu bringen.

Sobald sie ihren jeweiligen Bestimmungsort erreicht hatten, richteten die Inquisitoren sich in irgendeiner behelfsmäßigen Anlaufstelle ein und fingen an, sowohl Geständnisse als auch Denunziationen entgegenzunehmen. Das System bot die für viele Leute unwiderstehliche Gelegenheit, offene Rechnungen zu begleichen, für alte Niederlagen Rache zu nehmen und Gegner in ernste Schwierigkeiten zu bringen. Oft ermutigte man Ehefrauen, gegen ihre Gatten auszusagen; Kinder sollten ihre Eltern anschwärzen. Um erste Verdächtigungen und eidliche Aussagen zu bekräftigen, wurden Zeugen vorgeladen. Wenn ein Mensch von zwei Personen belastet wurde, überbrachte ihm ein Beamter eine Vorladung. Mit der Aufforderung, vor dem Inquisitionstribunal zu erscheinen, erhielt er zugleich eine Abschrift der gegen ihn erhobenen Vorwürfe. Darin wurden jedoch die Namen derer, die ihn denunziert oder als Zeugen gegen ihn ausgesagt hatten, niemals erwähnt.

Wenn der Beschuldigte floh oder untertauchte, wurde seine Vorladung an drei aufeinanderfolgenden Sonntagen öffentlich verlesen. Weigerte er sich danach immer noch, vor dem Tribunal zu erscheinen, wurde er offiziell exkommuniziert und für vogelfrei erklärt. Unter Androhung ihrer eigenen Exkommunizierung war es allen Leuten verboten, ihn mit Nahrung zu versorgen und ihm Unterschlupf oder Asyl zu gewähren.

Kam hingegen der Beschuldigte der Ladung nach, so beurteilte das Tribunal nach einem förmlichen Verfahren die gegen ihn vorliegenden Indizien. Wurden sie als ausreichend erachtet, kam er offiziell in Haft und blieb von da an in den Händen der Inquisition. Da sich kein Inquisitor dem Vorwurf aussetzen wollte, ein Fehlurteil gefällt zu haben, versuchte man mit allen Mitteln, ein Geständnis zu erpressen. Die Verhöre zogen sich oft lange hin; ein Beamter meinte, »es gibt keinen Grund zur Eile ..., denn die Schmerzen und die Entbehrungen der Gefangenschaft führen oft einen Gesinnungsumschwung herbei«.[14] Manchmal hielt man die Verdächtigen einfach nur in strenger Kerkerhaft, bis sie ein Geständnis abgelegt hatten. Manche wurden in Ketten gelegt, und man verwehrte ihnen jeglichen Besuch. Manchmal ließ man sie hungern. Nicht selten redete man mit Engelszungen auf sie ein, um sie zu einem Geständnis zu bewegen. Ebensooft wurde jedoch gefoltert.

Nach dem Zivilrecht durften Ärzte, Soldaten, Ritter und Edelleute nicht gefoltert werden; sie genossen Immunität. Die Inquisition machte sich daran, den Schmerz zu demokratisieren: Schon bald wurde er niemandem mehr vorenthalten, gleich welchen Alters, Geschlechts oder gesellschaftlichen Standes er war. Zunächst war es den Inquisitoren noch untersagt, höchstselbst körperliche Folter anzuwenden; sie durften nur als Aufseher oder

Kontrolleure in Erscheinung treten, die den zivilen oder säkularen Beamten erklärten, was sie zu tun hatten, auf die rechte Ausführung ihrer Anweisungen achteten und alles aufzeichneten, was der Angeklagte unter Zwang aussagte.

Doch im Jahr 1252 gab Papst Innozenz IV. eine Bulle heraus, in der er die Inquisitoren ermächtigte, eigenhändig zu foltern – »mit der Einschränkung, daß diese Zwangsmittel nicht zur Verletzung der Glieder führen oder das Leben gefährden sollen«.[15] Die Inquisitoren fanden bald Mittel und Wege, diese Einschränkung zu umgehen. Und sie beschwerten sich darüber hinaus so heftig über diese Regel, daß 1260 der neue Papst, Alexander IV., ihnen gestattete, sich gegenseitig für alle »Unregelmäßigkeiten«, die ihnen bei der Folter unterlaufen könnten, die Absolution zu erteilen.

Die traditionelle Zimperlichkeit der Kirche in puncto Blutvergießen blieb bestehen. Folglich wurde der Einsatz spitzer und scharfer Folterwerkzeuge auch weiterhin vermieden; man gab dem Streckbrett, Daumenschrauben und anderen Gerätschaften den Vorzug, bei deren Einsatz Blut eigentlich nur »versehentlich« einmal fließen konnte. Mit Zangen und ähnlichen Spielzeugen geriet man freilich schon in eine Grauzone. Denn wenn man Fleisch mit einer Zange zerreißt, ist das eine recht blutige Angelegenheit. Wenn das Gerät jedoch zuvor zur Rot- oder Weißglut gebracht wird, dann brennt das heiße Metall die Wunde sofort aus und stillt so den Blutfluß.

Mit ähnlicher Raffinesse behandelte man die einschlägigen Vorschriften zur Dauer und Häufigkeit der Folter. Zunächst durfte der Angeklagte nur einmal gefoltert werden, und zwar nicht länger als dreißig Minuten. Schon bald umgingen die Inquisitoren diese Beschränkung mit dem Argument, daß sie die Folter tatsächlich nur einmal anwendeten und jede weitere halbstündige Sitzung nur eine Fortsetzung dieser einen Maßnahme sei. Oder man preßte dem Verdächtigen unter der Folter eine Antwort auf eine ganz bestimmte Frage ab. Um an die Antworten zu anderen Anklagepunkten zu kommen, waren dann natürlich erneute Folterverhöre vonnöten. Es gibt reichlich Berichte, aus denen klar hervorgeht, daß bestimmte Opfer eine Woche lang, teilweise sogar noch länger, zweimal täglich gefoltert wurden.

In der Praxis wurde der Angeklagte so lange gequält, bis er reif für ein Geständnis war. Und früher oder später kam fast jeder an diesen Punkt. Dann wurde er in einen Nebenraum gebracht, wo man sein Geständnis anhörte und protokollierte. Seine Aussage wurde ihm dann nochmals vorgelesen, und er wurde in einem formellen Akt gefragt, ob sie der Wahrheit entspreche. Wenn er das bestätigte, so wurde schriftlich vermerkt, daß sein Geständnis »aus freien Stücken und auf seinen eigenen Wunsch hin« zustande gekommen sei, ohne die Anwendung von »Gewalt oder Drohungen«. Danach stand der Verurteilung nichts mehr im Wege.

Im allgemeinen galt die Todesstrafe als letzter Ausweg. Die meisten Inquisitoren bevorzugten den Verbleib der »geretteten« Seelen in einem halbwegs intakten Körper, so daß die Verurteilten durch Buße oder Wallfahrt die Barmherzigkeit und Größe ihrer Religion unter Beweis stellen konnten. Außerdem war, wie ein Historiker vermerkt, »ein Bekehrter, der seine Feinde verraten wollte, für die Kirche viel nützlicher als ein verbrannter Ketzer«.[16]

Die Inquisitoren erkannten außerdem, daß gewisse Häretiker geradezu erpicht darauf waren, so rasch wie möglich den Märtyrertod zu sterben, doch »der Inquisitor hatte keine Ursache, sich zum ausführenden Organ ihrer Wünsche zu machen«.[17] In solchen Fällen ließ man die Zeit und den beständigen Schmerz für sich arbeiten, bis dem Ketzer jede Lust am Martyrium vergangen war. Widerspenstige Opfer wurden mit langfristigeren, weniger dramatischen Maßnahmen gefügig gemacht. Die offiziellen Empfehlungen sahen für solche Verstockten eine mindestens sechsmonatige Ketten- und Einzelhaft im Kerker vor; leicht konnte diese Frist auf ein Jahr oder mehr verlängert werden. In manchen Fällen wurden dem Ehepartner und den Kindern des Angeklagten gelegentliche Besuche gewährt, damit sie ihn umstimmen konnten. Mitunter durften auch Geistliche ihn aufsuchen; sie sollten ihn durch ihren Zuspruch und durch theologische Argumentation überzeugen oder zumindest überreden, seinen Widerstand aufzugeben.

Obgleich, wie wir sahen, viele Gründe gegen eine Todesstrafe sprachen, wurde sie noch oft genug verhängt. Auch hier tritt die klerikale Scheinheiligkeit wieder offen zutage. Den Inquisitoren war es untersagt, Hinrichtungen selbst durchzuführen, weil das womöglich unchristlich gewirkt hätte. Statt dessen waren sie auf ein Ritual eingeschworen, bei dem der Angeklagte der vor Ort zuständigen zivilen oder säkularen Obrigkeit übergeben wurde, wobei für gewöhnlich folgende Formel verwendet wurde: »Wir entlassen dich aus unserem kirchlichen Tribunal und überantworten dich dem weltlichen Arm. Wir empfehlen dem säkularen Gericht jedoch mit Nachdruck, bei der Urteilsfindung Mäßigung walten zu lassen, damit kein Blut vergossen werde und keine Gefahr für das Leben bestehe.«[18] Man ist sich allenthalben darüber einig, daß man diesen Text als hohle Phrase zu verstehen hat, dank derer der Inquisitor – wie Pilatus – seine Hände in Unschuld waschen konnte. Allen Beteiligten war damals klar, daß diese Worte nirgendwohin als auf den Scheiterhaufen führten.

Um möglichst viele Zuschauer an dem Spektakel teilhaben zu lassen, wurden die Urteile nach Möglichkeit an allgemeinen Feiertagen vollstreckt. Der Verurteilte wurde, in einer Höhe, die der versammelten Menge eine gute Sicht ermöglichte, an einen hölzernen Pfahl gebunden, der über einem Scheiterhaufen aus trockenem Holz aufragte. Später, in Spanien, hat man das Opfer manchmal gnädigerweise erwürgt, bevor der Holzstapel entzündet wurde, so daß ihm der qualvolle Flammentod erspart blieb.

Der frühen Inquisition war solcher Edelmut fremd, und so dürften nur diejenigen, die rechtzeitig am Rauch erstickten, etwas früher von der Pein erlöst worden sein. Wenn das Ritual vorüber war, »folgte eine empörende Szene: man nahm den halbverkohlten Leichnam, zerstückelte ihn, zerbrach die Knochen und warf die Überreste und die Eingeweide auf einen neuen Holzstoß, um sie vollständig zu vernichten«.[19]

Dieses grausige Nachspiel erachtete man besonders dann als notwendig, wenn der verbrannte Ketzer berühmt gewesen war: So stellte man sicher, daß keine Reliquien übrigblieben, die von heimlichen Anhängern des Mannes hätten geborgen werden können.

Die Inquisitoren waren fleißige Buchhalter. Eine für den 24. April 1323 angesetzte Verbrennung von vier Häretikern schlägt sich in den Büchern des Inquisitors von Carcassonne in Form folgender Kostenrechnung nieder:

»Für dickes Holz: 55 Sols 6 Denare
Für Rebenholz: 21 Sols 3 Denare
Für Stroh: 2 Sols 6 Denare
Für vier Pfähle: 10 Sols 9 Denare
Für Stricke zum Festbinden: 4 Sols 7 Denare
Für die Henker je 20 Sols: 80 Sols.«[20]

Aus diesen Zahlen spricht vielleicht sogar etwas wie eine makabre poetische Gerechtigkeit. Der Wert eines Henkers wurde nämlich ungefähr so hoch angesetzt wie acht Holzpfähle oder etwas geringer als ein Stapel Rebenholz.

Wie die meisten Institutionen, gleich ob sie verrucht sind oder nicht, brachte die Inquisition ihre eigenen Berühmtheiten hervor. Einer ihrer ersten Prominenten war der berüchtigte Konrad von Marburg, der psychische und physische Folter als Schnellstraße zur Erlösung auffaßte. Am Anfang seiner Laufbahn war Konrad der spirituelle Berater einer deutschen Landgräfin gewesen, der später heiliggesprochenen Elisabeth von Thüringen. Unter seinem sadistischen Einfluß kasteite sie sich selbst so hart, daß sie im Alter von vierundzwanzig Jahren verstarb. Zu diesem Zeitpunkt hatte Konrad bereits, in kirchlichem Auftrag, die Jagd nach Ketzern aufgenommen. Dann, im Jahr 1227, verlieh ihm der Papst den Vorsitz über die deutsche Inquisition – ein Amt, das mit fast grenzenloser Macht ausgestattet war. Diese Macht stieg ihm zu Kopf und veranlaßte ihn zu einer Unbesonnenheit: Er bezichtigte eine Anzahl hoher Edelleute der Ketzerei. Sie erwiesen sich jedoch als geistig unabhängiger und unbeugsamer als ihre französischen Standesgenossen. Viele von ihnen waren treue Untertanen Friedrichs II., Kaiser des Heiligen Römischen Reiches, der seinerseits schon exkommuniziert war. Als Konrad sich in seinen Predigten für einen Kreuzzug gegen diese Männer stark machte, lauerte man ihm nahe Marburg auf und ermordete ihn.

Ein Jahr bevor Konrad 1233 den Tod fand, hatte ein anderer Inquisitor, Konrad Dorso, sich ebenfalls auf einen Feldzug begeben. Mit seinem Gefolge marschierte er von Ort zu Ort und verurteilte die Menschen in Massen zum Tod auf dem Scheiterhaufen. »Ich würde hundert Unschuldige verbrennen«, so verkündete er, »wenn ein Schuldiger darunter wäre.«[21] Als Konrad von Marburg ermordet wurde, befahl der Papst Konrad Dorso, jetzt keinesfalls innezuhalten. Dieser bedurfte wahrlich keiner solchen Ermunterung und setzte seine Aufgabe mit Wonne fort. Auch sein Urteilsvermögen wurde jedoch durch übergroßen Enthusiasmus getrübt. Als ein unbotsamer Adliger, der der Ketzerei verdächtigt wurde, die Aufforderung erhielt, vor ihm zu erscheinen, kam er einem möglicherweise ungünstigen Urteil zuvor, indem er den Inquisitor kurzerhand umbrachte.

Zu den berühmtesten oder eher berüchtigtsten Gestalten der frühen Inquisition gehört sicher Bernhard Gui. Bernhard, um 1261 im Limousin geboren, war 1280 dem Dominikanerorden beigetreten und im Jahr 1307 mit der Leitung der Inquisition in Toulouse betraut worden. 1317 erhielt er vom Papst den Auftrag, Norditalien zu »befrieden«, das zu jener Zeit an einer schlimmen häretischen »Seuche« litt. Bis 1324 blieb er ein eifriger, umtriebiger Inquisitor; 1331 verschied er.

Aus der Zeit, da Bernhard als Inquisitor von Toulouse wirkte, ist ein Verzeichnis seiner Fälle auf uns gekommen. Zwischen 1308 und 1322 verurteilte er 636 Personen wegen Ketzerei: im Schnitt eine pro Woche. Den Flammentod starben 40 seiner Opfer; etwa 300 wurden eingekerkert; 36 scheinen seinen Häschern entwischt zu sein.[22]

Bernhards Berühmtheit verdankt sich größtenteils dem von ihm verfaßten und um 1324 vollendeten Handbuch *Die Ausübung der Inquisition*, das der Belehrung seiner Kollegen diente. In diesem Text, von dem uns mehrere Abschriften aus dem 14. Jahrhundert erhalten sind, gibt Bernhard einen Überblick über die Glaubenslehren der verschiedenen Ketzer, denen der gewissenhafte Inquisitor begegnen könnte: Häretikern, die er als »die Manichäer der heutigen Zeit« und als »Pseudo-Apostel« brandmarkt. Er faßt die Argumente zusammen, die sie zu ihrer Verteidigung vorbringen könnten, arbeitet eine Befragungsmethodik aus und erläutert anhand einiger Beispiele, wie man einen Verdächtigen in die Mangel nehmen sollte. Zu seinem Ruf als Mann ohne Skrupel paßt die offensichtliche Wertschätzung, die die Anwendung der Folter bei ihm genießt: Dieses Mittel soll nicht nur dem Beschuldigten die »Wahrheit« entlocken, auch beim Umgang mit Zeugen empfiehlt er seinen Einsatz. Als der Papst sich aufgrund des allgemeinen Entrüstungsgeschreis gehalten sah, etwas zur Eindämmung der Folter zu unternehmen, traf prompt eine Beschwerde Bernhards ein, der durch diese Maßnahme die Effektivität der Inquisitionsarbeit schwer beeinträchtigt sah.

Gegen Ende seines Buches führt Bernhard einige allgemeine Richtlinien für das Verhalten in der Öffentlichkeit auf, denen ordentliche Inquisitoren seines Erachtens folgen sollten. Die exzessive Bekundung von Freude und Begeisterung wird scharf verurteilt. Wenn der Inquisitor »einen zu körperlicher Strafe verurteile, so müsse sein Gesicht Mitleid verraten, während seine innere Absicht unerschütterlich bleibe; auf diese Weise werde er den Schein des Unwillens und Zornes vermeiden, der leicht zur Anklage der Grausamkeit führen könne«.[23]

Selbst Inquisitoren kümmerten sich um Public Relations. Offensichtlich war schon damals das Image ein Problem für prominente Persönlichkeiten.

3. DIE FEINDE DER DOMINIKANER

Im Laufe des 12. Jahrhunderts war in weiten Teilen Europas römisches Recht wiederbelebt worden und bildete nun vielerorts die Grundlage der Jurisdiktion. Das römische Recht – ein Erbe des alten Imperiums, das im frühen 4. Jahrhundert unter Konstantin das Christentum als Staatsreligion angenommen hatte – enthielt etwa sechzig Verfügungen gegen die Häresie. Damit war ein wirksamer juristischer Rahmen abgesteckt, eine Rechtfertigung für Strafaktionen gegen Ketzer vorgegeben, auf die sich auch die Inquisition bei der Erfüllung ihres Auftrags berufen konnte.

In Frankreich, das traditionell als »die älteste Tochter der Kirche« angesehen wurde, bot die Katharer-Häresie der Inquisition die Gelegenheit, sich zu etablieren und ihre Befugnisse auszuweiten. Aus den ersten zwanzig Jahren des Albigenser-Kreuzzugs sind zwar keine ausführlichen Berichte überliefert, aber wir wissen, daß im Gefolge des Feldzugs von 1229 mehr als fünftausend Personen verbrannt und zahllose Menschen eingesperrt, ins Exil gezwungen oder anderen Strafen unterworfen wurden. Am Ende des 12. Jahrhunderts hatte sich die Inquisition auch in Italien eine vergleichbare Machtstellung erobert.

Später, in Spanien, sollte die Inquisition natürlich noch viel mächtiger werden – und auch ihr schlechter Ruf sollte sich noch immens steigern. Im 13. Jahrhundert war jedoch noch ein Großteil Spaniens und der Iberischen Halbinsel in islamischer Hand, und die alles überragende Bedeutung der Feindschaft zwischen Christen und Muslimen ließ der Inquisition nur wenig Spielraum, um ihre Ziele zu verfolgen. In Deutschland stand die

Inquisition, wie die Schicksale des Konrad von Marburg und des Konrad Dorso zeigen, vielerorts auf tönernen Füßen. Dort war bekanntlich der Einfluß des alten römischen Imperiums allmählich versiegt und die römische Gesetzgebung dementsprechend viel schwächer verankert als in anderen europäischen Ländern.

Obwohl offiziell zum Herrschaftsgebiet des Heiligen Römischen Reiches gehörend, wurde Deutschland in der Praxis nicht wirklich von einer Zentralgewalt regiert. Der Adel und die Provinzfürsten neigten zur Illoyalität, pochten auf ihre Unabhängigkeit und waren sogar bereit, Widerstand zu leisten: Wer es wagte, ihre Hoheitsrechte zu beschneiden, wurde oft mit Waffengewalt in seine Grenzen verwiesen. Infolgedessen konnte die Inquisition in Deutschland nicht kontinuierlich ihre Arbeit tun, sondern brach eher phasenweise und nur in bestimmten Gegenden in hektische Aktivität aus, wenn die Umstände günstig waren. Manchmal gelang es den Inquisitoren, die eine oder andere Stadt, das eine oder andere Fürstentum etwa ein Jahrzehnt lang mit ihrer Terrorherrschaft zu überziehen. Doch dann eskalierte der Widerstand, den ihre Tätigkeit provozierte, und sie wurden verjagt.

In England und Skandinavien wurde die Inquisition niemals tätig, da die dort geltende Rechtsprechung sich nicht vom römischen Kodex ableitete. England hatte ein ganz eigenes, ausgefeiltes Rechtssystem hervorgebracht, das zumindest auf dem Papier die Rechte aller Freien im Königreich garantierte. Schuldfragen wurden von Schwurgerichten behandelt und entschieden, und das Verfahren zur Urteilsfindung sah den Einsatz der Folter nicht vor. Innerhalb dieses Rahmens gab es also weder eine Tradition noch einen Rechtsapparat, noch eine kirchliche Einrichtung, auf deren Grundlage eine inquisitorische Tätigkeit hätte entfaltet werden können.

DIE INQUISITION IM SÜDEN

In ihren Gründerjahren hatte die Inquisition alle Hände voll zu tun. Zwar war der organisierte Widerstand der Katharer in Südfrankreich und den anderen Gebieten Mitte des 13. Jahrhunderts zusammengebrochen, aber viele kleine Katharer-Gemeinden hatten überlebt, indem sie sich in ihr jeweiliges örtliches Umfeld integriert hatten. Auch viele einzelne, unorganisierte Katharer hingen weiterhin ihrem Glauben an und praktizierten heimlich die verbotenen Riten. Obwohl diese Einzelpersonen und kleinen Gemeinschaften das Predigen aufgegeben hatten und somit die Gefahr, daß sie ihre Nachbarn »anstecken« könnten, gebannt war, blieb die Kirche fest entschlossen, das Übel mit Stumpf und Stiel auszurotten. Für übereifrige Inquisitoren waren die übriggebliebenen Katharer Freiwild.

Einer dieser Unermüdlichen war Jacques Fournier, von 1317 bis 1325 Bischof von Pamiers. 1326 wurde er zum Bischof von Mirepoix ernannt, 1327 erhielt er die Kardinalswürde. Im Jahr 1334 wurde er zum Papst gewählt. Aus diesem Grund ist zumindest ein Teil der Aufzeichnungen Fourniers, der sich nun Benedikt XII. nannte, erhalten geblieben. Man hat sie in den Archiven des Vatikans wiederentdeckt und sie 1980, mit einem Kommentar versehen, veröffentlicht, und zwar in dem berühmten Buch *Montaillou* des angesehenen französischen Historikers Emmanuel Le Roy Ladurie.

Um 1300, also ein halbes Jahrhundert nach dem Ende des organisierten Katharer-Widerstandes im Süden Frankreichs, wurde Montaillou, ein kleines Bergdorf in den Ausläufern der Pyrenäen, zum Zentrum einer Renaissance des Katharertums, die freilich in bescheidenem Rahmen blieb. 1308 ließ der Inquisitor von Carcassonne die gesamte Dorfbevölkerung festnehmen, nur die Kleinkinder blieben verschont. Als Jacques Fournier 1317 Bischof von Pamiers wurde, erhielt er die Befugnis, ein eigenes »inquisitorisches Amt« einzurichten. Wie nicht anders zu erwarten, richtete sich seine Aufmerksamkeit vor allem auf Montaillou, das in seinem Verwaltungsbezirk lag.

Fourniers Berichte belegen, daß es den ketzerischen Katharern gelungen war, sich rasch und vollständig an die lokale Bevölkerung anzupassen. Sie bestätigen zudem, daß die Katholiken und die Katharer freundliche Beziehungen zueinander pflegten. Und aus ihnen geht hervor, daß der künftige Papst ein gewisses Verständnis für die Katharer hatte und ihnen Mitgefühl, ja sogar Zuneigung entgegenbrachte, daß er bereit war, in ihnen vor allem Mitmenschen zu sehen. Im Gegensatz zu Dominikus war Jacques Fournier kein rasender Fanatiker. Seine gemäßigte Einstellung hielt ihn jedoch nicht davon ab, zwischen 1318 und 1325 insgesamt 98 Fälle von Ketzerei zu untersuchen, und von den mehr als 100 betroffenen Menschen zitierte er 94 vor das Tribunal. Er bewies christliche Toleranz und Barmherzigkeit in einem für die Inquisitoren seiner Zeit untypischen Ausmaß: Nur fünf der Verdächtigen landeten auf dem Scheiterhaufen.

Nicht nur die Katharer hielten die Inquisitoren in Atem. Zu jener Zeit wurde Europa von unorthodoxem Gedankengut geradezu überschwemmt, und fast alle diese Erneuerungsbewegungen gerieten ins Visier der Inquisition. Da gab es zum Beispiel die Bogomilen, eine weitere dualistische Sekte, die im 10. Jahrhundert im alten Bulgarischen Reich entstanden war, das damals von der Ukraine bis zur Adria reichte. Von dieser Stammregion aus hatte sich die Lehre der Bogomilen nach Griechenland und in den westlichen Balkan verbreitet und noch weiter in westlicher Richtung ausgestrahlt; für das 12. Jahrhundert läßt sich ein Einfluß dieser Lehre auf das Katharertum nachweisen, mit dem sie viel gemein hatte. Die Bogomilen vertraten den Anspruch, die »wahre und verborgene christliche Kirche, die Kirche von Bethlehem und Kapernaum« zu sein.

Der in der heutigen Zeit wahrscheinlich beste Kenner der Bogomilen-Lehre, Yuri Stoyanov, schreibt, daß diese Häresie »das Aufkommen des Katharertums beschleunigte und von den Kirchenleuten und Inquisitoren im Westen von jeher als ›verborgene Tradition‹ hinter dem Katharertum erachtet wurde«.[1] Tatsächlich wurden die Katharer oft als »Bulgari« oder »Bugari« bezeichnet. Selbstverständlich widmete sich die Inquisition den Bogomilen schon bald mit der gleichen Aufmerksamkeit und Beharrlichkeit wie den französischen Ketzern.

Viele ihrer Überzeugungen teilten die Katharer und die Bogomilen mit den sogenannten Paterenern, die im Laufe des 12. Jahrhunderts in Süditalien auf der Bildfläche erschienen waren. Zu jener Zeit verwendete die Kirche den Begriff »Paterener« geradezu als Synonym für »Katharer« oder »Albigenser«. Im ersten Drittel des 13. Jahrhunderts faßten die Paterener in jenem Teil des Königreiches Ungarn Fuß, der heute Bosnien umfaßt, und 1235 wurde zum Kreuzzug gegen sie aufgerufen, ebenso wie in Frankreich gegen die Katharer. Der Feldzug gegen die Paterener erwies sich jedoch als völliger Fehlschlag; das Ziel, die Häresie auszurotten, konnte nicht erreicht werden.

Papst Johannes XXII. beklagte 1325, daß viele Katharer nach Bosnien flohen, das auf bestem Wege war, sich für die dualistischen Sekten zu einer Art »Gelobtem Land« zu entwickeln.[2] 1373 waren die dualistischen Kirchen in Bosnien so mächtig geworden, daß bosnische Katholiken sich genötigt sahen, ihre Gottesdienste heimlich abzuhalten. Die Paterener festigten ihre Position durch das Knüpfen enger Beziehungen zu den örtlichen Potentaten, und im 15. Jahrhundert sollten sie sogar mit den einfallenden osmanischen Eroberern zusammenarbeiten. Aber Bosnien war nicht die einzige Paterener-Hochburg. Ihre Lehre verbreitete sich rasch über die gesamte italienische Halbinsel, was die römische Kirche erst recht in Aufregung versetzte. Am Beginn des 14. Jahrhunderts grassierte die Bewegung in der Lombardei und wurde zunehmend militant. Um dieser Gefahr zu begegnen, erteilte

Rom dem berüchtigten Bernhard Gui den Auftrag, die Region zu »befrieden«.

Die dualistischen Sekten – die Katharer, die Bogomilen und die Paterener – wandten sich in erster Linie aus theologischen Gründen gegen Rom. Auch ihre Verachtung für den Reichtum, die Extravaganz und die Korruption der römischen Kirche leitete sich letztlich aus theologischen Prinzipien ab, aus ihrer radikal anders gearteten Auffassung vom Wesen der Spiritualität. Es gab weitere Ketzerbewegungen, die sich nicht explizit mit der Theologie Roms anlegten, sondern einfach die Geldgier, Dekadenz und Verderbtheit der Kirchenleute und des kirchlichen Apparats öffentlich anprangerten. Auch wenn sie sich selbst wohl nicht als Gesellschaftsveränderer verstanden, hatten diese Häretiker doch vieles mit den Sozialreformern und Revolutionären späterer Epochen gemeinsam.

Unter diesen Ketzerbewegungen ragen besonders die Waldenser heraus, die im späten 12. Jahrhundert von Petrus Waldes gegründet wurden, einem wohlhabenden Kaufmann aus Lyon. Nachdem er sichergestellt hatte, daß seine Frau und seine Familie versorgt waren, stiftete Petrus sein Eigentum für die Armen und begann ein neues Leben als Wanderprediger, der die Armut, die Schlichtheit und andere traditionelle christliche Werte lobte. Schon bald hatte er eine Schar von Schülern um sich versammelt, die ihn bei seinen Reisen durch das Land begleiteten. Manche von ihnen verließen ihn, um eine eigene Gefolgschaft aufzubauen und ihre Lehren auch in der Fremde zu verbreiten. In vielerlei Hinsicht erscheinen die Waldenser als Geistesverwandte des Dominikus; wie dieser lehnten sie den Dualismus der Katharer strikt ab. Aber sie führten auch Schimpfreden gegen die »Weltlichkeit« der Kirche und forderten die römische Hierarchie heraus, indem sie es wagten, Bibeltexte in die jeweiligen Landessprachen und Dialekte zu übersetzen. Das allein reichte schon aus, um sie als Ketzer zu stigmatisieren. Als die Inquisition gegründet wurde, war

Petrus Waldes bereits gestorben, aber seine Anhänger und Schüler wurden bald ebenso hart verfolgt wie die Katharer. In den folgenden Jahren endeten sehr viele von ihnen auf dem Scheiterhaufen.

Zu den hartnäckigsten Häresien, die ins Blickfeld der Inquisition gerieten, zählte die Ketzerei der »Brüder und Schwestern des freien Geistes«. Die Gemeinschaft ist vermutlich zu Beginn des 13. Jahrhunderts in der Schweiz und am Oberrhein in Deutschland entstanden. 1212 wurden mindestens achtzig ihrer Mitglieder in einen Graben vor den Stadtmauern von Straßburg geworfen und bei lebendigem Leib verbrannt. Das hielt die Brüder und Schwestern jedoch nicht davon ab, um die Mitte des Jahrhunderts in Schwaben aktiv zu werden, von wo aus sie sich dann über ganz Deutschland ausdehnten und schließlich auch in den Niederlanden Mitglieder warben. Zu ihnen soll im 15. Jahrhundert der Maler Hieronymus Bosch gehört haben.

Wie die Waldenser verbreiteten die Brüder und Schwestern des freien Geistes religiöse Schriften in den Volkssprachen. Im Unterschied zu den Waldensern waren sie jedoch im Kern mystisch ausgerichtet, anfangs vertraten sie sogar eine Geheimlehre. »Alles, was ist, ist Gott«, verkündeten sie. »Alles geht von ihm aus und kehrt zu ihm zurück.«[3] Deshalb war für sie sogar Ungeziefer – Ratten zum Beispiel – ebenso göttlich wie der Mensch. Auch Satan wurde von ihnen als Emanation und Manifestation Gottes betrachtet. Die Brüder und Schwestern des freien Geistes lehnten Kirchenrituale und die Sakramente voller Verachtung ab. »Da also die Seelen beim Tode zu Gott zurückkehren, so gibt es weder ein Fegefeuer noch eine Hölle, und aller äußere Kultus ist nutzlos.«[4] Statt dessen sprachen die Brüder von einem »inneren Licht« und bezeichneten sich selbst als »Illuminaten«.[5] Es dürfte niemanden überraschen, daß sie häufig wegen Teufelsanbetung und satanischer Umtriebe angeklagt wurden. Auch wurden sie sexueller Ausschweifungen und Zügellosigkeiten bezichtigt – also dessen, was man in unserer Zeit als »freie Liebe« bezeichnen sollte. Diese Ketzer mußten eine besonders wütende Verfolgung von seiten der Inquisition erdulden.

Von den zahlreichen weiteren Menschen, die der Inquisition in die Hände gerieten und Qualen litten, soll hier noch Jan Hus aus Böhmen hervorgehoben werden. Hus gehörte der philosophischen Fakultät der Universität zu Prag an und war seit 1401 deren Dekan. Zu jener Zeit waren fünfzig Prozent aller Ländereien im Königreich Böhmen im Besitz der Kirche. Wie Wycliffe in England, so verlangte Hus eine Umverteilung des kirchlichen Grundbesitzes und forderte Kirchenreformen auch in anderen Fragen. Darüber hinaus erhob er laut und voller Ingrimm Einspruch gegen den Ablaßhandel, also gegen jene Gepflogenheit, die ein Jahrhundert später Martin Luthers Zorn hervorrufen sollte. Auf dem Konstanzer Konzil von 1415 wurde Hus wegen seiner Freimütigkeit der Ketzerei für schuldig erklärt und auf dem Scheiterhaufen verbrannt.

DIE ZERSCHLAGUNG DES TEMPLERORDENS

Im Jahr 1304 war Papst Benedikt XI. gestorben. Im darauffolgenden Sommer gelang es dem französischen König Philipp IV., genannt Philipp der Schöne, seinen eigenen Kandidaten auf den Heiligen Stuhl zu bringen: den Erzbischof von Bordeaux, Bertrand de Got. Der neue Pontifex nahm den Namen Clemens V. an und stand dem französischen Monarchen fürderhin als willfährige Marionette zur Verfügung. Das war Philipp in seiner schier unstillbaren Machtgier aber noch nicht genug. Um seine Autorität weiter abzusichern, entführte er 1309 gleich das ganze Papsttum aus Rom und siedelte den Heiligen Stuhl in Avignon an. Dort sollte er für nahezu ein dreiviertel Jahrhundert bleiben, und alle sieben Päpste, die in dieser Zeit auf ihm saßen, waren Franzosen. Als Gregor XI. schließlich 1377 nach Rom zurückkehrte, wählten die französischen Kardinäle sich einen anderen Papst, der in Avignon verblieb und im folgenden als »Gegenpapst« bezeichnet wurde. Das »Große Schisma« des Jahres 1378 – der Konflikt zwischen den rivalisierenden Päpsten, zwischen Papst und Gegenpapst – sollte erst 1417 beigelegt werden.

Gleich zu Beginn der »Gefangenschaft« in Avignon, gerade als Clemens V. zum Pontifex ernannt worden war, sah sich die Inquisition mit einer völlig neuen Aufgabe konfrontiert. In der Vergangenheit hatte sie sich der Ketzerverfolgung gewidmet. Nun hatte sie zur Kenntnis zu nehmen, daß sie gegen die mächtigste Institution der damaligen christlichen Welt ausgespielt werden sollte: gegen die Tempelritter.

Der Templerorden war zu Beginn des 12. Jahrhunderts im Heiligen Land gegründet worden, kurz nach der Eroberung Jerusalems im Ersten Kreuzzug. Um 1300 hatte er sich zu einer riesigen internationalen Organisation entwickelt: zu einem Netzwerk, ja nahezu einem Imperium, mit dem sich, was Reichtum und Einfluß betrifft, nur das Papsttum selbst messen konnte. Während der Orden zunächst ausschließlich aus Rittern bestanden hatte, waren nun die Verwalter, Bürokraten, Angestellten und Arbeitskräfte in der Mehrzahl. Der Orden besaß riesige Ländereien in allen Teilen der christlichen Welt: nicht nur in der spirituellen Einflußsphäre Roms, sondern auch in Gegenden, in denen die griechisch-orthodoxe Kirche Konstantinopels die geistliche Autorität innehatte. Auf diesen Ländereien schlugen die Handwerkerbrüder des Ordens Nutzholz, bestellten die Äcker, züchteten Pferde, hielten Rinder- und Schafherden. Der Orden besaß auch eine eigene Flotte, die sowohl Wolle und andere Handelsgüter transportierte als auch Pilger und Kreuzfahrer ins Heilige Land und zurück beförderte.

Die Tempelritter verfügten über die fortschrittlichste Kriegstechnologie, die ihre Zeit zu bieten hatte. Ihre militärischen Ressourcen – sowohl ihre Sachkenntnis als auch die Ausrüstung und Ausbildung der Kämpfer betreffend – waren denen aller anderen europäischen Institutionen überlegen. Sie waren außerdem die größten Bankiers von Europa, anerkannte Experten für den Kapitaltransfer durch die ganze christliche Welt und für die komplizierten Geldgeschäfte der Monarchen, Kirchenmänner, Adligen und Kaufleute. Und sie wurden allerorten wegen ihres diplomatischen Geschicks geschätzt, da sie unabhängig von den Interessen der jeweiligen Streitparteien agieren konnten. Ihre diplomatischen Vertretungen pflegten den Umgang nicht nur mit katholischen Machthabern, sondern auch mit Vertretern der byzantinischen Kirche und mit militärischen, politischen und religiösen Repräsentanten des Islam.

Angesichts ihres besonderen Status war zu erwarten, daß die Templer Neid und Mißtrauen weckten. Auch ihre Hochnäsigkeit, anmaßende Arroganz und ihr selbstgefälliger Dünkel trugen dazu bei, daß sich der Orden viele Feinde machte. Aber es gab auch handfestere Gründe für diese Abneigung, zumindest aus der Perspektive der Kirche. Schon zu Beginn des Albigenser-Kreuzzugs im frühen 13. Jahrhundert hatte Papst Innozenz III. den Orden kritisiert und sich dabei auf Berichte über Exzesse, ja sogar den Abfall vom rechten Glauben berufen. Es war in der Tat einiges bei den Templern suspekt: So pflegten sie exkommunizierte Ritter in ihre Reihen aufzunehmen, die sich durch ihre Mitgliedschaft ein Begräbnis in geweihter Erde sicherten, welches ihnen ansonsten verweigert worden wäre. Die Templer waren zudem für ihren respektlosen Umgang mit den päpstlichen Legaten berüchtigt. Muslimen und Juden gegenüber bewiesen sie eine geradezu unchristliche Toleranz. Und während des Albigenser-Kreuzzugs bot ihr Orden einer beträchtlichen Anzahl nachweislicher Katharer Unterschlupf. Tatsächlich entstammten einige ihrer Großmeister und örtlichen Meister bekannten Katharer-Familien.[6]

Am Beginn des 14. Jahrhunderts hatte König Philipp IV. von Frankreich reichlich Gründe, den Templerorden zu hassen. Er neidete ihnen ihren Reichtum, zumal er selbst permanent in Geldnöten war. Im Jahr 1291 hatte er alle italienischen Kaufleute und Bankiers in Frankreich einsperren lassen und sie zu seinen Gunsten enteignet. 1306 hatte er alle Juden aus seinem Königreich vertrieben und auch ihr Hab und Gut konfisziert. Es war wohl unausweichlich, daß Philipp irgendwann die Templer ins Visier nehmen würde, als er wieder einmal eine frische Einkommensquelle benötigte.

Aber Philipp hatte zugleich guten Grund, die Templer zu fürchten. Seit dem Verlust des Heiligen Landes im Jahr 1291 war der Orden eigentlich heimatlos; er hatte keinerlei feste Bleibe und keinen Hauptsitz. Eine Zeitlang hatten sich die Tempelritter auf Zypern angesiedelt, aber für ihre hochfliegenden Pläne erwies sich die Insel als zu klein. Sie beneideten die Deutschritter, einen ihnen verwandten Orden, der es geschafft hatte, in Preußen und im Baltikum, also hoch genug im Nordosten, um dem Zugriff der päpstlichen Autorität entzogen zu sein, ein nahezu autarkes Fürstentum aufzubauen, den Deutschordensstaat.

Die Templer träumten davon, sich ein ähnliches Reich zu errichten, das aber näher am Zentrum des europäischen Geschehens liegen sollte. Ihre Pläne konzentrierten sich auf das Languedoc, eine Gegend, die sich noch immer nicht von den Verwüstungen des Albigenser-Kreuzzugs erholt hatte.[7] Die Aussicht auf einen unabhängigen, selbständigen Templerstaat in seinem eigenen Hinterhof dürfte dem französischen König so manche schlaflose Nacht bereitet haben.

Philipp hatte also eine Reihe von einleuchtenden Entschuldigungen parat, ja sogar ein paar scheinbar handfeste Gründe, um gegen die Templer vorzugehen – und zwar auf eine solche Art und Weise, daß sie einerseits aufhörten, eine Bedrohung zu sein, und daß es ihm andererseits ermöglicht wurde, sich ihren Reichtum anzueignen. Da war es natürlich hilfreich, daß er den Papst in der Tasche hatte. Und es erwies sich ebenso als großer Vorteil, den Inquisitor für Frankreich, Guillaume de Paris, zum persönlichen Beichtvater und engen Freund zu haben. Es gab also reichlich Gelegenheit zu heimlichen Absprachen, und Philipp konnte seinem weiteren Vorgehen den Anschein unanfechtbarer Legalität geben.

Bereits einige Zeit zuvor hatte einer von Philipps Ministern Indizien gegen die Templer zusammengetragen und ein Dossier erstellt. Diese Unterlagen verblieben in Corbeil in Obhut der Dominikaner. Aus diesem Beweismaterial ging hervor, daß es wohl am zweckmäßigsten wäre, die Templer wegen Ketzerei anzuklagen: ein Vorwurf, der offenbar durchaus eine gewisse Berechtigung hatte.

Am 14. September 1307 wurde folglich den königlichen Gerichtsbeamten in ganz Frankreich ein Schreiben zugestellt, in dem sie angewiesen wurden, am Freitag, dem 13. Oktober, alle Templer in Arrest zu nehmen, derer sie in ihrem Distrikt habhaft werden konnten. Die Angehörigen des Ordens sollten streng bewacht in strikter Einzelhaft gehalten und dann nacheinander den Kommissaren der Inquisition zum Verhör vorgeführt werden. Jedem sollten die Anklagepunkte verlesen werden, und jedem wurde Begnadigung in Aussicht gestellt, wenn er sich schuldig bekannte und reuig in den Schoß der Mutterkirche zurückkehrte. Sollte ein Templer sich weigern zu gestehen, so sollte er so bald wie möglich dem König vorgeführt werden.

Währenddessen sollte das gesamte Eigentum des Ordens beschlagnahmt und ein Gesamtverzeichnis des Grundbesitzes und aller beweglichen Güter der Templer erstellt werden. Angeordnet wurde dies zwar vom Monarchen, aber die offizielle Verkündung dieser Instruktionen erfolgte unter der Autorität des Inquisitors. Philipp konnte sich also darauf berufen, auf Geheiß der Inquisition zu handeln, und er konnte jedes persönliche Interesse an dieser Angelegenheit abstreiten. Um die Scharade glaubhafter zu machen, schrieb Guillaume de Paris, der Inquisitor höchstpersönlich, seinen Häschern im ganzen Land: Er listete die Verbrechen auf, derer die Templer bezichtigt wurden, und entwarf Richtlinien für die Verhöre der Angeklagten.

In den folgenden Monaten waren die Inquisitoren in ganz Frankreich eifrig damit beschäftigt, Hunderte von Templern einem gewissenhaften Verhör zu unterziehen. Eine beträchtliche Zahl der Verdächtigen starb bei diesen Prozeduren, 36 allein in Paris, weitere 25 in Sens. Die meisten der in Frankreich festgenommenen Templer waren allerdings entweder noch sehr jung und unerfahren oder schon recht alt. Der Mehrheit der Ritter gelang die Flucht: Offensichtlich waren sie vorher gewarnt worden. Und von dem angeblichen »Schatz« des Ordens, auf den Philipp spekuliert hatte, fand sich nie eine Spur. Entweder hat es ihn nie gegeben, oder er war rechtzeitig außer Landes geschmuggelt worden.

Über sieben Jahre zogen sich die Verhöre, Foltern und Exekutionen hin, zwischendurch kam es zu Gerichtsverhandlungen, wurden Geständnisse zurückgezogen. Im Jahr 1310 drohten fast 600 französische Templer, ihre Geständnisse zu widerrufen und ihren Orden vor dem Papst zu rechtfertigen. Etwa 75 von ihnen wurden von der Inquisition als rückfällige Häretiker verbrannt. Schließlich löste der Papst den Orden der Tempelritter offiziell auf, und am 19. März 1314 wurden zwei der höchsten Würdenträger des Ordens – der Großmeister Jacques de Molay und sein unmittelbarer Untergebener, Geoffroi de Charnay – auf einer Insel in der Seine über kleiner Flamme zu Tode geröstet.

In den Jahren vor diesem schrecklichen Finale hatte man den Templern vor allem dort übel mitgespielt, wo die Inquisition ihr Amt besonders effektiv ausübte: in Frankreich, Italien und bestimmten Teilen Österreichs und Deutschlands. In den anderen Ländern wurden sie, wenn überhaupt, nur ganz sporadisch verfolgt. In England zum Beispiel, wo die Inquisition noch gar nicht Fuß gefaßt hatte, gab es keine Institution, die sich um die Verfolgung hätte kümmern können. Folglich schrieb Philipp an seinen Schwiegersohn, den frisch gekrönten Eduard II., und drängte ihn, etwas gegen die Templer zu unternehmen. Der englische König war schockiert über diese Ermahnung, so schockiert, daß er seinerseits Depeschen an die Monarchen von Portugal, Kastilien, Aragón und Sizilien schickte, in denen er sie aufforderte, dem Druck zu widerstehen, den Philipp auf sie auszuüben versuchte. Eduard bat seine königlichen Kollegen, »die Ohren jenen Verleumdungen bösartiger Männer gegenüber zu verschließen, die, wie wir glauben, nicht von dem Streben nach Rechtschaffenheit angetrieben werden, sondern von Habgier und Neid«.[8]

Philipp ließ jedoch nicht locker, und schließlich gab Eduard entnervt nach: Im Januar 1308 ließ er als Zeichen seines guten Willens zehn Templer festsetzen. Man unternahm jedoch keine ernsthaften Anstrengungen, sie zu bewachen. Im Gegenteil, sie durften in ziviler Tracht herumlaufen und konnten in den Schlössern, in denen sie angeblich inhaftiert waren, ganz nach Belieben ein und aus gehen.

Überflüssig zu sagen, daß Philipp nicht zufrieden war. Mitte September 1309, fast zwei Jahre nach dem großen Schlag gegen den Orden in Frankreich, setzte die Inquisition erstmals ihren Fuß auf englischen Boden, und zwar mit dem ausdrücklichen Auftrag, die Templer dingfest zu machen. Den Inquisitoren schlug nicht gerade ein herzliches Willkommen entgegen. Auch Eduard verdarb ihnen den Spaß, indem er ihnen die Anwendung der Folter untersagte, des einzigen Mittels, mit dem sie hoffen konnten, die erwünschten Geständnisse zu erpressen. Beleidigt beschwerten sich die Inquisitoren beim französischen König und beim Papst. Unter dem Druck aus diesen beiden Richtungen erteilte Eduard im Dezember widerstrebend die Erlaubnis zur »beschränkten« Folter, aber die Kerkermeister der Templer fanden an dieser Methode keinerlei Geschmack, und so fühlten sich die Inquisitoren weiterhin kaltgestellt.

In ihrer Verzweiflung schlugen sie alternative Prozeduren vor: Vielleicht konnte man ja die Essensrationen der inhaftierten Ordensleute allmählich verkleinern, bis sie schließlich nur noch von Wasser lebten. Oder wie wäre es, wenn man die Verdächtigen nach Frankreich überführte, wo man die richtigen Leute zu Gebote hatte, die mit Geschick und Leidenschaft zu foltern verstanden? Eduard stellte sich weiterhin quer. Doch Mitte 1310, nachdem ihn der Papst erneut unter Druck gesetzt hatte, ordnete er zähneknirschend an, daß zumindest ein paar Angeklagte der Folter in der für sinnvoll erachteten Stärke unterworfen werden sollten.

Alles in allem wurden aber in England weniger als einhundert Templer festgenommen, und nur drei von ihnen legten Geständnisse ab. Diese drei bekennenden »Missetäter« wurden nicht verbrannt. Statt dessen zwang man sie, ihre Sünden öffentlich einzugestehen und Reue zu zeigen, woraufhin die Kirche ihnen vergab und sie hinter Klostermauern verschwinden ließ. Offenbar waren das die einzigen Strafen, die in England gegen Tempelritter verhängt wurden.

Nachdem der Orden aufgelöst worden war, steckte man diejenigen seiner Angehörigen, die noch in Gefängnissen einsaßen, in verschiedene Klöster und gewährte ihnen eine Pension, von der sie bis ans Ende ihrer Tage leben konnten. Zu dieser Zeit war eine Anzahl englischer Templer, wie zuvor schon viele ihrer französischen Brüder, längst nach Schottland geflohen.[9] Schottland war seinerzeit mit dem Interdikt, dem Verbot aller kirchlichen Amtshandlungen, belegt, und sein König, Robert Bruce, war exkommuniziert worden. Infolgedessen hatten päpstliche Erlasse im Lande keine Gültigkeit, und die heimatlosen Ritter konnten damit rechnen, hier einen idealen Unterschlupf zu finden.

ANGRIFF AUF DIE FRANZISKANER

Als die Inquisition dazu aufgerufen wurde, gegen die Templer vorzugehen, hatte sie bereits Erfahrung im Kampf mit anderen offiziellen christlichen Institutionen gesammelt. Über den größten Teil des vorangegangenen Jahrhunderts hinweg war sie in eine hartnäckige Auseinandersetzung, in eine Dauerfehde mit jenem Orden einbezogen gewesen, der für die Dominikaner stets der stärkste Rivale im Kampf um Macht und Einfluß gewesen war. Dieser Orden war die Bruderschaft der Franziskaner.

Der Mann, der später als Sankt Franziskus heiliggesprochen werden sollte, war um 1181 als Sohn eines wohlhabenden Tuchhändlers in Assisi geboren worden. Während Dominikus von dem Augenblick an, da er die Bühne der Geschichte betrat, ein Fanatiker war, entsprach Franziskus einem anderen, wenn auch ebenso geläufigen Muster. Wie der heilige Augustinus war Franziskus in seiner Jugend ein Wüstling und Freund des Lasters. Selbst seine ehrfürchtigsten Biographen räumen verschämt ein, daß er damals alles auskostete, was sich einem jungen Mann an Versuchungen nur bieten konnte, und mehr als einmal fällt in diesem Zusammenhang das Wort »liederlich«.

Bis zu seinem zwanzigsten Lebensjahr arbeitete Franziskus im Geschäft seiner Familie. Im Jahr 1202 wurde er Soldat und beteiligte sich an einem der kleineren kriegerischen Übergriffe Assisis auf die Nachbarschaft. Er geriet in Gefangenschaft und blieb mehrere Monate in Haft. Manche Quellen besagen, daß er in dieser Zeit schwer erkrankte. Einige Indizien weisen darauf hin, daß es sich bei dieser Krankheit entweder um eine Art psychischer Krise gehandelt hat oder daß sie zumindest von einem Nervenzusammenbruch begleitet wurde.

Auf jeden Fall kehrte Franziskus als anderer Mensch nach Assisi zurück, den sein früheres Sünderleben nicht mehr locken konnte. Er begab sich auf Wallfahrt nach Rom und entdeckte dabei für sich die Freuden der Armut. Nach Assisi zurückgekehrt, führte er ein Leben in Bescheidenheit und Genügsamkeit, er kümmerte sich um Bettler und half beim Wiederaufbau einer verfallenen Kirche. Die Renovierung finanzierte er durch Wertsachen, die er seinem Vater stahl und mitsamt dem Pferd, auf dem er sie abtransportiert hatte, verkaufte. Sein Vater verstieß ihn daraufhin.

Das alles war aber lediglich das Vorspiel zur Bekehrung des Franziskus. Die eigentliche Konversion geschah an einem Morgen des Jahres 1208, als er einem Bibeltext lauschte, der in einer Kirche in der Nähe von Assisi verlesen wurde. Offenbar hat Franziskus die Worte, die er dort vernahm, als persönliche Berufung empfunden. Jedenfalls zog er unmittelbar danach seine Schuhe aus, hüllte sich in eine dunkle Asketenkutte und begab sich als Prediger auf Wanderschaft.

Als sich die ersten Anhänger um ihn scharten und ihn auf seinem Weg begleiteten, legte er Regeln für seine aufkeimende Organisation fest. Einer der Grundsätze lautete: »Die Brüder sollen kein Eigentum besitzen, weder Häuser noch Grundstücke, noch irgend etwas anderes, sondern sie sollen wie Fremdlinge und Pilger in der Welt leben und sollen vertrauensvoll um Almosen bitten.«[10]

Franziskus und Dominikus lebten und wirkten beinahe gleichzeitig. Während Dominikus jedoch nach Macht strebte, versuchte Franziskus gerade, sich von jeglicher Macht zu trennen. Suchte Dominikus sich äußere Gegner, an denen er seine Kräfte messen konnte, schaute Franziskus nach innen und kämpfte gegen seine eigenen Sünden und Verfehlungen an – ein Ansatz, der der traditionellen christlichen Lehre viel näher kam. Wie bestimmte ketzerische Sektierer bemühte sich Franziskus, so zu leben, wie Jesus und die »ersten Christen« es der Überlieferung nach getan hatten. Hätte er in Südfrankreich gelebt – oder hätten sich die Dominikaner nicht so ausschließlich auf die dort wirkenden Katharer konzentriert –, dann wäre er wohl selbst als Häretiker verurteilt worden. Er und Dominikus verkörperten zwei unverträgliche, geradezu diametral entgegengesetzte Aspekte der mittelalterlichen Kirche und enthüllten darin den fast schizophrenen Aspekt, den diese Institution damals in sich barg.

Im Jahr 1209, als der blutige Albigenser-Kreuzzug gerade richtig in Schwung kam, segnete Papst Innozenz III. das Regelwerk ab, das Franziskus ausgearbeitet hatte. Damit war der Franziskanerorden ganz offiziell aus der Taufe gehoben. Der Ordensgründer und seine Mitstreiter nannten sich selbst »Mindere Brüder«. Drei Jahre später, 1212, gründete eine Angehörige der Oberschicht von Assisi den Klarissenorden, einen Franziskaner-Ableger für Frauen. Die Ordensstifterin wurde später als Sankt Klara heiliggesprochen. Unterdessen verkündete Franziskus seine Lehre in der Ferne: Er wanderte durch Osteuropa, nahm an einem Kreuzzug teil und war 1219 in Ägypten dabei, als die Hafenstadt Damiette (Dimjat) im Nildelta belagert und eingenommen wurde.

Die ersten Franziskaner waren so arm und zerlumpt, daß übereifrige dominikanische Inquisitoren sie manchmal versehentlich für Katharer oder Waldenser hielten. Aufgrund eines solchen Mißverständnisses wurden zum Beispiel in Spanien fünf von ihnen hingerichtet. Wie die frühen Dominikaner gelobten auch die ersten Franziskaner, ein Leben in Armut zu führen; sie durften keinen Besitz ihr eigen nennen und sollten ausschließlich von erbettelten Almosen leben. Im Gegensatz zu den Dominikanern waren die Franziskaner jedoch zu körperlicher Arbeit verpflichtet. Auch blieben ihnen einige der Entschädigungen verwehrt, die ihre Rivalen zum Ausgleich für die Armut genossen. So waren beispielsweise die meisten Franziskaner zunächst ungebildete Leute, und sie mußten daher auf die intellektuellen Freuden der Gelehrsamkeit und die Zerstreuung, die theologische Studien boten, verzichten. Und während die Dominikaner jedes womöglich in ihnen aufkeimende sadistische und perverse Verlangen ausleben konnten, indem sie Ketzer drangsalierten, blieb den Franziskanern auch diese Entlastung versagt.

Es verwundert nicht, daß viele Mitglieder der Franziskaner den strengen Ordensregeln auf Dauer nicht gewachsen waren und daß viele potentielle Bewerber von ihnen abgeschreckt wurden. Noch vor Franziskus' Tod im Jahr 1226 begann sich die von ihm gegründete Institution zu wandeln. Während er in der Ferne weilte, in Osteuropa und dann in Ägypten, entpuppte sich sein Stellvertreter, der unterdessen den Orden leiten sollte, als scharfsinniger und geschickter Politiker, der den Einfluß der Franziskaner ausdehnte und die strikten Ordensregeln entschärfte. Die Brüder gingen weiterhin körperlicher Arbeit und ihren Gebeten nach, sie unterhielten Hospitäler und kümmerten sich um die Leprakranken, aber darüber hinaus begannen sie nun Reichtümer zu horten. Mit den Worten eines Historikers: »Es entsprach nicht der menschlichen Natur, lange die vielen Reichtümer zurückzuweisen, die dem Orden von allen Seiten angeboten wurden. Man nahm daher zu den spitzfindigsten dialektischen Ausflüchten und Kunstgriffen seine Zuflucht, um den Besitz ungeheuren Vermögens mit der von der Ordensregel geforderten absoluten Armut in Einklang zu bringen.«[11]

Als Franziskus von seinen Reisen zurückkehrte, versuchte er erst gar nicht, die Kontrolle wieder an sich zu reißen und seine alte Stellung als Oberhaupt des Ordens einzunehmen. Fern aller Politik, desinteressiert an Fragen der Organisation und der Rangordnung, blieb er seinem einfachen und ungebundenen Lebensstil treu. Der Orden verehrte ihn zwar weiterhin als seinen Gründungsvater, entwickelte sich aber unter neuer Führung in anderer Richtung weiter. Zum Zeitpunkt seines ersten Generalkapitels, der ersten Generalversammlung – 1221, also fünf Jahre vor Franziskus' Tod –, gehörten dem Orden mehr als dreitausend Brüder an, darunter ein Kardinal und eine Anzahl Bischöfe. Im Jahr 1256 waren ihm dann allein in England 49 Niederlassungen mit 1242

Mönchen angeschlossen. Im späten 13. Jahrhundert gehörte auch der berühmte Roger Bacon dieser Organisation an.

Ein halbes Jahrhundert nach dem Tod seines Stifters war der Orden ebenso komfortabel und wohlhabend geworden wie jede andere kirchliche Organisation. Auch hatte er Geschmack an der Macht gefunden und war auf seine Art dieser Droge verfallen. Eine ständig steigende Anfälligkeit für Korruption war die unausweichliche Begleiterscheinung dieser Entwicklung. Am 2. Februar 1257 wurde ein Mann zum General des Franziskanerordens gewählt, der später unter dem Namen Bonaventura heiliggesprochen werden sollte. Eine seiner ersten Amtshandlungen war die Abfassung eines Rundschreibens an alle Regionalvorsteher, in dem er das immense Ausmaß an Lasterhaftigkeit und Gier beklagte, das den Orden allerorten in Verruf gebracht hatte. Immer mehr Brüder, so sein Vorwurf, hatten sich der Trägheit und Verderbtheit hingegeben, waren in beschämender Weise der Verschwendungssucht verfallen, hatten sich skandalös protzige Paläste errichten lassen, hatten in hemmungsloser Weise Erbschaften an sich gerissen und überhöhte Bestattungsgebühren erhoben.

Zehn Jahre später war alles beim alten, und Bonaventura wiederholte seine Klagen, diesmal mit noch deutlicheren Worten: »Es ist eine faule und abgenutzte Lüge, sich als einen freiwilligen Bekenner der Armut aufzuspielen und doch nichts entbehren zu wollen oder wie ein Armer bettelnd umherzuziehen und zu Hause in Reichtum zu schwelgen.«[12]

Gegen Ende des 13. Jahrhunderts hatten nicht nur weltliche Gesinnung und Korruption bei den Franziskanern überhandgenommen, sie wurden auch durch Spaltungen geschwächt. Viele Mitglieder des Ordens – »mystisch«, »spirituell« oder »puristisch« ausgerichtete Franziskaner – versuchten, den ursprünglichen Idealen ihres Gründers treu zu bleiben. Kein Wunder, daß ihre Kompromißlosigkeit sie bald mit der dominikanisch geprägten

Inquisition in Konflikt brachte: So mancher von ihnen mußte ein Verfahren wegen Ketzerei über sich ergehen lassen. So wurde zum Beispiel 1282 ein gewisser Pierre Jean Olivi, der Kopf der »puristischen« Franziskaner im Languedoc, wegen Häresie angeklagt. Obwohl er schließlich entlastet wurde, blieben seine Schriften verboten.

Zu Beginn des 14. Jahrhunderts hatte sich der Streit zwischen der franziskanischen Puristenfraktion einerseits und der Hauptströmung des Ordens, der dominikanischen Inquisition und dem Papst andererseits erheblich zugespitzt. 1317 entschied Papst Johannes XXII. definitiv gegen die »Puristen«. Unter Androhung der Exkommunikation befahl er ihnen, sich seiner Autorität und der des franziskanischen »Mainstream« zu beugen. Viele weigerten sich und wurden Schismatiker; sie nannten sich künftig Fraticellen. Die Inquisition verbrannte 1318 vier Fraticellenbrüder als Ketzer.

1322 verabschiedete ein Generalkapitel des gesamten Franziskanerordens eine Resolution, in der implizit ein gewisses Einverständnis mit den Anliegen der Fraticellen enthalten war. Man wies darauf hin, daß Jesus und seine Jünger arm gewesen waren, persönlichen Besitz abgelehnt und der weltlichen Gesinnung abgeschworen hatten – und darauf gründe sich das Idealbild christlicher Tugend. Die Erklärung war für alle erkennbar ein Schlag ins Gesicht der Inquisition: Diese hatte erst kurz zuvor eine Verfügung herausgegeben, in der sie den klerikalen Reichtum rechtfertigte. Die Reaktion folgte auf dem Fuß: Ein Jahr später, 1323, erklärte der Papst die Resolution der Franziskaner für häretisch. Der Franziskanerorden war empört, und viele Brüder beschuldigten den Papst seinerseits der Ketzerei; etliche traten zu den Fraticellen über. Als die Spannungen zunahmen, verbündete sich der Ordensgeneral mit den schismatischen Abweichlern. Für die folgenden zwei Jahrhunderte blieben die Beziehungen zwischen der Inquisition und den Franziskanern – sowohl Hauptströmung als auch Schismatiker – vergiftet. Noch in den zwanziger Jahren des 15. Jahrhunderts wurden mystisch ausgerichtete Franziskanerbrüder regelmäßig der Häresie bezichtigt und abgeurteilt.

Die Fehde zwischen den Franziskanern und den Dominikanern steigerte sich manchmal zu unglaublichen Narreteien, infantilen Buchstabenklaubereien und dogmatischen Haarspaltereien beispiellosen Ausmaßes. So widmete sich zum Beispiel ein franziskanischer Würdenträger aus Barcelona 1351 der Frage, wie das Blut Jesu zu bewerten sei, das unmittelbar vor beziehungsweise bei der Kreuzigung geflossen sei. Seiner Ansicht nach war dieses Blut zu Boden getropft und hatte durch die Trennung vom Körper Jesu seine Göttlichkeit eingebüßt. Es wäre demnach bei Christi Himmelfahrt nicht mit ihm gemeinsam zum Himmel aufgestiegen, sondern einfach im Boden versickert.

»Die Frage«, so merkt ein Historiker an, »war neu und nicht leicht zu entscheiden.«[13] Aber die Behauptung des Franziskaners versetzte Nicholas Roselli, den dominikanischen Inquisitor von Barcelona, in helle Entrüstung. Er hegte ohnehin schon starke Ressentiments gegen die Franziskaner und bekam nun einen neuen Grund für seinen Groll geliefert. Er ergriff die Gelegenheit, der Konkurrenzorganisation ein Bein zu stellen, beim Schopf und ließ dem Papst einen ausführlichen Bericht über die Angelegenheit zukommen.

Auch der Papst war empört über die kühnen Thesen des Franziskaners. Er berief sofort einen Theologenkongreß ein, der sich der Frage des vergossenen Blutes Jesu annehmen sollte. Die Konferenz schloß sich dem Protest Pater Rosellis und des Papstes an; die Meinung des Franziskaners wurde offiziell geächtet. An alle Inquisitoren ergingen entsprechende Weisungen: Jeder, der es jetzt noch wagen sollte, diese skandalöse Irrlehre zu vertreten, sollte festgesetzt werden. Der Franziskaner, der die These aufgestellt hatte, wurde gezwungen, öffentlich zu widerrufen.

Damit war die Sache jedoch noch nicht ausgestanden. Die

Franziskaner spürten den scharfen Wind, der ihnen entgegenblies, und setzten die Debatte über das vergossene Blut Jesu, die in der Öffentlichkeit zu führen ihnen untersagt worden war, intern fort. Dazu ein Kommentator: »Die Franziskaner behaupteten, und zwar mit einer herausfordernden Begründung, man könne wohl glauben, das Blut Christi bleibe auf der Erde, da ja die bei der Beschneidung abgetrennte Vorhaut in der Laterankirche aufbewahrt und unter den Augen des Papstes und der Kardinäle als Reliquie verehrt würde, und da den Gläubigen in Mantua, Brügge und an anderen Orten Teile des Blutes und Wassers, die bei der Kreuzigung geflossen seien, gezeigt würden.«[14]

Der Disput schwelte weiter, fast durch das ganze folgende Jahrhundert. Im Jahr 1448 schließlich, fast einhundert Jahre später, lenkte ein Franziskanerprofessor der Universität zu Paris die Aufmerksamkeit der dortigen theologischen Fakultät auf dieses Problem. Die erneute Diskussion führte zur Einsetzung eines weiteren Theologengremiums, das die heikle Angelegenheit genauer untersuchen sollte. Die Gelehrten debattierten jahrelang; dann präsentierten sie feierlich das Ergebnis: Sie stellten fest, daß es nicht gegen die Lehren der Kirche verstieß, der ursprünglichen These des Franziskaners Glauben zu schenken, nämlich daß das Blut, das Jesus während seiner letzten Lebenstage vergossen hatte, auf Erden verblieben war.

Durch diesen Sieg in ihrem ganz privaten Hundertjährigen Krieg ermutigt, im Hochgefühl ihres Triumphes, wurden die Franziskaner verwegener. In einer Predigt in Brescia bekannte sich ein prominenter Franziskaner 1462 offen zu der Haltung seines Vorgängers. Aufs neue entbrannte die Kontroverse. Der örtliche Dominikaner-Inquisitor zügelte zunächst seinen Zorn und schrieb dem Franziskaner einen höflichen Brief, in dem er seine Verwunderung, ja Skepsis zum Ausdruck brachte: Er könne nicht glauben, so formulierte er entgeistert, daß jemand tatsächlich eine solche Behauptung aufgestellt haben könnte; die Berichte, die er erhalten hatte, müßten auf Mißverständnissen beruhen. Ob der Franziskaner ihm bitte freundlicherweise bestätigen könne, daß dem tatsächlich so gewesen sei? Als der Franziskaner mit ebensolcher Höflichkeit antwortete und die Behauptungen wiederholte, wurde er aufgefordert, sich am nächsten Tag vor dem Inquisitor zu verantworten.

Die unangenehme Aussicht auf einen erneuten, öffentlich ausgetragenen Streit zwischen den Dominikanern und den Franziskanern rief den örtlichen Bischof auf den Plan. Er sorgte dafür, daß die Vorladung zurückgenommen wurde, allerdings unter der Bedingung, daß die Angelegenheit als Chefsache vom Papst persönlich geklärt werde. Unterdessen hatten Dominikaner in der ganzen christlichen Welt bereits begonnen, von ihren Kanzeln herab gegen die franziskanische »Ketzerei« zu wettern. Was während des größten Teils des Jahrhunderts fast unter Ausschluß der Öffentlichkeit als Expertenstreit geführt worden war, eskalierte nun unter dramatischen Umständen vor den Augen eines verwirrten und beunruhigten Publikums.

Der Papst hatte kein Interesse daran, sich einen der beiden konkurrierenden Orden zum Feind zu machen, und beeilte sich, nochmals eine Expertenrunde einzuberufen, die die immer lästiger werdende Frage endgültig klären sollte. Er scheint die Hoffnung gehabt zu haben, daß das Problem in den Mühlen der Bürokratie langsam zermahlen werden und das Interesse daran allmählich verebben würde. Zu seinem Mißfallen entwickelten die Angehörigen der Kommission jedoch eine sehr viel größere Streitlust als erwartet. »Jede Partei wählte drei Doktoren aus, die drei Tage lang in Gegenwart des Papstes und des heiligen Kollegiums mit so glühendem Eifer stritten, daß sie trotz der bitteren Winterkälte in Schweiß gebadet waren.«[15]

Dabei gelang es jedoch keiner Fraktion, im Neuen Testament auch nur eine einzige Belegstelle zum Thema des Disputs ausfindig zu machen, und so blieb die Streitfrage im Grunde offen. Der quer durch die Christenheit verlaufende Dauerzwist zwischen Dominikanern und Franziskanern ging weiter.

Ein Jahr später, Anfang August 1464, erließ der Papst, von einer ganz unpäpstlichen Ungeduld und Verärgerung getrieben, eine Bulle. In ihr ordnete er kraft seines Amtes an, daß jede Diskussion des unangenehmen Gegenstandes zu unterbleiben hatte, bis der Streit durch eine Bekanntmachung des Apostolischen Stuhls endgültig beigelegt worden sei. Der Heilige Vater fand jedoch keine Gelegenheit mehr, ein solches Urteil zu fällen, denn acht Tage später starb er. Auch die Kardinäle, die sich daraufhin der Sache annahmen, kamen zu keiner Einigung. Unter dem neuen Papst wurde die weitere Diskussion dann auf unbestimmte Zeit vertagt. Soweit den Autoren dieses Buches bekannt, ist die Frage, ob das vergossene Blut Jesu zum Himmel fuhr oder auf Erden blieb, bis heute nicht geklärt und schwebt unbeantwortet über dem Papsttum.

4. DIE SPANISCHE INQUISITION

Die Inquisition wird fast immer mit Spanien in Verbindung gebracht. Tatsächlich hat diese Institution ihre Aktivitäten dort erst relativ spät voll entfaltet, und dann unterschied sie sich in vieler Hinsicht ganz deutlich von der Inquisition in allen anderen Ländern. Und doch ist an solchen weitverbreiteten Vorstellungen immer auch etwas Wahres: Zweifellos hat das Treiben der Inquisition in Spanien ganz neue Ausmaße von Bigotterie, Niederträchtigkeit und Grauenhaftigkeit angenommen.

Es ist daran zu erinnern, daß Spanien während des 13. Jahrhunderts kein zusammenhängendes Staatsgebilde war. Ein beträchtlicher Teil der Iberischen Halbinsel unterstand immer noch der Herrschaft muslimischer Potentaten. Und der verbleibende christliche Teil der Halbinsel war in mehrere autonome Königreiche aufgeteilt, die sich nicht immer gut miteinander vertrugen. Das erste und zunächst einzige christliche Fürstentum in dieser Region, in dem die Inquisition Fuß fassen konnte, war Aragón. Die 1238 hier eingerichtete Behörde operierte aber konzeptlos, ineffizient und willkürlich; zu Beginn des 15. Jahrhunderts waren ihre Aktivitäten nahezu eingeschlafen. In den anderen Gebieten – in Kastilien zum Beispiel, in León und in Portugal – erschien die Inquisition erst 1376 auf der Bildfläche, ganze anderthalb Jahrhunderte nach ihren Anfängen in Frankreich.

Im Jahr 1474 bestieg eine Frau den Thron ihres Königreiches, die als Isabella von Kastilien in die Geschichte einging. Fünf Jahre später wurde ihr Gemahl Ferdinand König von Aragón. Unter der gemeinsamen Regierung des Herrscherpaares waren damit von 1479 an Kastilien und Aragón im Grunde als ein einziges, vereinigtes Königreich anzusehen. In den nächsten Jahren verfolgten die beiden Regenten konsequent ein höchst ehrgeiziges Projekt von gigantischen Ausmaßen: Sie machten sich daran, die letzten maurischen, islamischen Enklaven in ihrem Herrschaftsbereich zu beseitigen – ein Unternehmen, das 1492 in der Wiedereroberung Granadas seinen Abschluß und Höhepunkt fand. Zugleich setzten sie eine unbarmherzige »Reinigungskampagne« auf die Tagesordnung, die die völkische Politik der Nationalsozialisten sowie die »ethnischen Säuberungen« vorwegnahm, die wir in den dreißiger und vierziger Jahren des 20. Jahrhunderts in Deutschland beziehungsweise während der neunziger Jahre auf dem Balkan erlebt haben. Unter Ferdinand und Isabella sollte Spanien nicht nur vereinigt werden: Gleichzeitig wollten sie es endgültig von allen islamischen und jüdischen Elementen »läutern«, ferner von allem Heidnischen und jeder christlichen Häresie. Zu diesem Zweck richteten die spanischen Monarchen 1478 ihre eigene Inquisitionsbehörde ein.

In ihren Mechanismen und Verfahrensweisen – »in allen Fragen der Inhaftierungspraxis, der Untersuchungsverfahren, der Prozeßvorschriften, der Konfiskation und der Personalanwerbung«[1] – eiferte die spanische Einrichtung der Inquisition in anderen Ländern nach. Im Gegensatz zu jenen unterstand die spanische Inquisition jedoch nicht dem Papst; sie war vielmehr dem Königspaar, Ferdinand und Isabella, Rechenschaft schuldig. Denn in den Herrschaftsgebieten der spanischen Monarchen bestand eine Art Theokratie, in der Kirche und Staat sich die Führung teilten, und so war die spanische Inquisition der Krone ebenso verbunden wie der Kirche. Sie war nicht nur ein Instrument der klerikalen Orthodoxie, sondern auch der königlichen Politik. In einer Anweisung an die Vertreter der neu etablierten Inquisition in Aragón stellte Ferdinand klar: »Obwohl Ihr und die anderen Euch des Titels ›Inquisitor‹ erfreut, sind es doch ich und die Königin, die Euch ernannt haben, und ohne unsere Unterstützung könnt Ihr sehr wenig ausrichten.«[2]

TORQUEMADA

Am 1. November 1478 gab Papst Sixtus IV. eine Bulle heraus, die die Bildung einer einzigartigen Inquisitionsbehörde in Spanien genehmigte. Zwei oder vielleicht drei Priester, die über vierzig sein mußten, sollten als Inquisitoren bestellt werden. Das Recht, diese zu ernennen und zu entlassen, wurde nicht den Dominikanern oder einer anderen kirchlichen Einrichtung zugesprochen, sondern den spanischen Monarchen. Am 27. September 1480 berief das Königspaar zwei Dominikaner auf diese Posten. Die Inquisitoren nahmen ihre Arbeit im Süden auf, im Grenzgebiet zum immer noch maurischen Königreich von Granada. Das erste Autodafé wurde am 6. Februar 1481 durchgeführt: Sechs Menschen wurden bei lebendigem Leib auf dem Scheiterhaufen verbrannt. Allein in Sevilla hatten die Flammen Anfang November bereits 288 weitere Opfer gefordert, während 79 der Angeklagten zu lebenslangem Kerker verurteilt worden waren.

Vier Monate später, im Februar 1482, gestattete der Papst die Einsetzung weiterer sieben Dominikaner als Inquisitoren. Einer von diesen, der Prior eines Klosters in Segovia, sollte nachgerade als Verkörperung der spanischen Inquisition in ihrer entsetzlichsten Form in die Geschichte eingehen: Tomás de Torquemada. In den drei Jahren, die auf Torquemadas Berufung folgten, wurden an vier weiteren Orten Inquisitionstribunale eingerichtet. Und im Jahr 1492 waren in acht großen Städten Gerichtshöfe der Inquisition tätig.

Zu dieser Zeit lief die spanische Inquisition bereits Amok. Schon zehn Jahre zuvor hatten sich plötzlich die Beschwerden gehäuft, also nur wenige Monate nachdem Torquemada seinen

Dienst angetreten hatte. Im April 1482 hatte der Papst als Antwort auf die sorgenvollen Briefe mehrerer spanischer Bischöfe eine Bulle herausgegeben, in der er beklagte, daß »viele gläubige Christen, auf das Zeugnis von Sklaven, Feinden und befangenen Zeugen hin, ohne rechtskräftige Beweise in weltliche Gefängnisse geworfen, gefoltert und als Ketzer verurteilt und unter Vermögenseinziehung dem weltlichen Arm zur Hinrichtung überwiesen worden waren«.[3] Im selben Dokument kam der Papst zu dem Schluß, »daß die Inquisitoren in Aragón nicht so sehr durch Eifer für den Glauben als durch Geldgier getrieben wurden«.[4]

In Übereinstimmung mit dieser Einschätzung wurden der Inquisition alle ursprünglich gewährten Befugnisse entzogen, und der Papst verlangte, daß die Inquisitoren vor Ort der Kontrolle der jeweiligen Bischöfe unterstellt werden sollten. Diese Maßnahme wurde von den Monarchen natürlich als offene Provokation verstanden, und König Ferdinand war – wie zu erwarten – außer sich vor Wut. Unter dem Vorwand, er hege Zweifel, ob diese Bulle tatsächlich vom Papst verfaßt worden sei, schickte er dem Pontifex einen ausgesprochen heuchlerischen Brief. Das Sendschreiben endete mit einer ausdrücklichen Drohung: »Nehmt Euch daher in acht, daß Ihr nicht zu weit geht ..., und vertraut uns unbesorgt diese Angelegenheit an.«[5]

Angesichts dieser Widerspenstigkeit gab sich der Papst einfach geschlagen. Am 17. Oktober 1483 wurde eine neue Bulle erlassen, die die Einsetzung eines Gremiums, des *Consejo de la Suprema y General Inquisición*, anordnete, welches als oberster Entscheidungsträger der Inquisition fungieren sollte. Den Vorsitz über dieses heilige Tribunal, kurz die *Suprema*, sollte der sogenannte Generalinquisitor führen. Der erste Inhaber dieses neugeschaffenen Postens war Torquemada. Alle lokalen Inquisitionstribunale im gesamten christlichen Spanien wurden dadurch der Jurisdiktion einer Zentralverwaltung unterstellt, an deren Spitze Torquemada stand.

In den folgenden fünfzehn Jahren, bis zu seinem Tod im Jahr 1498, besaß Torquemada so viel Macht und Einfluß, daß er sich darin durchaus mit dem Herrscherpaar Ferdinand und Isabella messen konnte. Was die Entwicklung der Inquisition betrifft, so schreibt ein Historiker: »Sein rücksichtsloser Eifer förderte die neue Einrichtung, sein Wesen schloß jedes Nachlassen von der einmal erkannten Pflicht aus ...«[6] Er trieb diesen Aufbau »ohne Gnade« und mit »unbändigem Fanatismus« voran. Seine Hingabe an die Sache war so groß, daß er das Angebot, Bischof von Sevilla zu werden, ablehnte, und er tauschte die schmucklose Tracht der Dominikaner niemals gegen kleidsamere, prachtvolle Gewänder ein. Er war auch strikter Vegetarier. Andererseits zweigte er von konfisziertem Ketzereigentum erhebliche Summen in die eigene Tasche ab, er residierte in luxuriösen Palästen und ließ sich auf seinen Reisen von einem Gefolge begleiten, das sowohl Eindruck schinden als auch Schrecken verbreiten sollte: Es bestand aus 50 Reitern und 250 weiteren Bewaffneten zu Fuß. Seinen Verfolgungswahn konnte jedoch auch dieses massive Aufgebot nicht ganz zerstreuen: Wenn er speiste, hatte er stets »das Horn eines Einhorns« bei sich, das ihn angeblich vor Vergiftungen schützen sollte – wobei uns allerdings keinerlei Hinweise darauf überliefert sind, wie dieser phantastische Talisman funktionierte und was genau sein Besitzer mit ihm anstellte. In anderer Hinsicht erwies sich Torquemada eindeutig als intelligenter Mensch, als einer der großen machiavellistischen Geister seines Zeitalters, der über eine tiefe Kenntnis der menschlichen Psyche verfügte und sich mit großem Geschick auf den verschlungenen Pfaden der Staatskunst zu bewegen wußte. Der Großinquisitor in *Die Brüder Karamasoff* trägt keinen Namen, aber es bestehen kaum Zweifel, daß Dostojewski sich bei der Gestaltung dieser Figur an der historischen Person Torquemada orientiert hat. Ja, das Bild, das der Schriftsteller vom Großinquisitor zeichnet, ist vermutlich ebenso präzise wie die Porträts, welche die Historiker und Biographen von Torquemada entworfen haben. Es fällt einem jedenfalls nicht besonders schwer, sich vorzustellen, wie Torquemada – im Namen der Inquisition und zum Wohle der Kirche – einen wiedergekehrten Jesus wissentlich dem Feuer überantwortet.

Unter Torquemadas unbarmherziger Oberaufsicht setzte die spanische Inquisition mit neuem Schwung ihre Arbeit fort. Am 23. Februar 1484 wurden in Ciudad Réal dreißig Personen gleichzeitig bei lebendigem Leib verbrannt. Zwischen 1485 und 1501 starben in Toledo zweihundertfünfzig Menschen auf dem Scheiterhaufen. In Barcelona wurden 1491 drei Personen hingerichtet und weitere zweihundertzwanzig in Abwesenheit zum Tode verurteilt. In Valladolid ließen 1492 zweiunddreißig Verurteilte bei einer Hinrichtung ihr Leben. Die Auflistung der Greueltaten ließe sich seitenweise fortsetzen. Einmal schrieben die Stadtoberen von Barcelona König Ferdinand einen Protestbrief: »Wir sind alle fassungslos über uns zugeleitete Berichte von Exekutionen und Gerichtsverfahren, die in Kastilien stattfinden sollen.«[7] Im September 1485 wurde der Inquisitor von Saragossa mitten im Gebet vor dem Altar der Kathedrale ermordet, diese Tat wurde durch eine Welle weiterer Hinrichtungen vergolten. Die Inquisition war allerdings nicht nur am Töten interessiert. Ein Jahr nach Torquemadas Ableben, 1499, wurde der Inquisitor von Córdoba des Betrugs und der Erpressung überführt. Seine Nachfolger wandelten fröhlich in seinen Fußstapfen und warfen jeden in den Kerker, der wohlhabend war – sogar Angehörige frommer christlicher Familien –, um das Eigentum der Opfer zu konfiszieren und es unter sich aufzuteilen.

DIE VERFAHRENSWEISEN DER INQUISITION

Was die Methoden und Techniken anging, nahm sich die spanische Inquisition die ursprüngliche päpstliche Inquisition des 13. Jahrhunderts zum Vorbild. Ein Unterschied bestand höchstens darin, daß sie deren Verfahren noch konsequenter anwandte – und noch zynischer. Zumindest wenn sie unter ihresgleichen waren, ließen die Inquisitoren ihre Scheinheiligkeit fahren und äußerten sich in einer unverblümten Art und Weise, die der Frömmigkeit wahrlich keinen Raum mehr ließ und tatsächlich hervorragend zu der fiktiven Person in Dostojewskis Parabel paßt. Im Jahr 1578 zum Beispiel wurde ein Inquisitor seinen Kollegen gegenüber deutlich und erklärte: »Wir müssen uns daran erinnern, daß die Verfahren und Exekutionen nicht in erster Linie dazu dienen, die Seelen der Angeklagten zu erretten, sondern vor allem dazu, das Gemeinwohl zu fördern und den Leuten Furcht einzuflößen.«[8]

Um dieses Ziel zu erreichen, ging die spanische Inquisition denselben Weg wie ihr mittelalterliches Vorbild: In regelmäßigen Abständen fiel sie in eine Ortschaft oder ein Dorf ein, 1517 zum Beispiel alle vier Monate. Diese Frequenz nahm allerdings allmählich ab, weil die Inquisitoren nachlässig, bequem und reisefaul wurden. Wenn sie ihren Bestimmungsort erreicht hatten, wiesen sich die Inquisitoren aus, indem sie dem örtlichen Klerus und den Zivilbehörden ihre Beglaubigungsschreiben zeigten. Dann wurde ein Tag festgesetzt, an dem jeder aufgerufen war, eine spezielle Messe zu besuchen, bei der das »Edikt« der Inquisition öffentlich verlesen wurde. Am vereinbarten Tag pflegte der Inquisitor am Ende der Predigt ein Kruzifix hochzuhalten. Die Anwesenden wurden aufgefordert, ihre rechte Hand zu heben, sich zu bekreuzigen und einen Eid nachzusprechen, in dem sie sich verpflichteten, der Inquisition und ihren Dienern behilflich zu sein. Nach diesen Präliminarien wurde das Edikt feierlich verlesen. In ihm wurden kurz verschiedene Häresien sowie der Islam und der Judaismus skizziert, dann folgte der Appell an alle, die die Sünde begangen hatten, sich von einer dieser Ketzereien »anstecken« zu lassen: Wenn sie sich innerhalb einer vereinbarten »Gnadenfrist« – normalerweise dreißig bis vierzig Tage, oft aber auch beträchtlich kürzer, da die Fristsetzung im Ermessen des jeweiligen Inquisitors lag – stellten und schuldig bekannten, konnten sie darauf hoffen, ohne übermäßig harte Bestrafung wieder in die Kirche aufgenommen zu werden. Sie waren allerdings verpflichtet, alle zu benennen, die sich der Ketzerei schuldig gemacht, sich jedoch nicht freiwillig gemeldet hatten. Das war die unerläßliche Voraussetzung, wollte man einer härteren Strafe entgehen und mit einer Buße davonkommen. »Sich selbst der Häresie zu bezichtigen reichte nicht aus, um von den im Edikt verkündeten Regelungen zu profitieren. Es wurde verlangt, daß man auch die Namen aller seiner Komplizen zu Protokoll gab, die diese Verirrung mit einem geteilt oder einen dazu verführt hatten.«[9]

Der psychologische Mechanismus, nach dem dieses Verfahren funktionierte, ist leicht zu durchschauen. In Spanien geschah dasselbe wie zuvor in den anderen europäischen Ländern: Die Leute stellten sich in den Dienst der Inquisition, um persönliche Rache an Nachbarn oder Verwandten zu üben oder um Geschäfts- und Handelsrivalen auszuschalten. Jeder konnte jeden denunzieren, und die Beweislast lag auf den Schultern des Beschuldigten. In den Menschen breitete sich die Furcht vor den Nachbarn, den Mitarbeitern und den gewerblichen Konkurrenten aus, die Furcht vor jedem, der ihnen etwas neiden könnte, und vor jedem, mit dem sie je in Konflikt geraten waren oder den sie sich zum Feind gemacht haben könnten. Um einer Anschwärzung durch andere zuvorzukommen, belasteten sich viele Leute fälschlicherweise selbst. Nicht selten legten ganze Gruppen innerhalb einer Gemeinde Massengeständnisse ab, begaben sich damit in die Fänge einer kollektiven Paranoia und Furcht und gerieten so vollständig unter die Kontrolle der Inquisition.

Als das Edikt der Inquisition gegen Ende des 15. Jahrhunderts zum erstenmal auf Mallorca verlesen wurde, erstatteten 337 Personen Selbstanzeige. In Toledo taten es ihnen im Jahr 1486 sogar 2400 Menschen nach. Aber es half nichts: Immer noch lebte die Bevölkerung in Furcht vor Geschäftsrivalen, Nachbarn, ja sogar der eigenen Familie. »Kleinliche Denunziation war eher die Regel als die Ausnahme.«[10] In Kastilien sollen in den achtziger Jahren des 15. Jahrhunderts mehr als 1500 Menschen aufgrund falscher Bezichtigungen auf dem Scheiterhaufen geopfert worden sein, und viele von ihnen haben bis zuletzt nicht gewußt, wer ihnen das angetan hatte. Bei den Inquisitionsverfahren genossen die Zeugen den Schutz der Anonymität, und in ihren Aussagen wurden alle Details entfernt, aus denen man auf ihre Identität hätte schließen können. So gelang es der Inquisition, ständig neue Energie und neue Impulse gerade von denen zu beziehen, die sie unterdrückte. Ihre Macht basierte auf einer himmelschreienden Ausbeutung der schwächsten und am leichtesten korrumpierbaren Eigenschaften der menschlichen Natur.

Theoretisch sollte jeder Fall von einer Versammlung aus Theologen untersucht werden, der außer den angereisten Inquisitoren mindestens ein einheimischer Beisitzer angehören mußte. Nur wenn das Gremium die Verdachtsmomente als ausreichend erachtete, sollte der Angeklagte verhaftet werden. In der Praxis wurden jedoch viele Leute schon festgenommen, bevor ihre Fälle überhaupt verhandelt wurden. Die Kerker der Inquisition quollen über von Häftlingen, von denen etliche noch nicht einmal wußten, welche Anklagepunkte überhaupt gegen sie vorgebracht worden waren. Sie konnten Jahre hinter Gefängnismauern zubringen, ohne zu erfahren, welcher Vergehen sie sich angeblich schuldig gemacht hatten.

Unterdessen wurden sie und ihre Angehörigen ihres Eigentums beraubt, denn jede Festnahme eines Verdächtigen ging automatisch mit der sofortigen Konfiskation seines gesamten Besitzes einher: Von seinem Haus bis zu seinen Töpfen und Pfannen wurde ihm alles genommen. Und während er im Gefängnis darbte, immer noch ohne jede Anklage und jedes Gerichtsverfahren, wurde sein Hab und Gut verkauft, um mit dem Erlös seinen Unterhalt in der Gefangenschaft zu finanzieren. Wenn er das Glück hatte, irgendwann in die Freiheit entlassen zu werden, dann waren er und die Seinen ruiniert und mittellos. Es gab Fälle, in denen die Kinder reicher Gefangener infolge der Armut, in die sie plötzlich geraten waren, Hungers starben. Erst 1561 wurden die Vorschriften leicht modifiziert, so daß Angehörige, die kein eigenes Einkommen hatten, zumindest von einem Teil des Verkaufserlöses der konfiszierten Güter eine Unterstützung erhielten.

Jedes Tribunal der einundzwanzig Provinzniederlassungen der Inquisition hatte ein eigenes Gefängnis, das sich innerhalb des »Amtspalastes« befand. Die Häftlinge wurden normalerweise in Ketten gelegt und in Einzelhaft gehalten; jedweder Kontakt zur Außenwelt war ihnen untersagt. Wenn überhaupt jemand von ihnen freigelassen wurde, verlangte man, daß er »einen Eid ablegte, nichts von dem preiszugeben, was er in den Zellen gesehen oder erfahren hatte«.[11] Es ist nicht verwunderlich, daß viele Opfer während der Haft den Verstand verloren, starben oder, wenn sich die Gelegenheit dazu bot, Selbstmord begingen. Und doch wurden seltsamerweise die Gefängnisse der Inquisition oft noch als vergleichsweise angenehm angesehen. Es sind Fälle von gewöhnlichen Kriminellen überliefert, die sich selbst fälschlich der Ketzerei ziehen, um von den noch grauenhafteren Gefängnissen der weltlichen Gerichtsbarkeit in solche der Inquisition überstellt zu werden.

An den Sitzungen der Inquisition, bei denen ermittelt und verhört wurde, nahmen außer den Inquisitoren ständig ein Schriftführer, ein Repräsentant des örtlichen Bischofs, ein Arzt und natürlich der Folterknecht teil, den man sich oft von der säkularen Justiz auslieh, wo er das Amt des Scharfrichters innehatte. Im Protokoll wurde alles akribisch festgehalten: die gestellten Fragen, die Antworten des Angeklagten und seine Reaktionen. Die spanische Inquisition bediente sich, ebenso wie ihre mittelalterlichen Vorgängerinnen, oft einer gedrechselten, scheinheiligen Rhetorik, um die unangenehme Realität der Folter zu kaschieren und zu rechtfertigen. Die Richtlinien der Inquisition aus dem Jahr 1561 schrieben vor, die Folter sei so anzuwenden, wie »das Gewissen und die Absichten der bestellten Richter, die dem Gesetz, der Vernunft und ihrem guten Gewissen folgen, es vorsehen. Die Inquisitoren sollten sehr genau darauf achten, daß die Anordnung einer Foltermaßnahme gerechtfertigt und durch einen Präzedenzfall abgesichert ist«.[12]

Der spanischen Inquisition galt – ebenso wie ihrem mittelalterlichen Vorbild – ein unter den Qualen der Folter erpreßtes Geständnis nicht als ausreichend beweiskräftig. Die Inquisitoren räumten ein, daß man einen Menschen durch das Zufügen extremer Schmerzen dazu bringen konnte, alles mögliche zu sagen. Folglich mußte der Angeklagte sein Geständnis einen Tag später nochmals bestätigen und unterschreiben, so daß man es nun als spontane und freiwillige Aussage präsentieren konnte, die nicht unter Zwang zustande gekommen war. Unter der spanischen Inquisition durfte ein Opfer – auch hier hatte man sich an das alte Vorbild angelehnt – nur einmal der Folter ausgesetzt werden. Und genau wie ihre Vorgänger in anderen Ländern wußten die spanischen Inquisitoren diese Richtlinie zu unterlaufen, indem sie das Ende jeder Foltersitzung einfach als »zeitweilige Unterbrechung« deklarierten. Auf diese Weise konnte man es so hinstellen, daß der Angeklagte in der Tat nur einmal gefoltert wurde, auch wenn dieser »einzige« Foltervorgang aus einer ganzen Kette von Sitzungen und Unterbrechungen bestand und sich über einen beträchtlichen Zeitraum hinzog. Und das Opfer war natürlich der Hoffnung beraubt, das Ende einer beliebigen Sitzung könne auch das Ende seines Martyriums darstellen.

Welch sadistische Befriedigung die Folter den Inquisitoren im einzelnen auch bereitet haben mag: man sollte darüber nicht vergessen, daß es ihnen gar nicht so sehr darum ging, dem einen oder anderen Opfer ein Geständnis abzupressen. In weit größerem Maße war ihnen an Informationen gelegen, mit denen sie ihre Kontrolle über die Gesamtbevölkerung aufrechterhalten und ausbauen konnten. Vom Angeklagten erwarteten sie nicht nur ein Eingeständnis seiner eigenen Verfehlungen; er sollte auch Hinweise liefern, mochten sie auch noch so vage sein, die andere Leute belasteten. Es ist nicht verwunderlich, daß viele Menschen unter der Höllenpein der Folter bereit waren, so ziemlich jeden Namen zu nennen, der ihnen in den Sinn kam – oder jeden Namen, den die Folterer zu hören wünschten.

Die Suprema, der oberste Rat der spanischen Inquisition, beschloß 1518, daß die Folter nicht automatisch oder routinemäßig angewandt werden sollte. Zumindest auf dem Papier mußte das für das jeweilige Verfahren zuständige Tribunal vor Ort in jedem Einzelfall entscheiden, ob dieses Mittel zur Anwendung kommen sollte. In der Praxis jedoch änderte sich kaum etwas, denn nichts hinderte die örtlichen Tribunale daran, sich nun in jedem anstehenden Einzelfall routinemäßig und automatisch für die Durchführung einer Foltermaßnahme zu entscheiden. Sobald das Tribunal für die Anwendung der Folter gestimmt hatte, wurde der Angeklagte in einen Verhörraum gebracht, in dem sich auch die Inquisitoren und die Vertreter des lokalen Klerus versammelten. Das Abstimmungsergebnis wurde verkündet, und der Angeklagte erhielt noch einmal die Chance zu gestehen. Wenn er sich immer noch weigerte, das zu tun, »erging das von sämtlichen Richtern zu unterzeichnende und ihm vorzulesende Urteil, wonach er, angesichts der gegen ihn aus den Zeugnissen sich ergebenden Verdachtsgründe, so lange zu foltern war, wie sie es für gut hielten, damit er die Wahrheit der gegen ihn vorliegenden Aussagen bekräftige. Dabei wurde ihm vermerkt, falls er in der Folter sterben, Blut vergießen oder verstümmelt werden sollte, dies nicht auf sie, sondern auf ihn fallen würde, weil er die Wahrheit nicht gesagt habe«.[13]

In dieser Ausgestaltung – mit all der Zeit, die es in Anspruch nahm – war dieses Ritual selbst schon eine Art psychischer Folter. Auf jeder weiteren Stufe des Verfahrens wurde diese Psychofolter noch intensiviert, indem man immer mehr Verzögerungen einbaute und das Opfer immer länger warten ließ. Die Aussicht auf die bevorstehenden Qualen wirkte oft ebenso zermürbend wie die Schmerzen selbst.

Die Inquisitoren in Spanien bemühten sich, ebenso wie ihre mittelalterlichen Vorgänger, nicht mehr Blut zu vergießen als nötig, und sie durften die Folter nicht eigenhändig ausüben. Die Foltermethoden wurden so gewählt und weiterentwickelt, daß diesen Einschränkungen Genüge getan wurde. In Spanien waren vor allem drei Methoden beliebt. Da war zunächst die *toca* oder Wasserfolter, bei der man dem Opfer gewaltsam Wasser einflößte. Dann gab es den *potro*, eine Folterbank, auf die man das Opfer mit straffen, nachspannbaren Seilen festband und die Fesseln nach und nach noch fester zurrte. Und schließlich bediente man sich der *garrucha*, einer Art Flaschenzug, also der spanischen Variante des italienischen *strappado*. Bei dieser Prozedur band man dem Opfer die Hände hinter dem Rücken zusammen und beschwerte seine Füße mit Gewichten, dann wurde es an den Handgelenken an dem in die Decke eingelassenen Flaschenzug aufgehängt. Um dem Opfer möglichst große Schmerzen zuzufügen, zog man es ganz langsam hoch und ließ es dann wieder abrupt nach unten sacken, so daß ihm beim jähen Stopp die Schultergelenke ausgekugelt wurden. Viele der Folteropfer wurden so zu Krüppeln gemacht oder trugen anderweitige lebenslange Gesundheitsschäden davon. Daß jemand bei der Folter starb, war keineswegs ungewöhnlich. Wenn das geschah, betrachtete man den Tod als »Unfall«, als unglücklichen Zufall oder als bedauerliche Nebenwirkung der Folter, nicht so sehr als direkte Folge der Quälerei.

In den späteren Phasen der spanischen Inquisition kamen andere Methoden in Mode. So band man das Opfer zum Beispiel auf eine Bank und zog die Fesseln immer fester, so daß sie sich schließlich bis zu den Knochen durch das Fleisch schnitten. Man dachte sich zahllose weitere »Verfeinerungen« aus, die zu abartig sind, um hier beschrieben zu werden. Was auch immer der verderbten Phantasie der Inquisitoren entsprang, wurde letztlich in den Methodenkanon aufgenommen. »Über die Strenge der Folterung konnte es keine genauen Vorschriften geben, und die Suprema überließ in dieser Hinsicht durch die Satzung von 1561 alles dem Ermessen der Gerichte, die sich nach dem Körperzustand des Inquisiten, Gesetz, Vernunft und Gewissen richten sollten.«[14]

Es kann nicht überraschen, daß man manchmal große Schwierigkeiten hatte, den geeigneten Mann zu finden, der die Launen der Inquisitoren in die Tat umsetzen und die Folter ausüben konnte. Wann immer es möglich war, verdonnerte man den örtlichen Scharfrichter zu dieser Aufgabe. Im späten 17. Jahrhundert erhielt er vier Dukaten für jede Foltersitzung: Das entsprach einer halben Unze Gold beziehungsweise einem heutigen Gegenwert von etwa 250 DM. Die Arbeit, die er für dieses Entgelt leistete, trug natürlich nicht gerade zu seiner Beliebtheit bei seinen Mitmenschen bei. Infolgedessen äußerten viele Scharfrichter den Wunsch, ihre Identität zu verbergen. Ein Edikt aus dem Jahr 1524 untersagte den Folterknechten, eine Maske zu tragen oder sich in ein Tuch zu hüllen. Später erzielte man einen Kompromiß: Das Aufsetzen einer Kapuze und das Wechseln der Kleidung wurden zugelassen. Im 17. Jahrhundert durfte der Folterer sich schließlich ganz vermummen und auch Masken benutzen, »wenn es besser schiene, daß er nicht erkannt würde«.[15]

Die eigentliche Todesstrafe war nur für verstockte Ketzer und für Personen vorgesehen, die nach ihrem nominellen Übertritt zum Katholizismus in ihren alten Irrglauben zurückgefallen waren. Wie wir gleich sehen werden, kam sie meistens bei Juden zur Anwendung: sowohl bei praktizierenden Juden als auch bei Konvertiten, die im Verdacht standen, das Kreuz nur dem Schein nach angenommen zu haben und heimlich weiter ihrem alten Glauben anzuhängen. Wie ihre mittelalterlichen Vorgänger übergaben die spanischen Inquisitoren den Verurteilten zur Vollstreckung des Richterspruchs den säkularen Behörden. Wenn er im letzten Augenblick, schon auf dem Scheiterhaufen, der Häresie abschwor, erwies man ihm die »Gnade«, ihn zu erwürgen, bevor das Feuer entzündet wurde. Wenn er hingegen keine Reue zeigte, verbrannte man ihn bei lebendigem Leib.

ANTISEMITISMUS UND DIE INQUISITION

Zwar lehnte sich die spanische Inquisition in ihren Methoden, Techniken und Verfahrensweisen sehr eng an ihre mittelalterliche Vorgängerin an, aber im Gegensatz zu dieser war sie, wie bereits ausgeführt, nicht dem Papsttum Rechenschaft schuldig, sondern unterstand direkt der spanischen Krone. Es gab noch einen weiteren bedeutenden Unterschied: Die mittelalterliche Inquisition in Frankreich und Italien hatte sich vornehmlich gegen christliche Häretiker wie die Katharer, Waldenser und Fraticellen gerichtet, außerdem gegen vermeintliche Ketzerorganisationen wie die Tempelritter. Die Aktivitäten der spanischen Inquisition galten hingegen hauptsächlich dem jüdischen Teil der Bevölkerung der Iberischen Halbinsel. Hinsichtlich Härte und Systematik ihres Vorgehens kann man die von der spanischen Inquisition inszenierte Verfolgung der Juden durchaus als Vorgriff auf den pathologischen Antisemitismus der Nationalsozialisten im 20. Jahrhundert ansehen.

In der Mitte des 14. Jahrhunderts, mehr als einhundert Jahre vor der Einsetzung der spanischen Inquisition, war Kastilien von einem Bürgerkrieg zerrissen worden. Beide Kriegsparteien hatten einen Sündenbock gesucht und gefunden: die jüdische Gemeinde, die in Spanien besonders zahlreich war – ein Erbe der lobenswerten Toleranz der ehemaligen islamischen Herrscher. Es war zu Pogromen gekommen, und fanatische christliche Prediger hatten noch mehr Öl in die Flammen gegossen. Die Gewalt war immer weiter eskaliert und gipfelte schließlich 1391 in der Ermordung Hunderter, ja vielleicht Tausender von Juden.

Durch die ständige Drangsalierung eingeschüchtert, legten viele jüdische Familien im letzten Jahrzehnt des 14. Jahrhunderts ihren Glauben ab und nahmen das Christentum an. Man nannte sie *conversos* (Konvertiten). In vielen Fällen war ihren Mitmenschen allerdings bekannt, daß die Konversion nicht aus freien Stücken geschah, und man nahm weithin an, daß diese Neuchristen insgeheim weiter ihrem alten Glauben anhingen – was zweifellos auf etliche von ihnen wirklich zutraf. Aber die Mehrheit scheint einfach ihr halbherziges Judentum gegen eine ebenso halbherzig ausgeübte neue Religion eingetauscht zu haben. Wie auch immer: Unabhängig davon, wie ernst diese Familien jeweils ihren Katholizismus nahmen, sie standen alle unter Verdacht, weckten Mißtrauen und blieben weiterhin die Zielscheiben der Antisemiten. Den stärksten Haß zogen die sogenannten »Judaisierer« auf sich: Conversos, von denen man annahm, daß sie ihr Judentum heimlich weiter praktizierten oder – schlimmer noch – zum Christentum übergetretene Juden wieder zum jüdischen Glauben zurückführten.

Trotz der Vorurteile, denen sie sich ringsum ausgesetzt sahen, gelangten viele Converso-Familien zu Wohlstand. In den folgenden Jahren machten sich einige von ihnen im königlichen Regierungsapparat, in den städtischen Bürokratien, ja sogar in der Kirchenverwaltung einen Namen. So konvertierte 1390 der Rabbi von Burgos zum Katholizismus. Er beschloß sein Leben als Bischof von Burgos, päpstlicher Legat und Lehrer eines Prinzen von königlichem Geblüt. Und er war keine krasse Ausnahme. In manchen der größeren Städte wurde die Verwaltung von den Mitgliedern prominenter Converso-Familien dominiert. Zur selben Zeit, als die spanische Inquisition ins Leben gerufen wurde, hatte König Ferdinand einen Schatzmeister, der aus einem Converso-Geschlecht stammte. Im Königreich Aragón hatten Conversos die fünf höchsten Verwaltungsposten inne. In Kastilien gab es mindestens vier Converso-Bischöfe. Drei der Sekretäre von Königin Isabella waren Conversos, ebenso der offizielle Hofchronist. Ja, sogar ein Onkel Torquemadas war ein bekehrter Jude. Und selbst die heilige Theresa, die später wegen ihres pathologischen Katholizismus so inbrünstig verehrt werden sollte, war nicht »makellos«: 1485 war ihr Großvater gezwungen worden, Buße zu tun, weil er jüdische Riten durchgeführt hatte – ein Hinweis darauf, daß die künftige Heilige selbst jüdischer Herkunft war.

Alles in allem gehörten die Conversos und ihre Familien zur gebildetsten Schicht der spanischen Gesellschaft. Und je mehr sie an sozialer Bedeutung gewannen, desto größer wurde auch ihr Wohlstand; einige dieser Familien zählten schließlich zu den reichsten im Lande. Es war vielleicht unausweichlich, daß ihr gesellschaftlicher und wirtschaftlicher Erfolg den Neid und die Mißgunst ihrer Mitbürger erregten. Und zudem weckte ihr Aufstieg die Feindseligkeit der Inquisition.

Vom Augenblick ihrer Gründung an hatte die spanische Inquisition begehrliche Blicke auf den jüdischen Wohlstand geworfen. Sie hegte außerdem eine unerbittliche Antipathie gegen die Juden selbst, einfach deshalb, weil sie außerhalb ihrer juristischen Zugriffsmöglichkeiten standen. Gemäß ihrem ursprünglichen Auftrag sollte sich die Inquisition nämlich mit Häretikern befassen, also mit Christen, die gegen die orthodoxen Glaubensbekenntnisse verstoßen hatten. Sie war jedoch nicht befugt, über die Anhänger ganz anderer Religionen zu richten, zum Beispiel über Juden oder Muslime. Die jüdischen und die islamischen Gemeinden waren in Spanien recht groß. Folglich stand ein beträchtlicher Anteil der Gesamtbevölkerung nicht unter der Aufsicht der Inquisition – für eine Institution, die auf totale Kontrolle aus war, ein unhaltbarer Zustand.

In einem ersten Schritt ging die Inquisition gegen die sogenannten »Judaisierer« vor. Einen Converso, der zum Judentum zurückkehrte, nachdem er zuvor das Christentum angenommen hatte, konnte man problemlos zum Häretiker erklären. Dasselbe galt natürlich für jene, die den Rekonvertiten zu dieser Ketzerei ermutigt hatten – und diese Verfehlung ließ sich ja so weit fassen, daß im Prinzip gleich *alle* Juden ihrer schuldig befunden werden konnten. Aber immer noch war es der Inquisition nicht möglich, zu schalten und zu walten, wie sie wollte: Immer noch mußte sie in jedem Einzelfall, den sie verfolgen wollte, Verdachtsmomente nachweisen (oder zurechtschustern), und das war mitunter gar nicht leicht.

Die Inquisition war daher hoch erfreut, als ein berühmtberüchtigter Prediger namens Alonso de Espina an Einfluß gewann, der seinen aggressiven Antisemitismus mit Feuereifer zu verbreiten suchte. Er haßte die Juden und die Conversos gleichermaßen, und es war ihm gelungen, in der Bevölkerung eine breite Unterstützung für seinen Plan zu finden: die vollständige Ausmerzung des Judentums in Spanien, entweder durch Vertreibung oder durch Vernichtung. Der Inquisition kam Alonsos Vorhaben sehr gelegen, und sie startete mit großem Aufwand ihre eigene antisemitische Propagandakampagne, die sich im Grunde bereits derselben Mittel bediente, wie sie etwa viereinhalb Jahrhunderte später Joseph Goebbels einsetzte: Immer und immer wieder brachte man zum Beispiel die ungeheuerlichsten Gerüchte in Umlauf, in dem klaren Wissen, daß sie allein durch die Wiederholung irgendwann an Glaubwürdigkeit gewinnen würden. Sobald es ihr gelungen war, breite Teile der Bevölkerung mit ihrem Antisemitismus zu infizieren, berief man sich in Appellen an die Krone auf diese »Meinung des Volkes«, um die Befugnis zu »angemessenen« Maßnahmen zu erwirken. Der Vorschlag, alle Juden aus Spanien zu vertreiben, wurde von der Inquisition ganz unverblümt lanciert. Der Wortlaut dieses Vorschlags ist von einem Historiker als »grausames Dokument« bezeichnet worden, das »den Giftgestank des Antisemitismus verströmt«.[16]

König Ferdinand erkannte, daß die Verfolgung der Juden und der Conversos dem Land unweigerlich beträchtlichen wirtschaftlichen Schaden zufügen würde. Allerdings konnten weder er noch Königin Isabella dem vereinten Druck standhalten, der einerseits von der Inquisition und andererseits von der Stimmung des Volkes, die jene so geschickt geschürt hatte, ausgeübt wurde. In einem Brief an seine einflußreichsten Adligen und Höflinge schrieb der König:

»Das Heilige Offizium der Inquisition hat, da es sah, wie manche Christen durch den Umgang und Austausch mit den Juden gefährdet werden, dafür Sorge getragen, daß die Juden aus unserem gesamten Reichsgebiet, aus allen unseren Territorien verbannt werden, und hat uns überzeugt, ihm unsere Unterstützung zu gewähren und unsere Zustimmung zu erteilen … Wir verfahren so, trotz des großen Nachteils für uns selbst, da wir die Errettung unserer Seelen als höheres Ziel erachten und erstreben als unseren eigenen materiellen Vorteil …«[17]

Am 1. Januar 1483 richtete der Monarch ein Schreiben an die Inquisition von Andalusien. Mit der Ankündigung, daß alle Juden, die in dieser Region lebten, vertrieben würden, hoffte er sie zu besänftigen. Am 12. Mai 1486 waren aus großen Teilen Aragóns sämtliche Juden verjagt. Aber die konsequente Vertreibung im großen Stil wurde zu dieser Zeit noch hinausgezögert, weil man das Geld der Juden und Conversos – und andere Formen der Unterstützung – dringend benötigte, um die laufende Kampagne gegen die Muslime nicht zu gefährden, die in ihr immer weiter schrumpfendes Restkönigreich um Granada zurückgedrängt worden waren.

Einiges spricht dafür, daß zwischen Torquemada, dem Vertreter der Inquisition, und der spanischen Krone insgeheim Absprachen getroffen worden waren. Torquemada scheint sich damit abgefunden zu haben, daß die Krone die Ausweisung aller Juden aus Spanien hinausschob, bis das muslimische Königreich Granada endgültig und vollständig erobert worden war. Mit anderen Worten: In bestimmten Regionen blieben die Juden so lange unbehelligt, wie man sie und ihr Vermögen noch brauchte. Währenddessen traf die Inquisition systematische Vorbereitungen für die Zeit danach. So kam es zum berüchtigten Fall des »Heiligen Kindes von La Guardia«, einer erfundenen, aufgebauschten Affäre, die sich in ihrer Infamie durchaus mit allem messen kann, was im 20. Jahrhundert von Hitler und Stalin ersonnen wurde.

Am 14. November 1491, zwei Wochen vor dem Fall von Granada, wurden in Ávila fünf Juden und sechs Conversos dem Scheiterhaufen überantwortet. Sie waren wegen Hostienschändung verurteilt worden. Außerdem hatte man sie der Kreuzigung eines christlichen Kindes »überführt«, dem sie angeblich das Herz aus dem Leib gerissen hatten. Diese grauenhafte Tat stellte, so behauptete man, ein magisches Ritual dar, mit dem die Macht der Inquisition gebrochen werden sollte und alle Christenmenschen »in tödlichen Wahnsinn« getrieben werden sollten. Die Inquisition beeilte sich, den Fall in ganz Kastilien und Aragón bekanntzumachen, um der antisemitischen Raserei weiteren Zündstoff zu liefern.[18]

Zwei Wochen darauf kapitulierte Granada, und die letzte islamische Enklave auf der Iberischen Halbinsel hörte auf zu existieren. Drei Monate später, im März des folgenden Jahres, befahl ein königliches Edikt allen spanischen Juden, zu konvertieren oder das Land zu verlassen. Wer dieser Order nicht nachkam, wurde zum Freiwild für die Inquisition. Carlos Fuentes formulierte es einmal so: 1492 vertrieb Spanien mit den Mauren die Sinnlichkeit und verbannte mit den Juden die Klugheit und versank für die nächsten fünfhundert Jahre in selbstverschuldeter Unfruchtbarkeit.

Zum Zeitpunkt ihrer endgültigen Vertreibung waren bereits erheblich mehr Juden und Conversos der spanischen Inquisition zum Opfer gefallen als »echte« Häretiker. Von 1492 an wurden sie noch härter verfolgt, da sich die Häscher nun das Mäntelchen der Legalität und Legitimität umhängen konnten. Zwischen 1488 und 1505 waren 99,3 Prozent aller Angeklagten der Inquisition in Barcelona Juden und Conversos. In Valencia machten sie 91,6 Prozent aller zwischen 1484 und 1530 behandelten Fälle aus. Dazu ein Historiker: »Mit anderen Worten: Dem Tribunal ging es nicht um die Ketzerei im allgemeinen. Es befaßte sich vielmehr mit einer Spezialform der religiösen Abweichlerei: der vermeintlichen geheimen Ausübung jüdischer Riten.«[19]

DAS ENDE DER INQUISITION

Mit unverminderter Grausamkeit verrichtete die spanische Inquisition mehr als zweihundert Jahre lang ihr Werk. In England folgte Anna Stuart auf Wilhelm III. und Maria II., dann kam das Haus Hannover ans Ruder. Bald darauf sollte das Land mit Schottland zum Vereinigten Königreich Großbritannien verschmelzen und sein Augusteisches Zeitalter, die Blütezeit der Zivilisation, erleben. Frankreich hatte bereits unter Ludwig XIV., dem Sonnenkönig, einen kulturellen Gipfelpunkt erklommen, und der König, obwohl älter geworden, herrschte noch immer über seinen eleganten Versailler Hofstaat. In Spanien dagegen »endete das 17. Jahrhundert mit einem Holocaust der Conversos«.[20]

Der spanische Erbfolgekrieg (1701–1714) bestätigte endgültig den Wechsel der Dynastien, der erfolgt war, als der Bourbone Philipp V. 1701 jenen Thron bestiegen hatte, auf den zuvor die Habsburger Anspruch gehabt hatten. Als der neue Monarch sich weigerte, an einem zu seinen Ehren angesetzten Autodafé teilzunehmen, schimmerte kurz Hoffnung auf: Der Anbruch aufgeklärterer Zeiten schien bevorzustehen. Aber kurz darauf stellte die spanische Inquisition wieder unter Beweis, wie gut sie die spanische Gesellschaft im Griff hatte. Die strenge, düstere Stimmung der beiden vergangenen Jahrhunderte legte sich wieder über Spanien, und zu Beginn der zwanziger Jahre des 18. Jahrhunderts rollte eine neue Repressionswelle über das Land.

Zumindest konnten einige der Menschen, die von der Inquisition als Opfer auserkoren waren, nun hoffen, einen nahen Zufluchtsort zu erreichen: Im Jahr 1704, während des spanischen Erbfolgekrieges, war einer britischen Flotte unter Admiral Sir George Rooke eines der ersten Landungsunternehmen der Moderne gelungen, und sie hatte dabei die Feste Gibraltar eingenommen. Spanien trat »den Felsen« 1713 offiziell an die Briten ab, unter der Bedingung, »daß man unter keinen Umständen Juden und Muslimen gestattet, in der besagten Stadt Gibraltar zu leben oder sich dort niederzulassen«. Zum Verdruß der Inquisition wurde jedoch rein gar nichts unternommen, um dieser spanischen Vorbehaltsklausel Genüge zu tun. Die jüdische Gemeinde auf Gibraltar wuchs rasch, und 1717 hatte sie sogar ihre eigene Synagoge.

Nach 1730 nahmen Macht und Einfluß der spanischen Inquisition spürbar ab. Nicht daß es an potentiellen Opfern gefehlt hätte, aber Spanien konnte sich einfach nicht länger völlig gegen den Geist der Toleranz abschotten, der sich über ganz Europa verbreitet hatte. Und die Beamten der Inquisition wurden, wie ein Kommentator bemerkte, »allmählich gleichgültig und nachlässig, außer wenn es um die Frage ihrer Bezüge ging«. Zwischen 1740 und 1794 hat das Tribunal, das seinen Sitz in Toledo hatte, im Mittel nur ein Verfahren pro Jahr angestrengt.

Während der Französischen Revolution verfiel die spanische Inquisition geradezu in Totenstarre, wohl aus Furcht vor der höchst beunruhigenden antiklerikalen Massenbewegung, die direkt jenseits der Pyrenäen lauerte. Die bösen Vorahnungen waren in der Tat berechtigt: 1808 marschierte eine französische Armee unter dem napoleonischen Marschall Joachim Murat nach Spanien ein und besetzte das Land. Die Bourbonen-Dynastie wurde abgesetzt, und Napoleons Bruder Joseph wurde zum neuen König ernannt. Der neue Staatsvertrag schrieb fest, daß der Katholizismus ebenso toleriert werden sollte wie jede andere Religion. Die Inquisition war verstimmt, wähnte sich aber in sicherer Position und empfing – von dieser Fehlannahme ausgehend – das neue Regime mit offenen Armen. Einige der Inquisitoren waren jedoch nicht in der Lage, den Fanatismus der letzten drei Jahrhunderte zu zügeln. Mit einem Leichtsinn und einer Naivität, die fast rührend wirkten, verhafteten sie Murats Sekretär, einen klassischen Gelehrten und erklärten Revolutionär und Atheisten. Murat setzte sofort Truppen in Bewegung, um die Freilassung seines Mannes zu erzwingen. Am 4. Dezember 1808 traf Napoleon höchstpersönlich in Madrid ein. Noch am selben Tag erließ er ein Dekret, mit dem die Inquisition abgeschafft und ihr gesamtes Eigentum konfisziert wurde.

In einigen entlegenen Gegenden des Landes, in denen die französische Autorität keinen Zugriff hatte, ignorierten die Provinztribunale Napoleons Order und setzen noch während des ganzen Krieges auf der Pyrenäenhalbinsel (1808–1814) ihre Arbeit fort. Allmählich jedoch schmolz der Kreis derer, die sie noch unterstützten, zusammen. Sie hatten ja nicht nur das napoleonische Regime gegen sich, sondern auch die britische Armee unter dem künftigen Herzog von Wellington, die damals versuchte, dem französischen Imperium die Iberische Halbinsel wieder zu entreißen. Sogar die einheimischen Alliierten Wellingtons – spanische Königstreue und Katholiken, die der Bourbonen-Monarchie wieder zur Macht verhelfen wollten – standen der Inquisition feindselig gegenüber. Im Jahr 1813, kurz bevor Wellingtons Feldzug zur Rückeroberung Spaniens seinen erfolgreichen Abschluß fand, taten seine spanischen Verbündeten es ihren französischen Widersachern nach und erklärten die Inquisition förmlich für abgeschafft.

Am 21. Juli 1814 bestieg der Bourbone Ferdinand VII. zum zweitenmal den spanischen Thron. Er setzte die Inquisition nominell wieder ein, aber sie hatte im Laufe der vorangegangenen Jahre den größten Teil ihrer Archive und Dokumente eingebüßt und konnte ihrer Arbeit daher nur sporadisch nachgehen. Das letzte Verfahren gegen einen spanischen Juden fand 1818 in Córdoba statt. Zwar blieb der Antisemitismus im Land weit verbreitet, aber es gelang der Inquisition nicht mehr, des Volkes Meinung in ihrem Sinne zu instrumentalisieren, und damit war sie de facto entmachtet. 1820 stürmten in Barcelona, Valencia und anderen Städten die Bürger die Paläste der Inquisition und plünderten die Archive: Die Papiere landeten zum Teil in den örtlichen Manufakturen für Feuerwerkskörper und beendeten ihr Dasein als Bestandteile von Feuerwerksraketen. Am 15. Juli 1834 schließlich setzte ein letztes offizielles »Aufhebungsdekret« der spanischen Inquisition ein Ende. Sie hatte sich dreieinhalb Jahrhunderte gehalten und Spanien in dieser Zeit in einen solch desolaten Zustand versetzt, daß das Land erst heute mühsam wieder auf die Beine kommt.

5. DIE ERRETTUNG DER NEUEN WELT

Wo auch immer sich spanische Entdecker, Konquistadoren, Soldaten und Siedler niederließen, folgten ihnen spanische Missionare auf dem Fuß. Und wo sich die Missionare niederließen und ihre Kreuze aufpflanzten, war auch die Inquisition nicht weit. Zu den vierzehn Haupttribunalen auf der Iberischen Halbinsel gesellten sich weitere in den spanischen Besitzungen: je eins auf den Kanarischen Inseln, auf Mallorca, auf Sardinien und auf Sizilien, das zu jener Zeit von spanischen Vizekönigen regiert wurde. In dem Jahr, da die Mauren und die Juden endgültig aus Spanien vertrieben wurden, 1492, erreichte Christoph Columbus die Westindischen Inseln. Die Eroberung Amerikas hatte begonnen, und die Inquisition zögerte nicht, die Chance zu ergreifen, die die Neue Welt ihr bot.

Wie im spanischen Mutterland hatte die Inquisition auch hier den Auftrag, Häresien aufzuspüren und abzustrafen, um die »Reinheit« der katholischen Glaubenslehre sicherzustellen. Natürlich hatten die Indianer, denen man in der Neuen Welt begegnete, keine Ahnung vom Christentum. Man konnte sie nicht der Ketzerei – also der Abweichung vom Glauben – bezichtigen, denn sie kannten keinen christlichen Glauben, von dem sie hätten abweichen können. Folglich erklärte man sie für immun gegen die Handlungen der Inquisition – ausgenommen jene, die zum Christentum übergetreten, danach aber zu ihrem alten Glauben und seinen Ritualen zurückgekehrt waren. Bald stellte sich jedoch heraus, daß diese Praxis – die Bestrafung von konvertierten und dann rückfällig gewordenen Indianern – vor allem eines bewirkte: Kaum ein Eingeborener ließ sich noch bekehren. Diese

Situation drohte eine offene Feindschaft zwischen der Inquisition und den Missionaren heraufzubeschwören, deren höchstes Ziel ja die Errettung möglichst vieler »heidnischer« Seelen war. Die Inquisition sah sich zum Nachgeben gezwungen. Ihr Widerstand war ohnehin nicht groß, da die Verfolgung der Indianer ihr wenig eingebracht hatte: Das konfiszierte Hab und Gut war kaum der Rede wert, und auch die Praxis der Denunziationen hatte wenig Erfolge gezeitigt. Daher verständigte man sich darauf, daß die Indianer generell nicht mehr unter die Zuständigkeit und Gerichtsbarkeit der Inquisition fielen.

Da Juden, Muslime und echte Häretiker in der Neuen Welt kaum zu finden waren, tat sich die Inquisition hier manchmal ziemlich schwer, ihre Existenz zu rechtfertigen. Zum Teil fand sie ihre Daseinsbestimmung in einer ausufernden Bürokratie und im Anlegen riesiger Aktenberge. Beinahe täglich verfaßten die Inquisitoren Sendschreiben an die spanische Mutterbehörde, in denen sie von allerlei Ereignissen und Aktivitäten berichteten und das Leben um sie herum minutiös beschrieben. Im Grunde betätigten sie sich als Tagebuchschreiber, Chronisten und Mitarbeiter eines enggeknüpften Überwachungsnetzwerks, das sich durchaus mit den modernen Geheim- oder Nachrichtendiensten vergleichen läßt. Die produzierte Dokumentenflut war enorm. Allein die Archive in Madrid enthalten heute mehr als tausend gebundene Manuskripte und viertausend Loseblattsammlungen, alle streng systematisch angelegt. Schon die Berichte von den Sitzungen der Tribunale umfassen etwa einhundert Bände von je tausend Seiten Umfang.

Das soll nicht heißen, daß die Inquisition in der Neuen Welt niemanden fand, den sie anklagen, verurteilen und verbrennen konnte. Oft genug loderten die Flammen, aber etwa sechzig Prozent der in Mittel- und Südamerika durchgeführten Inquisitionsprozesse drehten sich um minder schwere Vergehen wie gelegentliche Blasphemien, sexuelle Missetaten oder Aberglauben.

Die meisten anderen Verdächtigen wurden wegen Bekehrung zum Judentum angeklagt, oder weil sie – obwohl eigentlich Christen – angeblich indianische Riten erprobt oder sich mit Alchimie, Astrologie, Kabbalistik und anderen Ausformungen heterodoxer beziehungsweise esoterischer Denkungsart beschäftigt hatten. Darüber hinaus konnten die Inquisitoren in der Neuen Welt über ihren Feuern Leckerbissen rösten, die für ihre Kollegen im heimatlichen Spanien gar nicht leicht zu bekommen waren: Protestanten. Die Protestanten wurden selbstverständlich als die verderblichsten und gefährlichsten Ketzer überhaupt angesehen. In Spanien selbst waren sie eine unbekannte Spezies. Auf den Weltmeeren und in den Küstengewässern Amerikas hingegen konnte man ihnen immer häufiger begegnen, oft in Gestalt englischer oder niederländischer Piraten und Freibeuter. Ihre Zugehörigkeit zu einer solchen Berufsgruppe machte sie natürlich erst recht zu heißbegehrten Kandidaten für den Scheiterhaufen.

DAS TRIBUNAL VON MEXIKO

Die ersten Missionare wurden 1500, also acht Jahre nachdem Columbus hier erstmals Land gesichtet hatte, auf die Westindischen Inseln entsandt. Der erste Bischof traf 1519 oder 1520 ein, gerade als Hernán Cortés sich an die Eroberung Mexikos machte. Ebenfalls 1519 wurden zwei Inquisitoren für die Neue Welt ernannt. Der eine verstarb, noch bevor sein Schiff Segel setzte. Erst 1524 wurde sein Nachfolger bestellt. Der neue Inquisitor reiste in das inzwischen vollständig unterjochte Mexiko. Hier spürte er einen Ketzer auf, verbrannte ihn und kehrte sofort nach Spanien zurück. Drei Jahre später, 1527, wurden die ersten Bischöfe für Mexiko berufen und mit dem Recht ausgestattet, höchstselbst auch als Inquisitoren tätig zu werden.

Erst 1571 richtete die Inquisition in Mexiko ein eigenes Tribunal ein. Sobald sie sich in Mexiko-Stadt etabliert hatte, zog sie die gesamte Rechtsprechung in Fragen der Ketzerei an sich, die zuvor in den Händen der örtlichen Bischöfe gelegen hatte. Das erste Autodafé wurde am 28. Februar 1574 durchgeführt. Zwei Wochen vor dem festgesetzten Tag war es mit großem Pomp und mit Pauken und Trompeten angekündigt worden. Die Veranstaltung wurde als großes Schauspiel inszeniert, an dem die ganze Stadt teilnehmen sollte; für die städtischen Beamten und ihre Familien sowie für die Würdenträger aus der Provinz, die eigens zu diesem Anlaß nach Mexiko-Stadt eingeladen worden waren, wurden Tribünen errichtet. Die vierundsiebzig Gefangenen, über die gerichtet werden sollte, waren größtenteils Protestanten. Sechsunddreißig von ihnen waren Engländer: der Überrest von Sir John Hawkins' Crew, die sechs Jahre zuvor gefangengenommen worden war. Im Anschluß an das Gerichtsverfahren wurden vier Protestanten bei lebendigem Leib auf dem Scheiterhaufen verbrannt, zwei Engländer, ein Ire und ein Franzose.

Der »Höhepunkt« der Inquisition in Mexiko wurde am 11. April 1649 mit dem »Großen Autodafé« erreicht. Es war speziell den sogenannten »Neuchristen« gewidmet, wie man die jüdischen Konvertiten oder Conversos in Lateinamerika nannte. Diese hatten sich im Handel zwischen dem spanischen Mutterland und den überseeischen Kolonien fast eine Monopolstellung erkämpft. Das beim Prozeß gegen sie ins Feld geführte Belastungsmaterial war ausgesprochen dürftig; die Inquisition hatte es eindeutig auf ihr Geld und ihre Besitztümer abgesehen. Hier in der Neuen Welt hatte sie – mehr noch als in Spanien – auch bei der offensichtlich unbegründeten Erhebung einer Anklage vollkommen freie Hand.

Das Große Autodafé von 1649 wurde noch aufwendiger inszeniert als das vorangegangene Schauspiel im Jahr 1574. Wiederum wurde es Monate im voraus durch festliche Umzüge mit Pauken und Trompeten in ganz Mexiko angekündigt. Schon zwei

Wochen vor dem Ereignis trafen in Mexiko-Stadt die ersten Schaulustigen ein; manche hatten eine tausend Kilometer weite Anreise in Kauf genommen. Am Nachmittag vor dem Prozeßtermin wurde ein prachtvoller Umzug veranstaltet. In Zweierreihen fuhren luxuriöse Kutschen, in denen Adelsleute und andere wichtige Persönlichkeiten saßen, durch die Straßen der Hauptstadt. An der Spitze der Prozession trug man, deutlich sichtbar, das Banner der Inquisition. Als sie auf dem Platz angelangt waren, auf dem das Autodafé stattfinden sollte, blieben viele der Zuschauer gleich die ganze Nacht über in ihren Kutschen vor Ort, um ihre Position nicht aufzugeben und am nächsten Tag eine gute Sicht auf das Spektakel zu haben.

Insgesamt ging es um hundertneun Gefangene, die, wie es hieß, »den Hauptanteil des mexikanischen Geschäftslebens« repräsentierten. Von allen war bereits der Grundbesitz und alles sonstige Eigentum konfisziert worden, und nichts davon sollte wieder zurückgegeben werden – selbst denen nicht, die nach Verbüßen der verhängten Strafen wieder in die Kirche aufgenommen wurden. Zwanzig Menschen wurden *in effigie* (also symbolisch) verbrannt, weil sie entweder zuvor aus der Haft entflohen oder aber während der Folter gestorben waren; zwei Opfer hatten den Freitod gewählt. Von den noch verfügbaren Gefangenen wurden dreizehn zum Tod auf dem Scheiterhaufen verurteilt, aber zwölf von ihnen zeigten im letzten Augenblick Reue und wurden mit der Kirche versöhnt, so daß man ihnen die Gnade erwies, sie zu erdrosseln, bevor die Flammen sie erreichten. Nur ein Mann, ein gewisser Tomás Treviño, wurde tatsächlich bei lebendigem Leib verbrannt. Er hatte während des Verfahrens stets den Vorwurf abgestritten, ein heimlicher Jude zu sein; als er aber am Abend vor der Hinrichtung erfahren hatte, daß er dazu verurteilt worden war, auf dem Scheiterhaufen zu sterben, hatte er sich offen zum Judaismus bekannt und erklärt, er wolle im Angesicht des Todes an seinem wahren Glauben festhalten.

»Damit er seine sogenannten Blasphemien nicht mehr verbreiten konnte, wurde er geknebelt, bevor man ihn auf den Scheiterhaufen brachte. Trotzdem gelang es ihm, seine Glaubensbeteuerungen und seine Verachtung für das Christentum zu Gehör zu bringen.«[1]

Auch als er an den Pfosten gebunden war, blieb sein Wille ungebrochen. »Unerschrocken bis zuletzt, zog er die lodernden Fackeln mit den Füßen zu sich hin, und seine letzten vernehmbaren Worte waren: ›Schichtet ordentlich Holz auf; wieviel mein Geld mich doch kostet!‹«[2]

Das Große Autodafé von 1649 stellt den Gipfelpunkt der Inquisition in Mexiko dar: Zu weiteren Hinrichtungsorgien, die auch nur annähernd diese Größenordnung erreichten, kam es nur in Ausnahmefällen. Die meiste Zeit verbrachte die Inquisition damit, durch die Konfiskation von Hab und Gut Reichtümer anzuhäufen, diese zu verwalten und für sich arbeiten zu lassen. Nicht selten leitete sie Verfahren gegen reiche Leute nur zu dem Zweck ein, um an deren Eigentum zu gelangen – und hatte sie es einmal, so gab sie es nie wieder her, selbst wenn der Angeklagte freigesprochen wurde. In den Jahren, die dem Großen Autodafé von 1649 vorangingen, wurden Güter im Wert von zweihundertsiebzigtausend Pesos beschlagnahmt. Die Konfiskation anläßlich des Großen Autodafés selbst brachte insgesamt drei Millionen Pesos ein. In heutige Währung umgerechnet entspricht das etwa achtzig Millionen DM, und die Kaufkraft dieser Summe war damals noch bedeutend höher. Im 18. Jahrhundert, einhundert Jahre nach dem Großen Autodafé, hatte die Währung schon erheblich an Wert verloren. Doch selbst dann noch kostete es nur 12600 Pesos, den Palast der Inquisition in Cartagena nach seiner Zerstörung durch britische Kanonen wiederaufzubauen. Zur Zeit des Großen Autodafés hätten drei Millionen Pesos demnach ausgereicht, um mehr als zweihundertachtunddreißig große Verwaltungsgebäude zu errichten. Zwischen 1646 und 1649 bezog die

Inquisition durch ihre Konfiskationen genug Gelder, um davon dreihundertsiebenundzwanzig Jahre lang ihre gesamten Ausgaben zu bestreiten. Und bei diesen Einnahmen ist noch nicht einmal die Unterstützung von jährlich 10 000 Pesos berücksichtigt, die man von der spanischen Krone erhielt.

Nach dem Autodafé von 1649 erlahmte der Eifer der Inquisition in Mexiko zusehends, sie richtete sich selbstzufrieden in ihrem Reichtum ein. Sie hatte damals ein beträchtliches Einkommen, für das sie so gut wie nichts tun mußte. Mit am meisten Sorgen bereiteten ihr die Priester, die sich sexuelle Übergriffe hatten zuschulden kommen lassen, sich zum Beispiel im Beichtstuhl an Frauen herangemacht hatten. Übeltäter dieses Schlags wurden selten verbrannt, sondern meist zu Bußen unterschiedlicher Schwere verurteilt. Im Jahr 1701, als die Bourbonen-Dynastie die Habsburger auf dem spanischen Thron ablöste, war die Inquisition längst der Dekadenz anheimgefallen. In diesem Jahr verhandelte sie nur vier Fälle: drei gegen Bigamisten und einen gegen einen Jesuiten, der sich daran ergötzt hatte, Büßerinnen komplett zu entkleiden und sie dann auszupeitschen.

Gegen Ende des 18. Jahrhunderts sollten der amerikanische Unabhängigkeitskrieg und dann die Französische Revolution der Inquisition in Mexiko eine neue Daseinsberechtigung liefern: Die sogenannten Freidenker konnten schließlich als Ketzer aufgefaßt werden. Alles, was sich irgendwie auf die kurz zuvor formulierten »Menschen- und Bürgerrechte« bezog, alles, was an die Ausführungen von Thomas Paine oder gewisser französischer Schriftsteller wie Voltaire, Diderot oder Rousseau erinnerte, geriet sofort in den Verdacht, von »Freidenkerei« befleckt zu sein. Und es wurde als umstürzlerisch gebrandmarkt, als Angriff sowohl gegen den Staat wie gegen die Kirche. Der Inquisition wuchs in diesem Zusammenhang eine neue Rolle zu: Sie war jetzt nicht mehr nur Instrument der katholischen Orthodoxie, sondern begann auch als eine Art Geheimpolizei der staatlichen

Regierung tätig zu werden. In ihr Visier geriet jeder, der Material kaufte, verkaufte, druckte, weitergab, verbreitete oder auch nur besaß, das aufrührerisches Gedankengut enthielt, und darüber hinaus auch jeder, der solche Ideen mündlich weitertrug. Revolutionäre Bücher und Pamphlete, die aus Frankreich, Britannien oder Britanniens ehemaligen Kolonien in Nordamerika eingeführt wurden, waren nun gefährliche Schmuggelware. Jeder, der mit solchen Produkten handelte, wurde verfolgt.

Auch die Regierungen des 20. Jahrhunderts haben die schmerzliche Erfahrung machen müssen, daß es ausgesprochen schwer ist, den Schmuggel von Alkohol, Tabak, anderen Drogen und Pornographie zu unterbinden. Und die Verbreitung von Gedanken zu verhindern ist nachgerade unmöglich. Hinzu kam, daß die mexikanische Inquisition 1810 von ihrer Mutterorganisation in Spanien abgetrennt wurde, da Spanien nun unter dem napoleonischen Joch ächzte und die dortige Inquisitionsbehörde aufgelöst worden war. Als es in Mexiko zum Aufstand kam, verfügten die dortigen Behörden daher selbst nicht über die Mittel, ihn niederzuschlagen, und sie konnten auch nicht auf Unterstützung aus der alten Heimat hoffen. Außerdem standen die mexikanischen Königstreuen der Inquisition inzwischen ebenso feindselig gegenüber wie die revolutionären Kräfte.

Im Jahr 1813 wurde Napoleons Abschaffung der spanischen Inquisition durch die wiederhergestellte Bourbonen-Monarchie bestätigt. Diese Maßnahme galt natürlich auch für die spanischen Überseekolonien, einschließlich Mexikos, das inzwischen selbst mitten im Kampf um die eigene Unabhängigkeit stand. Als die Revolution ganz Lateinamerika erfaßte, wurde von der Verwaltungsbehörde in Mexiko der gesamte Besitz der Inquisition eingezogen. In ihren Kerkern fand man keinen einzigen Gefangenen. Ihre Paläste wurden für jedermann zugänglich gemacht, und die Volksmassen »ließen ihrer Verachtung freien Lauf«.[3]

Im Januar 1815 wurde die mexikanische Inquisition noch einmal wiederbelebt, als die königstreuen Kräfte im Land kurzfristig die Oberhand über ihre revolutionären Widersacher gewannen. Dem Tribunal wurde sein Eigentum zurückerstattet, allerdings waren vom alten Reichtum nur 773 Pesos übriggeblieben, und alle seine beweglichen Güter waren verloren. Im Jahr 1817 fand noch ein letztes Verfahren statt: gegen einen Mann, der bezichtigt wurde, verbotene Bücher gelesen zu haben. 1820 dann rang Mexiko dem spanischen Mutterland die Unabhängigkeit ab, und die Inquisition wurde schließlich endgültig abgeschafft.

LIMA

Im Jahr 1571 eingerichtet, war die Inquisition von Mexiko für die Rechtsprechung in ganz Zentralamerika, in den spanischen Besitzungen in Nordamerika und – jenseits des Pazifik – im spanischen Herrschaftsgebiet auf den Philippinen zuständig. Zwei Jahre zuvor, 1569, war ein Inquisitor in Peru eingetroffen, und im Jahr darauf wurde in Lima ein eigenes Tribunal eröffnet. Seine Rechtshoheit erstreckte sich nach Süden bis nach Chile und Argentinien und – eine Zeitlang zumindest – auch nach Norden bis Kolumbien, Venezuela und auf die Karibischen Inseln.

Die Aktivitäten der Inquisition in Peru entwickelten sich ganz ähnlich wie die ihrer Schwesterorganisation in Mexiko. Zunächst war, wie in Mexiko, die Bekämpfung der Ketzerei eine Sache der örtlichen Bischöfe gewesen. Als die Inquisition 1570 offiziell ihre Arbeit aufnahm, waren in Lima und Cuzco mehr als einhundert Verfahren anhängig. Ebenso wie in Mexiko ging die Verantwortung für all diese Fälle von den Bischöfen auf das eigens dafür geschaffene Tribunal der Inquisition über, das die Ernsthaftigkeit seiner Arbeit erstmals 1573 mit der Verbrennung eines französischen Protestanten unter Beweis stellte.

Auch in Lima fielen die Indianer nicht unter die Gerichtsbarkeit der Inquisition. Aber in jede Ortschaft, die spanische Siedler irgendwo im Land gründeten oder besetzten, wurden Stellvertreter der Inquisition entsandt. Nach Lima wurden regelmäßig Fälle aus so abgelegenen Orten wie Buenos Aires – immerhin mehr als dreitausend Kilometer entfernt – oder Santiago de Chile überstellt. Auch in Peru sicherte sich die Inquisition den größten Teil ihrer immer weiter anschwellenden Einkünfte durch die Enteignung wohlhabender Kaufleute. Viele von ihnen, meist portugiesischer Abstammung, wurden 1634 verhaftet; man bezichtigte sie, heimlich dem Judentum anzugehören, und ihr Besitz wurde automatisch konfisziert. Im Jahr 1639 wurde ein Großes Autodafé abgehalten, ähnlich dem in Mexiko, und auch hier strich die Inquisition wieder Millionen von Pesos ein. Dieses Geld, so schreibt ein Historiker, »verschwand praktisch vollständig, ohne daß irgend jemand zu sagen wußte, wohin«.[4] Als Philipp IV. von Spanien erfuhr, wie hoch die konfiszierten Beträge gewesen waren, forderte er seinen Anteil an der Beute. Die Inquisition räumte zwar ein, daß sie die fragliche Summe kassiert hatte, klagte aber, daß ihr davon nach der Ausbezahlung ihrer Gläubiger so gut wie nichts geblieben sei. Diese Gläubiger existierten allerdings größtenteils nur auf dem Papier.

Genau wie ihr mexikanisches Pendant mußte auch die Inquisition in Peru zahlreiche Prozesse wegen Nötigung führen, vor allem gegen Priester, die im Beichtstuhl Frauen belästigt hatten. Zwischen 1578 und 1585 wurden fünfzehn solcher Fälle verhandelt. Im Jahr 1595 saßen vierundzwanzig Priester im Gefängnis, alle wegen desselben Delikts. Einer von ihnen hatte die Unzüchtigkeit derart kultiviert, daß er gleich von dreiundvierzig Frauen angezeigt worden war. Alles in allem waren die Strafen, die über Priester wegen sexueller Vergehen verhängt wurden, lächerlich milde. Den meisten wurde lediglich eine Zeitlang das Abnehmen der Beichte untersagt, oder man steckte sie für ein Jahr ins

Kloster. Einer, der in der Kirche achtundzwanzig Frauen belästigt und eine vergewaltigt hatte, wurde mit dem Kirchenbann belegt.

Wie in Mexiko waren auch in Peru die Protestanten für die Inquisition willkommene Beute – und auch eine weniger peinliche als die lüsternen Priester. Einer der Engländer, um die es im Autodafé vom 30. November 1587 ging, war John Drake, ein Vetter von Sir Francis. Nach der Umsegelung von Kap Hoorn hatte Drake im Pazifik vor der Küste des heutigen Chile Schiffbruch erlitten. Gemeinsam mit einem Gefährten war es ihm gelungen, das Gebirge zu überqueren; dann waren sie in einem Kanu flußabwärts bis nach Buenos Aires gepaddelt. Hier wurden sie gefangengenommen und – wieder zurück über die Berge – nach Lima geschafft. Während seines Verfahrens vor der Inquisition gab Drake klein bei, trat zum Katholizismus über und wurde zu drei Jahren Klosterklausur verurteilt. Sein Begleiter, ein trotzigerer Mann, wurde gefoltert und dann zu vier Jahren Galeerendienst und anschließender lebenslanger Kerkerhaft verdammt.

Auch in einem Autodafé im April 1592 traten wieder englische Häftlinge auf, von denen drei zum Tode verurteilt wurden. Im Jahr 1593 dann unternahm ein gewisser Richard Hawkins, Sohn des britischen Admirals Sir John Hawkins, einen tollkühnen Feldzug gegen die spanischen Befestigungen an der Pazifikküste und drang anschließend weiter ins Landesinnere vor. Im Sommer des folgenden Jahres wurde er nach einer Schlacht nahe Quito – im heutigen Ecuador – zur Aufgabe gezwungen und mit vierundsiebzig seiner Gefährten gefangengenommen. Zweiundsechzig Männer schickte man sofort auf die Galeeren. Die übrigen, einschließlich Hawkins, wurden nach Lima überstellt und dort der Inquisition überlassen. Acht von ihnen wurden in einem Autodafé am 17. Dezember 1595 abgeurteilt, gemeinsam mit sieben anderen englischen Gefangenen, die man bei einer anderen Gelegenheit aufgegriffen hatte. Sie alle konvertierten zum Katholizismus und entgingen so dem Scheiterhaufen; vier weitere Angeklagte verschiedener Nationalitäten wurden hingegen verbrannt. Hawkins selbst war zu krank, um vor dem Gericht zu erscheinen. Sein bekannter Name und das hohe Ansehen, das er bei seinen spanischen Häschern genoß, trugen ihm jedoch eine der seltenen Begnadigungen ein. Schließlich war er so weit genesen, daß er nach England heimkehren konnte, wo er zum Ritter geschlagen wurde.

In der zweiten Häfte des 17. Jahrhunderts wurde die peruanische Inquisition – genauso wie ihre mexikanische Schwesterorganisation – immer unentschlossener, träger und korrupter. Die Inquisitoren spielten sich wie Adlige auf und gaben sich in aller Öffentlichkeit sehr weltlichen Vergnügungen hin. Einer von ihnen erwarb sich zum Beispiel einen ziemlich schlechten Ruf, weil er sich zwei Ordensschwestern als Mätressen hielt.

Ähnlich wie in Mexiko erhielt auch in Peru die Inquisition durch die Französische Revolution und den anschließenden Aufstieg Napoleons neuen Schwung. Die peruanischen Inquisitoren stürzten sich mit vergleichbarem Eifer in die Suche nach umstürzlerischem Material und bliesen zur Jagd auf »Freidenker«, Freimaurer, mutmaßliche und echte Revolutionäre und alle sonstigen Arten von Regimegegnern, die sie ausmachen konnten. Im Jahr 1813 wurde die Inquisition Perus jedoch von der wiedereingesetzten spanischen Monarchie aufgelöst. 1814 wurde sie zwar wieder ins Leben gerufen, aber von ihrem eingezogenen Besitz wurde nichts zurückerstattet. 1820 schließlich wurde sie erneut abgeschafft, und diesmal endgültig.

NEUGRANADA

Obwohl die ersten spanischen Siedlungen in Amerika auf den Westindischen oder Karibischen Inseln gegründet wurden, kamen sie unter die Oberhoheit Perus. Erst im Jahr 1717 wurde – nach Mexiko und Peru – ein drittes Vizekönigreich in der Region geschaffen, Neugranada, mit der Hauptstadt Cartagena, die im heutigen Kolumbien liegt. Die Aufteilung Lateinamerikas in verschiedene juristische Verwaltungseinheiten wurde zunächst von der Kirche vollzogen und erst viel später von der Krone. Schon 1532 war das Bistum Cartagena gegründet und die Stadt selbst zum Amtssitz des Bischofs bestimmt worden. 1547 wurde Bogotá zur Provinzhauptstadt. Sechs Jahre später erhielt die Stadt den Status eines Erzbistums. Kolumbien, Venezuela und die Karibischen Inseln unterstanden politisch dem Vizekönig von Peru, hatten aber jeweils ihre eigenen Kirchenbehörden. Der Erzbischof von Bogotá hatte dieselben Machtbefugnisse wie seine Kollegen in Lima und Mexiko-Stadt. Diese Befugnisse schlossen zunächst auch das Recht auf Durchführung der Inquisition ein. So wies der Erzbischof 1556 an, daß in seiner Erzdiözese niemand Bücher verkaufen oder auch nur besitzen dürfe, die nicht zuvor von der Kirche begutachtet und freigegeben worden waren.

Wie schon erwähnt, richtete die Inquisitionsbehörde in Lima 1570 ein autonomes Tribunal ein, dessen Machtanspruch sich über alle spanischen Besitzungen in ganz Lateinamerika erstreckte, die südlich von Panama lagen. 1577 entsandte das Tribunal von Lima einen Inquisitor nach Bogotá. Der Mann, auf den die Wahl gefallen war, erwarb sich in kürzester Zeit einen schlechten Ruf: Mit dem Erzbischof lag er in heftigem Streit, und in seinen Gemächern hielt er sich ständig Frauen, die er nicht selten mißhandelte. Die Nonnen der Stadt verwehrten ihm wegen seines »unzüchtigen Verhaltens« den Zutritt zu ihren Behausungen. Einer seiner Nachfolger kam sogar noch mehr ins Gerede, weil er »Ehen brach und Blutschande beging mit Jungfern, Ehefrauen und Witwen, Müttern, Töchtern und Schwestern«.[5]

Im Jahr 1608 richtete die spanische Inquisition in Cartagena ein weiteres eigenständiges Tribunal ein, das mit ebenso großer Macht ausgestattet wurde wie die Tribunale in Lima und Mexiko-Stadt. Seine Gerichtsbarkeit erstreckte sich von Panama über Kolumbien und Venezuela bis nach Guayana und auf die Westindischen Inseln. Das neue Gremium brauchte nicht lange, um seine Pendants in Lima und Mexiko-Stadt an Korruptheit sogar noch zu übertreffen. Mehr als ein Jahrhundert lang gab es in seinem Einzugsgebiet keinen Vizekönig, der die Inquisitoren in ihre Grenzen hätte verweisen können. Und als 1717 schließlich das Vizekönigreich Neugranada geschaffen wurde, hatte sich die Inquisition bereits so fest in der Gesellschaft verankert, daß sie sich kaum noch in ihre Angelegenheiten hineinreden ließ.

Das erste Autodafé wurde im Februar 1614 durchgeführt. Dreißig Opfer wurden durch die Stadt geführt und öffentlich zur Schau gestellt, dann wegen verschiedener geringfügiger Vergehen verurteilt. Die Inquisitoren von Cartagena wollten mit genausoviel Pomp und Prunk beeindrucken, wie bei den entsprechenden Ereignissen in Lima und Mexiko-Stadt geboten wurden, und widmeten sich mit allergrößter Ernsthaftigkeit ihrer Aufgabe: Folglich »wurde derart viel geredet, daß die Zeremonie von halb zehn am Morgen bis abends nach Sonnenuntergang andauerte«.[6]

Im 17. Jahrhundert wies die Bevölkerung der Westindischen Inseln und der Karibikküste Lateinamerikas eine ethnische und kulturelle Vielfalt auf, die sehr viel größer war als in den übrigen Kolonialgebieten Spaniens. Außer den spanischen und portugiesischen Siedlern gab es Indianer, die einer Vielzahl von Stämmen angehörten, und da die Gegend vom Meer her problemlos zugänglich war, hatten sich hier viel mehr Menschen europäischer Herkunft niedergelassen als in Mexiko oder Peru: Italiener, Engländer, Franzosen und Niederländer. Als die Eroberung Amerikas begann, hatte Karl V. nicht nur über Spanien geherrscht, sondern über das ganze Heilige Römische Reich, und daher waren viele der frühen Konquistadoren deutscher oder österreichischer Abstammung. Die Bevölkerungsgruppe, die sich aus deren Nachfahren zusammensetzte, hatte um 1600 eine beachtliche Stärke erreicht. Und schließlich gab es noch die rasch anwachsende Zahl der schwarzen Sklaven, die aus Afrika verschleppt worden waren.

In Städten wie Cartagena, Maracaibo und Caracas, auf den Westindischen Inseln und entlang der karibischen Küste drängten Menschen aus unterschiedlichen Kulturen und mit verschiedener ethnischer Herkunft zueinander, suchten die – oft auch intime – Nähe. Der Bevölkerungsanteil der Mischlinge wuchs rasch an. Und die biologische Vermischung ging unweigerlich mit einer wechselseitigen Befruchtung der Denkwelten und religiösen Überzeugungen einher, aus der schließlich – in regional unterschiedlichen Ausprägungen – der »Voodoo« entstand. Auch im Austausch zwischen dem Christentum und alten indianischen Traditionen kam es manchmal zu recht bizarren Verschmelzungen. Das aus den nichtkatholischen Teilen Europas importierte esoterische Gedankengut – wie das Rosenkreuzertum – fiel in dieser Region auf fruchtbaren Boden. Das Resultat war ein »Mix der Kulturen« von einer solchen Komplexität, wie sie im relativ »reinen« Mexiko oder Peru nicht anzutreffen ist.

Man sollte davon ausgehen, daß diese Situation der Inquisition in Cartagena reichlich Gelegenheit bot, Amok zu laufen. Tatsächlich aber blieb sie vergleichsweise untätig und genoß lieber in wohliger Trägheit die Früchte ihrer Korruption. Nur sporadisch konnte sie sich dazu aufraffen, tätig zu werden. So zum Beispiel in der ersten Hälfte des 17. Jahrhunderts, als zeitweise die Hexerei sehr in Mode kam, angeblich vor allem unter den schwarzen Sklaven, die im Bergbau eingesetzt wurden. Bei einem Autodafé im März 1634 wurde einundzwanzig mutmaßlichen Hexern der Prozeß gemacht. Die meisten kamen mit Peitschenhieben und Geldstrafen davon, einer wurde etwa neunzig Minuten lang gefoltert und starb, zwei wurden zum Tod auf dem Scheiterhaufen verurteilt. Die Suprema in Spanien verweigerte diesen Urteilssprüchen jedoch ihre Zustimmung, und auf ihr Geheiß wurde sogar einer der Angeklagten auf freien Fuß gesetzt.

Im März 1622 wurde ein Engländer wegen seiner Zugehörigkeit zum Protestantismus verbrannt. Glaubt man den zeitgenössischen Schilderungen, so wurde er nicht – wie sonst üblich – an den Pfahl gebunden, sondern »saß ruhig auf einem Reisigbündel und verharrte regungslos, bis er sein Leben ausgehaucht hatte«.[7] In den Jahren 1636 und 1638 nahm die Inquisition in Cartagena, ebenso wie ihre Schwestern in Lima und Mexiko-Stadt, die wohlhabenden portugiesischen Kaufleute ins Visier. Man bezichtigte sie – das war inzwischen Standard geworden – der Ausübung und Verbreitung des Judentums. Die Konfiskationen, die mit den Verfahren gegen sie einhergingen, brachten enorme Beträge ein. Damit war die Inquisition zufriedengestellt und verfiel in einen tiefen, langen Schlaf. Zwischen 1656 und 1818 machte man sich nicht einmal die Mühe, das eigentlich alljährlich fällige »Edikt des Glaubens« zu veröffentlichen.

Die kirchliche Behörde wurde 1697 jäh aus ihrer Lethargie herausgerissen, als französische Freibeuter Cartagena überfielen und die Stadt plünderten. Eines der ersten Gebäude, das sie stürmten, war der Palast der Inquisition, aus dem sie die offiziellen Insignien des Tribunals fortschleppten, um sie dann in einer Inszenierung, die das Spektakel des Autodafés nachahmte und verhöhnte, zu vernichten. Von dieser Demütigung erholte sich die Inquisition von Cartagena nie mehr so ganz. Vierundvierzig Jahre später wurde sie durch einen weiteren Schlag geschwächt. Im Jahr 1741 kam es zum sogenannten »Krieg um Jenkins' Ohr«, einem ausgesprochen bizarren, ja surrealistischen Konflikt. Ein spanisches Kriegsschiff hatte einen englischen Seemann aufgegriffen, der dann wegen Diebstahls angeklagt wurde. Zur Strafe schnitt man ihm ein Ohr ab. Daraufhin erklärten die Briten Spanien prompt den Krieg. Anfang März blockierte ein Flottengeschwader der Royal Navy unter Admiral Vernon den Hafen von Cartagena. Nachdem sein halbherziger Landungsversuch von den Spaniern abgeschmettert worden war, beschränkte sich der

1 Das Banner der Inquisition in Spanien. Die spanische Inquisition, gegründet im Jahr 1478, wurde erst 1834 endgültig abgeschafft.

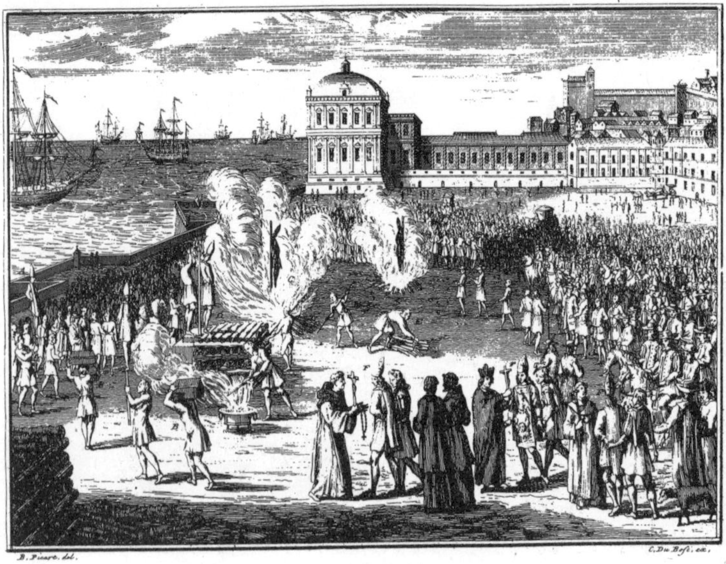

2 (Oben) Auf dem Weg zu einem Autodafé: Prozession der Inquisitoren und ihrer Opfer in Goa, Portugals Kolonie an der Westküste Indiens.

3 (Unten) Zum Abschluß eines Autodafés in Goa werden die Verurteilten öffentlich verbrannt.

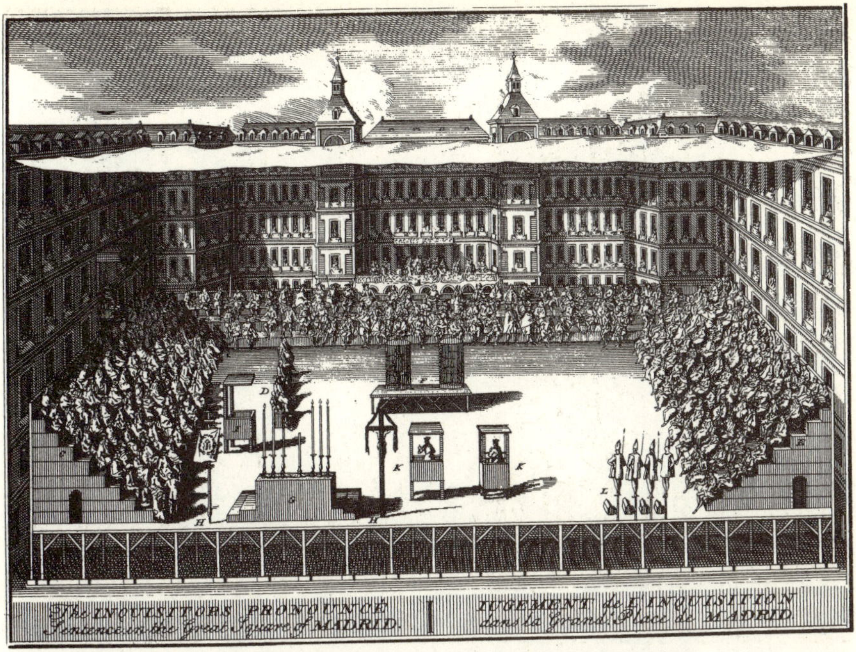

4/5 Zwei mit großem Pomp inszenierte Autodafés auf der Plaza Mayor in Madrid (oben) und in Valladolid (unten).

6 Am 30. Juni 1680 wurde in Madrid in Anwesenheit von König Karl II. von Spanien und seiner jungen Braut ein Autodafé veranstaltet. Einundfünfzig Menschen wurden bei lebendigem Leib oder symbolisch verbrannt.

7 (Oben) Der berüchtigte Konrad von Marburg, seit 1227 Leiter der Inquisition in Deutschland. Die Exzesse dieses erbarmungslosen Ketzerverfolgers führten zu Beschwerden von Bischöfen und Fürsten und schließlich zu seiner Ermordung im Jahr 1233.

8 (Unten) Der böhmische Kirchenreformer Jan Hus wurde im Jahr 1411 vom Papst exkommuniziert. Da er sich weigerte zu widerrufen, wurde er 1415 in Konstanz lebendig verbrannt.

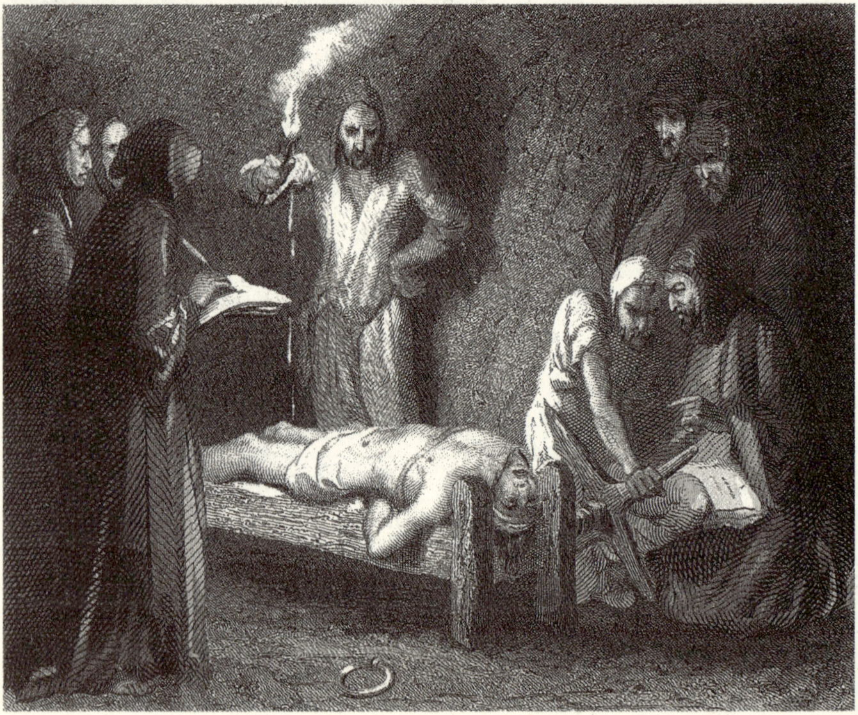

9-11 (Vorhergehende Seite und oben) Die Inquisition unterzog ihre Opfer einer strengen »Befragung«: Sie folterte sie. Wurden sie für schuldig befunden, übergab man sie den weltlichen Behörden, um ihnen »Ruhe zu gönnen«, das heißt, sie wurden verbrannt.

12/13 (Oben und unten) Der Freimaurer John Coustos wurde von der Inquisition 1743 in Lissabon festgenommen und wegen des Verbrechens der Freimaurerei verhört sowie gefoltert. Nach seiner Entlassung schrieb er über seine Erlebnisse ein Buch, das 1745, mit Illustrationen versehen, in England unter dem Titel *Die Leiden des John Coustos für die Freimaurerei* erschien.

Admiral darauf, die Stadt monatelang vom Meer aus unter Beschuß zu nehmen – ein Ereignis, das der örtlichen Bevölkerung noch lange im Gedächtnis blieb. Diese Episode taucht zum Beispiel auch in einer Erzählung von Gabriel García Márquez auf, *Von der Liebe und anderen Dämonen*, die aufschlußreiche Einsichten in die Korruptheit und sexuelle Verderbtheit der Inquisitoren von Cartagena im letzten Drittel des 18. Jahrhunderts gewährt. Infolge des Bombardements Cartagenas durch die britische Flotte wurde der Inquisitionspalast komplett zerstört. Erst fünfundzwanzig Jahre später sollte er wiederaufgebaut werden. Zu dieser Zeit zeichnete sich am Horizont bereits die Revolution ab – und damit das Ende der Inquisition.

Das Inquisitionstribunal in Cartagena war sogar zu träge, um der Revolution, die es immerhin in seiner Existenz bedrohte, Widerstand entgegenzusetzen. 1789 wurde die in Frankreich verfaßte »Erklärung der Menschen- und Bürgerrechte« ins Spanische übersetzt und in Umlauf gebracht. Selbstverständlich kam der Text sofort auf den Index: Man stufte ihn als Gefahr für die Stabilität der bestehenden Gesellschaftsordnung ein, sprach er sich doch für die übelste aller Formen der Subversion aus: die Toleranz. Im Jahr 1794, als Frankreich unter der Terrorherrschaft ächzte, verlangten die Vizekönige von Neugranada und Peru in Schreiben an ihre jeweiligen Inquisitionsbehörden, daß alle Kopien dieses empörenden Machwerks aufgespürt und vernichtet würden. Nach angeblich langer, gründlicher und mühevoller Suche behauptete die Inquisition von Cartagena, sie habe leider kein einziges Exemplar der Menschenrechtserklärung ausfindig machen können.

Ob die Inquisitoren nun aus reiner Trägheit die Hände in den Schoß legten oder weil sie insgeheim mit der Revolution sympathisierten, spielt im Endeffekt kaum ein Rolle. Schon bald ereilte die Inquisition in Cartagena dasselbe Schicksal wie ihre Schwesterbehörden in Mexiko und Peru. Das Volk probte erstmals 1810 den Aufstand, und es ließ seine Wut vor allem an der Inquisition aus, die wohl von so gut wie jedem Einwohner der Stadt verachtet wurde. Zwar wurde die Behörde noch einmal für kurze Zeit eingesetzt, aber schon 1820 löste man sie – ebenso wie anderenorts – wieder auf. Die revolutionären Truppen errangen 1821 den Sieg, und der Vizepräsident der neugegründeten Republik Großkolumbien erklärte die Inquisition offiziell für abgeschafft. Kurze Zeit später gab der Kongreß des jungen Staates bekannt, die Inquisition sei auf kolumbianischem Boden »für immer und unwiderruflich ausgemerzt«.[8]

6. EIN KREUZZUG WIDER DIE HEXEREI

Während von den Feuern der spanischen Inquisition übelriechende Rauchschwaden aufstiegen und von der Iberischen Halbinsel bis in die Neue Welt hinüberwehten, war auch die alte, päpstliche Inquisition im Rest Europas keineswegs in Untätigkeit verfallen. Sie hatte sich eine neue Zielgruppe gesucht, der sie sich nun voller Enthusiasmus widmete. Ihr Eifer in dieser Sache sollte in den folgenden Jahrhunderten mehr Menschenleben fordern als der Albigenser-Kreuzzug.

Entgegen der herkömmlichen Geschichtsschreibung und traditionellen, weitverbreiteten Annahmen ist zu betonen, daß es der Kirche nie im gewünschten Ausmaß gelang, sich zur obersten Autorität über die Völker Westeuropas aufzuschwingen. Zugegeben, ihre Rechtsautorität galt überall; sie konnte jeden – sei er Bauer oder König – vor ihre Tribunale zwingen. Sie konnte den Kontinent in Diözesen und Bistümer aufteilen, sie konnte jeden Menschen zwingen, sich den Ablaß zu erkaufen, sie konnte den Zehnten erpressen. Sie konnte jeden bestrafen, der die Wahrhaftigkeit ihrer Lehren leugnete – oder den sie dessen zu beschuldigen beliebte. Sie konnte ganze Gemeinden zwingen, der Messe beizuwohnen, die gesetzlich vorgeschriebenen Ruhetage einzuhalten, ihre sonstigen Rituale zu befolgen und die festen und beweglichen Feier- und Festtage zu begehen. Und tatsächlich schaffte sie es auch, daß eine große Zahl dankbarer Untertanen aus freiem Willen in unerschütterlicher Treue zu ihr stand – gleichsam die Gegenleistung für den Trost und die Geborgenheit, die sie den armen Seelen im Diesseits zu bieten hatte, und das Versprechen, daß die Gläubigen im Jenseits den Lohn für alle

Mühen empfangen würden. Aber in dem, was man heute die »Schlacht um die Köpfe und Herzen« nennt, hatte sie nicht immer nur Erfolge verbuchen können. Zwar nahmen viele Köpfe und Herzen die Jungfrau und die Heiligen sehr ernst, aber viele Menschen sahen es anders: Für sie waren die Jungfrau und die Heiligen einfach neue Masken, neue Hüllen, neue Erscheinungsformen uralter Gottheiten und Prinzipien. Und etliche Köpfe und Herzen blieben zumindest teilweise stolz und stur dem alten Heidenglauben treu.

Schon im 12. Jahrhundert hatte die Kirche zu Kreuzzügen gegen die heidnischen Stämme aufgerufen, die in Preußen und am Baltischen Meer lebten, also in jenen Gegenden, die man später als Pommern, Litauen, Lettland und Estland bezeichnen würde. Innerhalb der eigenen Einflußsphäre hatte die Kirche jedoch bestenfalls eine Reihe von Gefechten geführt, um die Stellung gegen jene Kräfte zu halten, die man als Mächte der Finsternis betrachtete: die allerorts brütenden, bösartigen Wesenheiten, die offenbar in den dichten, düsteren Wäldern lauerten, welche immer noch weite Teile des Landes bedeckten. Den gottesfürchtigen Christen galten diese Wälder und das mit ihnen verbundene Dunkel als Hort aller möglichen Verkörperungen des Bösen, als undurchdringliches Refugium alles Dämonischen. Die Dörfer und Städtchen, die von solchen Wäldern umgeben waren, und erst recht die einzeln und abseits liegenden Abteien und Klöster wurden als spirituelle Vorposten oder Bollwerke angesehen, die einer ungezähmten, feindseligen Umgebung ausgeliefert waren und oft genug Belagerungen und Anstürmen standzuhalten hatten.

In Wirklichkeit waren die Kräfte, die sich in den Wäldern verbargen, nichts anderes als die Naturgewalten, die in den Augen der Kirche freilich per se »sündig« waren. Es ist allgemein bekannt, daß aus den Göttern einer alten Religion oft die Teufel der neuen werden, die ihren Platz einnimmt. Bevor sich das Christentum verbreitete, wurde in weiten Teilen des römischen Imperiums der Gott Pan als wichtigster Beherrscher der natürlichen Welt verehrt. Pan, eine Gestalt, die mit den Hörnern, dem Schwanz und den Hufen eines Ziegenbocks ausgestattet war, herrschte über die Natur und all das kraftvolle, unermüdliche, rücksichtslose und chaotisch erscheinende Leben in ihr. Besonders in bezug auf Sexualität und Fruchtbarkeit genoß er hohes Ansehen. Auf Veranlassung der katholischen Kirche wurde Pan offiziell zum Dämon, zum satanischen Wesen erklärt. Für eine solche Verfahrensweise gibt es reichlich Vorbilder. Jahrhunderte früher, um nur einen solchen Präzedenzfall zu nennen, war die phönizische Muttergöttin Astarte in den männlichen Dämon Aschtar transformiert worden.

Auch durch den Zusammenbruch des römischen Imperiums ließ sich die Mehrheit des europäischen Bauernstandes nicht davon abhalten, Pan zu verehren – oder manchmal an seiner Statt die noch älteren, regionalen Entsprechungen Pans: zum Beispiel Herne, den Jäger, oder den Hirschgott Cernunnus, den Grünen Mann, Robin of the Greenwood oder Robin Goodfellow, die später mit Robin Hood zu einer einzigen Sagengestalt verschmolzen. Und es war auch nicht Pan allein, der ein so hohes Ansehen genoß. Im Grenzgebiet zwischen dem heutigen Frankreich und Belgien war die römische Jagdgöttin Diana als »Diana von den Neun Feuern« bekannt und wurde mit ihrer uralten Vorgängerin verschmolzen, Arduina, nach der die Ardennen benannt sind.

Solche Gottheiten wurden auch nach dem Aufkommen des Christentums weiter verehrt. Die Bauern Europas mochten zwar sonntags die Kirche besuchen, am Gottesdienst teilnehmen und sich zumindest an der Oberfläche der Liturgie und Lehre Roms fügen. Gleichzeitig pflegten sie jedoch immer noch ihre Opferschalen mit Milch zu füllen und vielerlei andere Opferriten zu vollziehen, um die übernatürlichen Kräfte zu besänftigen, die von alters her in den Wäldern um sie herum lauerten. Und an den entsprechenden Tagen schlichen sie sich davon, um die Walpurgisnacht zu feiern, den Hexensabbat, die heidnischen Feste zur Sonnenwende oder Tag-und-Nacht-Gleiche, die Fruchtbarkeitsrituale, die Festspiele und die Faschingsumzüge, in denen die alten Gottheiten immer noch eine herausragende Rolle spielten, wenngleich in christlicher Verkleidung.

Fast überall gab es außerdem in den Gemeinden je mindestens ein altes Weib, das wegen seiner Weisheit verehrt wurde, wegen der Fähigkeit zur Weissagung und Hellseherei, wegen des Wissens über Kräuter und der meteorologischen Kenntnisse sowie wegen seines Geschicks als Geburtshelferin. Oft genossen diese weisen Frauen das unumschränkte Vertrauen der Leute, und wenn es Probleme gab, gingen vor allem die Frauen der Gemeinde lieber zu ihnen als zum örtlichen Priester.

Die Priester wurden als Repräsentanten jener Mächte angesehen, die über das weitere Schicksal eines Menschen nach seinem Tode walteten. Aber es gab viele Angelegenheiten, mit denen man diese Mächte lieber nicht behelligen wollte, weil sie oft zu majestätisch, zu furchteinflößend, zu unerbittlich in ihrem Urteil, zu abstrakt und zu weit entfernt erschienen. Das typische Hutzelweib aus dem Dorf hingegen konnte eine Verbindung zu jenen Kräften herstellen, die unmittelbar helfen konnten und leichter anzusprechen waren. Nicht den Priester, sondern diese Frau fragte man um Rat, wenn es um das Wetter und die Ernte ging, um das Wohlergehen des Viehs, um die eigene Gesundheit und Hygiene, um Sexualität, Fruchtbarkeit und Niederkunft.

Seit dem Beginn der Christianisierung Europas hatte die Kirche mit heidnischen Überresten und Nachlässen zu kämpfen, mit Elfen, Gnomen, Trollen und Feen sowie mit dem gehörnten Obergott selbst. Gelegentlich hatte sie versucht, diese Kräfte zu dämonisieren und so auszurotten. Bereits im 6. Jahrhundert ist beispielsweise die Rede von »dem Dämon, den die Bauern Diana nennen«,[1] und ein Dokument aus dem 9. Jahrhundert erklärt: »Einige böse Frauen, die sich dem Satan ergeben haben …, behaupten, daß sie in bestimmten Nächten von Diana aufgeweckt werden und, auf gewissen Tieren reitend, ... unendliche Entfernungen mit ihr durchmessen.«[2]

Meistens versuchte die Kirche sich mit ihren heidnischen Vorgängern irgendwie zu arrangieren, sie zum Beispiel, wenn sich die Gelegenheit ergab, einfach zu rauben. So wurde die irische Göttin Birgit, die Schutzherrin des Feuers, praktischerweise in eine vermeintliche Heilige desselben Namens integriert. Und für gewöhnlich wurden christliche Kirchen und Kapellen an Stellen errichtet, die zuvor den heidnischen Gläubigen als heilige Orte gegolten hatten.

Im Jahr 601 etablierte Papst Gregor I. diese Praxis gewissermaßen als offizielle Politik. In einem Brief an einen Abt schrieb der Papst, er sei »zu dem Schluß gekommen, daß die Tempel der vom Volk verehrten Götzen auf keinen Fall zerstört werden sollten. Die Götzenbilder müssen zerstört werden, aber die Tempelgebäude selbst sollen mit Weihwasser besprengt werden, man soll Altäre darin aufstellen und Reliquienschreine. Denn wenn diese Tempel solide gebaut sind, müssen sie nur von den Spuren der Dämonenanbetung gereinigt und dem Dienst am wahren Gott geweiht werden. Auf diese Weise hoffen wir, das Volk möge anerkennen, daß seine Tempel nicht zerstört wurden, es möge seinen Irrglauben aufgeben und sich rasch in den ihm vertrauten Stätten versammeln und dort den wahren Gott erkennen und anbeten. Und da die Leute die Angewohnheit haben, den Dämonen viele Ochsen zu opfern, soll man zum Ersatz ein anderes feierliches Zeremoniell erdenken, das am selben Ort vollführt wird, zum Beispiel den Tag der Einweihung oder die Feiertage der heiligen Märtyrer, deren Reliquien dort im Schrein aufbewahrt werden.«[3]

Die Einrichtung der Inquisition versetzte die Kirche in die Lage, stärker in die Offensive zu gehen und das heidnische Erbe massiv zu bekämpfen. Also schwor man der bisherigen Politik der notgedrungenen Toleranz offiziell ab, an ihre Stelle trat die rigorose Verfolgung. Elfen, Gnomen, Trolle und Feen sollten nun verdammt und als Dämonen oder dämonische Mächte gegeißelt werden. Der gehörnte Gott der Natur – der Grüne Mann in all seinen Erscheinungsformen – sollte in Satan verwandelt werden. Die Teilnahme an den alten heidnischen Ritualen sollte künftig als Hexerei und Zauberei gebrandmarkt werden. Und der Glaube an Hexerei oder Zauberei würde förmlich als Ketzerei eingestuft und verfolgt werden, mit all den Strafen, die dafür zu Gebote standen. Der Historiker Keith Thomas schreibt:

»Hexerei wurde eine christliche Häresie, die größte aller Sünden, weil sie die Abkehr von Gott und die Hinwendung zu seinem größten Feind bedeutete.«[4]

Durch »das Hilfsmittel einer Ausdehnung des Häresiebegriffs«,[5] wie der Historiker Hugh Trevor-Roper diesen Kunstgriff nennt, sollte das heidnische Fundament der europäischen Zivilisation unter die Rechtsprechung der Inquisition gezwungen werden.

Konsequenterweise fielen nun sogar Naturkatastrophen unter diese Gerichtsbarkeit. Hungersnöte, Dürren, Hochwasser, Seuchen und ähnliche Erscheinungen wurden nicht mehr auf ihre natürlichen Ursachen zurückgeführt, sondern dem Wirken teuflischer Mächte zugeschrieben. Nicht nur Wahnsinn, sondern auch Wutausbrüche und Hysterieanfälle erklärte man zu Ausdrucksformen dämonischer Besessenheit. Erotische Träume sollten von Heimsuchungen durch Inkuben oder Sukkuben herrühren. Hebammen und die traditionellen weisen Frauen auf den Dörfern – also jene, die sich auf die Kräuterkunde und die Heilkunst verstanden – wurden künftig als Hexen gebrandmarkt. Furcht und Verfolgungswahn sollten sich breitmachen, bis sie ganz Europa fest im Griff hatten wie eine Schraubzwinge. Und in dieser Atmosphäre allgegenwärtigen Terrors sollten Zehntausende, vielleicht gar Hunderttausende von Menschen der klerikalen Mordmaschine zum Opfer fallen.

DER HEXENHAMMER

Jahrhundertelang hatte die Kirche zu keiner einheitlichen Haltung gegenüber dem Hexenwesen gefunden. Viele Priester, vor allem in den ländlichen Gegenden, hatten keine nennenswerte Erziehung genossen und waren kaum je aus ihrer Umgebung herausgekommen; sie waren fest mit der örtlichen Bevölkerung verbunden. Folglich teilten sie auch oft den unhinterfragten Glauben der Leute daran, daß es Hexerei tatsächlich gebe – so glaubte man zum Beispiel an die Fähigkeit des alten Dorfweibchens, okkulte Kräfte zu beherrschen, eine Ernte zu vernichten, das Vieh krank zu machen und Menschen eines rätselhaften Todes sterben zu lassen. Ob die Priester den Zölibatseid nun ernst nahmen oder nicht: von Gynäkologie hatten sie wohl nicht viel Ahnung, und viele fühlten sich vermutlich abgestoßen von dem verwirrenden, scheinbar unreinen Vorgang der weiblichen Niederkunft. Das alte Dorfweib kannte sich damit hingegen bestens aus und besaß das Vertrauen der Frauen, die sich an sie wandten. Fast täglich konfrontierte sie den Priester mit konkreten, offensichtlichen Belegen seiner eigenen Unwissenheit und Unfähigkeit. Für solche Priester war das Hexenwesen eine unanfechtbare Realität, und zwar eine, die Rivalitätsgefühle und Ressentiments hervorrief.

Bis zum späten 15. Jahrhundert jedoch bestritt das Kirchendogma die Existenz der Hexerei. Die verdorbene Ernte, die Rinderseuche, der plötzliche, unerklärliche Tod konnten das Werk des Teufels sein oder natürliche Ursachen haben; das alte Weib aus dem Dorf hatte nichts damit zu tun. Nach Meinung der Kirche war die vermeintliche Hexerei nichts als eine Sinnestäuschung, die der Teufel bei den Menschen hervorrief. Hexerei selbst war – weil es sie nicht gab – keine Sünde, wohl aber der Glaube an das Hexenwesen sowie alle Handlungen, die mit diesem Wahn einhergingen. Indem sie an die Hexerei glaubte, hat »die Hexe… dem Christentum und der Taufe entsagt, Satan als

Gott angebetet, sich ihm mit Leib und Seele hingegeben und besteht nur noch als sein Werkzeug, um ihren Mitmenschen Böses zu tun, wozu ein menschliches Agens unentbehrlich ist«.[6]

Bereits im 9. Jahrhundert hatte die Kirche Berichte, denen zufolge Hexen zu ihrem Sabbat geflogen sein sollten, zu reinen Phantasieprodukten erklärt; wer immer solchen Vorstellungen anhing, war offenbar vom Christenglauben abgefallen und hatte unter Beweis gestellt, daß er »ein Ungläubiger und Heidenmensch« war. Diese Haltung sollte später als eigene Klausel in das Kirchenrecht, den Canon Episcopi, eingehen. Jene Menschen, die an Hexerei glaubten, hatten mutmaßlich ihre Religion aufgegeben und waren einem Wahn erlegen. Da diese Wahnvorstellung aus der Abkehr vom Glauben resultierte, wurde sie als dem Wesen nach häretisch eingestuft.

Ungefähr in der Mitte des 15. Jahrhunderts geriet diese kirchliche Haltung ins Wanken. Im Jahr 1458 brachte der Inquisitor Nicholas Jaquier das Argument ins Spiel, »die neue Sekte von Hexen« sei völlig anders geartet als jene Ketzergemeinschaften, die in den entsprechenden Abschnitten des Canon Episcopi aufgelistet seien.[7] Der Inquisitor behauptete mit anderen Worten, die von Hexen eingesetzten Kräfte seien durchaus real, man könne sie nicht als Phantasterei abtun. Im Jahr 1484 vollführte die Kirche eine vollständige, dramatische Kehrtwendung. In diesem Jahr kam eine päpstliche Bulle heraus, in der die bisherige Position komplett aufgegeben und ins Gegenteil verkehrt wurde; die Wirklichkeit des Hexenwesens wurde anerkannt. In dieser Bulle erklärte der Papst:

»Gewißlich ist es neulich … zu unsern Ohren gekommen, wie daß in einigen theilen des Oberteutschlands, wie auch in denen Meyntzischen, Cölnischen, Trierischen, Salzburgischen [und Bremer] Ertzbistümern, Städten, Ländern, Orten und Bistümern sehr viele Personen beyderley Geschlechts … mit denen Teufeln, die sich als Männer oder Weiber mit ihnen vermischen, Mißbrauch machen, und mit ihren Bezauberungen, Liedern und Beschwehrungen, und anderen abscheulichen Aberglauben und zauberischen Übertretungen, Lastern und Verbrechen, die Geburten der Weiber, die Jungen der Thiere, die Früchte der Erde, die Weintrauben und die Baumfrüchte … verderben …«[8]

Sieben Jahre später, 1491, gab die Universität zu Köln eine Warnung heraus, daß jedes Infragestellen der Realität der Hexerei »die Strafe nach sich ziehen würde, die für die Behinderung der Inquisition bestimmt war«.[9] Kraft eines triumphalen Zirkelschlusses konnte diese Position kurz darauf vom Inquisitor von Como für unaufkündbar erklärt werden, der argumentierte, »dass zahlreiche Personen wegen ihrer Teilnahme am Sabbat verbrannt worden seien, was nicht ohne die Zustimmung des Papstes hätte geschehen können. Das sei ein hinreichender Beweis dafür, dass diese Ketzerei auf Wirklichkeit beruhe; denn die Kirche bestrafe nur offenkundige Verbrechen«.[10]

Ein moderner Historiker schreibt dazu: »Die Richter gaben sich nicht mehr damit zufrieden, ihre Opfer wegen Zauberei anzuklagen; die Vermutung, daß in der Zauberei zwangsläufig etwas Dämonisches liegen müsse, reichte ihnen nicht mehr; sie wollten die Magier jetzt ganz direkt als Teilnehmer an einer dämonischen Verschwörung gegen den christlichen Glauben und die christliche Gesellschaft anprangern. Der einzelne Zauberer, der seine heimtückischen Bannsprüche stets nur gegen einzelne Widersacher gerichtet hatte, zählte nun nicht mehr: Jetzt hatte man es mit dem Bündnis der Hexer und Hexen zu tun, die sich der Zerstörung der Christenheit verschrieben hatten.«[11]

In der Vergangenheit war es Häresie gewesen, an Hexerei zu glauben. Nun sollte schlagartig das Gegenteil gelten: *Nicht* an Hexerei zu glauben war Ketzerei. Damit war eine Falle aufgebaut, welcher niemand, der der Kirche unliebsam war, entkommen konnte. Eine Stimmung wurde erzeugt, die von einer allgegenwärtigen Paranoia geprägt war. Sogar für Naturkatastrophen konnte man jetzt Sündenböcke zur Verantwortung ziehen, während sowohl Gott als auch der Teufel aus dem Schneider waren. Angesichts der hemmungslosen Misogynie der Inquisitoren war es nicht verwunderlich, daß vor allem Frauen als Sündenböcke in Betracht kamen.

In der Bulle von 1484, die das Hexenwesen offiziell zum realen Faktum erklärte, hatte Papst Innozenz VIII. insbesondere zwei Personen namentlich erwähnt: »Und daß, obschon die geliebten Söhne Henricus Institoris... wie auch Jacobus Sprenger... zu Inquisitoren des Ketzerischen Unwesens durch Apostolische Brieffe bestellet worden, ... so setzen wir aus Apostolischer Hoheit, daß denen Inquisitoren das Amt solcher Inquisition darinnen zu verrichten erlaubt seyn, und sie zu der Besserung, Inhafftnehmung und Bestraffung solcher Personen über den vorgenannten Verbrechen und Lastern hinzu gelassen werden sollen...«[12]

Heinrich Krämer (Henricus Institoris) war ein Dominikaner, der bereits um 1474 herum zum Inquisitor für Salzburg und Tirol ernannt worden war. In Salzburg war er der Spiritual der dominikanischen Kirche. Im Jahr 1500 wurde er zum Apostolischen Nuntius und zum Inquisitor für Böhmen und Mähren ernannt. Sein Kollege Jakob Sprenger, ebenfalls Dominikaner, war Prior des Ordenskonvents in Köln. 1480 wurde er Dekan der theologischen Fakultät der Universität zu Köln. Ein Jahr später wurde er als Inquisitor für die Verwaltungsdistrikte Köln, Mainz und Trier eingesetzt, und von 1488 an war er Provinzial der gesamten deutschen Ordensprovinz.

Um das Jahr 1486 herum, etwa zwei Jahre nach ihrer Erwähnung in der Bulle Papst Innozenz' VIII., veröffentlichten Heinrich Krämer und Jakob Sprenger ein Buch. Diese Schrift rangiert auf der Hitliste der berüchtigtsten und – im tiefsten moralischen Sinne des Wortes – obszönsten Werke der gesamten Geschichte der westlichen Zivilisation ganz sicher auf einem Spitzenplatz.

Sein Titel lautete *Malleus Maleficarum (Der Hexenhammer)* und benannte präzise seine Funktion: Es war ein Hammer, den man gegen Hexen einsetzen sollte. Der Anspruch wurde eingelöst: Auf mehr als fünfhundert Seiten, die das Werk in neueren Ausgaben umfaßt, wird tatsächlich eine Art Hammer präsentiert. Das Buch war so gefragt, daß es 1520, also nur vierunddreißig Jahre nach seiner Erstveröffentlichung, bereits dreizehn Auflagen erlebt hatte. Es ist seither niemals vergriffen gewesen, und traurigerweise gibt es immer noch Leute, die seine Aussagen für bare Münze nehmen. So wurde es 1946 erneut ins Englische übersetzt und von einem gewissen Montague Summers in einer überschwenglichen Lobschrift angepriesen: Summers, der exzentrische Möchtegern-Esoteriker und selbsternannte Experte für Vampire und Werwölfe, erklärte, der *Hexenhammer* gehöre »zu den bedeutendsten, weisesten und ernsthaftesten Büchern der Welt«.[13] Für den Fall, daß diese Hymne sich noch als zu maßvoll oder kühl erweisen sollte, fügte Summers hinzu: »Es ist ein Werk, das unausweichlich die Aufmerksamkeit aller Menschen auf sich ziehen wird, die des Denkens fähig sind, aller, die sehen oder zu sehen bereit sind, daß hinter den Nichtigkeiten der Materie, des Raums und der Zeit eine letzte Wahrheit steht.«[14]

Mit einer wahren Lust am juristischen, grausigen und oft auch pornographischen Detail macht sich der *Hexenhammer* an die Aufgabe, alle möglichen Manifestationen der Hexerei zu skizzieren. Das Werk richtet sich ausdrücklich nicht nur an Inquisitoren, sondern ist als eine Art Do-it-yourself-Handbuch angelegt, als Anleitung für Richter, Schiedsleute, weltliche Behörden aller Art und darüber hinaus für jeden hinreichend beunruhigten, aufrechten Bürger, der Grund dazu hat (oder Tor genug ist), in seinem Umfeld das Wirken von Hexerei zu vermuten.

Tatsächlich haben wir es hier mit einem Kompendium der Sexual-Psychopathologie zu tun, das beispielhaft illustriert, was passieren kann, wenn krankhafte Phantasien völlig aus dem

Ruder laufen. Mit einer Besessenheit, die jedem modernen Psychologen sofort ins Auge springen würde, dreht sich der Text manisch um teuflische Kopulation, um den Geschlechtsverkehr mit Inkuben und Sukkuben, um Massenorgien und alle möglichen anderen Formen erotischer Erfahrung und sexueller Aktivität (oder Inaktivität), die auf die Verseuchung der Vorstellungskraft durch dämonische Kräfte zurückgeführt werden. Er stellt Methoden zur Diagnose und Prognose vor, umreißt therapeutische Prozeduren und angeblich heilsame Bestrafungen. Er präsentiert Formeln und Rezepte für die Austreibung der bösen Geister.

Das Hauptthema wird, was den Umfang und die Differenziertheit der Darstellung betrifft, in einer wahrhaft enzyklopädischen Weise abgehandelt. Für die Inquisitoren wurde das Buch im Grunde so etwas wie eine Ersatzbibel – und nicht nur für sie! In diesem einen Punkt muß man Summers wohl zustimmen: In seiner unangebrachten Lobpreisung weist er darauf hin, daß der *Malleus* »auf jeder Richterbank und auf dem Schreibtisch eines jeden Schiedsmannes lag. Er stellte die ultimative, unwiderlegbare, unanzweifelbare Autorität dar. Er wurde – unausgesprochen – nicht nur von der katholischen, sondern auch von der protestantischen Gesetzgebung akzeptiert«.[15]

Der erste Teil des *Hexenhammers* beginnt mit der Frage, »ob die Behauptung, es gebe Hexen, so gut katholisch sei, daß die hartnäckige Verteidigung des Gegenteils durchaus für ketzerisch gelten müsse?«[16]

Natürlich wird diese Frage in der folgenden Beweisführung bejaht – gemäß der päpstlichen Bulle von 1484, mit der die bis dato geltende Kirchenmeinung ins Gegenteil verkehrt und die Wirklichkeit des Hexenwesens anerkannt wurde.

Nachdem diese grundlegende Prämisse geklärt ist, fährt der *Malleus* fort: »Zur Sache. Die Dämonen handeln durch Künste bei den Hexenwerken und können deshalb ohne Hilfe eines anderen agens keine substanzielle oder accidenzielle Gestalt schaffen, und weil wir nicht sagen, daß die Hexenwerke nicht geschehen können ohne Hilfe eines anderen agens, deshalb können sie auch mit solcher Hilfe wahre Eigenschaften der Krankheit oder eines anderen Leidens bewirken.«[17]

Mit anderen Worten: Die Höllenmächte sind, solange sie auf sich gestellt sind, hilflos. Sie können nur dann Böses vollbringen, wenn sie sich eines menschlichen Mittelsmanns – oder einer Mittelsfrau – bedienen. Folglich konnte man nun Menschen für jene Arten von Unglück verantwortlich machen, die man zuvor Gottes unergründlichem Wirken, den Vorgängen in der wilden Natur oder der Boshaftigkeit ungreifbarer Dämonen zugeschrieben hatte, also Kräften, die sich dem Zugriff der Inquisition entzogen. Wann immer jetzt irgend etwas den wohlgeordneten, natürlichen Gang der Dinge störte, konnte man jemanden dafür zur Rechenschaft ziehen.

Folgt man der Logik der freien Assoziationen, die im *Hexenhammer* vorherrscht, so können die mächtigsten der Hexen Hagelstürme und Gewitterstürme heraufbeschwören. Sie können Blitze herbeirufen und sie auf Menschen oder Tiere lenken. Sie können sowohl Männer wie auch Tiere impotent oder zeugungsunfähig machen. Sie können Seuchen auslösen. Sie können Kinder töten, um sie den Mächten der Finsternis als Opfer darzubieten. Sie können bewirken, daß Kinder, wenn gerade niemand hinschaut, ins Wasser fallen und ertrinken. Sie können ein Pferd dazu bringen, durchzudrehen und seinen Reiter abzuwerfen. Sie können in die Herzen der Menschen sowohl große Liebe als auch großen Haß einpflanzen. Sie können Menschen und Tiere durch bloßes Anstarren umbringen: durch den sogenannten »bösen Blick«. Sie können die Zukunft vorhersagen. Sie können durch die Luft fliegen, »körperlich oder nur in der Vorstellung«.

Der *Hexenhammer* räumt ein, daß manche Inquisitoren sich womöglich scheuen, Hexen mit harten Strafen zu belegen, und sei es auch nur aus Furcht vor dämonischen Angriffen oder Ge-

genangriffen auf ihre Person, vor dämonischen Präventiv- oder Vergeltungsschlägen. Die Autoren beeilen sich zu versichern, daß Hexen »den Inquisitoren und anderen Beamten nicht schaden können, weil diese die öffentliche Gerichtspflege ausüben. Es könnten noch verschiedene Beispiele hierzu beigebracht werden, aber die Kürze der Zeit verbietet es«.[18]

Offenbar drängte die Zeit. Schließlich hatten die Autoren noch etwa fünfhundert Seiten zu schreiben, auf denen sie ihr Thema weiter entfalten und differenzieren wollten. Daher beschränken sie sich auf eine kurze Klarstellung zur Beruhigung der Gemüter: »Drei Arten von Menschen sind von Gott so begnadet, daß ihnen jenes scheußliche Geschlecht mit seinen Hexereien nichts anhaben kann: und zwar sind es erstens diejenigen, welche die öffentliche Gerichtsbarkeit gegen die Hexen üben oder durch irgendein öffentliches Amt gegen sie wirken, zweitens die nach den gehaltenen und heiligen Bräuchen, wie durch Besprengen mit Weihwasser, durch das Nehmen des geheiligten Salzes oder durch die am Tage der Reinigung geweihten Kerzen ... sich schützen ... drittens diejenigen, welche durch die heiligen Engel auf verschiedene und unzählige Arten begnadet sind.«[19]

Mit anderen Worten, auch die Kirche kannte ein paar übernatürliche Tricks, sie hatte ihre eigenen magischen Rituale und Übungen, die denen der Gegenseite schon allein deshalb überlegen waren, weil sie von der Kirche ausgingen. Und in Gestalt der »heiligen Engel« stand der Kirche ebenfalls eine Armee körperloser, okkulter Verbündeter zur Seite, die naturgemäß stärker waren als die körperlosen, okkulten Verbündeten der Hexen. »Denn mit solchen Dingen wird von der Kirche exorzisiert, und überhaupt sind sie die wirksamsten Mittel, um sich vor den Angriffen der Hexen zu bewahren.«[20]

Der *Hexenhammer* ist militant, ja geradezu krankhaft frauenfeindlich. So unerschrocken seine Autoren auch auftreten mochten, wenn es um den Kampf gegen die unsichtbaren Mächte ging:

ihre immense, an Wahnsinn grenzende Angst vor dem weiblichen Geschlecht konnten sie nicht verbergen. Frauen werden als von ihrem Wesen her schwach und – sozusagen per definitionem – als »gefallen« hingestellt. Eine Frau ist »ein unvollkommenes Tier«, das »immer täuscht«.[21] Sie zweifelt »schneller am Glauben«.[22] Sie ist »von Natur lügnerisch«. Ihr »Anblick ist schön, die Berührung garstig, der Umgang tödlich«.[23] Sie ist im Grunde an so ziemlich jedem Übel schuld: »Alles geschieht aus fleischlicher Begierde, die bei ihnen unersättlich ist.«[24]

Einerseits galten also schöne Frauen als besonders verdächtig; andererseits galt für Geburtshelferinnen dasselbe, da sie sich theoretisch wie praktisch besonders gut auf jenen Gebieten auskannten, die sich für die Inquisitoren als Rätsel des Weiblichen darstellten. Totgeborene Kinder waren, so der allgemeine Aberglaube, von den Hebammen umgebracht worden, um sie dem Teufel als Opfer darzubieten. Waren Kinder behindert, entstellt, kränkelnd oder auch nur unartig, wurde ebenfalls die Schuld dafür den vermeintlichen Hexenkünsten der Hebammen zugewiesen. Gerade aufgrund des Vertrauens, das sie bei den anderen Frauen genossen, und der Tatsache, daß sie eine Herausforderung für die Autorität der Priester bedeuteten, waren die Geburtshelferinnen die ideale Zielgruppe. An der Hebamme konnte der Inquisitor hemmungslos und ungestraft seine perversen Fähigkeiten ausüben und dabei allerlei Verfeinerungen erproben und Varianten durchspielen.

Mit Mädchen, die verführt und dann sitzengelassen worden waren, kennt der *Hexenhammer* überhaupt kein Erbarmen: »Denn gefallene Jungfrauen, die von ihren Liebhabern verlassen sind, denen sie unter dem Eheversprechen sich preisgegeben, wenden sich, da sie alles Vertrauen verloren und überall nur Schmach und Schande sehen, an den Schutz des Teufels ...«[25] Dem Verführer hingegen haftet keinerlei Makel an: Er ist höchstens, so die Autoren, als Opfer anzusehen.

Der *Hexenhammer* deutet, ohne groß zu zögern, jedes Verhalten als Hexerei, welches sich die klerikalen Verfasser sonst nicht zu erklären wissen. Zum Spektrum dieser angeblich sinistren Verhaltensweisen gehören zum Beispiel Rauschzustände, die durch Drogen wie Mutterkorn oder psychedelische Pilze ausgelöst werden, aber auch die weibliche Selbstbefriedigung oder ein schlichtes Sonnenbad. Es wird vermerkt, »... daß oft auf dem Felde oder im Walde Hexen auf dem Rücken liegend gesehen wurden, an der Scham entblößt, nach der Art jener Unflätereien die Glieder in Ordnung, mit Armen und Schenkeln arbeitend, während die Incubi unsichtbar für die Umstehenden wirkten ...«[26.]

Das Buch hält auch eine »vernünftige« Erklärung für ein weiteres Phänomen bereit, die das Ehrgefühl so manch gehörnten Ehemannes wiederhergestellt haben dürfte: »Aber auch das hat sich bestimmt ereignet, daß bisweilen vor den sichtlichen Augen der Gatten die Succubi, die diese jedoch nicht für Dämonen, sondern für Männer hielten, mit ihren Weibern solches verübt. Und während sie nach Waffen griffen und sie durchbohren wollten, verschwand der Dämon, indem er sich unsichtbar machte.«[27]

Der *Hexenhammer* läßt sich noch über Unmengen weiterer Erscheinungsformen und Praktiken der Hexenkunst aus. Er verbreitet sich über die angeblich übliche Ermordung von Kindern, die anschließend gekocht und gegessen würden. Er beschreibt die vielfältigen Weisen, wie sich die Hexen den dämonischen Kräften verschreiben. Er diskutiert die Praktik, bei der Wachsbildnisse mit Nadeln traktiert werden. Immer und immer wieder kehrt der Text jedoch – unbeirrt auf das Ziel zusteuernd wie eine moderne Lenkrakete – zu seinem Lieblingsthema zurück, den Fragen der Sexualität. Nicht selten verlassen die obsessiven Schilderungen dabei den Boden der Realität und steigern sich zu Fieberphantasien. So ist einmal die Rede von »Hexen ..., welche bisweilen solche [männlichen] Glieder in namhafter Menge, zwanzig bis dreißig Glieder auf einmal, in ein Vogelnest oder einen Schrank einschließen, wo sie sich wie lebende Glieder bewegen, Körner und Futter nehmen ...«[28].

Solche Bilder werden dämonischen Sinnestäuschungen zugeschrieben, ausgelöst »durch Störung des Sehorgans, indem die Sinnesgestalten hinsichtlich der Vorstellungskraft gewandelt werden ...«[29]. Aber man ist geneigt zu spekulieren, ob die Autoren des Werks, um auf solche Abstrusitäten zu kommen, selbst die eine oder andere bewußtseinsverändernde Droge zu sich genommen haben oder ob ihre Vorstellungswelt womöglich noch qualvoller und verdrehter war als die eines Hieronymus Bosch.

Besonders hingebungsvoll widmet sich der *Hexenhammer* dem Geschlechtsverkehr mit körperlosen dämonischen Wesen: mit den männlichen Inkuben und den weiblichen Sukkuben. Hinter solchen sexuellen Beziehungen zu nichtfleischlichen Wesen dürfte oft nichts weiter als ein feuchter Traum gestanden haben. Dazu paßt auch, daß die Autoren des Buches sich wie besessen mit dem Samen befassen. Unter Berücksichtigung aller klinischen Details erörtern sie die Frage, auf welche Weise genau Dämonen den Geschlechtsakt vollführen. Sie wollen geklärt wissen, ob »der Incubus die Hexe immer mit Ergießung des Samens besucht«.[30] Wenn dem so sei, so fragen sie weiter, wo kommt dann zum Beispiel das Ejakulat her? Ist es dem Wesen nach dämonisch, oder wurde es einem sterblichen Mann gestohlen? Anschließend diskutiert der Text mit akribischer Genauigkeit die Qualität des Spermas. Nach welchen Kriterien wählen die Dämonen jene Männer aus, denen sie den Samen abzapfen? Können diese Wesen das Ejakulat einsammeln, das während »unschuldiger« feuchter Träume vergossen wird, und es sozusagen recyceln? Keine Möglichkeit bleibt in dieser Studie außen vor.

Den Autoren des *Hexenhammers* galt die Kopulation mit einem unfleischlichen Wesen als besonders schweres und ruchloses Verbrechen. In ihren Augen stellte sie eine blasphemische

Parodie, eine Verhöhnung der unbefleckten Empfängnis dar, jenes Vorgangs, durch den Jesus höchstpersönlich vom Heiligen Geist gezeugt wurde.

Vier Jahrhunderte später sollte der Schriftsteller Joris-Karl Huysmans über die rätselhafte, angeblich unaussprechliche und auf ewig unverzeihliche »Versündigung gegen den Heiligen Geist« spekulieren: über die eine Sünde, für die es, wie es heißt, keine Vergebung geben kann. Huysmans hat als diese Sünde – deren Charakter von der Kirche sorgsam geheimgehalten worden ist – genau jene blasphemische Parodie auf die jungfräuliche Empfängnis identifiziert, die bei der sexuellen Vereinigung mit einer körperlosen Wesenheit aufgeführt werde. Er mag damit durchaus richtig liegen, und das ungeheure Geheimnis mag vielleicht doch nicht ganz so geheimnisvoll gewesen sein, wie behauptet wurde.

In Marlowes *Doctor Faustus* zum Beispiel, geschrieben zu einer Zeit, da der *Hexenhammer* – bereits ein Jahrhundert alt – immer noch in hohen Auflagen im Umlauf war, bemüht Faustus dämonische Kräfte, um das körperlose, schattenhafte Bild der Helena von Troja heraufzubeschwören. Nach der einschlägigen Definition muß man Helenas Schatten als eine Art Sukkubus auffassen. Und erst nach der sexuellen Vereinigung mit ihr ist das Schicksal des Doktors besiegelt: Nun ist er unwiderruflich und für ewig verdammt.

HEXENPROZESSE

Mit dem *Hexenhammer* bewaffnet, errichtete die Inquisition eine Schreckensherrschaft, die sich über ganz Europa erstreckte. Bei ihren Untersuchungen und Befragungen gab es eine einfache Regel für die Beweiserhebung. Sie akzeptierte alles, was von zwei oder drei Zeugen unter Eid ausgesagt wurde, als reine Wahrheit und unumstößlichen Beweis. Oft machte man von Fangfragen Gebrauch, die so angelegt waren, daß sowohl die Verdächtigen als auch die Zeugen sich darin verstrickten. So sollte man zum Beispiel den Angeklagten fragen, »ob er glaube, daß es Hexen gebe, und solches geschehen könne, was berichtet wird, wie Gewitter erregen, Vieh und Menschen infizieren ... Merke, daß die Hexen meistens beim ersten Verhör leugnen ...«[31].

Wenn man zugab, gleich ob Hexe oder nicht, daß man nicht an Hexerei glaube, folgte sofort eine Anschlußfrage, die den Befragten wie das Zuklappen einer Falle in den Ohren geklungen haben muß: »... was dann, wenn sie verbrannt werden, ob sie dann unschuldig verdammt werden ...«[32] Ganz gleich, was das Opfer zur Antwort gab, sein Schicksal war bereits besiegelt, denn wer nicht an Hexenkünste glaubte, galt als Ketzer.

Wenn man eine Hexe gefangen hatte, wurden ausgeklügelte Maßnahmen ergriffen, um ihre Zauberkraft zu brechen. Damit sie nicht mit dem Erdboden – und durch ihn mit den infernalischen Mächten – in Berührung kommen konnte, wurde sie auf einem Brett oder in einem Korb in die Höhe gezogen. Sie wurde mit dem Rücken voran dem Richter vorgeführt, so daß sie keine Chance hatte, ihn mit ihrem bösen Blick zu verhexen. Die Richter und alle anderen Personen, die an einem solchen Prozeß beteiligt waren, hatten darauf zu achten, »daß sie sich von ihr körperlich nicht berühren lassen, besonders an der nackten Verbindungsstelle der Hände und Arme ...«[33]. Die Richter waren außerdem gehalten, bestimmte geweihte Kräuter und eine kleine Menge Salz, das am Palmsonntag eingesegnet worden war, bei sich zu tragen – eingeschlossen in einen Klumpen eines besonderen, ebenfalls gesegneten Wachses, den sie an einem Lederriemen oder einer Kette um den Hals trugen. Trotz der wiederholten Zusicherung, daß Inquisitoren und Richter per se gegen schwarze Magie immun waren, wollte man lieber kein Risiko eingehen.

Im Prozeßverlauf konnte man sich auf mittlerweile recht tiefgehende psychologische Kenntnisse stützen. Die angewandten Techniken lassen erkennen, daß man die Kunst der Informationsgewinnung oder -erpressung hervorragend beherrschte. Die Inquisitoren hatten nämlich erkannt, daß der menschliche Geist oft genug sein eigener schlimmster Feind ist: daß Angst in der Einsamkeit, in der Isolation wächst – subtile Methoden, die oft mindestens ebenso gute Erfolge zeitigten wie die Anwendung körperlicher Gewalt. Um das nächstliegende Beispiel zu nennen: Man schürte die Angst vor der Folter immer weiter, bis das Opfer so in Panik geriet, daß man sich die Durchführung der Foltermaßnahme tatsächlich sparen konnte.

Wenn ein Angeklagter nicht sofort gestand, teilte man ihm mit, daß nun die Vernehmung unter der Folter folgen müsse. Diese führte man aber keineswegs sofort durch. Vielmehr riet der *Hexenhammer*: »Während die Büttel sich zum peinlichen Verhör bereit machen, entkleiden sie ihn danach; oder wenn es eine Frau ist, soll sie, bevor sie in das Strafgefängnis geführt wird, von anderen ehrbaren Frauen von gutem Ruf entkleidet werden …«[34]

Die Richter mochten sie oder ihn dann »peinlich in mäßiger Weise, nämlich ohne Blutvergießen« verhören, aber erst wenn man »auf den Angezeigten in passender Weise gewartet, ihm angemessene Zeit gewährt und ihn vielfach belehrt hat …«[35].

Der Inquisitor wird ermutigt, es mit jener Aufgabenteilung zu versuchen, die uns heute aus Verhören durch abwechselnd »harte« und »weiche« Polizeibeamte vertraut ist: »… und wenn er nicht gestehen will, übergeben sie ihn den Bütteln, daß er ans Seil gebunden werde oder andere Werkzeuge zu spüren bekomme; und dabei sollen sie sogleich gehorchen, aber nicht fröhlich, sondern gleichsam erschrocken. Danach wird er wieder auf die Bitten einiger losgelassen, auf die Seite gezogen und wiederum zu bewegen gesucht und bei dem Bewegen belehrt, daß er dem Tode nicht übergeben wird (wenn er gesteht).«[36]

Der *Hexenhammer* plädiert offen für ein heuchlerisches Vorgehen. Man könne einer Hexe ruhig versprechen, sie werde mit dem Leben davonkommen; dieses Leben aber werde sich komplett im Gefängnis abspielen, bei Wasser und Brot. »Jedoch ist diese Gefängnisstrafe, so wie sie verhängt wird, ihr nicht bekannt zu geben, sondern nur Zusicherung des Lebens ist ihr zu versprechen, und mit irgendeiner Sühne, zum Beispiel durch Verbannung oder auf eine andere Weise, ist sie zu bestrafen.«[37]

Und um auch nur in den Genuß dieser zweifelhaften Strafminderung zu kommen, muß sie andere Hexen denunzieren und deren Identität preisgeben. Außerdem könne die Inquisition, so beeilt sich der *Hexenhammer* nachzuschieben, ihr Wort ruhig brechen und die Hexe umbringen, denn eine Hexe habe den Anspruch auf eine ehrenvolle Behandlung verwirkt. Viele Inquisitoren sind deshalb der Auffassung, »daß, im Falle sie in dieser Weise dem Gefängnis überantwortet sei, man ihr eine Zeitlang das Versprechen halten müsse und sie dann nach einem Zeitraume einzuäschern sei«.[38]

Eine weitere Möglichkeit wird vorgeschlagen, sich des Problems zu entledigen: Der »Richter könne ihr getrost die Erhaltung des Lebens zusichern, jedoch so, daß er sich danach von der Fällung des Urteils entlastete und an seine Stelle einen anderen einsetzte«.[39]

Wenn eine Hexe im Anschluß an eine Foltersitzung in ihre Zelle zurückgesperrt wird, solle der Richter darauf achten, »daß innerhalb jener Zeit beständig Wachen bei ihr sind, damit sie nämlich nicht allein gelassen wird, weil sie vom Teufel besucht werden wird, daß sie sich selbst den Tod antue ...«[40].

Anders formuliert: Ein Selbstmord oder Selbstmordversuch eines Opfers, das die Qualen und die Verzweiflung nicht länger ertragen kann, wird wiederum als Eingebung eines Dämons interpretiert und beweist damit erst recht die Schuld der Verdächtigen. So sprachen sich die Inquisitoren von jeder Verantwortung frei. Offenbar versuchten viele Frauen sich umzubringen, indem sie sich die Nadeln, mit denen ihre Hauben am Haar festgesteckt waren, in den Kopf stießen. Selbst solchen wahnsinnigen Verzweiflungstaten unterschob man eine perfide Absicht, und man verdrehte den Sachverhalt so, daß er als Schuldbeleg dienen konnte.

Auf jeden Fall scheinen Suizide und Suizidversuche keine Seltenheit gewesen zu sein. Der *Hexenhammer* berichtet von Hexen, »daß sie nach der Ablegung des durch die Folter erpreßten Geständnisses der Verbrechen immer ihr Leben durch einen Strick endigen wollen… Man fand die Hexen dann bisweilen infolge der Lässigkeit der Wachen an einem Riemen oder am Kleide aufgehängt«.[41]

Für den Fall, daß eine Hexe trotz unablässiger Folter immer noch nicht geständniswillig ist, empfiehlt der *Hexenhammer* etwas aufwendigere Täuschungsmanöver. Zum Beispiel könne man die Hexe in ein Schloß bringen, dessen Eigentümer so tue, »als wollte er nach fernen Gegenden reisen, und inzwischen sollen einige Freunde oder auch ehrbare Frauen sie besuchen und ihr versprechen, sie wollten sie gänzlich frei abziehen lassen, wenn sie sie nur über gewisse Experimente belehren wollte. Der Richter beachte, daß sie sehr oft auf diese Weise gestanden haben und überführt worden sind«.[42]

Wenn gar nichts mehr hilft, plädiert der *Hexenhammer* für einen so unverfrorenen, schamlosen Betrug, daß es einem die Sprache verschlägt: »Zu diesem Ende soll der Richter eintreten und ihr versprechen, Gnade walten zu lassen, wobei er entweder an sie [andere, nicht verdächtige Männer] oder aber an das Gemeinwesen denkt, zu dessen Erhaltung alles, was geschieht, dankenswert ist.«[43]

DIE AUSBREITUNG DES MASSENWAHNS

Aus unserer eigenen Epoche kennen wir zur Genüge jene Fälle, in denen die eine oder andere Befürchtung in der Bevölkerung durch eine Art psychologischen Ansteckungsmechanismus eskalieren kann, bis sie die Ausmaße einer Massenhysterie angenommen hat. Man denke zum Beispiel an die Vereinigten Staaten der fünfziger Jahre, an Senator Joseph McCarthys paranoiden, obsessiven Kreuzzug gegen alles, was irgendwie nach Kommunismus roch.

In dem Stück *Hexenjagd* kritisiert der Bühnenautor Arthur Miller 1953 McCarthys Kampagne, indem er einen analogen Fall aufgreift: Er stellt die Hexenprozesse in Salem im 17. Jahrhundert dar. Es ist vor allem Millers Parabel zu verdanken, daß wir den Begriff »Hexenjagd« heute ganz allgemein auf jeden Versuch anwenden, vermeintliche Feinde durch das Wecken und Schüren kollektiver Ängste auszuschalten.

In jüngster Zeit haben wir noch andere Formen von Massenpanik beobachten können. So haben viele amerikanische Touristen ihre Reisepläne geändert, nachdem Ronald Reagan Libyen hatte bombardieren lassen, weil sie die Angst vor möglichen Terroranschlägen auf internationale Flüge umtrieb. Wir mußten auch erleben, wie ganze Gemeinden in Großbritannien aufgrund von Unterstellungen auseinanderbrachen, denen zufolge bei satanischen Ritualen Kinder mißbraucht worden sein sollten; die Behörden haben daraufhin reihenweise den Eltern ihre Kinder entzogen.

Angesichts dieser modernen Ausbrüche allgemeiner, öffentlicher Angst kann man sich leicht vorstellen, wie die Furcht vor der Hexerei, als sie von den obersten religiösen Autoritäten jener Zeit geschürt wurde, die Ausmaße einer Massenpanik annehmen konnte. Die Hexenangst war tatsächlich so etwas wie das psychologische Gegenstück zu einer Epidemie. Ein Historiker schreibt dazu: »Der Hexenwahn war im wesentlichen eine Krankheit der Einbildung und wurde durch die Hexenverfolgung hervorgerufen und unterhalten. Wo immer ein Inquisitor oder weltlicher Richter den Wahn durch Feuer zu vernichten glaubte, entsprang aus seinen Fußstapfen eine ganze Saat von Hexen.«[44]

Über die Rolle der Kirche urteilt derselbe Autor: »Jeder Inquisitor, dem sie den Auftrag erteilte, das Hexenwesen zu unterdrücken, war ein rühriger Sendbote, der die Saat des Wahnglaubens immer weiter verbreitete.«[45]

Die manische Verfolgung der Hexerei unter der Schirmherrschaft der Inquisition begann zu einer Zeit, da die katholische Kirche noch unangefochten das öffentliche religiöse Leben in Europa beherrschte und regelte. Die Inquisition war derart auf die Hexerei fixiert, daß sie von der neuen, weitaus größeren Gefahr, die sich schon bald am Horizont zusammenbraute – und zwar in Gestalt eines abtrünnigen Mönches namens Martin Luther –, völlig überrumpelt wurde. Dem »Hexenwahn« gelang es jedoch innerhalb von dreißig Jahren nach der Erstveröffentlichung des *Hexenhammers*, auch auf die gerade erst gegründeten protestantischen Kirchen überzugreifen.

Mitte des 16. Jahrhunderts hatten Protestanten und Katholiken wenigstens dieses eine gemein: Sie verbrannten Hexen, und zwar nicht hier und da mal eine, sondern gleich Hunderte. Dieser glühende Eifer hielt sich über mehr als ein Jahrhundert; seinen Höhepunkt erreichte er im Gemetzel des Dreißigjährigen Krieges, zwischen 1618 und 1648. Der Erzbischof und Kurfürst von Trier schickte zwischen 1587 und 1593 insgesamt 368 Hexen auf den Scheiterhaufen, also im Durchschnitt mehr als eine pro Woche. Im Jahr 1585 wurde die Einwohnerschaft zweier deutscher Dörfer derart dezimiert, daß am Schluß in jedem Dorf nur noch eine einzige Frau am Leben war. In einem Zeitraum von drei Monaten schickte der amtierende Bischof von Genf fünfhundert vermeintliche Hexen auf den Scheiterhaufen. Von 1623 bis 1633 starben in

Bamberg auf Geheiß des dortigen Fürsten und Bischofs mehr als sechshundert Menschen den Flammentod.

In den ersten Jahren des 17. Jahrhunderts verbrannte der Fürst und Bischof von Würzburg neunhundert Personen, darunter neunzehn Priester, einen seiner eigenen Neffen und eine Reihe von Kindern, die man beschuldigt hatte, sexuelle Beziehungen zu Dämonen zu unterhalten. In Savoyen starben in dieser Periode mindestens achthundert Menschen in den Flammen. In England hatte der Lordprotektor Cromwell eigens einen »Hexensucher-General« ernannt, den berüchtigten Matthew Hopkins.

Als sich das 17. Jahrhundert dem Ende zuneigte, hatte die Hysterie den Atlantik überquert und sich in den Kolonien der Puritaner in Neuengland breitgemacht; dort führte sie zu den schändlichen Hexenprozessen von Salem, die die Kulisse für Arthur Millers Drama abgaben.

Doch selbst die übelsten Exzesse des Protestantismus reichten nicht an jene heran, die Rom zu verantworten hatte. In dieser Hinsicht blieben die Leistungen der Inquisition unangefochten. Die Inquisition selbst prahlte damit, in einem Zeitraum von hundertfünfzig Jahren mindestens dreißigtausend Hexen verbrannt zu haben. Die Kirche hatte stets einen starken Hang zur Misogynie, und der Auftrag, das Hexenwesen zu bekämpfen, hatte ihr einen willkommenen Vorwand geliefert, einen regelrechten Kreuzzug gegen die Frauen, gegen alles Weibliche, zu führen.

7. DER KAMPF GEGEN DIE PROTESTANTISCHE HÄRESIE

Der Kreuzzug gegen die Hexerei eröffnete der Kirche die Möglichkeit, ihre Neigung zur Frauenfeindlichkeit auszuleben – aber er gestattete ihr auch, eine derart wirkungsvolle Kontrolle über die Frauen zu erlangen, daß sie keine Chance hatten, als gleichberechtigte Wesen anerkannt zu werden. Ihnen wurde jener Platz zugewiesen, für den sie angeblich geschaffen waren. Darüber hinaus ergab sich noch eine weitere Konsequenz, die jedoch nicht sogleich erkennbar war. Denn die Hexe, die Hüterin der Geheimnisse des Weiblichen und der alten heidnischen Religion, war zugleich die Verkörperung der naturhaften Ordnung, mit der sie in einer viel engeren, viel intimeren Beziehung stand als jeder Priester. Und die natürliche Ordnung, die Natur selbst, war ihrem Wesen nach »sündhaft«.

Die Natur befand sich nach wie vor im Zustand des »Sündenfalls« und mußte doch erlöst werden, mußte in frommen Einklang mit den göttlichen Gesetzen gebracht werden beziehungsweise mit dem, was die geistigen Führer der Kirche, allesamt Männer, unter den göttlichen Gesetzen verstanden. Es bestand die Aufgabe, die Natur zu zähmen und zu ordnen. Erst wenn das gelungen war, würde sie dem Dämonischen nicht mehr als Zufluchtsstätte, als Refugium und als Kraftquelle dienen können. Unglücklicherweise stellte sich jedoch bei näherem Hinsehen das Problem für die Kirche nicht ganz so einfach dar.

Von allem Anfang an – seit jener Zeit, da sich erstmals so etwas wie eine eindeutig »christliche« Denkweise aus dem Judentum und dem Heidentum entwickelt hatte – taten sich die kirchlichen Theologen mit der genauen Beschreibung des Dämonischen schwer. In Perioden sozialer, kultureller, politischer oder intellektueller Anarchie, in denen die Kirche eine Bastion der Ordnung und des Zusammenhalts darstellte, konnte man das Dämonische problemlos mit allen Erscheinungsformen der Unordnung gleichsetzen. In solchen Phasen war der Teufel tatsächlich ein direkter Nachfahre jenes gehörnten, ziegenfüßigen und ziegenschwänzigen Pan, des Herrn der »verderbten Natur« in all ihrer ungezähmten und scheinbar chaotischen Kraft – wozu selbstverständlich auch die Sexualität zählte. In solchen Phasen waren Glaube und Vernunft vereint, und das Dämonische stellte deren Antithese dar: die Raserei, die Besessenheit, das Orgiastische, das Irrationale. Man ging also davon aus, das Dämonische manifestiere sich in der Hexerei, insbesondere in der Walpurgisnacht oder dem Hexensabbat. Und deshalb war die Inquisition so sehr darum bemüht, den traditionellen, archetypischen »Widersacher« des Christentums im Hexenwesen und in den irrationalen, oft sexuellen Riten der heidnischen Religionen aufzuspüren.

Es gab jedoch auch Situationen, in denen die Kirche selbst sich der Unvernunft hingab: Dann war der Glaube nicht mit der Rationalität, sondern mit der Irrationalität verbunden. Wenn man die eruptiven, ungestümen Energien der Walpurgisnacht kanalisieren und in Frömmigkeit ummünzen konnte – zum Beispiel in die Art von Hysterie, die mit bestimmten Kirchenfesten verbunden war, oder in die ekstatische Selbstvergessenheit, die wir heute noch bei manchen evangelischen Sekten antreffen –, dann wurden sie akzeptiert, ja gutgeheißen. Die Heimsuchung durch einen Sukkubus in Gestalt der Helena von Troja mochte Faustus ins Verderben gestürzt haben, aber derselbe psychologische Mechanismus konnte auch, sofern er statt dessen eine Erscheinung der Jungfrau Maria hervorbrachte, zur Heiligsprechung führen.

Wenn anstelle der Helena die Heilige Jungfrau in einer Vision erschien, galt als dämonisch plötzlich derjenige, der die Wahrhaftigkeit der Vision in Frage stellte. Allgemeiner gesprochen, wurde der skeptische Intellekt dämonisch, der Zweifel an irgendeiner von der Kirche vertretenen Position anmeldete. Der Teufel nahm also nicht immer die Gestalt des hitzigen Pan an, sondern konnte sich ebensogut als kalter, listiger, sanft verführender und in der Überredungskunst geübter Luzifer manifestieren, als verschlagener Logiker und Versucher, dessen Scharfsinn, dessen raffinierte Haarspaltereien und Spitzfindigkeiten selbst den ergebensten Theologen überrumpeln konnten.

In genau dieser Gestalt, als spitzzüngige Schlange im Garten Eden, hatte sich der Teufel, der alttestamentarischen Überlieferung zufolge, zum erstenmal gezeigt. Und glaubt man den christlichen Propagandisten, so war Luzifer in ebendieser Gestalt aus dem Himmel geworfen worden: Er mußte seinen Platz an der Seite Gottes wegen seiner intellektuellen Überheblichkeit räumen. Zwar konnte der Teufel bei Gelegenheit wild und unbeherrscht sein, aber er konnte auch überrational und überintellektuell auftreten.

Immer wenn Gläubigkeit auf irrationale Überzeugungen und blinde Anhängerschaft hinauslief, wurde der Teufel zu dem Prinzip, das es wagte, Fragen zu stellen: Jeder trotzige, unabhängige Gedanke war Teufelswerk. Während der Renaissance und der lutherischen Reformation manifestierte sich der Teufel – nach Aussage der Inquisition – in genau dieser Fom; und in dieser Form wollte die Inquisition ihn dingfest machen und auslöschen.

Damit soll nicht gesagt werden, daß man aufhörte, das Irrational-Dämonische zu bekämpfen. Weiterhin spürte man Hexen, Zauberer und andere Anhänger der alten heidnischen Religion auf, diese Hetzjagd wurde sogar noch intensiviert, und die neugegründeten protestantischen Kirchen setzten diesen Gegnern mit ebensolcher Hingabe zu wie die Kirche in Rom. Luther selbst wetterte gegen den Teufel und das Hexenwesen, und die protestantischen Religionsführer jeglicher Couleur eiferten ihm hierin rasch nach. Der Protestantismus konnte ebenso intolerant, engstirnig, bigott, ignorant und brutal sein wie die Inquisition.

Aber während die katholische und die protestantische Gedankenpolizei im Gleichschritt die irrationalen Formen des Dämonischen bekämpfte, mußte die Inquisition darüber hinaus auch noch mit dem Dämonischen als Antithese fertig werden: mit der Erscheinungsform des intellektuellen Stolzes, des unabhängigen Gedankens, mit Untersuchungsmethoden und Forschungsrichtungen, die der Priesterschaft offen die Stirn boten und ganz eigene Ziele verfolgten.

Die Inquisition der Renaissance und der Reformation konnte Satan in der Gestalt einer greisen Geburtshelferin oder weisen Frau in irgendeinem kleinen Dorf ausmachen, aber sie fand ihn auch in ganz anderer, sogar noch gefährlicherer Aufmachung: in der Gestalt eines Martin Luther zum Beispiel, eines Galileo Galilei, Giordano Bruno oder Tommaso Campanella.

Was also war nun das Dämonische? In der Praxis konnte man *alles*, was der Kirche als feindselig oder abträglich erschien, als solches abstempeln. Die infernalischen Mächte konnten nicht nur für extreme Manifestationen der Rationalität oder der Irrationalität verantwortlich gemacht werden, sondern auch für Bücher, Philosophien, politische Bewegungen und alles andere, was man als Ungehorsam gegenüber der päpstlichen Autorität auslegen konnte. Selbst die Gelehrsamkeit an sich sollte schon bald als dämonisch abgekanzelt werden.

Während des Mittelalters hatte die Kirche inmitten einer Welt ungebildeter Barbaren eine Bastion der Gelehrsamkeit dargestellt. Wie Umberto Eco in seinem Roman *Der Name der Rose* anschaulich vorführt, hatte die Kirche jedoch auch ein Monopol auf die Gelehrsamkeit inne, mit dem sie im Grunde sicherstellte, daß die Welt ringsum weiterhin so ungebildet und barbarisch blieb. Wissen ist, wie der Volksmund sagt, Macht: Die Kirche übte ihre

Macht zu einem großen Teil durch geschicktes Informationsmanagement aus; sie monopolisierte und beherrschte den Kenntnisschatz, kontrollierte das Wissen und machte es der Laienschaft im Grunde nur tröpfchenweise zugänglich.

Mit der Reformation drohte sich diese Situation dramatisch zu verändern. Die Reformation war eine Ära des explodierenden Wissens. Die neuen Erkenntnisse stammten aus weltlichen Quellen und aus den neugegründeten protestantischen »Häresien«, zum Beispiel dem Luthertum. Zum Teil verdankten sie sich auch einer Wiederbelebung der esoterischen Tradition der Hermetik. Und die neuen Erkenntnisse sollten in einem noch nie dagewesenen Ausmaß unter die Leute gebracht werden: Die Druckkunst war erfunden, und die Informationen zirkulierten schnell.

Luthers Übersetzung der Bibel in die Volkssprache und weitere Übertragungen, die ihr bald folgten, wie die Genfer Bibel und die englischsprachige King-James-Fassung, machten die Heilige Schrift erstmals auch dem Laien zugänglich, der sie nun selbst lesen konnte und nicht mehr auf die Auslegung und eine geschickte Vorauswahl durch die Priesterschaft angewiesen war. All diese Bildungsversuche sollten von der Kirche als dämonisch gebrandmarkt werden und folglich rasch den Argwohn der Inquisition hervorrufen.

In der Vergangenheit hatte es außerhalb der Kirche nur wenige gebildete Menschen gegeben, und kaum einer von diesen wenigen konnte hoffen, sich in der Öffentlichkeit Gehör zu verschaffen, ohne ernste, womöglich tödliche Konsequenzen auf sich nehmen zu müssen. Nun aber wurde ein ganz neues, imposantes Lehrgebäude errichtet, das die Autorität Roms hochnäsig ignorierte und manchmal sogar offen bestritt. Wenn der Teufel bisher meist in der orgiastischen Irrationalität der Hexerei manifest geworden war, so hatte er sich jetzt in der Beredsamkeit des gedruckten Wortes eingenistet – und in der Kühnheit des forschenden, suchenden und unabhängigen Geistes, der überall dort vorpreschte, wo die Kleriker und sogar Heiligen sich bis dato nicht hingewagt hatten.

DIE GEGENREFORMATION

Für Rom ergaben sich aus der neuen Situation neue Anforderungen. Die Kirche versuchte, sich vorsichtig anzupassen, ohne dabei mehr an Boden aufzugeben, als unbedingt nötig war – und sie versuchte, die Inquisition ebenfalls zur Anpassung zu bewegen. Während des Albigenser-Kreuzzugs im 13. Jahrhundert hatten die Dominikaner allein durch den Umstand, daß sie gelehrt waren, eine sensationelle Neuerung dargestellt: Sie verstanden etwas von Theologie und waren dank ihrer Ausbildung in der Lage, es mit den Katharern und den Anhängern anderer Ketzereien auf deren ureigenem Terrain aufzunehmen.

Im Verlaufe der nächsten drei Jahrhunderte waren die Dominikaner jedoch – genau wie alle mit ihnen konkurrierenden Orden – immer träger und selbstzufriedener geworden. Sie ruhten sich auf ihren Lorbeeren aus, klammerten sich an ihre Macht und ihre Privilegien und unternahmen kaum noch Anstrengungen, sich den Herausforderungen der neuen Zeit zu stellen. Ihre Einstellung gegenüber der sich rasch verbreitenden protestantischen Häresie kann nur als defensiv bezeichnet werden.

In den meisten Fällen blieben sie einfach untätig, wohl in der Hoffnung, das Problem werde sich von selbst erledigen. Wehrlose Frauen wegen Hexerei zu verfolgen war mit weniger Anstrengungen, weniger Disziplin und weniger Organisationsaufwand verbunden. Dem wachsenden Einfluß gebildeter und beredter Stifter von Häresien wie Luther, Calvin oder Zwingli Einhalt zu gebieten erwies sich als erheblich beschwerlicher.

Um mit dem Protestantismus fertig zu werden, benötigte die Kirche im 16. Jahrhundert eine so schlagkräftige Truppe, wie es die Dominikaner dreihundert Jahre zuvor gewesen waren: eine Organisation exzellent ausgebildeter und hochmotivierter Männer, die ihren Widersachern im Hinblick auf Gelehrsamkeit und Intelligenz, auf Scharfsinn und psychologische Gewandtheit tatsächlich gewachsen waren. Und sollte sich herausstellen, daß der Protestantismus alle Versuche, ihn auszurotten, überstehen würde – und die Anzeichen hierfür mehrten sich –, dann mußte die katholische Kirche zumindest eine gewisse zahlenmäßige Überlegenheit wahren, mußte über die deutlich größere Anhängerschar verfügen und die spirituelle Führung über einen möglichst großen Teil der Welt verteidigen.

Unter anderem stand sie vor der Aufgabe, ihre Position in jenen Weltgegenden zu festigen, mit deren Erforschung und Eroberung man gerade erst begonnen hatte; sie mußte die Heiden ganzer Länder und Kontinente bekehren, bevor die Protestanten ihr diese Seelen wegschnappten.

Mit anderen Worten, die Kirche brauchte eine Organisation gut geschulter, hochbegabter und stark motivierter Missionare: neue Soldaten Christi, eine *Militia Christi*, die in der Lage war, mit militärischer Disziplin und Stärke einen Kreuzzug auf dem Gebiet des Intellekts zu führen, so wie die Templer und Hospitaliter sich auf den Schlachtfeldern des Heiligen Landes bewährt hatten. Die Einrichtung, die sich diesen Herausforderungen stellen sollte, war die *Societas Jesu*: der Jesuitenorden.

Die Societas Jesu wurde von dem Spanier Ignatius von Loyola (um 1491–1556) gegründet, der ursprünglich von dem Ehrgeiz getrieben wurde, militärischen Ruhm zu erringen. Bei der Belagerung der Festung von Pamplona im Jahr 1521 wurde er schwer verwundet. Während seiner Rekonvaleszenz erwachten seine Wißbegier und der Drang nach Selbsterkenntnis.

Er brach zu einer Wallfahrt nach Montserrat auf, hängte dort seine Waffen an den Schrein und zog sich für ein Jahr als Eremit in eine Höhle zurück. In dieser Abgeschiedenheit verfaßte er ein

Handbuch, das *Exerzitienbüchlein*, in dem er sein neuartiges und strenges Übungsprogramm für eine christliche Meditation vorstellte. Im Jahr 1523 begab er sich auf eine zweite Pilgerschaft, diesmal nach Jerusalem. Zurück in Spanien, nahm er ein Studium an der Universität zu Alcalá auf.

Im Jahr 1526 hielt Ignatius öffentliche Predigten und erweckte damit das Mißtrauen der Inquisition, die ihn der Häresie verdächtigte und ihn etwa drei Wochen lang in Haft hielt, während sie das *Exerzitienbüchlein* untersuchte und auf ketzerische Inhalte prüfte. Daraufhin wurde er in aller Form von den gegen ihn erhobenen Vorwürfen freigesprochen und auf freien Fuß gesetzt, aber man untersagte ihm jede Beteiligung an öffentlichen theologischen Debatten für einen Zeitraum von vier Jahren. Um diesem Verbot zu entgehen, begab sich Ignatius 1528 nach Paris. Hier versammelte er eine kleine Schar treu ergebener Anhänger um sich: die ersten der künftigen Jesuiten. Im Jahr 1534 legten sie alle in einer Kirche in Montmartre einen Gefolgschaftseid ab.

Am 27. September 1540 bestätigte Papst Paul III. offiziell die Einrichtung dieses Ordens, und zwar unter dem ursprünglichen Namen »Gesellschaft Jesu«. Zwar trugen die Brüder keine Waffen, aber ihre Ausbildung, Disziplin und Nomenklatur orientierte sich eindeutig an militärischen Vorbildern. Die gelegentlich vorgebrachte Vermutung, Ignatius habe die Hierarchie und Organisationsstruktur der Jesuiten dem Orden der Tempelritter nachempfunden, entbehrt nicht einer gewissen Plausibilität.

In den anderthalb Jahrhunderten, die auf die Gründung folgten, sollten die Jesuiten zur Speerspitze der Gegenreformation werden und die kirchlichen Bemühungen wesentlich prägen, sich neue Einflußsphären zu erschließen und zumindest einen Teil des Terrains, das die katholische Kirche an den Protestantismus verloren hatte, wieder einzunehmen. Die Jesuiten gingen vor wie bei militärischen Planungen, jede ihrer Kampagnen folgte einer klar durchdachten Strategie. Um sich Geldquellen zu erschließen und die erforderliche Glaubwürdigkeit zu verschaffen, waren sie durchaus bereit, sich an der allgemeinen Hexenverfolgung zu beteiligen. Hugh Trevor-Roper schreibt dazu:

»So wie die Dominikaner die mittelalterliche Gegenreform verkündet hatten, so waren die Jesuiten die Verkünder der Gegenreform des 16. Jahrhunderts, und so wie die Verkünder des Protestantismus den Hexenwahn in die Länder trugen, die sie für die Reformation eroberten, verbreiteten die Verkünder des Katholizismus diese Mode in jenen Ländern, die sie für Rom zurückerobern konnten. So mancher der berühmtesten Jesuitenmissionare zeichnete sich vor allem dadurch aus, daß er zur Verbreitung des Hexenwahns beitrug.«[1]

Letztlich blieb das Hexenproblem für die Jesuiten aber zweitrangig. Ihr Hauptziel war ein anderes. So wurden zum Beispiel Böhmen und Polen, zwei Länder, in denen der Protestantismus auf fruchtbaren Boden gefallen war, schon bald für die römische Kirche zurückerobert. Und innerhalb weniger Jahre überzog der Orden, nach dem Vorbild der Templer und der Hospitaliter, die gesamte bekannte Welt mit einem Netzwerk von Jesuitenmissionen. Man fand sie weit im Westen, jenseits des Atlantik in den beiden Amerikas, im Osten auf dem indischen Subkontinent, in China, Japan und auf den Inseln im Pazifik. In heimischeren Gefilden machten sich die Jesuiten bei der Reform, Entrümpelung, Umstrukturierung und Wiedereröffnung der Inquisitionsbehörde nützlich.

Als Papst Paul III. 1540 den Jesuitenorden offiziell ins Leben rief, war die »babylonische Gefangenschaft« in Avignon bereits Geschichte, und das Große Schisma, das die Kirche mehr als ein Jahrhundert lang gespalten hatte, war beigelegt. Fünf Jahre darauf sollte das Konzil zu Trient einen Entwurf vorlegen, in dem der Status des Papstes, der Aufbau des kirchlichen Verwaltungsapparats, der Kurs der Politik und eine Prioritätenliste in bezug auf die Aufgaben Roms in den nächsten dreieinviertel Jahrhunderten festgeschrieben wurde. Und ganz oben auf dieser Liste stand der Auftrag an die wiedervereinte katholische Kirche, den Kreuzzug wider die protestantische Häresie zu organisieren.

Im Vorfeld des Trienter Konzils wagte sich Papst Paul an eine radikale Reform der päpstlichen Regierung und Verwaltung. Er ließ eine Anzahl voneinander unabhängiger Offizien oder Abteilungen einrichten, die sich um die verschiedenen Sparten der kirchlichen Angelegenheiten zu kümmern hatten. Sie unterstanden allesamt der direkten päpstlichen Kontrolle und wurden »Kongregationen« oder »Konzilien« genannt. Auch die Inquisition erhielt nun den Status einer solchen Kongregation. Da er selbst unter ihren Aktivitäten zu leiden gehabt hatte, ist nicht davon auszugehen, daß Ignatius von Loyola die spanische Inquisition ins Herz geschlossen hatte, aber er bewunderte ihre Disziplin, ihre Effizienz, die reibungslose Arbeitsweise ihres Apparats.

Vor allem auf die Initiative der Jesuiten hin wurde die alte päpstliche oder römische Inquisition nun umgerüstet und wiederbelebt, und zwar exakt nach dem Vorbild ihrer spanischen Entsprechung. So wie die spanische Inquisition als Instrument der königlich-spanischen Politik diente, sollte die päpstlich-römische Inquisition nun zum Instrument der Kirchenpolitik werden. Ihre Hauptaufgabe war mit anderen Worten nicht länger die »Reinerhaltung« des christlichen Glaubens, sondern die Sorge um die Stabilität und das Wohlergehen des Papsttums und der katholischen Kirche. Ihr offizieller Titel lautete nun »Heilige Kongregation der Römischen und Universalen Inquisition«. Erst 1908 wurde der Name erneut abgeändert, und zwar in »Kongregation des Heiligen Offiziums«. Den meisten Kommentatoren sollte künftig die Kurzform »Heiliges Offizium« genügen.

Selten hat es ein so harmloser, sogar achtbar klingender Titel geschafft, solch düstere Assoziationen zu wecken. Um davon loszukommen und um die Institution weiter aufzupolieren, wurde die Inquisition 1965 ein weiteres Mal umbenannt in »Kongregation für die Glaubenslehre«. Unter dieser Bezeichnung arbeitet die Behörde noch heute: als direkte Nachfahrin der ursprünglich 1234 gegründeten und 1542 reformierten Inquisition.

Ignatius und seine Jesuiten hatten maßgeblichen Anteil an der Generalüberholung der Inquisition, an ihrer Wiedergeburt als Heiliges Offizium. Einen vergleichbar starken Einfluß übte der ehrgeizige und fanatische Theatiner Giampietro Caraffa aus. Zwischen 1515 und 1522 hatte Caraffa als Nuntius in Spanien Dienst getan, wo ihm – ebenso wie Ignatius – die Effizienz der spanischen Inquisition großen Respekt eingeflößt hatte. Nach seiner Rückkehr aus Spanien war er in Italien der Kopf eines frommen Kreises hochstehender Kleriker geworden, die es sich zur Aufgabe gemacht hatten, die Reinheit und moralische Integrität der Kirche wiederherzustellen.

Ein Weg, dieses Ziel zu erreichen – und sich selbst zugleich in aller Munde zu bringen –, war die Schmähkampagne, die sein Zirkel gegen Michelangelos Fresko *Das Jüngste Gericht* in der Sixtinischen Kapelle startete. Als das Gemälde 1541 enthüllt wurde, taten Caraffa, inzwischen zum Kardinal ernannt, und die Seinen alles, um daraus einen Skandal zu machen. Sie empörten sich über Michelangelos unverblümt phallische Symbolik, zum Beispiel über die Darstellung eines Mannes, der an seinem Geschlechtsteil davongeschleppt wird, oder über die Kußdarstellungen, und verdammten das Werk als unzüchtig. In den Chor der Entrüstung stimmten bald gleichgesinnte Kollegen ein, und das Grollen der Kritik ließ sich noch weitere vierundzwanzig Jahre vernehmen.

So schrieb zum Beispiel 1551 ein berühmter Dominikaner, Michelangelo sei »für seine Darstellung der nackten Körper der Männer und ihrer Schamgegenden zu bewundern«, beschwerte sich aber auch, daß »es höchst anstößig sei, überall auf den Altären und in den Kapellen des Herrn diese Nacktheit zu erblicken«.[2]

Schließlich ordnete das Konzil von Trient an, daß an dem

Fresko »Nachbesserungen« vorgenommen werden müßten. Im Jahr 1565 wurde ein Künstler mit dieser Aufgabe betraut, der all die anstößigen Ausbuchtungen vorsichtig in Leinentücher und Umhänge hüllte. Die Zahlungsanweisung, die er für diese delikate Mission erhielt, ist uns erhalten; sie nennt »die Summe von 60 Scudi, um ... die Arbeit zu entgelten, die er 1565 verrichtete, um die Schamgegenden der Gestalten in der Kapelle des Papstes Sixtus zu bedecken«.[3]

Zu dieser Zeit war Caraffa bereits tot. Aber seine erste Attacke auf das Gemälde im Jahr 1541 hatte ihm das Wohlwollen von Papst Paul III. eingebracht. Der Pontifex verlieh Caraffas fünf Mitstreitern die Kardinalswürde. Später, 1555, wurde Caraffa selbst zum Papst gewählt; er nahm den Namen Paul IV. an und saß bis zu seinem Tod im Jahr 1559 auf dem Stuhl Petri.

Mit der Unterstützung Ignatius von Loyolas und des dominikanischen Kardinals und Erzbischofs von Burgos setzte sich Caraffa, nachdem er die Gunst Pauls III. erlangt hatte, für die Einrichtung eines permanenten Inquisitionstribunals ein, das dem Tribunal der spanischen Inquisition nachgebildet sein sollte. Daraufhin wurde 1542 das Heilige Offizium eingerichtet. Caraffa selbst wurde zum ersten Generalinquisitor der umstrukturierten Einrichtung berufen. Der Papst behielt sich das Recht vor, Begnadigungen auszusprechen. Von dieser Einschränkung abgesehen, erhielt die neue päpstliche Inquisition, das Heilige Offizium, nahezu grenzenlose Befugnisse, einschließlich des Rechts, Vollmachten an andere Angehörige des Klerus zu delegieren und, wenn nötig, die Unterstützung des weltlichen Arms anzufordern.

Unmittelbar nach seiner Ernennung beschlagnahmte Caraffa ein solide gebautes Anwesen in Rom und ließ dort Gefängniszellen einbauen. Dann erließ er vier Verfahrensregeln, an die sich alle Inquisitoren zu halten hatten. Sie sollten »auch auf den bloßen Verdacht hin bestrafen«. Sie hatten »auf die Großen keinerlei Rücksicht zu nehmen«. Sie sollten streng gegen jeden vorgehen, der sich »hinter den Mächtigen verschanzt«. Und sie durften »keine Milde walten lassen, am wenigsten gegen die Calvinisten«.

Von diesen Verfügungen pflegte Caraffa im privaten Gespräch vor allem eine hervorzuheben, die Aufforderung nämlich, auch Männer in hohen Positionen zu belangen, »da ... von ihrer Bestrafung das Seelenheil der Stände abhängt, die unter ihnen stehen«.[4] Was keiner besonderen Ewähnung bedurfte, war die Tatsache, daß ein solcher Angriff auf die Mächtigen natürlich auch ein probates Mittel war, jeden potentiellen Rivalen, überhaupt jeden, der ihm hätte schaden können, auszuschalten.

Es folgte eine Säuberungsaktion, die in ihrem Ausmaß jene Kampagnen vorwegnahm, die im 20. Jahrhundert von Hitler, Stalin und anderen, weniger bedeutenden Tyrannen dieses Schlages in Szene gesetzt wurden. Ein Historiker schrieb, ganz Italien sei »paralysiert worden«. Das Oberhaupt des Kapuzinerordens floh nach Genf. Weitere prominente Persönlichkeiten, sowohl weltliche als auch klerikale, suchten anderenorts Unterschlupf.

Im Jahr 1546 erklärte sich die Universität von Modena kurzerhand für aufgelöst. Und immer noch wetterte Caraffa gegen die Bereitschaft von Papst Paul, Gnade walten zu lassen, und gegen die unzumutbaren Beeinträchtigungen, die sich daraus für das Heilige Offizium und seine Möglichkeiten, Schrecken zu verbreiten, ergaben.

Erst als er 1555 selbst Papst wurde, konnte Caraffa endlich schalten und walten, wie er es sich immer gewünscht hatte. Um seine Möglichkeiten voll auszuschöpfen, brachte er seinen Vertrauten, den Dominikaner Michele Ghislieri, in die entsprechenden Positionen. 1557 wurde Ghislieri zum Kardinal ernannt, ein Jahr darauf zum Großinquisitor. Schließlich wurde er 1566 seinerseits zum Papst gewählt und nahm den Namen Pius V. an.

Kaum hatte Caraffa auf dem Heiligen Stuhl Platz genommen, machte er Ernst mit der Herrschaft des Schreckens. Im Jahr 1556 wurden zu Ancona zwölf konvertierte Juden verbrannt; offenbar zweifelte man an der Aufrichtigkeit ihres Religionsübertritts. 1557 wurde ein Kardinal eingekerkert. Im Laufe desselben Jahres wurde eine Reihe von Venezianern der Ketzerei überführt, nach Rom überstellt und dem Scheiterhaufen überantwortet. Als Caraffa 1559 starb, war er bei den Einwohnern Roms so verhaßt, daß sie den Amtssitz des Heiligen Offiziums stürmten, die Gebäude verwüsteten und plünderten sowie alle Akten verbrannten.

Das Heilige Offizium ließ sich davon nicht beirren und setzte seine Mission fort. In Süditalien wurden 1562 etwa zweitausend Waldenser brutal ermordet. 1567 wurde ein prominenter florentiner Humanist enthauptet. 1570 richtete man in Siena einen Professor der Rhetorik durch die Garrotte hin. 1573 unterzog das Heilige Offizium Paolo Veroneses Bild *Gastmahl im Hause des Levi* einer »Untersuchung« und zitierte den Künstler zur Befragung vor das Tribunal. Veronese entging einer Bestrafung, wurde aber angewiesen, das Gemälde auf eigene Rechnung nachzubessern.

Unterdessen hatte die Kirche selbst einen tiefgreifenden Wandel vollzogen. Bereits 1523 hatte die rasche Ausbreitung des Protestantismus die Notwendigkeit einer Reform zur schmerzlichen Gewißheit gemacht. Es wurde die Auffassung geäußert, daß eine solche Reform am besten von einem allgemeinen Kirchenkonzil durchgeführt werden könne. Das Papsttum und die Kurie waren von dieser Idee zunächst überhaupt nicht angetan, da sie befürchten mußten, daß das Konzil sich dem Papst gegenüber als die höhere Autorität etablieren könnte. Und wirklich: Kaum war die Ankündigung des Konzils veröffentlicht, fielen auch schon die Preise für käufliche klerikale Positionen in Rom dramatisch. Papst Paul III. konnte jedoch die Versammlung nicht mehr abwenden, und so berief er 1545 in Trient das Konzil ein.

Trient sollte sich als eines der wichtigsten Konzile in der gesamten Kirchengeschichte erweisen, denn es stellte die entscheidenden Weichen für die Neubestimmung der Rollen sowohl der

Kirche als auch des Papstes, wie sie uns heute noch vertraut sind. Häufig unterbrochen, zuweilen auch vertagt, zog sich das Konzil über insgesamt achtzehn Jahre hin: von 1545 bis 1563. Es überdauerte sowohl Papst Paul III. als auch seinen Nachfolger, Papst Paul IV., vordem als Caraffa bekannt.

Das Konzil unternahm zunächst einen – zugegebenermaßen halbherzigen, soweit es die einflußreichsten Kreise betraf – Versuch, sich mit dem Protestantismus auszusöhnen und auf ihn zuzugehen. Schon bald war klar zu erkennen, daß jeder weitere Versöhnungsversuch zum Scheitern verurteilt war. Infolgedessen richteten sich die Anstrengungen des versammelten Klerus darauf, die geeigneten Mittel und Wege für den langen Konkurrenzkampf mit den Protestanten zu finden. An allererster Stelle mußte die eigene Kirche für diesen Streit umgerüstet werden. Das Konzil proklamierte zum Beispiel »die Gleichgewichtigkeit von Heiliger Schrift und Überlieferung«.[5]

Mit anderen Worten: Der Kirche, die diese Tradition verkörperte, wurde per Dekret eine ebenso große Autorität zugesprochen wie der Bibel! Das war natürlich im wesentlichen eine Attacke gegen den Protestantismus, dessen Anhänger nur die Autorität der Heiligen Schrift anerkannten. Durch weitere Beschlüsse und Maßnahmen wurde der Bruch mit dem Protestantismus sogar noch deutlicher vollzogen, zum Beispiel durch die Formulierung der Doktrin der Erbsünde und durch die Zurückweisung der Lutherschen These von der Rechtfertigung durch den Glauben.

Gleichzeitig arbeitete das Konzil zu Trient daran, die hierarchische Beziehung zwischen dem Papsttum einerseits und den Bischöfen und Kirchenkonzilen andererseits zu klären. Dabei neigten bestimmte Reformer zunächst dazu, »die Vorrangstellung des Konzils sogar dem Papst gegenüber ... festzuschreiben und es damit zur obersten Instanz zu erklären«.[6] Im Endeffekt ging jedoch das Papsttum als die höchste Autorität aus der Auseinandersetzung hervor, der sich sowohl die Bischöfe als auch die Kirchenkonzile zu beugen hatten.

Ein Jahrtausend zuvor war die Kirche noch sehr dezentral organisiert, der Papst war nichts weiter als der Bischof von Rom gewesen, der sprichwörtliche »Erste unter Gleichen«. Im Laufe der folgenden Jahrhunderte wurde die Macht immer stärker in Rom konzentriert, aber diese Zentralisierung war nie offiziell sanktioniert worden. Nach dem Trienter Konzil war die Kirche ähnlich wie eine absolute Monarchie aufgebaut: Der Papst hatte nun den Status eines Souveräns.

Von diesem Moment an widmeten sich die Jesuiten, das Heilige Offizium und alle anderen römisch-katholischen Einrichtungen nicht mehr in erster Linie der »Reinerhaltung« der Glaubenslehre, sondern vor allem der Stabilität des Papsttums und der Kirche.

Überall dort, wo sich häretische und säkulare Gelehrsamkeit breitgemacht hatte, hatte diese Stabilität bereits ernsten Schaden genommen. In den Gegenden, in welchen der Protestantismus Einzug gehalten hatte, war nicht mehr viel zu retten. Anderenorts bemühte sich die Kirche jedoch, ihr früheres Wissens- und Bildungsmonopol wiederherzustellen und zu verteidigen. Zu diesem Zweck wurde eine neue Form der Zensur eingeführt, die in dem berüchtigten, vom Heiligen Offizium herausgegebenen *Index der verbotenen Bücher* ihren Niederschlag fand.

Schon im Jahr 1554 hatten einige Tribunale des Heiligen Offiziums – zum Beispiel in Venedig und Mailand – vor Ort Listen mit verbotenen Büchern erstellt. Caraffa veröffentlichte 1559, als Paul IV. ausgestattet mit päpstlicher Machtfülle, seine eigene, für alle verbindliche Liste, den *Index librorum prohibitorum*. Diese Liste enthielt nicht nur Texte von Ketzern, sondern auch solche, die das Heilige Offizium als unsittlich ansah. Darunter befanden sich die Werke von Hermetikern wie Heinrich Cornelius Agrippa von Nettesheim und von Humanisten wie Erasmus von Rotterdam.

Das Gesamtwerk Martin Luthers wurde ebenso verboten wie die Schriften des Jan Hus.

Bücher, in denen es um Magie, Alchimie und Astrologie ging, galten als ebenso unzumutbar wie eine Kompilation von Texten, die angeblich von König Artus verfaßt worden waren, oder eine Sammlung von Prophezeiungen, die man Merlin zuschrieb. Die Lektüre des Talmud wurde untersagt, dreißig Übersetzungen der gesamten Bibel sowie elf weitere des Neuen Testaments wurden indiziert. Man hatte auch zweiundsechzig Drucker aufgelistet, die boykottiert werden sollten; die meisten von ihnen waren im protestantischen Basel ansässig.

Caraffas Index wurde 1564 vom Konzil zu Trient offiziell anerkannt und mit einigen Ergänzungen neu aufgelegt. Im Jahr 1571 schuf Michele Ghislieri – Caraffas ehemaliger Statthalter und Großinquisitor, der inzwischen als Papst Pius V. selbst auf dem Stuhl Petri saß – eine neue Abteilung, die »Kongregation für den Index«, die unter der Schirmherrschaft des Heiligen Offiziums stand und eine einzige Aufgabe zu erfüllen hatte, nämlich die Überwachung, Verwaltung und Aktualisierung der Liste der verbotenen Bücher. Diese Institution blieb bis 1917 bestehen; von da an wurde ihre Funktion wieder direkt von den Vertretern des Heiligen Offiziums wahrgenommen. Über vier Jahrhunderte hinweg wurde der Index von Zeit zu Zeit aktualisiert und wieder veröffentlicht.

Die letzte vollständige Ausgabe, gedruckt in der Vatikanstadt, ist 1948 erschienen. Unter den Autoren und Texten, die darin verboten wurden, sind (in alphabetischer Reihenfolge) Johann Valentin Andreae, Balzac, Giordano Bruno, Descartes, Alexandre Dumas (sowohl der Ältere als auch der Jüngere), Fenelon, Flaubert, Robert Fludd, Friedrich der Große, das Gebetbuch der anglikanischen Kirche, Victor Hugo, Jakob I. von England, John Locke, Michael Maier, John Stuart Mill, Montaigne, Henry More, Ernest Renan, Rousseau, Spinoza, Stendhal, Laurence Sterne,

Swedenborg, Voltaire, Zola. Auch alle Geschichtsbücher über die Freimaurerei sowie über die Inquisition selbst waren indiziert. In den fünfziger Jahren kamen Nachträge heraus, in denen eine Reihe weiterer Autoren verboten wurde: Sartre, Alberto Moravia, Gide, Kazantzakis, Unamuno und Simone de Beauvoir.[7]

Eine solche Liste macht den katholischen Historikern und Literaturwissenschaftlern das Leben ganz schön schwer. Einer der Autoren des vorliegenden Buches erinnert sich an sein erstes Hauptstudienjahr an der Universität von Chicago: In einem Kurs, dessen Schein für jeden Diplomabschluß benötigt wurde, gehörte Stendhals *Rot und Schwarz* zur Pflichtlektüre. An diesem Kurs nahmen auch eine Handvoll Seminaristen und zwei oder drei Nonnen teil, die verpflichtet waren, über den örtlichen Erzbischof ein Gesuch beim Heiligen Offizium einzureichen, um eine schriftliche Sondergenehmigung zur Lektüre dieses Werks zu erhalten.

Zu jener Zeit hatten sich jedoch die Schleusentore bereits geöffnet. *Ulysses*, *Lady Chatterley*, *Lolita* und andere überragende Werke der Weltliteratur, die kurz zuvor von den weltlichen Behörden noch indiziert wurden, waren nun allgemein erhältlich. Dasselbe galt für eine Menge nicht ganz so bedeutender, aber dennoch einflußreicher Bücher, zum Beispiel für die Werke von William Burroughs, Henry Miller und Hubert Selby. Die Bibliotheken der Klöster und Priesterseminare wurden von Scherzbolden hereingelegt, die den Erwerb mehrerer Exemplare von Genets Roman *Notre-Dame-des-Fleurs* anregten – ein Werk, das man boshafterweise auch ahnungslosen Nonnen gerne zur Lektüre empfahl. Den Sittenwächtern und theologischen Aufpassern des Heiligen Offiziums muß schon die Aufgabe, mit dem Lesen der als verwerflich erachteten Texte auf dem laufenden zu bleiben – vom Verbieten ganz zu schweigen –, als schiere Sisyphusarbeit erschienen sein.

Im Jahr 1966 wurde der Index schließlich offiziell abgeschafft:

Man kann sich des Eindrucks nicht erwehren, daß die Kirche einfach aus Verzweiflung kapituliert hat.

DIE VERFOLGUNG DER RENAISSANCE-GENIES

Aus dem Konzil von Trient ging die Kirche mit einer gestärkten päpstlichen Autorität hervor, und ihr standen nun zwei Einrichtungen zu Gebote, die sich an die Spitze der Gegenreformation setzten: der Jesuitenorden und die Inquisition in ihrer modernisierten Aufmachung als Heiliges Offizium. Diese Institutionen stellten ihre Durchsetzungskraft, ihre Schlagkräftigkeit und ihren geradezu legendären Eifer unter Beweis, indem sie große Gebiete, zum Beispiel Polen und Böhmen, für Rom zurückeroberten und die Botschaft der Kirche in Übersee verbreiteten. Letztlich konnten jedoch auch sie den eigentlich schon verlorenen Krieg nicht mehr gewinnen, sondern nur Schadensbegrenzung betreiben. Die meisten Schlachten, die man noch schlug, dienten der Verteidigung: Man versuchte, die beständig schrumpfende katholische Einflußsphäre zu wahren, so gut es ging.

Anfangs war zum Beispiel Protestantismus mit dem Luthertum gleichbedeutend; man hatte es nur mit dem Glauben zu tun, den Martin Luther in Deutschland verbreitete. Aber die neue Häresie des Protestantismus war bald schon zu einer vielköpfigen Hydra herangereift, und überall schossen protestantische Sekten wie Pilze aus dem Boden. Auf Luther war in Genf Calvin gefolgt, in Zürich Zwingli, in Schottland John Knox. Heinrich VIII. hatte, wenn auch wohl kaum aus theologischen Gründen, die anglikanische Kirche von England geschaffen und damit das Band zwischen seinem Land und Rom durchtrennt.

Auch waren einige alte Ketzereien in neuer Form wiederauferstanden, und eine Reihe messianischer oder endzeitlicher Bewegungen suchte Europa heim: zum Beispiel die selbsternannten Wiedertäufer, die im protestantischen Holland ihren Ursprung hatten und sich von dort ausbreiteten, bis sie schließlich 1543 die Stadt Münster einnahmen, dort ihr »Königreich Zion« ausriefen, kurzfristig ein anarchistisches System etablierten und ekstatische Orgien feierten. Sogar die katholischen Gelehrten wurden immer anfälliger für verschiedene heterodoxe Glaubensrichtungen.

Als das Konzil von Trient 1563 zum Abschluß kam, hatte sich das Gesicht der Welt verändert. Durch die Druckkunst und die damit einhergehende rasche Verbreitung neuer Ideen waren sowohl die säkulare Gelehrsamkeit als auch der Protestantismus unumstößliche Tatsachen geworden, mit denen die katholische Kirche weder durch Integration noch durch Unterdrückung fertig werden konnte. Innerhalb von nicht einmal einem halben Jahrhundert war Roms alte Hegemonie über das Geistesleben Europas zerstört worden, und die katholische Welt war auf etwa ein Drittel ihrer vormaligen Größe geschrumpft.

Die Massenverfolgung der Hexen wurde fortgesetzt, von den Protestanten mit ebensolcher Härte wie von den Katholiken. Das Heilige Offizium war zwar noch auf diesem traditionellen Feld tätig, im übrigen aber bündelte es seine Aktivitäten mehr und mehr, übernahm speziellere, fester umrissene Aufgaben, die mit großer intellektueller Disziplin und geradezu chirurgischer Präzision ausgeführt wurden.

Von der Mitte des 16. Jahrhunderts an war die Geschichte der umgetauften Inquisition nicht mehr so sehr eine Geschichte des Massenterrors und groß angelegter, willkürlicher Verfolgungsaktionen, sondern eher die Geschichte ausgewählter Einzelfälle, in die allerdings einige der für die Entwicklung der westlichen Zivilisation bedeutsamsten Männer verstrickt waren.

Ins Visier des Heiligen Offiziums gerieten vor allem jene faustischen Gestalten, die man später als Renaissance-Genies bezeichnet hat. Ihr Wissensdurst, ihre geistige Kühnheit und ihr visionäres Streben richteten sich auf die bildenden Künste, die Naturwissenschaften, die Theologie, die Philosophie, die Medizin, die Technik und auf jenes Spektrum von Disziplinen, die man zusammenfassend als »esoterisch« bezeichnete, also zum Beispiel Astrologie, Alchimie und Magie.

Die zwei wichtigsten dieser Persönlichkeiten waren im ersten Drittel des 16. Jahrhunderts Aureolus Philippus Theophrastus Bombastus von Hohenheim, der später einfach Paracelsus genannt wurde, und Heinrich Cornelius Agrippa von Nettesheim, der sowohl Marlowe als auch Goethe als Vorbild für ihren Doktor Faust gedient hatte. Beide, Paracelsus wie auch Agrippa, hatten einige unerquickliche Zusammenstöße mit der Inquisition. Es war freilich zu ihren Lebzeiten die alte Inquisition gewesen, die noch nicht zum Heiligen Offizium mutiert war. Diesem Umstand verdankten sie es, daß sie – abgesehen von einigen Zensurmaßnahmen und kurzfristiger Haft – mehr oder weniger ungeschoren davonkamen.

Agrippa geißelte die Inquisitoren seiner Zeit als »blutgierige Geier« und verurteilte den Stumpfsinn ihres Vorgehens, das der Devise folgte: »Gegen die Ketzer muß man nicht mit der Schrift und Argumenten, sondern mit Feuer, Schwefel und Pech disputieren.«[8] Zu der Zeit, da er als Syndikus der Stadt Metz arbeitete, hat er einmal eine Frau, die der Hexerei bezichtigt wurde, vor dem örtlichen Dominikaner-Inquisitor in Schutz genommen, indem er sich in das öffentliche Verfahren einschaltete, dem Inquisitor die Stirn bot und ihn argumentativ in die Knie zwang.

Die Renaissance-Genies, die auf Paracelsus und Agrippa folgten, sahen sich mit einer umstrukturierten Behörde konfrontiert, dem Heiligen Offizium, und kamen weniger glimpflich davon. So veröffentlichte Tommaso Campanella, ein mystisch ausgerichteter Dominikaner mit Neigungen, die man später als »rosenkreuzerisch« bezeichnen würde, 1591 ein Buch, in dem er die Empirie als ebenso wichtig für das Studium der Philosophie darstellte wie den Glauben. Dieses Buch wurde vom Heiligen Offizium verboten, und Campanella wurde wegen Ketzerei eingesperrt.

Im Jahr 1599, kurz nach seiner Freilassung, handelte er sich erneut Schwierigkeiten ein, diesmal wegen subversiver politischer Aktivitäten. Er wurde wieder festgenommen, gefoltert und zu lebenslanger Kerkerhaft verurteilt. Ein Freund, der ihn in seiner Zelle besuchte, berichtete später: »Seine Beine waren von blauen Flecken übersät, und sein Gesäß hatte fast kein Fleisch mehr, denn man hatte es ihm stückchenweise abgezogen, um ihm ein Geständnis jener Verbrechen zu entlocken, derer er angeklagt war.«[9]

Während seiner Gefangenschaft verfaßte Campanella sein berühmtestes Buch, *La città del sole (Der Sonnenstaat)*, den Entwurf eines idealen, utopischen Gemeinwesens, wie es zu jener Zeit von mystischen Schriftstellern so gerne erdacht wurde. In einem anderen seiner Werke vertrat er den Standpunkt, daß die gesamte Natur belebt sei und daß die Welt eine Seele habe, die »von Gott erschaffen und ihr eingeflößt« worden sei.[10] Das erweckte den Zorn der Inquisitoren, die bemängelten, daß, sollte Campanellas Ansicht zutreffen, diese Weltseele ja auch »Geschmeiß und andere unwürdige Kreaturen« erfüllen müsse.[11] Nachdem er mehr als ein Vierteljahrhundert hinter Gittern verbracht hatte, wurde Campanella 1626 schließlich auf freien Fuß gesetzt. Als ihm 1634 bereits wieder der Kerker drohte, setzte er sich nach Frankreich ab.

Noch dramatischer als der Fall Campanella war der von Giordano Bruno (1548–1600). Wie Paracelsus und Agrippa vor ihm war auch Bruno ein geradezu prototypisches Renaissance-Genie. Unter anderem betätigte er sich als Dichter, Dramatiker, Philosoph, Theologe, Naturwissenschaftler, Visionär und als Magier von eigenen Gnaden. In mancherlei Hinsicht, man denke etwa an seinen Größenwahn, war dieser Mann zweifellos verrückt. Ebenso steht aber auch sein Genie außer Frage: Er war einer der tiefschürfendsten, brillantesten, originellsten und außergewöhnlichsten Denker seines Zeitalters, und seine Ideen wirken bis in unser Jahrhundert hinein: So ist beispielsweise James Joyce von ihnen beeinflußt worden.

Nachdem er dreizehn Jahre in einem Dominikanerkloster bei Neapel verbracht hatte, machte sich Bruno 1576 heimlich davon und begann seine unstete Laufbahn. In Lehrpredigten, Unterweisungen und Vorlesungen sowie durch gedruckte Werke verbreitete er sein eigenes mystisches System. Im Jahr 1581 war er in Paris zu einer bekannten Persönlichkeit geworden, die sich der Gunst des Hofes erfreute. 1583 traf er in England ein, wo er sich in der Wohnung des französischen Botschafters einquartierte.

Er beteiligte sich an einer berühmten öffentlichen Debatte in Oxford, vertrat und erläuterte die kopernikanische Theorie, nach der die Erde sich um die Sonne dreht, und übte einen starken Einfluß auf viele bedeutende Leute aus, so auf den Dichter Sir Philip Sidney. In den folgenden acht Jahren bereiste er Deutschland, die Schweiz und Böhmen, und in Prag machte er die Bekanntschaft von Rudolf II., dem Kaiser des Heiligen Römischen Reiches.

Zu seinem Unglück ließ der Erfolg, den Bruno hatte, sein übergroßes Selbstvertrauen weiter anschwellen und vermittelte ihm ein trügerisches Gefühl der Unverwundbarkeit. 1591 folgte er unvorsichtigerweise der Einladung eines venezianischen Edelmannes und kehrte nach Italien zurück. Ein Jahr später wurde er beim Heiligen Offizium denunziert, daraufhin festgenommen, nach Rom überstellt und ins Gefängnis gesteckt. Während der folgenden sieben Jahre verteidigte er in seinen Gesprächen mit den Inquisitoren trotz schwerster und langwierigster Folter beharrlich seinen Standpunkt.

Ihrem Drängen, er solle von ihm abrücken, widersetzte er sich trotzig und unbeugsam. 1600 wurde er schließlich offiziell der Ketzerei für schuldig erklärt und zum Tode verurteilt. Am 17. Februar dieses Jahres schickte man ihn auf dem Scheiterhaufen – und zwar geknebelt, damit durch seine ungebrochene Aufsässigkeit die Henker nicht behindert und die versammelten Schaulustigen nicht in Unruhe versetzt werden konnten.

Dem heutigen Leser fällt, fragt man ihn nach dem berühmtesten Opfer des Heiligen Offiziums während der Zeit der Gegenreformation, mit Sicherheit Galileo Galilei (1564–1642) ein, dessen Name heutzutage schon jedem Schulkind vertraut ist. Kurz nach der Erfindung des Fernrohrs entwickelte Galilei 1609 eine leistungsstärkere Variante dieses Instruments, und er war der erste, der es zur Himmelsbeobachtung nutzte. Seine astronomischen Beobachtungen versetzten ihn in die Lage, die Richtigkeit der kopernikanischen Theorie empirisch unter Beweis zu stellen: Die Erde und die anderen Planeten des Sonnensystems drehten sich tatsächlich um die Sonne, und die Erde war daher in der Tat nicht der Mittelpunkt des Universums.

Das war ein massiver Widerspruch zu den Lehren der Kirche, die sich auf den biblischen Schöpfungsbericht im Buch Genesis stützten, und er hatte weitreichende Konsequenzen. Folglich wurde Galilei vom Heiligen Offizium festgenommen und wegen Häresie verurteilt; die letzten acht Jahre seines Lebens verbrachte er unter Hausarrest. Ein ziemlich verspäteter Nachtrag zu diesem Fall erfolgte 1992, also dreieinhalb Jahrhunderte nach seinem Tod, als der Vatikan eingestand, dem Mann sei damals Unrecht widerfahren.

8. DIE ANGST VOR DEN MYSTIKERN

In seinem Roman *Die Brüder Karamasoff* stellt Dostojewski den Großinquisitor als unbarmherzigen Vertreter seiner Behörde dar, der bereit ist, sogar Jesus auf den Scheiterhaufen zu schicken, um so die Stabilität und Wirksamkeit der Kirche zu erhalten. Um diese Geisteshaltung zu verstehen – um also die Rolle der Inquisition in der Geschichte und Kultur Europas und auch ihr Selbstverständnis zu begreifen –, muß man den Unterschied zwischen »Religion« und »Spiritualität« berücksichtigen. Oder, um dasselbe etwas anders auszudrücken: Man muß auf den Unterschied zwischen »Religion« und »religiöser Erfahrung« achten.

Diese Differenzierung ist wichtig, ja unerläßlich, um religiöse Sachverhalte verstehen zu können. Und doch wird sie in den meisten Fällen übersehen, verwischt oder absichtsvoll im unklaren gelassen. Für die meisten Menschen bedeuten die Worte »Religion« und »Spiritualität« im Grunde dasselbe, die Begriffe sind für sie austauschbar.

Worauf es uns hier ankommt, das läßt sich am besten anhand einer einfachen, auf den ersten Blick vielleicht sogar unpassenden Analogie verdeutlichen. Stellen wir uns eine Person vor, die der Elektrizität in der uns heute so vertrauten Form noch nie begegnet ist: einer regelbaren und gezähmten Kraft, die der menschlichen Kontrolle unterliegt und durch bloßes Umlegen eines kleinen Schalters zum Leben erwacht oder in Schlaf verfällt. Diese hypothetische Person könnte zum Beispiel aus einer sogenannten »primitiven« Gesellschaft kommen, wie man sie während des Zweiten Weltkrieges auf bestimmten Pazifikinseln antraf: Vielleicht ist diese Person ein Anhänger des

»Cargo-Kultes«, der alliierte Piloten als echte Götter betrachtete, die in großen Metallvögeln vom Himmel herabgeschwebt waren, und diesen Gottheiten noch lange nach dem Ende der kriegerischen Auseinandersetzung vor Altären huldigte, die aus den Überresten zurückgelassener Flugzeuge, aus Jeepwracks, Gummireifen und sogar Campbell-Suppendosen angefertigt worden waren. Oder wir stellen uns vor, die Person aus unserem Gedankenexperiment, vielleicht ein Indianer aus der Zeit vor der Ankunft der Weißen oder einer unserer eigenen mittelalterlichen Vorfahren, sei durch irgendeine Science-fiction-Zeitmaschine aus der Vergangenheit in die Gegenwart teleportiert worden.

Einen solchen Menschen würde die neue Umgebung, in die er plötzlich hineingestellt würde, wohl verwirren, ja entsetzen. Aber angesichts all der spektakulären Wunderwerke um ihn herum dürften ihn die gewundenen Leitungen, die unsere Lampen, Kühlschränke, Fernseher und sonstigen Endgeräte mit den Steckdosen in den Zimmerwänden verbinden, nicht über die Maßen beeindrucken. Wenn man ihm erzählte, diese Steckdosen seien die Quellen einer ungeheuren Kraft, wäre unsere Versuchsperson zunächst wohl eher skeptisch. Wenn sie jedoch ihre Finger in eine dieser Öffnungen steckte, würde ihr so etwas wie eine Offenbarung zuteil. Um es zeitgenössisch salopp auszudrücken: Der Mensch bekäme »eine gewischt« – ein dramatisches, sogar traumatisches Erlebnis, so unmittelbar und so intensiv, daß ein Zweifel ausgeschlossen wäre, daß sich die Frage nach Glauben oder Unglauben gar nicht erst stellen würde.

Vorausgesetzt, der Schlag würde unseren Menschen nicht gleich das Leben kosten, dann würde er innerhalb von Sekundenbruchteilen in einen »veränderten Bewußtseinszustand« hineinkatapultiert. Die Haare würden sich ihm sträuben, er würde die Kontrolle über seinen Körper verlieren, wäre zu keinem klaren Gedanken fähig und erst recht nicht zu einer zusammenhängenden Sprachäußerung. Ohne jedes bewußte Zutun seinerseits könnte ein Schrei oder ein Wimmern über seine Lippen kommen. Er würde aus sich selbst, aus seinem gewohnten geistigen Umfeld hinaus- und in eine völlig andere Erfahrungswelt hineingeschleudert werden.

Einem Zuschauer oder Augenzeugen erschiene die Tortur, die unsere Testperson erlitte, ganz bestimmt real, er würde sie in einem »objektiven« Sinne als wirklich auffassen. Er wäre davon überzeugt, daß das Opfer sich das Geschehen nicht bloß eingebildet oder halluziniert hat. Hier war ein von außen wahrnehmbarer Mechanismus im Spiel, eine nicht nur psychische, sondern auch physiologische Reaktion erfolgt. Und die ganze Angelegenheit wäre auch rational erklärbar. Unserer Versuchsperson würde sich das Erlebnis jedoch ganz anders darstellen.

Die Wirklichkeit, der sie in ihrer Psyche begegnet war, würde sich grundlegend von allem unterscheiden, was ein außenstehender Augenzeuge zu berichten hätte. Diese Wirklichkeit würde alle anderen Aspekte der Außenwelt überlagern, sie würde das Bewußtsein der betroffenen Person überschwemmen und alles andere ausschalten. Sie könnte sogar ihr ganzes Bewußtsein auslöschen.

Angenommen, der Mensch in unserem Beispiel überlebte seine Erfahrung. Dann würde er daraus sicher zunächst völlig orientierungslos hervorgehen. Sobald er sich wieder in der Gewalt hätte, würde er wissen wollen, was mit ihm geschehen ist, was diesen außergewöhnlichen Zustand des »Andersseins« hervorgerufen hat. Er könnte die Erfahrung nicht einfach leugnen, könnte nicht über sie diskutieren oder sie abstreiten, aber er wäre auch nicht in der Lage, eine sinnvolle Erklärung für sie zu finden: Er könnte keine Bedeutung darin entdecken. An dieser Stelle würde sich ihm dasselbe Problem stellen, das mit allen Arten von religiösen Erfahrungen einhergeht, mit jedem Versuch, solche Erlebnisse zu verstehen und ihre Relevanz für das Alltagsleben und für die ganze Gesellschaft einzuschätzen: das Problem der Interpretation.

Da unserer Testperson selbst der nötige Zusammenhang, der Kontext fehlte, um das Erlebte richtig einzuordnen, könnten wir ihr eine Deutung anbieten, und sie wäre womöglich schon deshalb geneigt, diese Interpretation zu akzeptieren, weil sich ihr keine Alternativen böten. Wir könnten diesem Menschen mitteilen, er habe soeben einen direkten, unmittelbaren Kontakt zum großen Gott der Elektrizität erfahren. Wir könnten uns wortreich über die Macht dieser Gottheit auslassen. Wir könnten ihm erklären, wie uns dieses Wesen aus einer unerschöpflichen Quelle mit göttlicher Energie versorgt, die unsere Häuser und unsere Straßen erhellt und uns in die Lage versetzt, die Nacht zum Tag zu machen; die es uns erlaubt, mit unseren Radios magische Klänge aus der Luft zu ziehen und durch unsere Fernseher magische, bewegte Bilder einzufangen; die für die Funktionsfähigkeit unserer Autos zuständig ist, unserer Kühlschränke, unserer Telefone, unserer Waschmaschinen und all des sonstigen Equipments und Zubehörs unserer modernen Zivilisation. Dann könnten wir eine komplette, ausgefeilte Theologie entwerfen, die sich um den großen Gott der Elektrizität dreht. Wir könnten ausführen, wie man diese Gottheit besänftigen und günstig stimmen kann. Wir könnten erklären und vorführen, wie man den Gott dazu bringen kann, uns zu dienen. Und anschließend könnten wir unsere Versuchsperson in ihr angestammtes Milieu zurückverfrachten, ausgestattet zum Beispiel mit einem tragbaren Generator und den sonstigen Gerätschaften, die erforderlich wären, um den Gott in diese Gesellschaft einzuführen.

In seiner alten Umgebung könnte dieser Mensch ohne allzu große Mühe einen Kult ins Leben rufen und sich selbst als Hoherpriester etablieren. Mit seiner tragbaren elektrischen Maschine könnte er die Leute seines Stammes – möglicherweise viele von ihnen, vielleicht auch nur eine Handvoll Auserwählter – in die

»Mysterien« der neuen Religion »einweihen«. Den meisten Menschen würde wohl der Anblick eines Freundes, Nachbarn oder Verwandten reichen, der von dem neuen Gott einen Schlag verpaßt bekäme: Die Augenzeugen wären dann bereit, an die Existenz dieses neuen Gottes zu glauben und seinem Kult beizutreten, auch ohne selbst die unmittelbare Initiationserfahrung zu durchleben.

Dank der Kraft, die er vorführen und beherrschen könnte, wäre unser Mann in der Lage, seine eigene Theologie durchzusetzen, und mit ihr zugleich eine neue Kosmologie, ein neues Dogma, einen neuen Moralkodex, seine eigenen »Zehn Gebote«, seinen eigenen Katalog von Sanktionen und Verboten. Mangels alternativer Interpretationen würde man seine Deutung als gültig anerkennen, und seine Autorität wäre schier unbegrenzt. Bis, ja, bis eines Tages ein anderer Mensch während eines Gewitters durch den Wald spazierte oder einen selbstgebastelten Drachen steigen ließe (wie es angeblich Benjamin Franklin getan hat) und ihm dabei selbst eine unmittelbare, einzigartige Erleuchtung durch den Gott der Elektrizität zuteil würde, ganz unabhängig von aller Theologie und allem Dogma. Er würde entdecken, daß eine solche Erfahrung nicht mehr und nicht weniger als eben eine *Erfahrung* ist, ein Erlebnis aus erster Hand, für das all der intellektuelle Ballast, all die nachträglich hinzugefügten Interpretationen völlig unwichtig sind.

CHRISTLICHE MYSTIKER UNTER VERDACHT

Diese Analogie mag leichtfertig erscheinen, sie erfüllt jedoch ihren Zweck: Sie veranschaulicht den Unterschied zwischen der »religiösen Erfahrung« auf der einen Seite und jener Kombination aus Glauben und intellektueller Interpretation auf der anderen Seite, die wir gemeinhin »Religion« nennen. Die »religiöse Erfahrung«, die man getrost mit »Spiritualität« gleichsetzen kann, ist in erster Linie eben eine *Erfahrung*. Sie bedarf keines Glaubensakts und keiner Frömmigkeit. Sie beruht auf etwas, was das Individuum, dem sie zuteil wird, zumindest im Augenblick einfach als eine Form direkter und sich selbst genügender Gewißheit annehmen muß – und Wissen ist nicht auf Glauben angewiesen. Wenn man etwas *weiß*, direkt und unmittelbar, dann braucht man daran nicht mehr zu *glauben*.

Wer mit der Hand eine heiße Herdplatte berührt oder sie in ein offenes Feuer hält, muß an den Schmerz nicht »glauben«. Der Schmerz wird erfahren, unmittelbar, direkt und mit einer Intensität, die sich im Bewußtsein sofort in den Vordergrund drängt; sowohl der Glaube als auch alle intellektuellen Deutungsversuche haben in dieser Situation nichts zu melden, sie sind irrelevant, nachgeordnet, geringer als das direkte »Erfassen«, als die Gewißheit.

In den ersten ein bis zwei Jahrhunderten der christlichen Ära wurde eine solche unmittelbare Erfahrung als Gnosis bezeichnet, was wörtlich übersetzt nichts anderes als »Erkenntnis« bedeutet. Diejenigen, die dieses Wissen suchten, nannte man »Gnostiker«. Heute würden wir sie auch als Mystiker bezeichnen und ihre Erfahrungen einer außergewöhnlichen psychischen Dynamik, einer »Bewußtseinsveränderung«, zuschreiben. Aber welche Begrifflichkeit wir auch immer wählen, an das eigentliche, einschneidende Erlebnis selbst kommen wir so nicht heran: Die subjektive Erfahrung entzieht sich allen nachträglich auf sie angewandten rationalen Interpretationsversuchen.

Religion beruht, im Gegensatz dazu, nicht auf Gnosis, sondern auf einer Theologie, also auf einem intellektuellen Deutungssystem, das dem unmittelbaren Erleben, der Gnosis, nachträglich aufgepfropft wurde. Eine Theologie versucht, die religiöse Erfahrung zu erklären, versucht herauszuarbeiten, was diese Erfahrung »bedeutet« – auch wenn sie im Grunde vielleicht gar nichts bedeutet, zumindest nichts, was sich verstandesmäßig fassen ließe. Die Theologie kommt nicht ohne Dogma aus, nicht ohne Glaubenssätze, Moralkodex, Verbote und Sanktionen, Riten und Rituale. Je komplexer und ausgefeilter diese Konstrukte werden, desto weniger haben sie noch mit der ursprünglichen Erfahrung zu tun, durch die sie inspiriert wurden.

Schließlich entfremdet sich die Theologie so weit von ihrem Ursprung, daß der Kontakt völlig abreißt und der intellektuelle Überbau nun auf eigenen Füßen steht, sich selbst rechtfertigt und sich selbst genügt. Die Religion, die auf einer solchen Theologie basiert, hat nicht mehr das geringste mit Spiritualität zu tun. Sie ist einfach in ein Instrument zur Konditionierung und Steuerung ihrer Anhänger verwandelt worden. Sie ist nun nicht mehr und nicht weniger als eine soziale, kulturelle und politische Einrichtung, die der Wahrung der Moral und der Aufrechterhaltung – in Ausnahmesituationen jedoch auch dem Umsturz – der gesellschaftlichen Ordnung dient. Und für die hierarchisch strukturierte Herrschaftselite, die an der Spitze dieser Institution steht, stellt Gnosis eine Bedrohung dar, denn sie läßt dieses ganze Machtkonstrukt schlagartig überflüssig erscheinen. Um das Herrschaftsgebäude zu schützen, müssen seine Torwächter die Rolle des Dostojewskischen Großinquisitors übernehmen.

Die organisierte, über einer Theologie errichtete Religion wird durch den Priester repräsentiert, die religiöse Erfahrung hingegen durch den Mystiker. Der Priester verbreitet den Glauben und kümmert sich um die Akzeptanz des intellektuellen Dogmas, um das Geschäft der Interpretation und Kodifizierung. Kurz, er ist für den *exoterischen* Aspekt dessen zuständig, was man gemeinhin das Spirituelle nennt; diese Dimension geht allerdings in den meisten Fällen im Laufe des religiösen Prozesses verloren, das Spirituelle hört auf, spirituell zu sein.

An seine Stelle tritt einesteils der fromme Glaube, die unkritische Akzeptanz einer Erfahrung aus zweiter Hand, anderenteils die Ratio und der Intellekt. Im Gegensatz dazu vertritt der Mystiker den *esoterischen*, also den intimen oder »verborgenen« Aspekt der Spiritualität. Er ist ihrer durch eigene Erfahrung innegeworden und schätzt sie als eine Form der Erkenntnis aus erster Hand, die so intensiv und unmittelbar über ihn kommt, daß sie sich jeder Ausdeutung und jedem Glauben entzieht.

Angesichts dieses Unterschieds kann es uns kaum verwundern, daß die meisten etablierten und organisierten Religionen sich der eigenen mystischen Wurzeln nur mit Unbehagen erinnern und die Mystiker in ihren Reihen mit Argwohn betrachten. Der Mystiker bleibt stets ein potentieller Einzelgänger, ein potentieller Renegat oder Abtrünniger, ein potentieller Ketzer – und damit ein potentieller Kandidat für die organisierte Verfolgung. Da er auf der Unmittelbarkeit seiner Erfahrung beharrt, bedarf er keines Priesters zur Auslegung, er lehnt diesen Vermittler unter Umständen sogar offen ab. Im Grunde betrachtet der Mystiker den Priester und die gesamte klerikale Hierarchie als überflüssig. Und die Mystiker aus den verschiedenen religiösen Traditionen in aller Welt haben letztlich mehr miteinander gemein als mit ihren jeweiligen offiziellen Priesterschaften.

Die esoterische Erfahrung des Mystikers hat überall einen gemeinsamen Nenner, ihr liegt stets dieselbe psychische Dynamik zugrunde. Die exoterische Theologie einer Priesterschaft hingegen wird sich immer von der einer jeden anderen, konkurrierenden Priesterkaste deutlich absetzen, und oft genug führen diese Unterschiede zu offenen Gewaltausbrüchen. Die gesamte Menschheitsgeschichte hindurch haben sich die Anhänger verschiedener Religionen gegenseitig bekriegt. Gnostiker und Mystiker haben sich daran nicht beteiligt. Die Menschen sind nur allzu schnell bereit, im Namen einer Theologie oder eines Glaubenssystems zu töten. Wer hingegen weniger auf eine Theologie und mehr auf eigene Erkenntnis baut, eignet sich nicht zum willfährigen Schlächter. Daher haben die Menschen, die für ihren Glauben zu töten bereit sind, ein starkes Interesse daran, die Stimme des Wissens zum Schweigen zu bringen.

So gesehen war es unvermeidbar, daß die christlichen Mystiker – sogar jene, die direkt aus dem Schoß der Kirche hervorgingen – ständigem Argwohn ausgesetzt waren. Und es war folglich auch unvermeidbar, daß zumindest einige von ihnen – vor allem diejenigen, die so leichtsinnig waren, ihre persönliche Erfahrung lauthals kundzutun – Opfer der Verfolgung und der Unterdrückung wurden. Dieses Schicksal ereilte zum Beispiel jenen Mann, in dem viele Menschen den größten Mystiker des Mittelalters sehen: Johannes Eckhart.

Dieser Mann, der heute allgemein als Meister Eckhart bekannt ist, wurde um 1260 in Deutschland geboren. Er trat dem Dominikanerorden bei, machte 1302 seinen Magister an der Universität zu Paris und wurde zwei Jahre später zum ersten Provinzialprior der neuen Ordensprovinz Sachsen ernannt. Im Jahr 1307 machte man ihn zum Vikar aller dominikanischen Niederlassungen Böhmens. 1311 lehrte er an der Universität zu Paris Theologie. Er kehrte 1313 nach Deutschland zurück und war hier bis zu seinem Tod im Jahr 1327 oder 1328 als Gelehrter tätig.

Eckharts Vorstellungen waren reine Mystik. Zwar lehrte er Theologie, aber seine eigenen mystischen Erfahrungen hatten ihn überzeugt, daß letzten Endes nichts von Gott abgetrennt war. Gott umfaßte, durchtränkte und durchflutete die Gesamtheit der Schöpfung, einschließlich der Menschheit. Mit anderen Worten: Zwischen Gott und Mensch gab es keinen Unterschied. Um seinen Mitmenschen dieses Gefühl der Allgegenwart des Erhabenen zu vermitteln, prägte Eckhart den berühmten Begriff »Istigkeit«, dem im heutigen Deutsch in etwa die Wendung »Istheit« entspricht. Immer wieder betonte er die Überlegenheit solcher persönlicher Erfahrungen der Allgegenwart des Erhabenen gegenüber all dem, was er als »äußerlichen Kult« abtat und ablehnte.

Den Inquisitoren unter seinen dominikanischen Ordensbrüdern und auch dem damaligen Erzbischof von Köln schienen diese Äußerungen Meister Eckharts dem Pantheismus, einer als häretisch eingestuften Lehre, bedenklich nahe zu stehen. Tatsächlich verdächtigte man Eckhart, insgeheim mit gewissen Ketzersekten im Bunde zu sein, die man bereits des Pantheismus überführt und verurteilt hatte.

Im Jahr 1326 wurden beim Papst Beschwerden vorgebracht, Eckhart predige eine Irrlehre, und man ernannte eigens einen Inquisitor, der den Anschuldigungen auf den Grund gehen sollte. Allmählich sprach sich aber herum, daß der Inquisitor selbst einen Hang zum Mystizismus hatte und mit Eckharts Auffassungen sympathisierte. Zwischen Eckharts Unterstützern und seinen Kritikern entbrannte eine Debatte, die sich lange, über fast ein Jahr, hinzog.

Als Meister Eckhart 1327 starb, war es noch zu keiner Entscheidung gekommen; das Verfahren wurde noch zwei Jahre fortgesetzt. Das offizielle Urteil wurde schließlich 1329 gesprochen: Seine Lehren, so hieß es, enthielten siebzehn eindeutig häretische Punkte und elf zumindest ketzereiverdächtige Passagen. Erst nach einem komplizierten juristischen Tauziehen konnte die Exhumierung und anschließende Verbrennung seiner sterblichen Überreste verhindert werden.

In England hatte die Inquisition nicht Fuß gefaßt und keine ständigen Tribunale einrichten können. Als die Prozesse gegen die Templer geführt wurden, die in die Zeit von Meister Eckharts Wirken fielen, mußten die Inquisitoren von auswärts ins Land gebracht werden, wo ihnen ein ausgesprochen frostiger Empfang bereitet wurde. Wenn überhaupt, so arbeitete man nur widerwillig mit ihnen zusammen. Das hatte zur Folge, daß sich die mystische Tradition in England ungehindert entfalten konnte. Bekannte Mystiker und Mystikerinnen wie die Einsiedlerin Juliana von Norwich blieben unbehelligt. Doch die feindselige

Geisteshaltung der Inquisition hatte sich auch bis zu den englischen Mystikern herumgesprochen und wurde entsprechend kommentiert.

Zu den wichtigsten mystischen Texten Englands zählt sicher das anonyme Werk *Die Wolke des Nichtwissens*, das im 14. Jahrhundert niedergeschrieben wurde und dessen Aussagen den Lehren Meister Eckharts oft zum Verwechseln ähnlich sind. Wie Eckhart versichert auch der unbekannte Verfasser der *Wolke des Nichtwissens* dem Leser: »Ja, du und Gott, ihr seid so sehr eins, daß du … in gewisser Weise wahrhaft göttlich geheißen werden kannst.«[1] Und weiter:

»Die Demut, die durch diese lebendige Erkenntnis der göttlichen Güte und Liebe erworben wird, nenne ich vollkommen … Denn manchmal empfangen Menschen, die im kontemplativen Leben weit vorangeschritten sind, diese Gnade Gottes, daß sie plötzlich und vollständig aus sich selbst herausgenommen werden und sich nicht erinnern noch darum sorgen, ob sie heilig oder sündig sind.«[2]

Von der sicheren Warte des inquisitionsfreien England aus konnte der unbekannte Verfasser der *Wolke des Nichtwissens* es wagen, die Inquisitoren ausdrücklich zu verdammen; das Werk ging sogar so weit, sie als Handlanger des Unaussprechlichen zu geißeln:

»Und wieder wird es dem Satan gelingen, manche Leute mittels eines heimtückischen Komplotts zu verführen. Er wird ihnen den Eifer einpflanzen, Gottes Gesetz zu wahren, indem sie die Sünde aus den Herzen ihrer Mitmenschen reißen … Er stiftet sie an, die Rolle eines eifrigen Prälaten anzunehmen, der jeden Aspekt des christlichen Lebens zu überwachen trachtet … Er gibt vor, von der Liebe Gottes und dem Feuer der brüderlichen Wohltätigkeit beseelt zu sein. Aber wahrlich: Er lügt, denn es ist das Feuer der Hölle in seinem Geist und seiner Phantasie, das ihn anspornt.«[3]

Während die englischen Mystiker ungeschoren davonkamen, wurde ihren Kollegen in Spanien seitens der dortigen Inquisition besonders viel Aufmerksamkeit zuteil. Und doch scheint der Mystizismus gerade in Spanien auf einen so fruchtbaren Boden gefallen zu sein wie sonst nirgends in Europa. Tatsächlich wurde das Land im 16. und 17. Jahrhundert von einer regelrechten mystischen Epidemie heimgesucht. Jene, von denen man annahm, daß sie sich mit dem gefährlichen »Erreger« angesteckt hatten, nannte man pauschal *Alumbrados*, was gleichbedeutend mit »Illuminaten« oder »Erleuchteten« ist.

Dabei ist zu betonen, daß die spanischen Alumbrados sich von den späteren, im 18. Jahrhundert in Bayern auftauchenden Illuminaten stark unterschieden. Im Gegensatz zu ihren deutschen Namensvettern waren die spanischen Alumbrados keine durchorganisierte, hierarchisch gegliederte Geheimgesellschaft, die sich der Sozialreform oder der politischen Revolution verschrieben hatte. Es handelte sich vielmehr einfach um eine Anzahl übers Land verstreuter Individuen, von denen die allerwenigsten einen offiziellen Umgang miteinander pflegten oder so etwas wie ein Programm oder einen Plan vorweisen konnten. Manche von ihnen hatten zweifellos jenen »anderen Bewußtseinszustand« erlebt, der die Grundlage der mystischen Erfahrung bildet.

Aber es gab auch solche, die selbst niemals von einer Erleuchtung heimgesucht worden waren, denen es aber genügte, einfach an die Höherwertigkeit der mystischen Erfahrung gegenüber der konventionellen Frömmigkeit zu *glauben* – wobei sie natürlich genau dadurch selbst einer Art von Frömmigkeit anhingen, wenngleich in einer etwas weniger konventionellen Form.

Auf jeden Fall pflegten die Alumbrados, ganz gleich, ob sie persönlich Gott unmittelbar erfahren hatten oder nicht, typischerweise von einem inneren Licht zu reden, von der Einheit der gesamten Schöpfung, von der Verbundenheit des Menschen mit Gott, von der Notwendigkeit, unter Aufgabe des eigenen Ich allen Impulsen zu folgen, bei denen man einen göttlichen Ursprung vermuten konnte. In vielerlei Hinsicht wiederholten sie im Grunde nur die Äußerungen einer viel älteren und besser organisierten häretischen Gemeinde, nämlich der Brüder und Schwestern des freien Geistes, die seit dem Mittelalter in Deutschland, Flandern und Holland weit verbreitet waren. Die Niederlande standen zu jener Zeit unter spanischer Herrschaft, sie waren im 16. Jahrhundert von spanischen Truppen besetzt und verwüstet worden. Es ist nicht auszuschließen, daß die ursprünglich von den Brüdern und Schwestern des freien Geistes vertretenen Prinzipien mit den in ihre Heimat zurückgekehrten Soldaten ihren Weg nach Spanien fanden.

Die spanische Inquisition ging mit den Alumbrados besonders streng ins Gericht. All ihre Schriften wurden auf den Index gesetzt. Im Jahr 1578 änderte die Inquisition eigens ihre offiziellen Aussagen zum Glauben ab, um diverse Behauptungen der Alumbrados als Häresien und theologische Verirrungen bezeichnen zu können. Von da an wurde die Verfolgung der spanischen Mystiker mit noch größerem Eifer und noch größerer Brutalität betrieben. Die milderen Strafmaßnahmen – Geldstrafen, Bußen, Haft, auch Folter – traten mehr und mehr in den Hintergrund, immer häufiger führte der Weg auf den Scheiterhaufen.

Die wohl am höchsten verehrte spanische Mystikerin jener Epoche war Teresa Sánchez de Cepeda y Ahumada (1515–1582), heute besser unter dem Namen Teresa de Jesús oder heilige Theresia von Ávila bekannt. Als Tochter einer Adelsfamilie wurde ihr in der Kindheit zumindest ein gewisses Maß an Bildung vermittelt, was sie in die Lage versetzte, sich als Mädchen jahrelang in romantische Ritterromane zu vertiefen: in jene Art von Romanzen, die Cervantes etwa ein dreiviertel Jahrhundert später mit dem *Don Quixote* parodieren sollte. Diese Lektüre mußte dann jedoch ihrer neuen Leidenschaft, der Andachtsliteratur, weichen.

Während ihres ganzen Lebens wurde Theresia von einer Reihe von Nervenkrankheiten heimgesucht, die sie sowohl körperlich schwächten als auch seelisch prägten; vielleicht war sie auch Epileptikerin. Im Spanien jener Tage hätte sie aufgrund ihrer instabilen Gesundheit eine weltliche Lebensweise mit Ehe und Kindern nicht führen können. Aber daran war sie ohnehin nicht interessiert: Sie fühlte eine religiöse Berufung in sich und trat 1535, im Alter von zwanzig Jahren, einem Karmelitinnenkloster in Ávila bei.

Zwanzig Jahre später wurde ihr, als sie gerade in einer Kapelle betete, ihre erste mystische Erfahrung zuteil. Von da an kehrten die mystischen oder visionären Erlebnisse – die sie selbst als »Verzückung« bezeichnete – für den Rest ihres Lebens regelmäßig wieder.

Auf Anraten ihrer Beichtväter verfaßte sie eine Autobiographie, in der sie vor allem ihre visionären Erfahrungen beschrieb. Die Inquisition untersagte die Veröffentlichung dieses Werks zu ihren Lebzeiten, vielleicht weil sie befürchtete, daß sich um Theresia ein Kult entwickeln könnte, ähnlich wie er zweieinhalb Jahrhunderte zuvor um den heiligen Franziskus entstanden war. Statt dessen gewährte man Theresia die Erfüllung ihres Wunsches nach einem schlichteren, kargeren Lebensstil und gestattete ihr die Gründung eines eigenen Ordens. Sie nannte ihre Gemeinschaft die Unbeschuhten Karmeliten.

Auch in deren Kloster setzte sie ihre Schriftstellerei fort. Sie vollendete ihre Autobiographie, in der sie die aufeinanderfolgenden Stadien der Vereinigung mit Gott als »Wohnungen« bezeichnete. Sie schrieb einen Bericht über die Gründung ihres Ordens, zu dem schon bald siebzehn Klöster gehörten, und verfaßte einen spirituellen Führer für die Nonnen ihres Ordens sowie ein Handbuch der spirituellen Übungen. Darüber hinaus hinterließ sie eine beeindruckende Sammlung von Gedichten. Von ihrer umfangreichen Korrespondenz sind über vierhundert Briefe erhalten.

Spätere Kommentatoren haben viel Aufhebens vom erotischen Charakter der mystischen Erfahrungen Theresias gemacht. Zum Beispiel beschreibt sie mit einer unverhohlen sexuellen Bildhaftigkeit, wie sie von einem göttlichen Liebhaber oder durch die göttliche Liebe »überwältigt« worden sei, und ihre Ekstase nimmt sich manchmal fast wie ein spiritueller, durchgeistigter Orgasmus aus. Ohne Frage haftet der Mystik Theresias ein pathologisches Moment an, und ein Freudianer würde ihre Zustände auf eine Sublimierung der unterdrückten Sexualität zurückführen. Wer ihren Mystizismus ganz auf diesen Aspekt reduziert, begeht jedoch einen Fehler. Die mystische Erfahrung und die erotische Erfahrung standen sich, was ihre psychische Dynamik angeht, immer schon sehr nahe, und jede von beiden ist von jeher in den Sprachbildern der jeweils anderen ausgedrückt worden.

Hinter Theresias sexueller Symbolik steht ein Erleben, das Mystiker aller Zeiten und aller religiösen Traditionen immer schon in angemessene Worte zu fassen bemüht waren. So beschreibt Theresia zum Beispiel, wie sich ihre Seele während ihrer »Verzückungen« in Gott auflöst, bis zu einem Punkt gelangt, wo jede Unterscheidung ausgelöscht ist. Die Seele, so spricht Gott zu ihr, »wird völlig zunichte, damit sie besser in mich eindringe; nicht mehr sie ist es, die da lebt, sondern ich bin es«.[4]

Wie die meisten Mystiker vor ihr erkennt auch Theresia, wie vergeblich letztlich ihre Bemühungen sind, sich anderen Menschen mitzuteilen: »Die Seligkeit, die ich damals in mir empfand, war unaussprechlich und unbeschreiblich; wer nichts Ähnliches selbst erfahren hat, kann sich gar keinen Begriff machen.«[5] Und sie bekennt: »Anfangs war ich in einer gewissen Unwissenheit befangen. Ich wußte nämlich nicht, daß Gott in allen Dingen ist, und es schien mir unmöglich, daß er mir so innig gegenwärtig sei, wie es mir vorkam.«[6]

Jeder Versuch, Theresia als bloße Neurasthenikerin oder Hysterikerin abzutun, wird durch ihre Autobiographie und ihre

Briefe ad absurdum geführt, denn aus ihren Texten sprechen eine verblüffend weltnahe Klugheit, ein bewundernswerter Pragmatismus und gesunder Menschenverstand sowie ein erfrischender Humor. Ihre schriftlichen Zeugnisse lassen auch erkennen, daß sie sich der Gefahren, die ihr von seiten der Inquisition drohten, vollkommen bewußt war. Theresia machte sich große Sorgen, daß ihre Bekenntnisse als Ketzerei gebrandmarkt werden könnten. Sie schrieb deshalb an ihren Beichtvater, daß er ihr Werk kritisch prüfen möge:

»Ich setze natürlich voraus, daß es mit den Wahrheiten unseres heiligen katholischen Glaubens übereinstimmt, wo nicht, so verbrennen Sie es nur gleich, ich bin dann damit einverstanden. Denn was ich hier von den mir zuteil gewordenen Gnaden mitteile, hat nur den Zweck, daß es, wenn es mit der katholischen Wahrheit übereinstimmt, Euer Gnaden zu einigem Nutzen diene.«[7]

In ihrer Autobiographie hält sie fest, daß manche Kleriker sich schlicht weigerten, ihr die Beichte abzunehmen. Einige von denen, die es taten, erklärten, sie sei von Dämonen besessen und benötige einen Exorzisten. Einer von ihnen, so berichtet sie, war fest davon überzeugt, daß der Teufel sie in die Irre geführt habe. Und sie gibt auch die Ermahnungen von Freunden wieder, die sie besucht und gewarnt hätten, »es seien jetzt gefährliche Zeiten, man könnte leicht eine Anschuldigung gegen mich erheben und mich bei den Inquisitoren verklagen«.[8]

Diese Befürchtung war keineswegs aus der Luft gegriffen. Theresias radikaler Mystizismus war seinem Wesen nach mit der hierarchischen Struktur der Kirche unvereinbar und stellte implizit die Daseinsberechtigung der gesamten Priesterschaft in Frage. Sie steuerte direkt auf die Unterscheidung zu, die wir am Anfang dieses Kapitels diskutiert haben: auf die Differenz zwischen einer mystischen Erfahrung einerseits und all den Interpretationen andererseits, die man ihr im nachhinein überstülpen kann. Sie erkannte, daß »wir sowohl die weltlichen als auch die geistlichen Dinge nach unserem eigenen Dafürhalten und ganz von der Wahrheit abweichend beurteilen [wollen]«.[9]

Sie verkündete energisch, »daß nicht der Habit, will sagen, daß nicht das Tragen desselben den Ordensmann ausmache, und dieser dadurch allein noch nicht der Vorteile teilhaftig werde, die sein Stand, der ein Stand höherer Vollkommenheit ist, ihm verheißt«. Und dann, als müsse sie plötzlich auf der Hut sein, setzte sie hinzu: »Weitere Visionen dieser Art will ich nicht mitteilen, ... denn es würde ... nichts nützen.«[10]

Einigen Sprengstoff bargen auch Theresias Versicherungen, das bloße förmliche Einhalten der Rituale, wie emsig und wie ausdauernd auch immer man sich ihnen widme, bringe einen Menschen der Gnade Gottes – das heißt, der mystischen Erfahrung – kein bißchen näher: »Wenn wir dennoch gewisse Werke, die wir für Gott verrichten, und sollten es ihrer auch viele sein, hoch anschlagen, so ist dies etwas Trauriges.«[11]

Kurz zuvor hatte sie bereits ausgeführt: »Da glauben wir zum Beispiel, unser Fortschritt (im geistlichen Leben) sei nach den Jahren zu bemessen, die wir in einiger Übung des innerlichen Gebetes zugebracht haben; ja es scheint sogar, als wollten wir dem ein Maß vorschreiben, der, wenn es ihm gefällt, seine Gaben ohne Maß austeilt und der dem einen in einem halben Jahre mehr geben kann, als er dem anderen in vielen Jahren verleiht.«[12]

Und sie schließt daraus: »Ich halte es also für gefährlich, die Jahre zu zählen, die man in der Übung des innerlichen Gebetes zugebracht hat; denn geschähe es auch in Demut, so könnte doch meines Erachtens so etwas von Einbildung sich einschleichen, als hätten uns unsere Dienste gewisse Rechte bei Gott erworben. ... Nach meiner Überzeugung wird eine dem geistlichen Leben ergebene Person, die meint, sie habe dadurch, daß sie viele Jahre lang das innerliche Gebet geübt, geistliche Tröstung wohl verdient, niemals zu Vollkommenheit des Lebens gelangen.«[13]

Noch riskanter erscheint Theresias rigorose Ablehnung des persönlichen Eigentums, bezieht sie doch darin nicht nur Mönche, Ordensbrüder und Nonnen mit ein, sondern gleich den gesamten Klerus:

»Jemand ersuchte mich, ich möchte Gott bitten, daß er ihn erkennen lassen wolle, ob er ihm damit diene, wenn er ein Bistum annehme. Da sagte der Herr nach der Kommunion zu mir, er könne es annehmen, wenn er in aller Wahrheit und Klarheit einsehe, daß die wahre Herrschaft darin bestehe, nichts zu besitzen. Damit gab mir der Herr zu verstehen, daß jene, die zu geistlichen Würden befördert werden sollen, von aller Begierde und allem Verlangen darnach ganz frei sein müssen oder doch wenigstens sich nicht darum bewerben dürfen.«[14]

Theresia hatte zweifellos großes Glück. Zu der Zeit, da sie Berühmtheit erlangte, war Torquemada längst tot. Abgesehen von dem lebenslangen Publikationsverbot ließ die Inquisition sie in Ruhe, was man wahrscheinlich als das größte Wunder ihres ungewöhnlichen Lebens ansehen muß. 1622, vierzig Jahre nach ihrem Tod, wurde sie heiliggesprochen.

Theresia entkam zwar den Klauen der Inquisition, aber viele andere Mystiker, von denen sie manche persönlich kannte, hatten weniger Glück. Der wichtigste von ihnen war einer der bedeutendsten Dichter seiner Zeit, Juan de Yepes y Alvárez, der den Namen Juan de la Cruz (Johannes vom Kreuz) annahm. Juan wurde mehr als eine Generation nach Theresia, 1542, in einfache Verhältnisse hineingeboren. 1563, im Alter von einundzwanzig Jahren, trat er Theresias Reformorden bei, den Unbeschuhten Karmeliten, und 1572 wurde er zum geistigen Oberhaupt ihres Konvents in Ávila ernannt. In den großartigen mystischen Gedichten, die er der Nachwelt hinterließ, thematisierte er sowohl die numinose Erfahrung als auch die »dunkle Nacht der Seele«, die ihr vorangeht.

Diesem Mann schienen »die kirchlichen Bräuche, die Bilder

und Kultusstätten gut genug für die Nichtbegabten, gleich Kinderspielzeug, das die Vorgeschrittenen liegen lassen sollten, damit es sie nicht von der inneren Betrachtung abhalte«.[15]

Kein Wunder, daß er wegen solcher Aussagen mehrfach bei der Inquisition angezeigt wurde. In regelmäßigen Abständen leitete man Ermittlungen gegen ihn ein, man schikanierte ihn. Im Jahr 1576 wurde er vom Inquisitionstribunal in Toledo zu neun Monaten besonders strenger Kerkerhaft verurteilt. Seine letzten Lebensjahre verbrachte er in der Verbannung, in einem sogenannten »einsamen Haus« in Andalusien, wo er 1591 starb. Im Jahr 1726 wurde er schließlich rehabilitiert und heiliggesprochen.

9. FREIMAUREREI UND INQUISITION

Zu Beginn des 17. Jahrhunderts schossen in Europa – einem Europa, das nun nicht mehr unter der Hegemonie der Kirche stand – die Häresien, Mystizismen und mystisch ausgerichteten Philosophien nur so ins Kraut. Die zahlreichen Versuche, die mystische Erfahrung zu institutionalisieren und sie als neue, allumfassende Weltreligion zu etablieren, erwiesen sich aber letztlich allesamt als fruchtlos: Die damit einhergehende Dogmatisierung verwässerte und entstellte die ursprüngliche mystische Ausrichtung – ein paradoxer und zugleich unvermeidlicher Vorgang. Man unternahm auch den Versuch, den Mystizismus mit der Politik zu verschmelzen und ein ideales, utopisches Staatswesen zu erschaffen, das auf einem mystischen Fundament ruhen sollte.

Von solcher Art war zum Beispiel das Gedankengut der Rosenkreuzer, das sich um 1641 ausbreitete und von seinen Verfechtern als Vorbote eines neuen Goldenen Zeitalters angepriesen wurde. Zwar war das Rosenkreuzertum vom Ansatz her »gnostischer«, offener, toleranter, psychologisch ausgeklügelter und spirituell aufrichtiger als der Katholizismus und der Protestantismus, aber auch dieses neue System schloß die *Interpretation* einer empirischen Erfahrung ein; und je komplexer diese Interpretation wurde, desto stärker trat die Erfahrung selbst in den Hintergrund: Sie wurde einfach durch eine weitere Theologie verdrängt.

Die Kirche fühlte sich zweifelsohne von den Rosenkreuzern bedroht, und folglich setzte das Heilige Offizium auch die Anhänger dieser Irrlehre auf seine Liste der Verdächtigen. Wie die Hexen wurden die Rosenkreuzer ausspioniert, gejagt und vor die

Gerichte gezerrt. Aber für Rom blieb weiterhin der Protestantismus der Hauptübeltäter, mit dem das Rosenkreuzertum mehr oder minder eng verbunden war. Denn schließlich hatte erst der Protestantismus die gesellschaftliche Situation und das geistige Klima geschaffen, in dem das Rosenkreuzertum und andere Formen des heterodoxen Denkens gedeihen konnten – und folglich blieb der Protestantismus das Hauptziel der Attacken der Gegenreformation. So wie die Jesuiten und das umgetaufte Heilige Offizium die Gegenreformation auf den Feldern der Philosophie, der Unterweisung und der Doktrin vorantrieben, so wurde die entsprechende soziale, politische und militärische Offensive – zumindest eine Zeitlang und zumindest vom Anspruch her – von den katholischen Armeen des habsburgischen Spanien und des habsburgischen Heiligen Römischen Reiches ausgeführt.

Diese Offensive erfolgte in Gestalt des Dreißigjährigen Krieges (1618–1648), des entsetzlichsten, kostspieligsten und verhängnisvollsten Konflikts, der vor dem 20. Jahrhundert jemals auf europäischem Boden ausgetragen wurde, eines Konflikts, der einem Weltkrieg im modernen Sinne gleichkam. In diesem Krieg zog die katholische Kirche letzten Endes nicht nur den kürzeren, sie wurde auch – nach eigener Ansicht – auf skandalöse Weise hintergangen. Als die Feindseligkeiten schließlich eingestellt wurden, war die Autorität Roms noch weiter abgebröckelt und noch mehr gefährdet als zuvor.

England, das unter Cromwells Protektorat selbst einen Bürgerkrieg durchgemacht hatte, war fester denn je in protestantischer Hand. In Skandinavien und in den norddeutschen Ländern erwies sich der Protestantismus ebenfalls als unangreifbar, und das protestantische Holland hatte sich gar zu einer bedeutenden Weltmacht aufgeschwungen, zumindest auf den Meeren und in Übersee. Jetzt rangen die protestantischen Kriegs- und Handelsflotten Englands und Hollands miteinander um die Herrschaft über die Ozeane und die Kolonien, die ehemals ganz von den katholischen Staaten Spanien und Portugal dominiert worden waren.

Am schlimmsten aber war für die Kirche, daß Frankreich mittlerweile Spanien als stärkste militärische Macht auf dem Kontinent abgelöst hatte – und zwar durch eine Allianz mit den protestantischen Mächten, dem erklärten Feind. Die französische Politik wurde während des Dreißigjährigen Krieges nicht durch den apathischen König Ludwig XIII. bestimmt, sondern durch seinen ersten Minister, Kardinal Richelieu. Und Richelieu, ein katholischer Kardinal, der die Politik für ein überwiegend katholisches Land leitete, veranlaßte, daß katholische Truppen zur Unterstützung der protestantischen Sache eingesetzt wurden. Zwar hatten schon andere Länder, vor allem Schweden, der militärischen Macht der römischen Kirche wiederholt Grenzen gesetzt, aber letztlich war es die Armee des katholischen Frankreich, die der militärischen Vormachtstellung des katholischen Spanien ein Ende bereitete.

Der Dreißigjährige Krieg hatte als vorwiegend religiöser Konflikt begonnen, als Versuch der katholischen Streitkräfte, den Protestantismus in Böhmen und Deutschland auszumerzen. Als der Krieg schließlich zu Ende ging, hatte er sich aber längst in eine Auseinandersetzung um die staatlichen Einflußsphären und um das Kräfteverhältnis zwischen den Herrscherhäusern Europas verwandelt; die Religion war demgegenüber zur Nebensache geworden. Jetzt dominierte Frankreich in Europa, jener Staat, der einst als die »älteste Tochter der Kirche« angesehen worden war, dessen Aufmerksamkeit nun aber weniger auf die Interessen des Heiligen Stuhls zu Sankt Peter gerichtet war, sondern vielmehr um den Thron des »Sonnenkönigs« Ludwig XIV. und seinen Hof in Versailles kreiste. Die französische Regierung wachte mit Argusaugen über ihre Unabhängigkeit von jeder päpstlichen Einflußnahme. Sie hatte sogar das Recht, die Bischöfe des Landes selbst zu bestimmen.

So also stellte sich die Situation im Anschluß an den Dreißigjährigen Krieg und während der zweiten Hälfte des 17. Jahrhunderts dar. Noch etwas später, um 1725 herum, hatte die Kirche auf dem europäischen Festland sogar noch mehr an Macht eingebüßt; ihre Lage war kritisch geworden.

Zwar war Jakob II. von England im Jahr 1688 zum Katholizismus übergetreten, so daß das Papsttum sich kurzfristig eine Chance ausrechnete, sich wieder als die offizielle religiöse Autorität auf den Britischen Inseln zu etablieren, aber die Briten blieben halsstarrig bei ihrem Widerstand gegen die »Papisterei«: Sie waren nicht länger bereit, Jakob II. als ihren König anzuerkennen, und boten die Krone seinem Schwiegersohn Wilhelm von Oranien an. Es kam zur Belagerung von Londonderry und, in den Jahren 1690 beziehungsweise 1691, zu den beiden Entscheidungsschlachten am Fluß Boyne und bei Aughrim, in deren Folge Jakob abgesetzt wurde und das Parlament per Gesetz beschloß, daß nie wieder ein Katholik auf dem britischen Thron Platz nehmen dürfe.

Die katholischen Stuarts flohen ins Exil, von wo aus sie mehrfach versuchten, in Schottland Rebellionen anzuzetteln. Keine dieser Initiativen, auch nicht die berühmte Kampagne von Charles Edward Stuart (genannt Bonnie Prince Charlie) von 1745 bis 1746, war von bleibendem Erfolg gekrönt. Und selbst wenn die Unternehmung von 1745 siegreich beendet worden wäre: ob die Presbyterianer, die Bonnie Prince Charlie unterstützt hatten, mit einem katholischen Monarchen einverstanden gewesen wären, bleibt fraglich, und hätten sie ihn vor die Alternative Kirche oder Krone gestellt, so hätte der Prinz sich höchstwahrscheinlich für die letztere entschieden.

Zurück aufs Festland: Spanien, der einstmals militärisch überlegenen Macht und Roms Vollstrecker auf hoher See, waren nun die Flügel gestutzt. Die anderen Großmächte Europas stritten sich 1704 über die Frage, ob ein Habsburger oder ein Bourbone den wackligen spanischen Thron besteigen sollte, und scherten sich herzlich wenig um Rom.

Österreich blieb nominell katholisch und schaffte es, dem westwärts gerichteten Expansionsdrang des Islam Einhalt zu gebieten. In der Mitte des 18. Jahrhunderts wurde der starke österreichische Einfluß auf Zentraleuropa jedoch durch eine neue, gefährliche, protestantische Macht im Norden bedroht und geschmälert: durch das allmählich flügge werdende Königreich Preußen, das 1701 gegründet worden war. In den Kriegen jener Zeit gab auch Rußland seine Debütvorstellung auf dem Schachbrett der europäischen Politik und konfrontierte Rom mit einer weiteren Konkurrenzorganisation in Gestalt der russisch-orthodoxen Kirche.

Von den katholischen Mächten, die der römischen Kirche früher als willfährige Vollstrecker ihres Willens in der säkularen Welt gedient hatten, war nur noch Frankreich übriggeblieben. Dieser Staat aber beharrte mit grimmiger Entschlossenheit auf seiner Unabhängigkeit von Rom. Und obwohl er offiziell weiterhin katholisch blieb, sollte von ihm nun die massivste Bedrohung ausgehen: eine Bedrohung, die sich in der Sphäre der Gedanken und Wertvorstellungen anbahnte und somit viel schwerer zu bekämpfen war als jede militärische oder politische Gegenmacht.

Unter dem Einfluß des kartesianischen Rationalismus war Frankreich Mitte des 18. Jahrhunderts zu einer Hochburg antiklerikaler Stimmungen geworden, zur Brutstätte feindseliger Haltungen gegenüber den Religionen im allgemeinen und gegenüber dem Katholizismus im besonderen. In den Schriften von »*les philosophes*« – Männern wie Montesquieu, Diderot und vor allem Voltaire – wurde der einst so erhabenen und unerschütterlichen katholischen Kirche nicht nur die Anerkennung verweigert, sie wurde auch unverhüllt auf anstößige und blasphemische Weise verhöhnt.

Die klerikale Hierarchie sah sich gedemütigt: Rom wurde zum Dauerthema des Gespötts, zum Opfer gnadenloser Witzeleien. Das Heilige Offizium ließ natürlich alle Autoren dieser Schmähschriften auf den Index setzen, aber diese kindische Geste unterstrich nur seine Hilflosigkeit, seine würdelose Ohnmacht.

Der kartesianische Rationalismus und die Schriften der Philosophen blieben nicht die einzige ernste Bedrohung für die katholische Kirche. Eine vergleichbar große Herausforderung stellte die rasche Ausbreitung der Freimaurerei dar. Die Bewegung, die man heute mit diesem Begriff bezeichnet, hatte sich – zumindest in ihrer modernen Form – während des frühen 17. Jahrhunderts in Schottland und England herausgebildet. Als Cromwells Protektorat zu Ende ging und die Stuarts 1660 wieder auf dem englischen Thron saßen, scheint sich die Freimaurerei bereits über die ganzen Britischen Inseln ausgebreitet zu haben, und sie verbündete sich immer stärker mit der regierenden Dynastie. Wäre sie auf Britannien beschränkt geblieben, das in den Augen Roms ohnehin verlorener Boden war, so hätte »die Baukunst«, wie man diese Lehre auch nannte, vielleicht keinerlei Beachtung gefunden. Doch als die Stuarts ins Exil getrieben wurden, führten sie die Freimaurerei im Gepäck, und im Laufe der folgenden Jahre breitete diese sich rasch über den Kontinent aus.

Die heute verfügbaren Dokumente deuten darauf hin, daß die erste Loge auf dem Festland 1726 in Paris gegründet wurde, und zwar von Charles Radclyffe, dem späteren Grafen von Derwentwater, einem illegitimen Enkel von Charles II. Radclyffe wurde 1746 in London hingerichtet, weil er sich an Bonnie Prince Charlies Aktion zur Wiedereroberung des britischen Throns beteiligt hatte. Vor seinem Tod gründete er in Frankreich jedoch noch weitere Logen, und die Freimaurerei entwickelte eine Eigendynamik, die nicht mehr zu stoppen war.

Die erste Loge auf Habsburger Territorium wurde 1726, kurz nach Radclyffes Einrichtung der Pariser Loge, in Prag gegründet.

Im Jahr 1736 ehelichte der fünf Jahre zuvor in die Gemeinschaft der Freimaurer aufgenommene Franz Stephan, Herzog von Lothringen (später Kaiser Franz I.), Maria Theresia aus dem Hause Habsburg und wurde so zum Mitregenten Österreichs. Er gründete die Loge von Wien und hielt im gesamten habsburgischen Reichsgebiet seine schützende Hand über die Freimaurerei.

Die erste italienische Loge wurde 1733 gegründet, 1734 die erste holländische; 1735 kam Schweden, 1736 die Schweiz hinzu. In Deutschland machte 1737 die Hamburger Loge den Anfang. Ein Jahr darauf wurde der künftige Friedrich der Große von Preußen zum Freimaurer, der später selbst in seinem Schloß Rheinsberg eine Loge gründete. Im Jahr 1740, als auch Berlin seine Loge bekam, war die Anzahl der Logen in Holland und Schweden bereits so groß geworden, daß man dort nationale Großlogen gründete. 1769 gab es allein in Genf zehn Logen. Auch in Spanien und Portugal, direkt vor der Nase der dortigen Inquisition, konnten sich Logen etablieren.

Mitte des 18. Jahrhunderts war die Freimaurerei in jeden Winkel Westeuropas vorgedrungen und hatte bereits den Sprung über den Atlantik getan und sich in Nord- und Südamerika ausgebreitet. Schon bald sollte sie sich auch nach Osten, nach Rußland hinein ausdehnen, ebenso in die europäischen Kolonien in Asien, auf dem indischen Subkontinent und im Pazifik. Außer Friedrich dem Großen und dem Heiligen Römischen Kaiser Franz I. von Lothringen gehörten den Freimaurern weitere gekrönte Häupter an: Stanislaus II. August von Polen, Adolf Friedrich von Schweden und, unbestätigten Berichten zufolge, auch Ludwig XV. von Frankreich.

Auch viele der Gründerväter der Vereinigten Staaten von Amerika, etwa Benjamin Franklin und George Washington, sowie berühmte Literaten waren Freimaurer, zum Beispiel Montesquieu, Diderot, Voltaire und – am Ende des 18. Jahrhunderts – Goethe und Schiller. In Britannien gehörten nicht nur wichtige

Mitglieder des Herrschaftshauses Hannover den Logen an, sondern auch Pope, Swift, Boswell und Hogarth.

Für die katholische Kirche stellte die Freimaurerei gleich in mehrfacher Hinsicht eine Bedrohung dar. Zunächst einmal hatten sich viele, ja fast alle Logen jener Zeit zumindest bis zu einem gewissen Grad dem kartesianischen Rationalismus verschrieben und förderten damit die Verbreitung einer Denkweise, die sich gegen den Katholizismus richtete. Die Freimaurerei erhob nie den Anspruch, eine alternative Religion zu sein, und trat daher nicht als Rivale Roms auf, aber sie befaßte sich mit spirituellen Fragen und bildete auf diese Weise eine Herausforderung für die dogmengläubige, demütige, ja unterwürfige Frömmigkeit, die Rom von seinen Anhängern einforderte.

Während sich Rom starrköpfig an ein Dogma klammerte, das seit Jahrhunderten unverändert war, begrüßte die Freimaurerei den raschen gesellschaftlichen Wandel in der Welt des 18. Jahrhunderts, den aufblühenden Handel, die Industrie und den wissenschaftlichen Fortschritt. Diese Umwälzungen schlossen auch soziale Reformen ein; erstmals waren die Gleichheit der Menschen und ihre Grundrechte in aller Munde. Während die Kirche sich rückwärts orientierte, blickten die Freimaurer nach vorn – und immer wenn man sich in Rom die Zukunft auszumalen versuchte, konnte man sich der Befürchtung nicht verschließen, daß diese Zukunft eher durch die Loge geprägt sein würde als durch die Kanzel.

Es gab weiteren Grund zur Sorge. Bis zur Reformation war die katholische Kirche, zumindest in der Theorie, der oberste Herr des westlichen Christentums gewesen. Im Grunde diente sie – oder sollte sie zumindest dienen – als ein internationales Forum, als eine damalige Entsprechung zum Völkerbund oder zur UNO. Bei säkularen Konflikten sollte die Kirche, zumindest in der Theorie, zwischen rivalisierenden Herrschern als Vermittlerin und als Richterin angerufen werden. Rom hatte die Macht und die Mittel, als Verhandlungsführer, als Friedensstifter und als Schlichtungsinstanz aufzutreten.

Durch die Reformation hatte der Anspruch auf diese Rolle bereits erheblichen Schaden genommen. Protestantische Kirchen waren kaum bereit, die katholische Autorität in spirituellen oder weltlichen Angelegenheiten zu akzeptieren. Aber der Katholizismus war in Europa immer noch weit genug verbreitet – vor allem in Frankreich, Österreich und Süddeutschland, in Italien, Spanien und Portugal –, um zumindest eine gemeinsame Basis zu bieten, auf der Streitparteien zu einer Übereinkunft kommen konnten. Und genau auf diesem Feld drohte nun die Freimaurerei der katholischen Kirche Konkurrenz zu machen, ihr sogar die traditionelle Vermittlerrolle zu entreißen.

Anders als bei der römischen Kirche stand das Netzwerk der Logen über oder zwischen den Konfessionen, so daß in ihrem Rahmen Protestanten und Katholiken, befreit vom Joch der Doktrin und des Dogmas, offen miteinander reden konnten. Der immer dichter werdende Verbund der Logen hatte einerseits zuverlässige Kanäle zu bieten, über die man Botschaften versenden konnte, und stellte andererseits ein Forum für zwischenstaatliche und internationale Kontakte auf höchster Ebene dar, für inoffizielle, vertrauliche Gespräche über Verträge und für besonders delikate diplomatische Verhandlungen.

So mochten beispielsweise das protestantische Preußen unter Friedrich dem Großen und das katholische Österreich unter Maria Theresia und Franz von Lothringen zwar gegeneinander Krieg führen – was tatsächlich zweimal, nämlich 1742 und 1763, der Fall war –, doch zugleich blieben sowohl Friedrich als auch Franz Freimaurer, ebenso etliche ihrer jeweiligen Minister und Militärführer. Über die Logen konnte man seine Fühler ausstrecken, um die Möglichkeiten für einen Frieden zu sondieren und um eine neue Vertrauensbasis aufzubauen: Diesen Service konnte die katholische Kirche so nicht mehr bieten. Auf dem Weg über die

Loge konnte man neue Bündnisse schmieden, neue Allianzen und Konstellationen durchspielen, die das Kräftegleichgewicht wieder ins Lot bringen sollten. Über die Logen konnten solche Entwicklungen wie die berühmte »diplomatische Revolution« jener Zeit angestoßen werden.

Während des österreichischen Erbfolgekrieges (1740–1748) war Österreich mit Britannien gegen Preußen und Frankreich verbündet. Infolge der »diplomatischen Revolution« vollzogen die Gegner einen Partnertausch: Im Siebenjährigen Krieg (1756–1763) stand Österreich mit Frankreich im Bunde, während die Preußen und die Briten zu Alliierten wurden.

Es muß nicht eigens betont werden, daß die von der Loge eröffneten Möglichkeiten nicht immer genutzt wurden: Oft genug blieb das, was dort besprochen wurde, reines Planspiel. Aber auch die kirchliche Schlichtungsbereitschaft hatte nur selten zu Ergebnissen geführt, und die Erfolgsbilanz der Logen war in dieser Hinsicht mindestens so gut wie diejenige Roms. Selbst wenn ein Krieg nicht zu verhindern war, konnte man zumindest darauf hinwirken, daß beide Seiten bei den Auseinandersetzungen peinlich genau auf die Einhaltung bestimmter Spielregeln achteten und gewisse ethische Vorstellungen der Aufklärung, propagiert durch die Logen, nicht nur in Friedenszeiten Bestand hatten.

Und tatsächlich wurden die Kriege des 18. Jahrhunderts, ganz im Gegensatz zu ihren Vorgängern im 17. Jahrhundert, auf eine so »zivilisierte«, »ritterliche« und »ehrenhafte« Weise geführt, wie dies in einem bewaffneten Konflikt überhaupt durchzuhalten ist: Man hielt sich strikt an die international anerkannten Verhaltensregeln. In diesen neuen Standards spiegelte sich zum Teil sicher die Abscheu vor den Greueln etwa des Dreißigjährigen Krieges, aber ihre Einführung war auch nur möglich, weil religiöser Haß und Fanatismus abgedankt hatten und sich allmählich die Überzeugung durchsetzte, daß es einen allgemeingültigen Moralkodex gab. Diese Verhaltensregeln verdanken sich zu einem erheblichen Teil den Ideen, der Geisteshaltung und den Wertvorstellungen, die durch die Logen propagiert wurden.

ANGRIFFE AUF DIE FREIMAUREREI

Aufgeschreckt durch die rasche Ausbreitung der Freimaurerei, in höchste Sorge versetzt wegen der Bedrohung, die dies für sie bedeutete, holte die katholische Kirche zum Gegenschlag aus. Am 25. Juli 1737 wurde in Florenz eine Geheimkonferenz des Heiligen Offiziums abgehalten, wahrscheinlich unter der persönlichen Schirmherrschaft des Papstes Clemens XII. Der Versammlung wohnten drei Kardinäle bei, die Vorsitzenden der wichtigsten päpstlichen Kongregationen sowie der Generalinquisitor. Der einzige Punkt auf der Tagesordnung war die Freimaurerei.[1]

»Undichte Stellen« gab es im Umfeld hochrangiger Verhandlungen fast genauso häufig wie heute, und so konnte eine Berliner Zeitschrift schon kurz nach dem Ereignis über die Geheimversammlung berichten. Glaubt man diesen Quellen, so waren die versammelten Kleriker fest davon überzeugt, daß die Freimaurerei nur eine Fassade sei und sich hinter ihr eine viel größere, allumfassende häretische Verschwörung von ganz neuer Art verberge. Man kann sich nur schwer vorstellen, was in den Köpfen der Kirchenleute vorging, welche Ausmaße diese vermeintliche neue Ketzerei ihrer Meinung nach bereits angenommen haben mußte, daß es zu einer solch krassen Angstreaktion kam. Auf jeden Fall wußte das Berliner Magazin zu berichten, daß bereits die ersten Freimaurer festgenommen worden seien. Später im selben Jahr zettelten unsichtbare Helfershelfer in verschiedenen Städten gegen Freimaurerei gerichtete Unruhen an. Nach und nach wurde immer deutlicher, daß hinter diesen Inszenierungen sehr mächtige Interessengruppen standen, die gegen die Freimaurerei Stimmung machten.

Neun Monate nach der Konferenz von Florenz, am 28. April 1738, gab Papst Clemens die erste einer ganzen Reihe von Bullen zum Thema heraus, die von Mal zu Mal aggressiver klangen. Die Bulle *In eminenti* war überschrieben mit den Worten: »Verdammung der Gesellschaft, Logen ... (der) Freimaurer, unter Strafe der unbedingt auszusprechenden Exkommunikation, und Absolution dafür einzig dem Erhabenen Pontifex vorbehalten.«[2]

In der darauffolgenden Passage führte der Papst aus: »... es ist unser Wille und unsere Pflicht, daß sowohl die Bischöfe und anderen höheren Prälaten und sonstigen örtlichen Ordinierten als auch die abgeordneten Inquisitoren gegen die häretische Verderbtheit allerorten Maßnahmen ergreifen und Nachforschungen anstellen gegen Missetäter, ganz gleich welchen Status und Ranges, welchen Standes, welchen Ordens, welcher Stellung oder welchen Ansehens sie seien, und ihnen angemessene Bestrafung zuteil werden lassen, so sie ernstlich der Ketzerei verdächtig sind, und sie den nötigen Zwängen zu unterwerfen.«[3]

Die »Zwänge«, von denen hier die Rede ist – nämlich die Einkerkerung und die damit verbundenen Bestrafungen –, sollten, falls nötig, mit »der Hilfe des weltlichen Armes« erwirkt und durchgeführt werden.

Einige europäische Regierungen scheuten den Konflikt mit der Kirche und beeilten sich daher, die Anweisungen der Bulle in die Tat umzusetzen. Schon im vorangegangenen Sommer hatte die französische Polizei begonnen, Logenmitglieder festzunehmen und ihre Schriften zu konfiszieren, denen wir einen Großteil unseres Wissens über die damalige französische Freimaurerei verdanken. In Polen wurde die Freimaurerei im ganzen Königreich verboten. In Schweden wurde verkündet, daß die Teilnahme an Freimaurer-Ritualen künftig mit der Todesstrafe geahndet würde. Durch diese Reaktionen ermutigt, griff die Kirche zu noch schärferen Maßnahmen. Am 14. Januar 1739 veröffentlichte Kardinal Joseph Firrao, Staatssekretär des Vatikans, ein neues

Edikt, in dem allen Freimaurern die Konfiskation ihres Besitzes, die Exkommunikation und die Todesstrafe angedroht wurden.[4]

Im Februar 1739 wurde ein Freimaurer-Text – verfaßt in französisch, aber veröffentlicht in Dublin – verboten, auf den Index gesetzt und auf der Piazza Santa Maria Minerva in Rom verbrannt. Kurz darauf nahm man in Florenz eine Reihe von Freimaurern fest, steckte sie in den Kerker und unterzog sie der Folter. Einer von ihnen wurde wieder auf freien Fuß gesetzt, als einige englische Logen dem Heiligen Offizium eine »Geldspende« zukommen ließen, also im Grunde ein Lösegeld zahlten. Andere wurden dank einer Intervention von Franz Stephan von Lothringen, der unter anderem den Titel des Großherzogs der Toskana führte, in die Freiheit entlassen.

Im Jahr 1751 gab der Nachfolger von Papst Clemens XII., Benedikt XIV., eine zweite Bulle gegen die Freimaurerei heraus, in welcher die in der ersten Bulle ausgesprochene Verurteilung dieser Bewegung bekräftigt wurde, die vorgesehenen Strafen aber noch zusätzlich verschärft wurden. Trotz solcher Maßnahmen traten aber, zur großen Empörung des Heiligen Offiziums, weiterhin zahlreiche Katholiken den Logen bei. Und was noch schlimmer war: Die Logen übten nicht nur auf die katholische Laienschaft, sondern zunehmend auch auf Priester eine große Anziehungskraft aus – und sogar auf einige Mitglieder des höheren Klerus.

Zum Beispiel gab es in Mainz eine Loge, die fast ausschließlich aus Klerikern bestand. Einer weiteren in Münster gehörten sogar die Beamten des örtlichen Bischofs an. In Erfurt gründete der künftige Bischof höchstpersönlich eine Loge, deren Zusammenkünfte in den Räumlichkeiten des Abtes in einem bedeutenden Kloster abgehalten wurden. Eine Loge in Wien führte zwei Geistliche des Königshofs als Mitglieder, außerdem den Direktor der theologischen Hochschule und zwei weitere Priester. Einer anderen Wiener Loge gehörten nicht weniger als dreizehn Priester an.

Gegen Ende des 18. Jahrhunderts wurde die Liste der hochrangigen katholischen Freimaurer von zahlreichen Äbten und Bischöfen, einem Hofkaplan, einem Kardinal und mindestens fünf Erzbischöfen angeführt.[5] Die Freimaurerei wuchs sich rasch, wie gut zweihundert Jahre zuvor der Protestantismus, zu einem vielköpfigen, unbesiegbaren Ungeheuer aus. Und die katholische Kirche, der kaum noch weltliche Armeen zu Gebote standen, mit deren Hilfe sie ihren Machtanspruch hätte durchsetzen können, war noch viel hilfloser als zu Zeiten der Reformation.

Solange die Haftbefehle des Heiligen Offiziums jedoch noch vollstreckt werden konnten, waren die Freimaurer willkommene Beute, die mit ebensolchem Eifer gejagt wurde wie ehedem die Hexen. Das galt insbesondere in Spanien und Portugal, wo noch immer eine nationale Inquisition ihr Werk tat, die nur der Krone verantwortlich war. Kurz nach der ersten päpstlichen Erklärung wider die Freimaurerei im Jahr 1738 stürmte die spanische Inquisition eine Loge in Madrid und nahm ihre Mitglieder fest, von denen acht zum Galeerendienst verurteilt wurden.

1748 schloß die Inquisition eine vierjährige Ermittlung gegen die Freimaurerei ab. Als Ergebnis ihrer Untersuchungen verkündete die spanische Behörde, daß die Freimaurer samt und sonders exkommuniziert gehörten, da sie »perverse, verkommene Subjekte« seien, »die sich gegen die Reinheit des heiligen Glaubens versündigen und die öffentliche Sicherheit im Königreich gefährden«.[6]

Drei Jahre später, 1751, erwirkte die Inquisition ein königliches Dekret, das die automatische Verhängung der Todesstrafe für Freimaurerei absegnete und den Beschuldigten sogar das Recht auf ein ordentliches Verfahren vorenthielt. Im selben Jahr trat ein Inquisitor, Pater Joseph Torrubia, selbst einer Loge bei, um sie auszuspionieren, um Informationen zu sammeln und ihre Mitglieder zu denunzieren. Seinem Bericht zufolge gab es damals in Spanien siebenundneunzig Logen.[7] Den drakonischen Maßnahmen, die die Freimaurer zu erleiden hatten, zum Trotz sollte ihre Zahl weiter steigen.

Und ihr Kampf gegen die Verfolgung durch die Inquisition sollte noch ein dreiviertel Jahrhundert andauern. Am Ende aber standen sie als Sieger da: Nach den Napoleonischen Kriegen und der Wiederherstellung der spanischen Monarchie war nicht die Freimaurerei, sondern die Inquisition abgeschafft. Die Logen überlebten und gediehen, sowohl in Spanien selbst als auch in den spanischen Kolonien in Lateinamerika.

Ganz ähnlich verlief die Entwicklung in Portugal. Der Nobelpreisträger für Literatur des Jahres 1998, José Saramago, hat die Allgegenwart der portugiesischen Inquisition bis weit ins 18. Jahrhundert hinein in mehreren seiner Werke thematisiert. Ebenso wie ihre Schwesterorganisation in Spanien bedurfte sie eines Sündenbocks, um ihren Fortbestand zu rechtfertigen, und die Freimaurerei war eine bestens geeignete Kandidatin für diese Rolle. Ein besonders berüchtigter Fall war der des John Coustos, eines aus der Schweiz stammenden Diamantschleifers, der seit seiner Kindheit in England gelebt, die englische Staatsbürgerschaft angenommen hatte und in vorschriftsmäßiger Weise Mitglied der Freimaurer geworden war.

Im Jahr 1736 hatte Coustos in Paris seine eigene Loge gegründet. Als man in Brasilien Diamanten gefunden hatte, ging er 1741 nach Lissabon und gründete dort ebenfalls eine Loge. Diese hatte keine portugiesischen Mitglieder, nur ausländische Diamantschleifer, Händler, Kaufleute, Goldschmiede und ein Schiffskapitän gehörten ihr an. Trotzdem wurde die Loge bei der portugiesischen Inquisition angezeigt, die im März 1743 zur Tat schritt. Das erste verhaftete Logenmitglied war ein französischer Juwelier.

Unter dem Vorwand, etwas kaufen zu wollen, betraten eines Mittags Agenten der Inquisition seinen Laden, als er ihn gerade für die Siesta schließen wollte. Er wurde von ihnen sogleich festgenommen und nach Waffen durchsucht; man befahl ihm, den

Mund zu halten, und er wurde nach draußen geführt und in eine kleine, geschlossene Kutsche gedrängt, die rasch davonfuhr. Im Palast der Inquisition warf man ihn in den Kerker, ohne daß er mit irgendeinem Menschen Kontakt aufnehmen durfte. Um sein plötzliches Verschwinden zu erklären, brachte die Inquisition das Gerücht in Umlauf, er habe sich mit einer Menge Diamanten aus dem Staub gemacht.

Vier Tage später, am 5. März 1743, wurde auch Coustos inhaftiert. Um zehn Uhr abends verließ er das Kaffeehaus, in dem er mit zwei Freunden geplaudert hatte. Draußen erwarteten ihn neun Beamte der Inquisition und die übliche kleine, geschlossene Kutsche. Man nahm ihm seinen Degen ab, legte ihm Handschellen an und fuhr mit ihm im Eiltempo zum Palast der Inquisition, wo er ebenfalls eingekerkert wurde. Hier blieb er zwei Tage ohne jeden Kontakt zur Außenwelt; die einzigen menschlichen Äußerungen, die an sein Ohr drangen, waren die Schreie und das Stöhnen aus den umliegenden Zellen. Schließlich begann eine lange Serie von Folterungen und Befragungen. Der Inquisition war offenbar sehr daran gelegen, so viel wie irgend möglich über die Freimaurerei, über die portugiesischen Logen und das Ausmaß ihrer Aktivitäten herauszubekommen.

Da er weder ein Masochist noch ein besonders heldenhafter Mensch war, bemühte sich Coustos, den Wünschen seiner Peiniger gerecht zu werden. In etlichen Verhören gab er von sich aus eine Menge Details über die Rituale und Gebräuche der Freimaurerei zu Protokoll und benannte zwölf weitere Angehörige seiner Loge, allesamt Ausländer, Franzosen zumeist. Obwohl die Inquisitoren Seite um Seite mit Informationen und Geständnissen füllten, hatten sie das Gefühl, daß Coustos ihnen noch etwas verschwieg. Außerdem verlangten sie von ihm, daß er zum Katholizismus konvertiere. Er weigerte sich jedoch, das zu tun, obwohl man sogar in Lissabon ansässige englische und irische Mönche zu ihm brachte, die ihn umstimmen sollten.

Die Akten, die die Inquisition zum Fall Coustos anlegte, sind erhalten geblieben; sie umfassen etwa sechshundert Seiten. In ihnen findet sich auch ein besonders detailreiches, umfassendes Geständnis. Trotz dieses Geständnisses beschloß das Tribunal, »mit dem Foltern fortzufahren, um von ihm das Eingeständnis zu erhalten, ... daß einige Punkte der Anklage, die gegen ihn erhoben worden ist, der Wahrheit entsprechen«.[8] Mit anderen Worten: Coustos wurde gefoltert, um ihm eine Bestätigung zu entlocken, daß sein früheres Geständnis wahrheitsgetreu sei. Aus den erhaltenen Dokumenten der Inquisition geht hervor, daß Coustos am 6. März 1744, fast ein Jahr nach seinem ersten Geständnis, »eine Runde auf der Bank«[9] machen mußte.

Coustos selbst hat später beschrieben, was sich hinter dieser so harmlosen Formulierung verbarg. Er wurde in einen quadratischen, zwingerartigen, fensterlosen Raum gebracht, der einzig von zwei Kerzen beleuchtet wurde. Die Türen waren gepolstert, um alle Geräusche zu dämpfen. Sechs Helfer packten das Opfer, entkleideten es fast vollständig und fixierten es mit einem Eisenkragen um den Hals und Eisenschellen um die Fußgelenke auf der Folterbank. Dann schlangen sie ihm je zwei Seile um jeden Arm und jedes Bein, und vier der Männer streckten seine Glieder, indem sie fest an diesen Seilen zogen – so fest, daß die Seile sich ins Fleisch schnitten und er aus allen acht Ansatzstellen zu bluten begann. Als er ohnmächtig wurde, brachte man ihn in seine Zelle zurück, damit er sich dort erholen konnte.[10]

Sechs Wochen später, am 25. April 1744, unterzog man Coustos erneut der Folter. Die Zeugnisse aus dem Archiv der Inquisition dokumentieren die Pedanterie, mit der die gesetzlichen Vorgaben befolgt wurden:

»Der Doktor und Chirurg und die anderen Gehilfen der Folter traten an die Richterbank und legten dort auf die Heilige Schrift, auf die sie ihre Hände gelegt hatten, den Eid ab, daß sie ihre Pflichten getreulich erfüllen würden, und dann wurde der Befehl zur Vollstreckung der Folter erteilt, die für den Angeklagten angeordnet worden war, und er wurde, nachdem man ihn aller Kleider entledigt hatte, welche der ordentlichen Ausführung der Folter hinderlich sein könnten, an die Streckbank gestellt und gebunden, und dann teilte ich, der Sekretär, ihm mit, sollte er während der Anwendung sterben oder ihm ein Glied gebrochen werden oder er den Verstand oder das Bewußtsein verlieren, so liege die Verantwortung dafür bei ihm selbst und nicht bei den Herren Inquisitoren.«[11]

Diesmal spannte man Coustos' Arme rückwärts über einen Holzrahmen, so daß ihm die Schultern ausgekugelt wurden und Blut aus seinem Mund rann. Dieser Vorgang wurde dreimal wiederholt; anschließend brachte man ihn in seine Zelle zurück. Dort renkten ihm ein Arzt und ein Chirurg die Knochen wieder ein, wobei sie ihm erneut »höchste Pein« zufügten.[12]

Etwa zwei Monate darauf mußte Coustos seine dritte Folterung erdulden. Man wand ihm eine dicke Kette um den Brustkorb und befestigte an seinen Armen je ein Seil, das mittels einer Winde immer straffer gezogen wurde. Sein Oberkörper erlitt schwere Quetschungen, seine Schultern wurden wiederum ausgekugelt, ebenso seine Handgelenke. Sobald ein Chirurg die Gelenke wieder eingerenkt hatte, wurde die ganze Prozedur wiederholt. Nach dieser Sitzung war er noch wochenlang unfähig, die Hand zum Mund zu führen.

Am 21. Juni 1744 wurde Coustos' Fall öffentlich verhandelt. Zusammen mit weiteren Häftlingen trieb man ihn in einer Prozession zur Kirche des heiligen Dominikus, wo der König, die Prinzen, Angehörige des Adels und eine große Menschenmenge sie bereits gespannt erwarteten. Coustos wurde angeklagt, »die häretischen, unruhestiftenden und skandalösen Absichten, mit denen er im katholischen Reich eine neue Doktrin einzuführen versucht hat, nicht gestanden zu haben und auch keine wahrheitsgemäßen Angaben über die Angelegenheiten gemacht zu haben, die eine so uneingeschränkte Geheimhaltung erfordern«.[13]

Man verurteilte ihn zu vier Jahren Galeerenhaft, er wurde aber bald so krank, daß man ihn zwei Monate in einem Krankenhaus unterbrachte. Hier besuchten ihn wiederum irische Mönche, die ihm versprachen, wenn er den katholischen Glauben annehme, werde er freigelassen. Coustos blieb weiter standhaft, aber es gelang ihm, aus der Krankenstube einen Brief an seinen Schwager herauszuschmuggeln, der im Haushalt des Grafen von Harrington arbeitete, eines berühmten Freimaurers. Der Graf sprach mit dem damaligen Staatssekretär, dem Herzog von Newcastle, der wiederum den britischen Botschafter in Lissabon anwies, Coustos' Freilassung zu erwirken. Im Oktober war es schließlich soweit.

Zu dieser Zeit befanden sich zwar keine britischen Schiffe in der Nähe, aber zufällig lag im Hafen eine kleine niederländische Flotte vor Anker, und der kommandierende Admiral stellte Coustos die Überfahrt auf einem seiner Schiffe in Aussicht. Die Inquisition schnüffelte weiter in seinen Angelegenheiten herum und suchte emsig nach einem Vorwand, ihn wieder festzunehmen. Daher gestattete ihm der Kommandant, sofort an Bord zu gehen; dort blieb er drei Wochen lang. Während dieser Zeit ruderten immer wieder Agenten der Inquisition um die Flotte herum, um herauszubekommen, auf welchem Schiff er untergekommen war. In überaus schlechter gesundheitlicher Verfassung traf er schließlich am 15. Dezember 1744 in London ein. Über seine Qualen schrieb er:

»Ich habe nur allzu guten Grund anzunehmen, daß ich unter den schlimmen Folgen dieser Grausamkeit für den Rest meines Lebens leiden muß; von Zeit zu Zeit suchen mich entsetzliche Schmerzen heim, wie ich sie nicht kannte, bis mir das Unglück widerfuhr, in die erbarmungslosen und blutigen Hände der Inquisition zu fallen.«[14]

Zwei Jahre später sollte er sterben. Zuvor konnte er noch einen Bericht über seine Erlebnisse abfassen, *The Sufferings of John Coustos for Freemasonry (Die Leiden des John Coustos für die Freimaurerei)*, der Ende Dezember des Jahres 1745 veröffentlicht wurde, als der von Bonnie Prince Charlie angestiftete Jakobitenaufstand noch voll im Gange war. Daher war es kein Wunder, daß Coustos' Buch als Instrument der antikatholischen und somit antijakobitischen Propaganda benutzt wurde.

Auch noch lange danach war die Wirkung seines Werks enorm: Sein Porträt der Inquisition hatte sich unauslöschlich in den Köpfen seiner englischen Leser – und damit dem Bewußtsein der englischen Öffentlichkeit – eingeprägt. Spuren dieser Darstellung lassen sich noch in einigen englischen Schauerromanen vom Ende des 18. und Anfang des 19. Jahrhunderts ausmachen, etwa in Matthew Lewis' Roman *Der Mönch*.

CAGLIOSTRO UND CASANOVA

Dank der Unterstützung, die sie durch die Rechtsprechung, Verwaltung und Militärmacht ihrer jeweiligen Königshäuser erfuhren, konnten die spanische und die portugiesische Inquisition ihre Schreckensherrschaft noch während des ganzen 18. Jahrhunderts ausüben, und zwar nicht nur daheim, sondern auch in den Überseekolonien. Beide Organisationen waren während der napoleonischen Besetzung der Iberischen Halbinsel und der anschließenden Rückeroberungskampagne unter dem späteren Herzog von Wellington außer Kraft gesetzt, und die Freimaurer beim britischen wie beim französischen Militär hatten wenig Erbarmen mit der Institution, die sie zuvor so unerbittlich verfolgt hatte.

Gegen Ende des iberischen Krieges sorgten die wiedereingesetzten Monarchien Spaniens und Portugals dafür, daß auch ihre

Inquisitionsbehörden wieder die Arbeit aufnahmen, aber dieser Zustand war nicht von langer Dauer. Als das erste Viertel des 19. Jahrhunderts verstrichen war, hatten die spanische und die portugiesische Inquisition aufgehört zu existieren, und in den ehemaligen Kolonien in Lateinamerika entstanden Republiken, die ganz wesentlich von Freimaurern mitgeprägt wurden.

In den anderen Gebieten des katholischen Europa trat das Heilige Offizium, das anders als seine spanischen und portugiesischen Entsprechungen nicht auf säkulare Unterstützung bauen konnte, eher sporadisch in Erscheinung. Trotz seiner immer schwächer werdenden Position gelang es ihm, den Kampf gegen die Freimaurerei fortzusetzen; besonders in Italien hatten die Freimaurer weiter unter seinen Attacken zu leiden.

Zu den prominenteren Opfern des Heiligen Offiziums gehörte Giuseppe Balsamo, besser bekannt unter dem Namen Alessandro Graf Cagliostro. Er war 1743 in Palermo geboren, nach ausgedehnten Reisen wurde er 1777 in London in die Freimaurerei eingewiesen. Später entwickelte er eine eigene Variante der Freimaurerei mit einem veränderten Ritus und versuchte, diesen neuen Kult in ganz Europa zu etablieren. 1789 kam er nach Rom, wo er um eine Audienz bei Papst Pius VI. ersuchte: Er erhoffte sich offenbar, daß dieser seine Form der Freimaurerei gutheißen und zum Nutzen der katholischen Kirche fördern würde. Das mag naiv erscheinen, aber Cagliostro stieß tatsächlich im römischen Klerus auf große Begeisterung und konnte sich mit hochrangigen Persönlichkeiten aus einer Reihe von katholischen Organisationen anfreunden, unter anderem aus dem Malteserorden.

Durch diesen Erfolg ermutigt, gründete er in der Ewigen Stadt seine eigene Loge, deren Zusammenkünfte vermutlich im Palast der Malteser stattfanden. Zu ihren Mitgliedern sollen nicht nur Ritter und Adlige, sondern auch Kirchenfunktionäre, Priester und mindestens ein Kardinal gehört haben.

Das Heilige Offizium hatte jedoch bereits, was das Wirken Cagliostros betraf, Order vom Papst erhalten: Ende Dezember 1789, etwa sieben Monate nach seinem Eintreffen in Rom, wurde der Graf gemeinsam mit acht Angehörigen seiner Loge – darunter ein Amerikaner – festgenommen. Die folgenden achtzehn Monate verbrachte er zwecks »Vernehmung« im Castel Sant'Angelo. Am 21. März 1791 verurteilte ihn das Heilige Offizium wegen Ketzerei zum Tode, der Papst wandelte das Urteil dann in lebenslange Haft um.

Am 4. März 1791 verfügte der Papst, daß alle Unterlagen und Manuskripte Cagliostros, all seine freimaurerischen Insignien und Utensilien auf der Piazza Santa Maria Minerva vom Scharfrichter verbrannt werden sollten. Ein Dossier, das vermischte Unterlagen, persönliche Notizen und Briefe enthielt, entging den Flammen. Zu Beginn der siebziger Jahre des 20. Jahrhunderts bat der italienische Schriftsteller Roberto Gervaso darum, dieses Material einsehen zu dürfen, aber die Leitung des Heiligen Offiziums verweigerte ihm die Genehmigung.[15] Cagliostro starb 1795 in der Haft.

Ein weiterer bekannter Freimaurer, der mit dem Heiligen Offizium unliebsame Bekanntschaft machte, war Cagliostros Zeitgenosse Giacomo Girolamo Casanova de Seingalt (1725–1798). Nachdem er wegen angeblich frevelhaften Betragens aus dem Priesterseminar geworfen worden war, begann für Casanova – wie für Cagliostro – eine Zeit des ruhelosen Umherschweifens. 1750 wurde er in die Freimaurerei initiiert. Später sollte er schreiben, daß die Einführung in eine Loge für jeden intelligenten und wohlerzogenen jungen Mann, der in der Welt etwas bewirken wolle, ein unbedingt notwendiger Bildungs-, Entwicklungs- und Karriereschritt sei.

Als Casanova in seine Geburtsstadt Venedig zurückkehrte, stürzte sich das Heilige Offizium auf ihn und klagte ihn wegen Atheismus und magischer Praktiken an. Zunächst zwang man ihn, freimaurerische und ähnliche verdächtige Umtriebe auszuspitzeln, dann steckte man ihn ins Gefängnis. Unter abenteuerlichen Umständen, die sich auch Dumas für einen seiner Romane hätte ausdenken können, gelang ihm schließlich die Flucht, und es begann jener Teil seiner Laufbahn, für den er heute noch berühmt ist.

Casanovas postum veröffentlichte Memoiren begründeten seinen Ruf als Abenteurer, Hansdampf, Hochstapler und natürlich als Verführer und Liebhaber von Don-Juanschen Dimensionen. Aber er war auch ein begnadeter Selbstdarsteller mit einem extrem aufgeblähten Ego, und seine Erinnerungen enthalten zweifellos eine Menge Übertreibungen, Ausschmückungen und dichterische Freiheiten.

Neben vielen Passagen, in denen er überschwenglich Eigenreklame betreibt, bieten sie jedoch auch ein anschauliches, profundes, aufschlußreiches Panorama der Sitten und Gebräuche jener Zeit. Außerdem war Casanova ein begabter Schriftsteller. Er verfaßte historische Werke auf italienisch und schrieb auf französisch einen utopischen Roman, der einen gewissen literarischen Wert hat.

Im Jahr 1788 veröffentlichte er einen ausführlichen Bericht über seinen Aufenthalt im Gefängnis des Heiligen Offiziums und seine Flucht, *Geschichte meiner Flucht aus den Bleikammern von Venedig*, eine der ergiebigsten Quellen über die Arbeitsweise des Heiligen Offiziums in der zweiten Hälfte des 18. Jahrhunderts, die uns heute zur Verfügung stehen.

PÄPSTLICHE PARANOIA

Es verdient noch einmal eigens hervorgehoben zu werden, daß selbst in den neunziger Jahren des 18. Jahrhunderts, also nach dem amerikanischen Unabhängigkeitskrieg und während der

Französischen Revolution, als Europa in das Zeitalter der Moderne eintrat, das Heilige Offizium immer noch die Macht hatte, Menschen einzusperren, ja sogar zum Tode zu verurteilen. Mit dieser Macht sollte es jedoch bald zu Ende sein. Die Französische Revolution, die revolutionären Bewegungen, die durch sie in Italien angestoßen wurden, und Napoleons Eroberung der Iberischen Halbinsel hatten die katholische Kirche, das Papsttum und das Heilige Offizium schwer erschüttert. Ein weiterer heftiger Schlag war die von französischer Seite erfolgte Plünderung der Vatikanarchive, deren Dokumente großenteils noch heute in der Pariser Arsenal-Bibliothek liegen. In mehreren italienischen Städten versuchten sich Freimaurer an ihren ehemaligen Peinigern zu rächen, und etliche Inquisitoren sahen sich gezwungen, vor dem lynchbereiten Mob zu fliehen.

Nach Napoleons Sturz nahm die Kirche, angestiftet durch das Heilige Offizium, ihre selbsterklärte Vendetta gegen die Freimaurerei wieder auf; es wurde ein regelrechter Feldzug, der im Fortgang des 19. Jahrhunderts sogar noch verbissener geführt und noch paranoider werden sollte. 1814, nach Napoleons erster Abdankung, kam eine neue Bulle gegen die Freimaurerei heraus. Weitere öffentliche Verurteilungen folgten, gezeichnet von Papst Pius VII. (1800–1823), Leo XII. (1823–1829), Pius VIII. (1829–1830) und Gregor XVI. (1831–1846). Papst Pius IX., der sich später für unfehlbar erklären sollte, erließ bereits in seinem ersten Amtsjahr, 1846, eine Enzyklika, in der er die Freimaurerei verdammte, und ließ dieser insgesamt nicht weniger als sieben weitere Verdammungen folgen. Die Freimaurerei wurde als »die Synagoge Satans« und »eine abscheuliche Sekte der Verderbten« verunglimpft.[16]

Der Nachfolger von Pius IX., Leo XIII., bestieg den Heiligen Stuhl 1878 und thronte dort bis 1903. Im Jahr 1884 veröffentlichte er eine Enzyklika, welche die wohl heftigste offizielle und öffentliche Verurteilung der Freimaurerei in der Geschichte der katholischen Kirche darstellt. Auf den ausdrücklichen Befehl des Papstes wurde ihr Text vor allen Kirchenportalen verlesen. Die Enzyklika beginnt mit den Worten: »Das Menschengeschlecht ist in zwei grundverschiedene und unvereinbare Parteien unterteilt... Die eine ist das Königreich Gottes auf Erden – also die Kirche Jesu Christi; die andere ist das Reich Satans.«[17]

Im weiteren Verlauf äußert sich der Text dann speziell zur Freimaurerei: »In der heutigen Zeit... scheinen jene, die dem Bösen folgen, sich miteinander zu verschwören und zu verbünden, und zwar unter der Anleitung und mit der Hilfe jener allgegenwärtigen Gesellschaft wohleingeführter Männer, die man Freimaurer nennt.«[18]

Der Papst spricht im weiteren auch ausdrücklich die Ursache dieser kirchlichen Paranoia an: die Furcht vor Konkurrenz. Freimaurer »sagen nun offen, was sie insgeheim schon seit langer Zeit planen... daß dem Papst die spirituelle Macht als solche entrissen werden müsse und die göttliche Einrichtung des römischen Pontifikats von der Erde verschwinden solle«.[19]

In seiner 1914 erschienenen Erzählung *Die Verliese des Vatikan* gibt Andé Gide eine fiktive Episode wieder, die nachweislich einen wahren historischen Kern enthält. Gegen Ende des 19. Jahrhunderts, während des Pontifikats von Leo XIII., bereisen zwei begnadete Trickbetrüger die südlichen Provinzen Frankreichs. Sie haben klerikale Gewänder angelegt und führen eine detaillierte, sorgfältig recherchierte Liste von wohlhabenden Katholiken mit sich, die in den Gegenden leben, durch die sie kommen. Sie klopfen an die Türen dieser Opfer, werden eingelassen und erzählen eine furchtbare Geschichte, die sie als hochgeheim und hochbrisant ausgeben.

Die Gestalt, die von Zeit zu Zeit auf dem Balkon am Petersplatz erscheine, sei, so vertrauen sie ihren Gastgebern an, nicht der Papst, sondern ein Double, ein Doppelgänger, ein Hochstapler, der durch eine hinterhältige Konspiration der Freimaurer in den Vatikan eingeschmuggelt worden sei. Der wahre Heilige Vater sei von den Freimaurern entführt worden. Er werde an einem bislang unbekannten Ort unter strenger Bewachung gefangengehalten. Wenn man nicht bis zu einem bestimmten Stichtag die geforderte Lösesumme zusammenbekomme, werde der Papst hingerichtet, und das ganze Papsttum falle in die Hände der Freimaurerei. Daher trete man nun diskret an besonders loyale und fromme Katholiken heran und bitte sie um einen Beitrag zur Rettung des Papstes. Kein Wunder, daß die beiden Trickbetrüger mit dieser Masche reiche Ernte einfuhren.

Solche Geschichten wurden damals nicht selten erzählt. Wir wissen nicht, von welcher dieser vielen Anekdoten Gide sich hat inspirieren lassen und wie weit er sich bei seiner literarischen Ausgestaltung von dem realen Vorgang entfernt hat. Aber seine Erzählung legt beredt Zeugnis ab von der Freimaurer-Hysterie, die das Heilige Offizium damals schürte, und vom blickvernebelnden Verfolgungswahn, dem die katholische Kirche und ihre Schäfchen in jenen Tagen erlagen.

Diese Paranoia hält übrigens in gewissen Kreisen bis heute an. Noch in den neunziger Jahren des 20. Jahrhunderts füllten sich die Briefkästen im Londoner Stadtteil Belgravia mit aufwendig gedruckten, vierseitigen Flugblättern einer ultraorthodoxen katholischen Organisation, die wieder einmal eine niederträchtige Freimaurer-Verschwörung zur Übernahme der Weltherrschaft »aufdeckte« und Prominente fälschlich der Mitgliedschaft in Freimaurer-Logen bezichtigte – beispielsweise den Earl Mountbatten of Burma, der niemals Freimaurer gewesen ist.

10. DIE EROBERUNG DES KIRCHENSTAATES

Als das letzte Drittel das 19. Jahrhunderts anbrach, sah sich die römische Kirche – und mit ihr das Heilige Offizium – stark in die Enge getrieben. Seit dem Erscheinen von Diderots Roman *Die Nonne* im Jahr 1760, also mehr als ein Jahrhundert zuvor, hatten Priester, Mönche, Äbte, Bischöfe, Kardinäle und vor allem Inquisitoren in der Literatur immer wieder die Rollen der Erzschurken spielen müssen, und zwar nicht nur im Genre des Schauerromans, zum Beispiel in Matthew Lewis' *Der Mönch*, sondern auch in anspruchsvolleren literarischen Gattungen, so in einigen Werken von Stendhal. Und als 1879 und 1880 Dostojewskis Roman *Die Brüder Karamasoff* erschien, brannte sich mit dem Großinquisitor sowohl in das russische wie auch in das westliche Bewußtsein ein unauslöschliches, unabänderliches Bild ein: das Bild des zynischen, skrupellosen Patriarchen, der bereit ist, sogar Jesus auf dem Scheiterhaufen sterben zu lassen, um die angestammten Rechte der katholischen Kirche und ihrer Hierarchie zu verteidigen.

Die »schlechte Presse« hatte Rom keineswegs nur in der sogenannten hohen Kultur. Die katholische Kirche hatte durch ihr Handeln immer schon beträchtliche Teile der Bevölkerung gegen sich eingenommen. Und nun, da die Menschen sich ihres Rechts auf freie Meinungsäußerung immer öfter bedienten, da Bildung nicht mehr eine Sache einiger weniger war, da Zeitungen, Zeitschriften und populäre Literatur eine immer weitere Verbreitung fanden, wurden auch dieser Gegnerschaft immer mehr Möglichkeiten geboten, sich zu artikulieren. Zusätzlich ermutigt, ihrem Unmut Luft zu machen, wurden die einfachen Menschen von den Haltungen und Wertvorstellungen, die von den Höhen der Geisteskultur allmählich auch zu ihnen durchsickerten. In den protestantisch dominierten Ländern wie Großbritannien und Deutschland war die Abneigung gegen den vermessenen Machtanspruch der katholischen Kirche ohnehin schon weit verbreitet. Auch in den Vereinigten Staaten grassierten antirömische Stimmungen, trotz des gegenläufigen Einflusses der katholischen Einwanderer aus Italien und Irland.

Die katholische Kirche mußte auch mit anderen Herausforderungen fertig werden. Im Jahr 1859 erschien Charles Darwins Abhandlung *Über die Entstehung der Arten*, und 1871 folgte *Die Abstammung des Menschen*, unter theologischen Gesichtspunkten ein Werk mit noch größerer Sprengkraft, das den biblischen Schöpfungsbericht grundlegend in Frage stellte. Seit etwa drei Jahrhunderten hatte im Wertesystem der westlichen Kultur ein prekäres Gleichgewicht bestanden, zwischen der Wissenschaft, insbesondere der Naturwissenschaft, auf der einen und der organisierten Religion auf der anderen Seite.

Jetzt wurde dieses Gleichgewicht – dem Anschein nach auf einen Schlag – zerstört: Der Zeiger neigte sich eindeutig zugunsten der Naturwissenschaft, und die westliche Zivilisation erhielt eine säkulare Ausrichtung, wie sie kurz zuvor noch undenkbar gewesen wäre. In der Vergangenheit hatte jede Abweichung von der religiösen Orthodoxie – vom Atheismus ganz zu schweigen – als verbrecherisches und strafbares Vergehen gegolten. Im protestantischen England war noch 1811 Percy Bysshe Shelley wegen seines Atheismus von der Universität Oxford relegiert worden, und im Einflußbereich der katholischen Kirche fielen die Strafmaßnahmen noch erheblich drastischer aus. Nun jedoch, nur wenige Jahrzehnte später, waren der Atheismus beziehungsweise Agnostizismus eines Thomas Huxley oder eines Herbert Spencer nicht nur weithin bekannt und respektiert, sondern geradezu in Mode.

Dasselbe galt, zumindest in den radikaleren Kreisen, für den »dialektischen Materialismus« von Karl Marx: Dieser hatte ja die organisierte Religion als »Opium fürs Volk« gebrandmarkt – auch wenn sich der Marxismus selbst später als nicht minder tödliche Droge entpuppen sollte. Während solche kirchenfeindlichen Gedanken sich allmählich in der christlichen Welt verbreiteten, konnte die katholische Kirche nur hilflos und wütend zusehen, denn die Machtmittel, um diese Entwicklung zu stoppen, standen ihr nicht mehr zu Gebote. Die Inquisitoren des Heiligen Offiziums, die früher wie die Bluthunde gewütet hatten, waren an die Kette gelegt und in den Zwinger gesperrt worden.

Eine weitere Bedrohung ging von der Entwicklung aus, die, vor allem in methodologischer Hinsicht, von deutschen Historikern und Archäologen in Gang gebracht worden war. Bis zur Mitte des 19. Jahrhunderts »gab es die Art der Forschung, wie wir sie heute kennen, noch gar nicht, weder allgemein anerkannte Methoden noch verläßliche Verfahren. Es gab auch keine eigentliche Ausbildung, und man war sich nicht klar darüber, daß man bei der Erforschung derartiger Dinge ›wissenschaftlich‹ vorgehen mußte, daß heißt mit derselben Strenge, Objektivität und Systematik wie bei jeder anderen Wissenschaft«.[1]

Unter der Führung der deutschen Gelehrtenriege wurde dieser Mißstand nun in rasantem Tempo behoben. Der Wandel wurde besonders in der Gestalt Heinrich Schliemanns (1822–1890) augenfällig, der in Deutschland geboren worden war und 1869 die US-amerikanische Staatsangehörigkeit annahm. »Schon als Junge schwärmte Schliemann leidenschaftlich für Homers *Ilias* und *Odyssee*. Er glaubte fest daran, daß die Epen keine bloßen Dichtungen waren, sondern Geschichte in mythischer Gestalt, legendäre Berichte zwar, die sich jedoch auf Menschen, Ereignisse und Orte bezogen, die es wirklich einmal gegeben hat.«[2]

Schliemann pochte darauf, »daß Troja nicht nur ein Produkt dichterischer Phantasie war, sondern eine Stadt, die wirklich existiert hatte. Homers Werke waren für ihn wie eine Landkarte, mit deren Hilfe man bestimmte geographische und topographische Anhaltspunkte gewinnen konnte. Die Entfernungen, die darin zwischen verschiedenen Orten angegeben wurden, ließen sich schätzen, indem man die Reisegeschwindigkeit jener Zeit berücksichtigte. Mit diesen und anderen Mitteln glaubte Schliemann, den Weg der griechischen Flotte, wie er in der *Ilias* beschrieben ist, verfolgen und die Lage Trojas bestimmen zu können, und nach seinen Berechnungen war er überzeugt davon, den Standort Trojas ermittelt zu haben.

Nachdem Schliemann sich durch Handel ein Vermögen verdient hatte, machte er sich auf, um an der mutmaßlichen Stelle Ausgrabungen vorzunehmen. Seine Zeitgenossen hielten das ganze Unternehmen für eine Donquichotterie. 1868 begab er sich nach Griechenland und folgte mit seinem zweieinhalbtausend Jahre alten Führer Homer dem Rückweg der Flotte der Achäer und begann an besagter Stelle in der Türkei zu graben. Und zur absoluten Verblüffung der Weltöffentlichkeit fand Schliemann Troja tatsächlich – oder doch zumindest eine Stadt, auf die Homers Beschreibung von Troja zutraf. Genauer gesagt: Schliemann fand mehrere Städte. Bei vier verschiedenen Ausgrabungen stieß er auf neun Städte, von denen jede sich über den Ruinen der jeweils älteren erhob ...

Schliemann hat bewiesen, daß Archäologie mehr leisten kann, als archaische Legenden auf ihren historischen Wahrheitsgehalt hin zu prüfen und zu entscheiden, ob etwas daran ist – oder eben nicht. Er zeigte auch, daß diese Legenden die meist nüchternen, trockenen Chroniken der Vergangenheit mit Leben und Kraft erfüllen, in einen menschlichen und gesellschaftlichen Kontext einbetten und die Grundlagen des alltäglichen Lebens und Handelns offenlegen können, aufgrund derer Mentalität und Milieu der damaligen Zeit deutlich werden. Darüber hinaus bewies er, daß man durch genaues Beobachten und Aufzeichnen von Anhaltspunkten zu wissenschaftlichen Ergebnissen kommen konnte.

Bei der Freilegung der neun übereinanderliegenden Städte Trojas wandte Schliemann die Methoden an, die in jüngster Zeit in der Geologie Einzug gehalten hatten. Sie erlaubten Schlüsse, die heute selbstverständlich sind: daß nämlich jede Schicht von Ablagerungen von den übrigen unterschieden und eingeordnet werden kann, aufgrund der einfachen Voraussetzung, daß die unterste Schicht die älteste ist. Schliemann wurde dadurch zum Pionier der Stratigraphie, einem Teilgebiet der Geologie, und deren Anwendung auf archäologischem Gebiet. Praktisch im Alleingang hat er somit den damaligen archäologischen Ansatz und dessen Methoden revolutioniert.

Natürlich erkannte man schon sehr bald, daß sich Schliemanns wissenschaftlicher Ansatz problemlos auf die biblische Archäologie anwenden ließ«.[3] Nur wenige Jahre nach Schliemanns Durchbruch waren britische Forscher emsig in Ägypten und Palästina tätig, wo sie unter anderem eine Ausgrabung unterhalb des Jerusalemer Tempels durchführten. Sir Charles Wilson, damals Captain der Royal Engineers, »stieß dabei auf bauliche Reste, die man als die Ställe Salomons bezeichnete«.[4]

Die wissenschaftliche Methodik, die sich in der Archäologie als so überaus fruchtbar erwiesen hatte, wurde auch in der Geschichtswissenschaft angewandt. Schließlich verdankte Schliemann seinen Erfolg als Entdecker größtenteils der Sorgfalt, mit der er Homers Epen unter die Lupe genommen hatte, seinem rigorosen Bemühen, Tatsachen und phantastische Ausschmückungen nach streng wissenschaftlichen Kriterien voneinander zu unterscheiden, und seiner Idee, die systematische Vorgehensweise der Geologie auf sein eigenes Metier zu übertragen. Da konnte es nicht ausbleiben, daß andere Männer, die ebenso konsequent dachten, dieselbe präzise Methode unbarmherzig auf die Heilige Schrift anwandten.

»Der französische Theologe und Historiker Ernest Renan hat sich darum besondere Verdienste erworben. Der 1823 geborene Renan wollte zunächst Priester werden und trat darum in das Seminar von Saint-Sulpice ein. 1845 entsagte er jedoch dieser Berufung. Er fühlte sich nun vielmehr durch die deutsche Bibelforschung dazu angeregt zu untersuchen, wie weit die christlichen Schriften wörtlich zu nehmen seien. 1860 begab sich Renan auf eine archäologische Reise nach Palästina und Syrien. Drei Jahre später veröffentlichte er sein berühmtes – oder, wie man's nimmt, berüchtigtes – Werk *Das Leben Jesu*. Renan versuchte darin, das Christentum zu entmystifizieren. Er beschrieb Jesus als ›unvergleichlichen Menschen‹, aber eben als Menschen, das heißt als sterblich und nicht göttlich, und stellte eine Wertehierarchie auf, die man heute wohl als säkularisierten Humanismus bezeichnen würde.«[5]

Renans Buch landete augenblicklich auf dem Index. In den folgenden Jahren sprach das Heilige Offizium über nicht weniger als neunzehn seiner Werke den Bann. Aber »Renan war kein obskurer Akademiker oder sensationslüsterner Aufrührer, sondern vielmehr eine zu seiner Zeit hochangesehene Geistesgröße«.[6] Folglich löste *Das Leben Jesu* eine der heftigsten Erschütterungen im geistigen Gefüge des 19. Jahrhunderts aus.

»Es gehörte zu den meistgekauften Büchern des Jahrhunderts und ist bis heute niemals vergriffen gewesen. Den Gebildeten der damaligen Zeit war der Name Renan ebenso geläufig wie uns heute Freud oder Jung, aber er wurde mit Sicherheit auch von den Massen viel gelesen. Was er geschrieben hatte, veränderte die Bibelforschung mit einem Schlag, und zwar in unvorstellbarem Ausmaß. Und Renan blieb für die nächsten dreißig Jahre seines Lebens ein Pfahl im Fleische der Kirche. Er veröffentlichte Arbeiten über die Apostel, über Paulus und die Anfänge des Christentums, stets auf dem Hintergrund der Lebensumstände im damaligen Römischen Reich. … Renan hat eine Freiheit des Geistes entfesselt, den das Christentum nie wieder einfangen oder zähmen konnte.«[7]

GARIBALDI UND DIE EINIGUNG ITALIENS

Dank Darwin und seiner Anhänger stellten die Naturwissenschaften eine immer ernstere Gefahr für die katholische Kirche dar. Als weitere Bedrohung kam die neue biblische Archäologie und Bibelkunde mit ihrer innovativen, streng wissenschaftlichen Methodik hinzu. Einflußreiche und vielgelesene Philosophen – Schopenhauer zum Beispiel oder Nietzsche mit seinem apodiktischen »Gott ist tot« – stellten die herkömmliche christliche Ethik und die theologischen Annahmen in Frage, ja, scheuten sich zum Teil sogar nicht, sie blasphemisch zu verhöhnen.

Unter dem Motto, das der französische Schriftsteller Théophile Gautier ausgegeben hatte – »*l'art pour l'art*«, also »Kunst um der Kunst willen« –, »trat schließlich alsbald die Kunst als eine Art Religion an die Stelle der eigentlichen Religion und drang auf Gebiete vor, von denen sich diese immer mehr zurückzog. So wurde etwa Bayreuth das Zentrum eines neuen Kultes mit einem neuen Credo, und vielen gebildeten Europäern bedeutete es fast genauso viel, als Wagnerianer bezeichnet zu werden wie als Christ«.[8]

Am Ende dieses Jahrhunderts sollte der Künstler die Rolle des Priesters ganz übernommen haben: Er wurde, um die berühmten Worte von Joyce zu zitieren, »ein Priester der eigenen Imagination«.

Und dann war da noch die immer unbeständiger werdende politische Lage. Zwischen 1805 und 1808 hatte Napoleon in Italien sein eigenes Regime eingeführt und das Land in Königreiche unterteilt, die von ihm selbst und einem seiner Brüder regiert wurden, später von einem seiner Marschälle, Joachim Murat. Im

Jahr 1809 hatte Napoleon alle weltlichen Besitzungen des Papsttums aufgelöst und dessen säkulare Machtansprüche für nichtig erklärt. Auf die Exkommunikation durch Papst Pius VII. hatte das »korsische Ungeheuer« damit reagiert, daß es den Pontifex ins Gefängnis warf. Von dieser Demütigung sollte sich das Papsttum nie wieder ganz erholen.

Nach Napoleons endgültiger Niederlage im Jahr 1815 unternahm man den Versuch, die alte europäische Ordnung wiederherzustellen, und es begann die Ära der sogenannten Restauration, die in den meisten Gegenden des Kontinents etwa zwanzig Jahre andauerte. In Italien jedoch erwies es sich, daß die alte Ordnung unwiederbringlich zerstört war. Ein Großteil der Halbinsel wurde direkt oder indirekt von den österreichischen Habsburgern regiert, aber auch die Habsburger-Dynastie war inzwischen erheblich geschwächt. Den Rest Italiens teilten sich habsburgische und bourbonische Herzogtümer, der Kirchenstaat, der nominell vom Papst regiert wurde, das Bourbonen-Königtum Neapel und die beiden Sizilien, die den Süden einnahmen, sowie im Nordwesten das junge Königreich Piemont, das – von Turin aus – vom Hause Savoyen geführt wurde. Die italienische Halbinsel war also wieder ein Flickenteppich wie vor der Französischen Revolution und den Napoleonischen Kriegen und sogar noch instabiler als damals. Daß sich hier wieder ein Gleichgewicht einstellen würde, und sei es noch so unsicher, stand kaum zu erwarten.

Das Verlangen nach nationaler Einheit, das im 19. Jahrhundert durch ganz Europa geweht war, sollte schon bald auch in Italien ausbrechen. Im Jahr 1815 waren bereits jene Ereignisse in Gang gekommen, die etwa fünfundsechzig Jahre später in der Vereinigung des Landes und der Geburt einer neuen europäischen Macht kulminieren sollten.

Eines der Schlüsselelemente in dieser Entwicklung war die Carboneria, ein Netzwerk von Geheimbünden, die sich der Revolution verschrieben hatten, für die Vertreibung aller fremden

Mächte aus dem Land und für seine Einigung sowie die Einrichtung einer souveränen, demokratischen Regierung kämpften. Die Carboneria war freimaurerähnlich organisiert. Von vielen, die sich näher mit ihr beschäftigt haben, ist sie deshalb auch als eine im Grunde freimaurerische Institution charakterisiert worden. Sicherlich bestanden gewisse Übereinstimmungen zwischen Carboneria und Freimaurerei; so gab es prominente Mitglieder der ersteren, die zugleich auch der letzteren angehörten.

Ein Beipiel dafür ist Giuseppe Mazzini, der 1830 nach Frankreich ins Exil ging und dort ein Jahr später einen neuen Geheimbund gründete, das »Junge Italien«. Im folgenden Jahr schloß sich ein sechsundzwanzigjähriger Revolutionär Mazzini an: Giuseppe Garibaldi. Zu dieser Zeit hatten »Junges Italien« und die Carboneria zusammen bereits über sechzigtausend Mitglieder. In den Augen des Papsttums und des Heiligen Offiziums waren sie allesamt Freimaurer, und ihre Aktivitäten lieferten angeblich den Beweis, daß eine freimaurerische Konspiration im Gange war. Die päpstlichen Erklärungen wider die Freimaurerei nahmen an Zahl und Heftigkeit zu.

Im Jahr 1848 fegte der revolutionäre Geist durch fast ganz Europa, und auch Italien entging der Ansteckung nicht. Am 9. Januar brach der Aufstand von Palermo aus, und der Rest Siziliens schloß sich rasch an. Im März proklamierte das habsburgische Territorium im Norden, also die Lombardei und Venetien, seine Unabhängigkeit, und Piemont, das sich dieses Gebiet einverleiben wollte, erklärte Österreich den Krieg. Im Mai waren die in die Lombardei eingefallenen piemontesischen Truppen von den Österreichern zurückgeschlagen worden, und das Heer des konservativen Neapel hatte sich aufgemacht, Sizilien zurückzuerobern. Im November wurde jedoch der päpstliche Ministerpräsident in Rom ermordet, und Papst Pius IX. sah sich zur heimlichen Flucht aus der Heiligen Stadt gezwungen. Im Februar des folgenden Jahres rief Mazzini, unterstützt von Garibaldi, die Römische Republik aus, die die Stelle des alten Kirchenstaates einnehmen sollte.

Von da an sollten die gesellschaftlichen und politischen Turbulenzen schier kein Ende mehr nehmen. Zumindest eine Zeitlang schienen die Kräfte, die die alte Ordnung wiederherstellen wollten, die Oberhand zu gewinnen. Ein zweiter Angriff Piemonts auf Österreich wurde zurückgeschlagen, und die von Louis Napoleon, dem späteren Kaiser Napoleon III., entsandten französischen Truppen stürzten die Römische Republik Mazzinis und Garibaldis. In der zweiten Hälfte des Jahres 1849 bestieg ein neuer, gemäßigter König den piemontesischen Thron: Viktor Emanuel II. Ein Jahr darauf berief er mit Camillo di Cavour einen schwungvollen Modernisierer und Progressiven in sein Kabinett. Cavour betrachtete es als seine Lebensaufgabe, ein vereinigtes Italien zu erschaffen, und wirkte bis zu seinem Tode unermüdlich auf dieses Ziel hin. 1857 hatte er eine monarchistisch und unionistisch orientierte politische Partei gegründet.

Piemont kämpfte 1859 bereits wieder mit Österreich um die Vorherrschaft in Oberitalien. Dank Cavours erfolgreicher Geheimdiplomatie wurden die wenig tauglichen piemontesischen Truppen diesmal von der schlagkräftigen französischen Armee unter dem Kommando von Napoleon III. höchstpersönlich verstärkt. Bei Magenta und Solferino kam es zu den beiden Entscheidungsschlachten, die zur Folge hatten, daß die unterlegenen Habsburger aus der Lombardei vertrieben wurden. Im Januar des folgenden Jahres stachen Garibaldi und seine Freiwilligen – insgeheim von Cavour unterstützt – von einem Hafen nahe Genua aus in See; im Mai erreichte dieser »Zug der Tausend« sein Ziel, Sizilien, und eroberte rasch die ganze Insel. Im August wurde Neapel eingenommen. Am 26. Oktober 1860 trafen sich Viktor Emanuel und Garibaldi auf ehemals napoleonischem Territorium, und Garibaldi erklärte den Herrscher von Piemont zum König Italiens. Offiziell wurde das Königreich Italien am

17. März 1861 in Turin, der Hauptstadt Piemonts, ausgerufen. Ganz Italien, mit Ausnahme des Kirchenstaates, war nun vereint.

Im Juli 1862 sandte Garibaldi einen Rundbrief mit einem eindringlichen Aufruf an alle Freimaurerlogen auf Sizilien. Darin heißt es:

»Die Brüder sind, sowohl als Bürger wie auch als Freimaurer, zur Zusammenarbeit angehalten, damit Rom eine italienische Stadt wird, die Hauptstadt einer großen und starken Nation. Und es ist ihre Pflicht, nicht nur die patriotische Bewegung mit allen ihnen zu Gebote stehenden Mitteln zu unterstützen, sondern auch die Nichteingeweihten davon zu überzeugen, daß das Schicksal Italiens so lange auf dem Spiel steht, wie Rom nicht unser ist, und daß mit der Einnahme Roms alle Sorgen ein Ende finden werden.«[9]

Die Eroberung Roms und des Kirchenstaates zu propagieren war eine Sache – diese Absicht in die Tat umzusetzen eine ganz andere. Das Papsttum stand immer noch unter dem Schutz der französischen Armee, die zu jener Zeit als unbesiegbar galt. Und Napoleon III. verspürte natürlich kein Verlangen, daran mitzuwirken, daß das europäische Kräftegleichgewicht durch ein vereinigtes und potentiell gefährliches Italien gestört wurde. Als Garibaldi 1867 versuchte, den Kirchenstaat gewaltsam einzunehmen, wurde er von französischen Truppen daran gehindert.

Schon bald tat sich jedoch eine neue Gelegenheit auf. Am 19. Juli 1870 ließ sich Napoleon III. aufgrund einer fatalen Fehleinschätzung der eigenen und der gegnerischen Militärstärke dazu hinreißen, Preußen den Krieg zu erklären. Damit begann eine Serie herber französischer Niederlagen, die dazu führten, daß auch die Truppenteile, die zum Schutz des Papsttums abgestellt worden waren, zurückbeordert wurden. Aber auch ihr Einsatz an der Front konnte das Blatt nicht wenden.

Nach weniger als drei Monaten war der Deutsch-Französische Krieg beendet: Am 1. September 1870 gipfelte die Reihe der militärischen Mißerfolge der Franzosen im Debakel von Sedan. Die französische Armee ergab sich, Napoleon dankte ab, und die Tage des Zweiten französischen Kaiserreiches waren gezählt. Drei Wochen später, am 20. September, marschierten italienische Soldaten triumphierend in Rom ein und fegten die Miniaturarmee des Papstes, die ihnen hauptsächlich symbolischen Widerstand leistete, hinweg. Der Papst weigerte sich, seine Niederlage anzuerkennen, und zog sich schmollend in den Vatikan zurück. Das Königreich Italien umfaßte jetzt die gesamte Halbinsel, und schon bald löste Rom Turin als Hauptstadt ab.

Die Bedrohung, die für die katholische Kirche von den Naturwissenschaften, der Archäologie und der Bibelkunde sowie dem »Kult« um die Künste ausging, wie er beispielsweise in Bayreuth gepflegt wurde, war schon massiv genug – aber die Vereinigung Italiens war noch einmal ein Vorgang von ganz anderer Qualität. Der Kirche, so wie man sie viele Jahrhunderte lang gekannt hatte, versetzte dieses Ereignis den Todesstoß. Nun war das Papsttum endgültig jeder weltlichen Macht beraubt, war nicht mehr in der Lage, seinen Autoritätsanspruch mit physischer Gewalt Geltung zu verschaffen, konnte nicht mehr jenen, die eine abweichende Meinung vertraten, eine körperliche Bestrafung auferlegen. Bei allem Reichtum, aller Würde, allem Prunk und inszenatorischen Aufwand, trotz ihrer großen Tradition war die römisch-katholische Kirche nun ihrer säkularen Umwelt wieder ebenso schutzlos ausgeliefert wie in jenen sagenumwobenen Zeiten der »Urchristen«.

WER HAT IN DER KIRCHE DAS HEFT IN DER HAND?

Aber es gab nicht nur den Druck, der in vielerlei Gestalt von außen ausgeübt wurde, auch interne Zwistigkeiten setzten der Kirche zu. Wie so oft in der Vergangenheit wurden die Differenzen auch diesmal größtenteils direkt von Frankreich verursacht, und wenn dies nicht der Fall war, so lieferten zumindest die Ereignisse in Frankreich den Anlaß zum Streit.

Frankreich war zwar seit jeher als die »älteste Tochter der Kirche« angesehen worden, aber oft genug hatte sich das Land als ein widerspenstiges, rebellisches Kind erwiesen. Im frühen 14. Jahrhundert hatte Philipp IV. den Papst entführt, das Papsttum in Avignon angesiedelt und es zu einem reinen Machtinstrument zur Unterstützung seiner eigenen Politik umgewandelt. Das daraus resultierende Schisma hatte 108 Jahre angedauert und der päpstlichen Autorität irreparable Schäden zugefügt. Im 17. Jahrhundert hatten zwei französische Kardinäle, Richelieu und Mazarin, keinerlei Skrupel gezeigt, die Interessen der katholischen Kirche denen der französischen Krone unterzuordnen.

Ende des 18. Jahrhunderts hatte die Französische Revolution schätzungsweise 17000 Priestern und doppelt so viele Nonnen das Leben gekostet; die Gebäude und Ländereien der Kirche waren zerstört oder konfisziert, die Wertgegenstände geraubt worden; und zumindest kurzfristig konnte sich ein Regime etablieren, das noch nicht einmal ein Lippenbekenntnis zu Rom ablegte. Kurz darauf hatte Napoleon sich erdreistet, den Kirchenstaat einfach wie jedes andere eroberte Territorium zu behandeln, hatte den Papst eingesperrt und sich mit den Schätzen des Heiligen Stuhls und den Geheimarchiven des Vatikans davongemacht, hatte das Heilige Römische Reich demontiert, das den weltlichen Machtanspruch der Kirche verkörperte, hatte die Ordensritter des heiligen Johann von ihrem Sitz auf Malta vertrieben und in Frankreich selbst das Band zwischen Staat und Kirche definitiv durchtrennt.

Während des Zweiten Kaiserreiches unter Napoleon III. konnte sich die Kirche in Frankreich wieder etwas konsolidieren, obwohl sie auf die Unterstützung des Staates weiter verzichten mußte. Im Jahr 1870 wurde die Lage allerdings wieder prekär, denn das Zweite Kaiserreich und die gesellschaftliche Stabilität, die es gewährt hatte, brachen allmählich in sich zusammen. Am Ende des Jahres sollte dieser Prozeß zum Abschluß gekommen, der Kollaps definitiv eingetreten sein. Natürlich konnte niemand absehen, welche dramatischen Ereignisse dieses Ende noch beschleunigen sollten: die preußische Blockade und Belagerung von Paris, die brudermörderischen Tage der Kommune, die ersten Regungen der Dritten Republik sowie die erfolgreiche Gründung des Deutschen Reiches. Aber schon Mitte des Jahres 1870 war klar, daß die Kirche, was auch immer geschehen sollte, nur verlieren konnte.

Immerhin hatte die preußische Kriegsmaschinerie vier Jahre zuvor in nur sechs Wochen, fast beiläufig, das habsburgische Österreich zerschmettert, die einzige auf dem europäischen Kontinent noch existente katholische Macht von einigem Gewicht. Ob das Zweite französische Kaiserreich einem ähnlichen Angriff standzuhalten in der Lage war, durfte bezweifelt werden; und selbst wenn es gelänge, würde die Stellung der Kirche schwer erschüttert werden. Und was die militärische Vorherrschaft anging, so war klar, daß es schon bald nur noch eine einzige »Supermacht« in Europa geben würde, einen monolithischen, martialischen Staat im Norden, wo das Wort Roms nicht das geringste Gewicht hatte und wo die verhaßte Lutherische Kirche so etwas wie eine Zweigstelle des Kriegsministeriums war.

Vor diesem Hintergrund hatten nun auch noch französische Kirchenleute angefangen, innerhalb ihrer Organisation zu agitieren. Seit dem Mittelalter war der alte Disput darüber, wer nun eigentlich in der Kirche das Sagen hatte, nie ganz verstummt. Lag die letzte Autorität in den Händen des Papsttums, genauer: in den Händen der Person, die gerade Papst war? Oder war sie über alle Bischöfe der Christenheit verteilt, die ihren Willen auf den Kirchenkonzilien kundtaten? Hatte sich der Papst im Zweifelsfall dem Konzil der Bischöfe unterzuordnen? Oder unterstand das Konzil der Bischöfe dem Papst? Was würde zum Beispiel geschehen, wenn ein ketzerischer Pontifex auf den Heiligen Stuhl in Sankt Peter gelangte? Wer hätte die Macht, ihn abzusetzen? Rom selbst bestand natürlich auf der Vormachtstellung des Papsttums. Die französischen Bischöfe plädierten für den Vorrang ihrer Konzilien und wurden dabei von vielen ihrer deutschen Amtskollegen unterstützt.

Die Möglichkeit, daß es einmal einen häretischen Papst geben könnte, hatte den Kirchenrechtlern seit dem 13. Jahrhundert Kopfzerbrechen bereitet. Um die Kirche vor einer solchen Situation zu schützen, hatten sich die Juristen auf den Standpunkt gestellt, die höchste Autorität müsse letztlich bei einem »allgemeinen« beziehungsweise »ökumenischen Konzil« liegen. Ihre Argumentation erhielt durch die sogenannte Gefangenschaft von Avignon noch zusätzliche Überzeugungskraft, also durch jene Phase, in der zwei oder sogar drei rivalisierende Päpste und Gegenpäpste einander den Machtanspruch streitig machten und sich wechselseitig exkommunizierten. John Wycliffe hatte dazu 1378 in England, aus der Distanz, bemerkt: »Ich habe immer gewußt, daß der Papst gespaltene Hufe hat. Jetzt hat er auch einen gespaltenen Kopf.«[10]

Anno 1414 wurde schließlich zur Lösung dieser vertrackten und untragbaren Situation das Konstanzer Konzil zusammengerufen, eben ein solches allgemeines Konzil, wie es die Kirchenrechtler vorgeschlagen hatten. Am 6. April 1415 legten die versammelten Kleriker per Dekret fest: »Das Konzil steht über dem Papst.«[11] Alle Christen, *einschließlich des Papstes*, hatten sich den

Entscheidungen des allgemeinen Konzils zu beugen, das – so meinte man – seine Autorität direkt von Gott bezog:

»Diese heilige Synode von Konstanz, die ein ökumenisches Konzil bildet, ... erklärt das Folgende:

Sie erklärt erstens: Diese im Heiligen Geiste rechtmäßig versammelte Synode, die ein allgemeines Konzil darstellt und die streitende katholische Kirche repräsentiert, hat ihre Vollmacht unmittelbar von Christus; ihr ist jedermann, welchen Standes oder welcher Würde auch immer, auch wenn es die päpstliche sein sollte, gehalten zu gehorchen in dem, was den Glauben... betrifft.«[12]

Der moderne Theologe Hans Küng meint dazu: »Nicht bei einem Monarchen liegt die Gewalt in der Kirche, sondern bei der Kirche selbst, deren Diener, nicht Herr, der Papst ist.«[13] Weiter führt Küng aus: »Die Legitimität... aller folgenden Päpste bis auf den heutigen Tag hängt an der Legitimität des Konstanzer Konzils.«[14] Und er fügt noch hinzu: »Der grundsätzlichen Verbindlichkeit der Dekrete von Konstanz darf denn auch heute nicht ausgewichen werden. Kein Papst hat es je gewagt, das Dekret ›Haec Sancta‹ aufzuheben oder als nicht allgemein verbindlich zu erklären.«[15]

Die Konstanzer Beschlüsse, in denen der Vorrang des allgemeinen Konzils sogar gegenüber dem Papst festgeschrieben wurde, wurden besonders von französischen Kirchenleuten mit Begeisterung aufgenommen. Im Jahr 1682 faßte ein Konzil französischer Bischöfe und weiterer Kleriker ihre Position, die später als Gallikanismus bekannt wurde, in vier Hauptpunkten zusammen, den sogenannten gallikanischen Artikeln. Die gallikanischen Artikel stellten fest, daß der Papst keine Vollmacht in weltlichen Fragen habe und daß Könige nicht der päpstlichen Entscheidungsgewalt unterstünden. Die Dekrete des Konstanzer Konzils wurden bestätigt: Allgemeine Konzilien hätten eine höhere Autorität als der Papst. Die traditionelle Unabhängigkeit der Kirche in Frankreich wurde bekräftigt, und in gewisse ihrer Vorrechte – zum Beispiel die Ernennung der französischen Bischöfe – sollte der Papst nicht eingreifen können. Und schließlich wurde in der Erklärung der gallikanischen Freiheiten konstatiert, daß päpstliche Entscheidungen erst dann unwiderruflich rechtskräftig würden, wenn ein allgemeines Konzil sie bestätigt habe.

Durch die Wechselfälle der französischen Geschichte war der Gallikanismus mit seinem Beharren auf der Autorität der Konzilien praktisch zum Synonym für die katholische Kirche Frankreichs geworden. Er war dem Wesen nach ein potentieller Widerpart des Papsttums. Würde man den Gallikanismus bis zur letzten logischen Konsequenz weiterverfolgen, dann hieße das, dem Papst wieder jene Rolle zuzuweisen, die er ursprünglich innegehabt hatte: Er war nichts weiter als der Bischof Roms, einer unter vielen Bischöfen, wenn ihm auch eine Art von nomineller oder symbolischer Führung zugestanden war. Eine echte Vorrangstellung oder Befehlsgewalt hatte er jedoch in den Augen der Franzosen nicht. Sie machten sich, mit anderen Worten, für eine Dezentralisierung der katholischen Kirche stark.

Die Gegenposition, der zufolge der Papst über den Bischöfen und Konzilien stand, wurde als Ultramontanismus bekannt, weil sie den Sitz der Autorität beim Papst in Rom sah, also – von Frankreich aus gesehen – »jenseits der Berge«. Um 1870 war der 450 Jahre alte Gesinnungskonflikt zwischen den Gallikanern und den Ultramontanen durch die Entwicklungen des 19. Jahrhunderts auf die Spitze getrieben worden. Aus dieser Konstellation sollte das moderne Papsttum hervorgehen: das Papsttum, wie wir es heute kennen.

11. UNFEHLBARKEIT

Ein Historiker und katholischer Apologet hat in einer seiner Schriften aus den fünfziger Jahren des 20. Jahrhunderts den Kirchenstaat einmal als »eine wohltuende Theokratie« bezeichnet.[1] Zwischen 1823 und 1846 sind etwa 200 000 Bürger dieser »wohltuenden Theokratie« zu Galeerendienst verurteilt, ins Exil verbannt, mit lebenslanger Haft oder mit dem Tode bestraft worden. Die Inquisitoren des Heiligen Offiziums wandten routinemäßig die Folter an. In jeder Gemeinde, ob kleines ländliches Dorf oder große Stadt, stand auf dem Hauptplatz, jederzeit benutzbar, ein Galgen. Die Bevölkerung wurde grausam unterdrückt und fortwährend überwacht, überall lauerten die Spione des Papstes.

Versammlungen von mehr als drei Personen waren offiziell untersagt. Die Eisenbahn mußte einen Bogen um den Kirchenstaat machen, weil Papst Gregor XVI. glaubte, sie könne »der Religion Schaden zufügen«.[2] Auch Zeitungen waren verboten. Gemäß einem Dekret von Papst Pius VIII. mußte jeder, der ein von einem Ketzer verfaßtes Buch besaß, selbst als Häretiker aufgefaßt werden. Jeder, der irgendwo Kritik am Heiligen Offizium vernahm und diesen Vorfall nicht den Behörden meldete, galt als ebenso schuldig wie derjenige, der die Kritik geäußert hatte. Wer ein Werk las, das auf dem Index stand, oder an einem Freitag Fleisch aß, konnte dafür eingesperrt werden.

Im Jahr 1846 starb Papst Gregor XVI., und unter dem Namen Pius IX. bestieg ein neuer Pontifex den Heiligen Stuhl zu Sankt Peter. Es begann gerade eine stürmische Phase in Europas Geschichte. Nach Napoleons letzter Niederlage bei Waterloo im Jahr 1815 war vom Wiener Kongreß eine politische Ordnung gestiftet worden, die Europa für etwa dreißig Jahre halbwegs stabile Verhältnisse beschert hatte, die allerdings von einem extrem reaktionären Konservatismus geprägt waren. Jetzt war der Kontinent zu neuen Unruhen erwacht. Von den verschiedenen Strömungen dieser Zeit waren zwei besonders machtvoll: revolutionärer Eifer und Nationalismus.

Angesichts seines späteren Werdegangs möchte man kaum glauben, daß dem neuen Papst Pius IX. der Ruf eines Reformers vorauseilte. Er hatte mit bestimmten Bestrebungen zumindest sympathisiert, die einen nationalistischen Kurs verfolgten und die Vereinigung Italiens als ihr Ziel betrachteten. In seiner Funktion als Papst verstand er sich vor allem als von Gott auserwähltes Werkzeug, das der Sache der italienischen Wiedergeburt dienen sollte. Er träumte davon, einer Konföderation italienischer Staaten vorzustehen. Ja, er richtete sogar hoffnungsvolle Appelle an Mazzini und Garibaldi, die sich in ihrer Naivität einbildeten, sie könnten in der Kirche eine neue Verbündete finden.

Gleich welchen Illusionen sich Pius anfangs auch hingegeben haben mochte: sie verflüchtigten sich schnell – und mit ihnen auch seine Beliebtheit. Bald wurde klar, daß das Italien, das dem Papst vorschwebte, sich mit einer konstitutionellen Staatsform, welcher auch immer, kaum würde vertragen können. 1848 weigerte er sich beharrlich, den Feldzug der Rebellen gegen die österreichische Vorherrschaft im Norden zu unterstützen. Seine geflissentliche Neutralität wurde vom Volk als feiger Verrat aufgefaßt, und die Welle der Gewalt, die daraufhin losbrach, zwang den Papst zur schmachvollen, heimlichen Flucht aus Rom: Er reiste, als einfacher Priester verkleidet, in der Kutsche des bayerischen Botschafters aus. 1850 trafen französische Truppen ein und sorgten für die Wiederherstellung der päpstlichen Herrschaft; Pius kehrte auf den Stuhl Petri zurück. Politisch war er nun von allen liberalen oder reformerischen Anwandlungen geheilt, und das kompromißlose Regime, das er in seinem eigenen

Herrschaftsbereich etablierte, wurde seinen Untertanen in zunehmendem Maße verhaßt.

Es war eine der Folgen des Krieges, den Österreich und Frankreich 1859 in Oberitalien führten, daß das gesamte Territorium des ehemaligen Kirchenstaates, mit Ausnahme Roms und der direkt umliegenden Ländereien – einem Gebiet von etwa 190 mal 50 Kilometern Größe –, vom neuen Königreich annektiert wurde. Und selbst in diesem Rumpfstaat blieb die Stellung des Papstes so schwach, daß er durch ständige französische Militärpräsenz geschützt werden mußte; im Grunde war er Herrscher von Frankreichs Gnaden.

Auf diese Weise geschützt, machte sich Pius den Fortschritt im Transport- und Kommunikationswesen zunutze, um die Autorität der katholischen Bischöfe weiter zu schwächen und die Macht verstärkt in seinen eigenen Händen zu konzentrieren. So wurde zum Beispiel Alois Hötzl, ein anerkannter franziskanischer Dozent der Philosphie und der Theologie, mit herrischer Geste von München nach Rom zitiert, weil er einen Schriftsteller in Schutz genommen hatte, der für den Papst und das Heilige Offizium untragbar war. Hötzl wurde prompt für schuldig erklärt und zu spirituellen Exerzitien in der Isolation eines römischen Klosters verurteilt. Erst die wiederholten Appelle des bayerischen Botschafters, der im Auftrag von König Ludwig II. intervenierte, konnten die Freilassung Hötzls bewirken, aber man bestand darauf, daß dieser seine Ansicht öffentlich widerrief.

Innerhalb seines Herrschaftsgebiets regierte Papst Pius IX. wie ein absolutistischer Monarch. Die alten Restriktionen, so das Versammlungsverbot, blieben weiter in Kraft. Auch unabhängige Zeitungen waren weiterhin verboten. Reportagen und Stellungnahmen, die die innerhalb des Kirchenstaates arbeitenden Reporter und Korrespondenten nach draußen schickten, wurden von der Polizei abgefangen. Jedwede Berichterstattung, die nicht genehm war, wurde zensiert oder unterbunden, und die kritischen

Journalisten selbst wurden häufig ausgewiesen. Unerwünschte Bücher und Zeitschriften konnten nicht eingeführt werden. Alle Schriften, in denen einer Kirchenreform das Wort geredet oder gar der gallikanische Standpunkt vertreten wurde, landeten automatisch auf dem Index.

Die Wertvorstellungen und Haltungen der modernen Zeit konnten jedoch nicht völlig ignoriert werden. So war es dem Heiligen Offizium nun nicht mehr erlaubt, Menschen zu verbrennen. Auch die Folter wurde eingeschränkt. Aber immer noch war das Heiligen Offizium durch päpstliches Dekret berechtigt, »Exkommunizierung, Konfiszierung, Verbannung, lebenslängliche Haft sowie heimliche Hinrichtung in schlimmen Fällen« anzuordnen.[3] Die Polizisten und Spitzel des Papsttums hatten weiterhin ihre Augen und Ohren überall und erstickten jedes politische oder theologische Aufbegehren im Keime. Festnahmen waren an der Tagesordnung. Politische Fälle wurden vor besonderen Gerichtshöfen verhandelt, deren Richter stets Priester waren. Die priesterliche Autorität blieb unangefochten. In bester inquisitorischer Tradition wurde den Angeklagten die Identität der Zeugen, die während des Verfahrens gegen sie aussagten, stets verheimlicht, und sie durften sich nicht durch Anwälte verteidigen lassen. Den Ärzten war es untersagt, Patienten weiter zu behandeln, die sich nach ihrer dritten Visite nicht mit ihren Beichtvätern besprachen. Jüdische Ärzte durften überhaupt nicht praktizieren. Aufgrund des diplomatischen Druckes, den der Papst ausübte, wurden sie auch im Nachbarterritorium, in der Toskana, für unerwünscht erklärt.

So also sah die weltliche Herrschaft von Papst Pius IX. aus. Als wolle er sich auch mit einem Schutzschild aus himmlischen Vollstreckungsgehilfen umgeben, produzierte der Papst in einem noch nie dagewesenen Ausmaß neue Heilige. Im Jahr 1862 rekrutierte er zum Beispiel mehr als zwei Dutzend von ihnen auf einen Schlag, indem er sechsundzwanzig Missionare kanonisierte, die im Jahr 1597 in Japan ermordet worden waren. Er füllte das Episkopat mit gleichgesinnten Bischöfen auf und gründete mehr als zweihundert neue Diözesen. Auf eigene Faust – das heißt, ohne die Zustimmung eines allgemeinen Konzils einzuholen, wie es das Konzil zu Konstanz eigentlich vorgeschrieben hatte – erhob er die Doktrin der Unbefleckten Empfängnis in den Rang eines erklärten Dogmas. Nichtkatholiken meinen oft fälschlich, hier gehe es um die Jungfräulichkeit Mariens bei der Geburt Jesu. In Wirklichkeit besagt dieses Dogma jedoch, daß Maria selbst – um als würdiges Gefäß für eine Inkarnation Gottes, nämlich Jesus, dienen zu können – frei von jeder Erbsünde geboren worden sein muß. Aufgrund der Erklärung des Papstes wurde die Reinheit ihrer Geburt rückwirkend »wahrhaftig«.

Im Jahr 1864, als der amerikanische Bürgerkrieg seinen blutigen Höhepunkt erreichte und der preußische Militärapparat unter Bismarck Dänemark in nur sechs Tagen überrollte, erklärte auch der Papst seinen ärgsten Feinden, nämlich »Fortschritt, Liberalismus und moderner Zivilisation«, den Krieg. Diese »Irrtümer« wurden in einer an alle römisch-katholischen Bischöfe gerichteten Enzyklika offiziell geächtet. In demselben Sendschreiben breitete der Papst auch seine Vision aus: Die ganze Welt sollte unter einer einzigen Religion vereint werden – der römisch-katholischen.

Der Enzyklika war eine Liste beigefügt, der »Syllabus der Irrtümer«, ein verbindlicher Katalog aller Einstellungen und Überzeugungen, die der Papst als gefährlich, falsch und ketzerisch erachtete. Selbstverständlich verurteilte der »Syllabus« den Rationalismus, die Geheimbünde und die Bibelgesellschaften. Dem Papst zufolge lag auch falsch, wer da glaubte, jeder Mensch sei »frei, die Religion zu wählen und zu bekennen, die er … für wahr hält«.[4] Ebenso irrig sei die Annahme, in der heutigen Zeit sei es »nicht mehr angebracht, daß die katholische Religion die einzige Staatsreligion ist und alle anderen Formen des Glaubens ausgeschlossen werden«.[5] Es sei falsch zu glauben, »daß Personen ... ihren je eigenen Glauben öffentlich praktizieren dürfen«.[6] Der achtzigste und letzte Irrtum, den der Pontifex verurteilte, bezog sich auf ihn selbst: Es war dies der Irrglaube, »der römische Oberhirte kann und sollte sich mit Fortschritt, Liberalismus und moderner Zivilisation versöhnen und abfinden«.[7]

Dem »Syllabus der Irrtümer« war eine kurze Einleitung aus der Feder des Kardinals Antonelli vorangestellt, seines Zeichens Staatssekretär des Kirchenstaates und einer der Kardinäle, die dem Heiligen Offizium vorstanden, das inzwischen dazu übergegangen war, sich selbst als »Heilige Kongregation der Römischen und Universalen Inquisition« zu bezeichnen. Wie Antonelli schrieb, »wollte derselbe souveräne Papst, daß ein Syllabus der Irrtümer zur Versendung an alle Bischöfe der katholischen Welt zusammengestellt werde, auf daß diese Bischöfe alle Irrtümer und verderblichen Lehren, welche er zurückgewiesen und verurteilt hat, vor Augen haben mögen«.[8]

Ein Biograph Pius' IX. schrieb: »Der Syllabus wurde vielfach als eine von dem gekränkten Papst gegen das 19. Jahrhundert geschleuderte Herausforderung angesehen.«[9] Diese Interpretation trifft durchaus den Punkt. Wenn es nach den Wünschen des Papstes gegangen wäre, hätte Gott das 19. Jahrhundert insgesamt zurücknehmen und annullieren müssen. Da Gott ihm diesen Gefallen nicht tat, versuchte der Papst, sich das göttliche Recht selbst anzueignen und dafür zu sorgen, daß es ihm nie wieder streitig gemacht würde: Er erklärte sich für unfehlbar.

Schon in den Jahren vor diesem Schritt hatte Papst Pius IX. Maßnahmen ergriffen, die das gesamte Papsttum verändern sollten. Zu einer Zeit, da sich selbst die autokratischsten der weltlichen Regime gezwungen sahen, sich – und sei es auch im Schneckentempo – allmählich in Richtung repräsentative Demokratie zu bewegen, schlug die katholische Kirche unter Pius die entgegengesetzte Richtung ein: Sie strebte einem neofeudalen

Absolutismus zu. Man konnte fast den Eindruck gewinnen, daß der Papst und die umgetaufte Inquisition den fortschreitenden Verlust der weltlichen Macht zu kompensieren versuchten, indem sie immer umfassendere Herrschaftsansprüche in psychischer und spiritueller Hinsicht anmeldeten.

Wenn der Großinquisitor nun schon keine Menschen mehr auf den Scheiterhaufen schicken durfte, so konnte er sie doch zu bestrafen versuchen, indem er sich in ihrem Bewußtsein einnistete, wozu er sich psychologischer Methoden bediente, die an Voodoo erinnern. Es ist tatsächlich so, daß dieser Geist des Papsttums versuchte, die fromme Gemeinde in Besitz zu nehmen – oder, nur wenig anders formuliert, »besessen« zu machen. Nun, da die katholische Kirche ihre weltliche Souveränität eingebüßt hatte, bemühte sie sich, neues Terrain dort zu erobern, wo sie am wenigsten Widerstand erwarten durfte: in den Köpfen der Katholiken.

Diese Verlagerung des kirchlichen »Operationsgebiets« wurde durch das Erste Vatikanische Konzil eingeleitet, das im Dezember 1869 unter der Schirmherrschaft von Pius IX. zusammenkam. Es zog sich über zehneinhalb Monate hin, und als es am 20. Oktober 1870 für beendet erklärt wurde, hatte sich das Papsttum tiefgreifend gewandelt.

Das Konzil hatte ganz konventionell begonnen, nämlich mit den üblichen, vorhersagbaren Erklärungen zur Ächtung des Atheismus, Materialismus und Pantheismus. Schon bald zeigte die Veranstaltung jedoch ihr wahres Gesicht: Der alte Kampf um die Vorherrschaft, der seit Jahrhunderten zwischen den Bischöfen einerseits, die auf eine Dezentralisierung der Kirche drängten, und dem Papsttum andererseits, das nach unanfechtbarer Autorität verlangte, wogte, sollte endgültig entschieden werden. Als das Konzil auseinanderging, hatte die päpstliche Position auf der ganzen Linie gesiegt.

Das Erste Vatikanum war kein freies Konzil; es war vielmehr von Einschüchterungen und Ausübung von Druck geprägt. Es stand ganz unter dem Zeichen der päpstlichen Wünsche und Forderungen, und da die Entschlüsse nicht in geheimer Abstimmung gefällt wurden, hatten Abweichler keine Chance. Diejenigen, die anderer Meinung waren als der Papst, gaben sich bezüglich des Ausgangs der Veranstaltung keiner Illusion hin. Bestenfalls würden sie zum Rücktritt aufgefordert oder einfach von ihren Ämtern entbunden werden; schlimmstenfalls mußten sie mit einer Festnahme durch die päpstliche Ordnungsmacht rechnen, die mit der Inquisition Hand in Hand arbeitete.

Vorerst sollte jedoch nichts derart Dramatisches geschehen. Schließlich waren viele Bischöfe finanziell vom Vatikan und somit vom Wohlwollen des Papstes abhängig. Bei mehr als dreihundert von ihnen hatte der Pontifex die Kosten ihrer Reise nach Rom übernommen. Sie standen also in seiner Schuld, und er konnte sich ihrer Loyalität in allen gegebenenfalls ausbrechenden Kontroversen sicher sein.

Der Papst hatte also Vorsorge getroffen und konnte daher jedesmal, wenn eine andere Meinung geäußert wurde, die Angelegenheit schnell, entschieden und rücksichtslos in seinem Sinne bereinigen. Als zum Beispiel ein kroatischer Bischof zu behaupten wagte, selbst Protestanten seien fähig, Jesus zu lieben, kam es zu Tumulten. Als er »dann auch noch die Möglichkeit bestritt, dogmatische Probleme durch Mehrheitsbeschluß der Bischöfe zu entscheiden, begrub ihn die Mehrheit unter ihrem Lärm. Manche schrien: ›Er ist Luzifer. Anathema, Anathema!‹ Wieder andere: ›Er ist ein zweiter Luther, laßt ihn hinausjagen!‹«[10]

Auch vor persönlicher Einschüchterung schreckte der Papst nicht zurück. Als sich zum Beispiel der chaldäische Patriarch erdreistete, Einspruch gegen eine Bulle einzulegen, die die Rechte des Papstes bei der Besetzung von Patriarchen- und Bischofssitzen stärken sollte, zitierte ihn der Papst wütend zur Privataudienz in seine Gemächer. Kaum war der Patriarch eingetreten, verriegelte der wutschnaubende Pontifex die Tür hinter ihm und ließ ihn wissen, daß er entweder eine schriftliche Erklärung zugunsten der Bulle abgeben oder aber abdanken müsse. Er werde diesen Raum erst wieder verlassen, wenn er das eine oder das andere getan habe. Diesmal entschied sich der Patriarch, klein beizugeben. Als er im weiteren Verlauf des Konzils noch einmal gegen den Papst aufbegehrte, wurde er kurzerhand seines Amtes enthoben.[11]

In einer solchen Atmosphäre der Einschüchterungen und Drohungen hatten nur wenige Kirchenleute den Mut, offen zu protestieren. Etliche von ihnen verließen das Konzil, bevor es seine Arbeit beendet hatte. Der Papst ließ sie nur zu gerne ziehen, froh, wieder einige aufmüpfige Geister los zu sein.

Schon bald wurde deutlich, worin das eigentliche Ziel, der Hauptzweck des Ersten Vatikanischen Konzils bestand: Es ging um die Verkündigung der päpstlichen Unfehlbarkeit. Dieses Thema war jedoch nicht vorher angekündigt worden; man hielt es vielmehr streng geheim. Der Präfekt der Geheimarchive des Vatikans wurde entlassen, weil er einige Freunde einen Blick auf die Geschäftsordnung werfen ließ, die der Papst für diese Debatte erlassen hatte – und für den Fall, daß der Präfekt noch einen Schlüssel besaß, den er seinem Nachfolger hätte übergeben können, wurden die Türen, die von seiner Wohnung in die Räumlichkeiten des Archivs führten, zugemauert.[12]

Die Inquisition hingegen war in die Pläne des Papstes eingeweiht. Es erschien geboten, das Vorhaben bis zum geeigneten Augenblick geheimzuhalten und dann durchzupeitschen, bevor die Opposition sich richtig formieren konnte. Drei der fünf Männer, die dem Ersten Vatikanischen Konzil vorsaßen, waren Kardinäle, und alle drei gehörten der Inquisition an. Von den vielen Kommissionen, die im Hintergrund des Konzils arbeiteten, war jene am wichtigsten, die sich mit Fragen der Theologie und des Dogmas beschäftigte. Kardinal Giuseppe Bizzari, ebenfalls ein Mitglied der Inquisition, schlug vor, »das Heilige Offizium müsse den Mittelpunkt der mit den doktrinellen Fragen betrauten Kommission bilden«.[13] Als ein Kardinal Bedenken dagegen äußerte, die Unfehlbarkeit des Papstes auf die Tagesordnung zu setzen, riet man ihm, sich nicht zu sorgen, alles der Inquisition zu überlassen und ansonsten auf den Heiligen Geist zu vertrauen.[14]

In der Bulle, mit der das Konzil angekündigt und zusammengerufen wurde, war von der päpstlichen Unfehlbarkeit nirgends die Rede gewesen, ebensowenig in irgendeinem anderen der Texte, die zur Vorbereitung des Konzils herausgegeben wurden, oder in den vorläufigen Tagesordnungen. Das Thema wurde bis Februar 1870, als das Konzil immerhin schon zwei volle Monate getagt hatte und sich die Reihen der Opposition gegen den Papst schon stark gelichtet hatten, nicht ein einziges Mal angerissen. Als die Frage der päpstlichen Unfehlbarkeit endlich auf die Agenda gesetzt wurde, waren daher die meisten der versammelten Bischöfe völlig überrumpelt und fassungslos. Viele von ihnen waren regelrecht schockiert, und so manchen packte das nackte Grauen.

Ebenso wie in den anderen, weniger wichtigen Angelegenheiten wurden jene, die Widerstand leisteten, stark unter Druck gesetzt und bedroht. Manchen gab man zu verstehen, daß ihnen der Geldhahn zugedreht würde. Als sich der Generalabt eines armenischen Mönchsordens gegen die päpstliche Unfehlbarkeit aussprach, drohte man ihm mit Absetzung, und der erzürnte Papst verurteilte ihn schließlich zu »Zwangsexerzitien« in einem vatikanischen Kloster – im Grunde also zu Hausarrest.[15] Über einen weiteren armenischen Kirchenmann wurde ein ähnliches Urteil verhängt. Als er sich weigerte, die Zwangsexerzitien anzutreten, versuchte die päpstliche Polizei ihn auf offener Straße zu verhaften, und das entstehende Handgemenge führte zu Ausschreitungen. Unmittelbar nach diesem Zwischenfall beantragten alle armenischen Bischöfe, das Konzil verlassen zu dürfen. Als ihnen die Abreisegenehmigung verweigert wurde, ergriffen zwei von ihnen die Flucht.[16]

Alles in allem waren 1084 Bischöfe zur Teilnahme am Ersten Vatikanischen Konzil und zur Stimmabgabe dort berechtigt; und von diesen waren 700 tatsächlich vor Ort. Schätzungsweise 50 von ihnen waren glühende Befürworter des päpstlichen Ansinnens, sich selbst die Unfehlbarkeit zu attestieren; etwa 130 waren strikt dagegen; und der Rest war anfangs unentschieden oder wankelmütig. Als der Zeitpunkt der Abstimmung gekommen war, hatte die Holzhammerdiplomatie des Papstes die Waage eindeutig zu seinen Gunsten ausschlagen lassen. Beim ersten Wahlgang am 13. Juli 1870 sprachen sich 451 Stimmberechtigte für und 88 gegen den Antrag aus.[17]

Vier Tage später, am 17. Juli, gaben 55 Bischöfe zu Protokoll, daß sie nicht einverstanden waren, erklärten aber, sie würden aus Respekt vor dem Papst der für den nächsten Tag angesetzten feierlichen Abstimmung fernbleiben. Daraufhin verließen sie Rom, so wie viele andere Bischöfe es zuvor auch schon getan hatten. Der zweite und letzte Wahlgang fand am 18. Juli statt. Die Zahl derjenigen, die die päpstliche Position unterstützten, stieg auf 535. Nur zwei Bischöfe stimmten mit Nein, einer von ihnen war Edward Fitzgerald aus Little Rock in Arkansas. Von den 1084 stimmberechtigten Bischöfen hatten sich schließlich insgesamt 535 zur Annahme der päpstlichen Unfehlbarkeit durchgerungen: eine »Mehrheit« von knapp über 49 Prozent.[18]

Aufgrund dieses »Mehrheitsbeschlusses« wurde der Papst am 18. Juli 1870 für unfehlbar erklärt, und zwar »aus sich heraus, nicht erst durch die Zustimmung der Kirche«.[19] Wie ein Kommentator vermerkte, wurden damit »sämtliche konziliaristischen Auslegungen der Rolle des Papsttums beiseite geschoben«.[20]

Die entscheidende Wahl am 18. Juli spielte sich vor dem Hintergrund zunehmender politischer Turbulenzen ab. Schon am nächsten Tag, am 19. Juli, erklärte das französische Kaiserreich unter Napoleon III. in einem geradezu selbstmörderischen Akt Preußen den Krieg. Das daraufhin in Frankreich ausbrechende

Chaos lenkte die Aufmerksamkeit von religiösen Dingen ab und ließ zweifellos auch die Reaktionen des sonst stets sorgsam über seine Unabhängigkeit wachenden französischen Klerus gemäßigt ausfallen – unter anderen Umständen hätte er sich leicht zu einer offenen Rebellion gegen Rom entschließen können.

Dafür kam es in anderen Gegenden zu heftigen Gegenreaktionen. Die alten Vorbehalte gegen Rom erhielten durch den Beschluß neue Nahrung, und in ganz Europa sowie in Nordamerika machte sich eine antikatholische Stimmung breit. In Holland kam es praktisch zum Schisma. Im habsburgischen Österreich-Ungarn kündigte die Regierung das früher mit dem Papsttum geschlossene Konkordat auf. Der Nuntius in Wien teilte dem vatikanischen Staatssekretär mit, »daß beinahe alle Bischöfe von Österreich-Ungarn, die aus Rom zurückgekehrt sind, *wütend* seien über die Definition der Unfehlbarkeit«,[21] und zwei von ihnen verlangten öffentlich, daß man von neuem über diese Frage diskutieren und den Beschluß des Konzils korrigieren müsse. Die Bischöfe Ungarns hielten ihre Weigerung, das Urteil des Konzils zu akzeptieren, über ein Jahr lang aufrecht.

Der Bischof von Rottenburg brandmarkte den Papst öffentlich als »Unruhestifter« und »Verwirrer der Kirche«.[22] In Braunsberg veröffentlichte ein angesehener Professor ein Manifest, in dem der Pontifex als »Häretiker und Verwüster der Kirche« gegeißelt wurde, und der dortige Bischof und der Kardinal stimmten dieser Verurteilung stillschweigend zu.[23] In Preußen führte Bismarck Gesetze ein, die den Status der katholischen Kirche sowie ihr Verhältnis zum Staat radikal veränderten. Der Jesuitenorden wurde im preußischen Staat verboten. Die Bedingungen für die Anstellung katholischer Geistlicher wurden gesetzlich festgeschrieben. Die Zivilehe wurde Pflicht. Alle Schulen wurden unter staatliche Oberaufsicht gestellt.

Angesichts solcher Reaktionen wurde der Papst einfach noch rabiater. Er befahl allen Bischöfen, schriftlich zu erklären, daß sie

14 Eine Massenverbrennung von Hexen, 1577 in Toulouse. In jenem Jahr wurden über vierhundert Opfer der Hexenverfolgung auf den Scheiterhaufen geschickt. Eine päpstliche Bulle von 1484 hatte zur Freude der Kirche das Hexenwesen zum realen Phänomen erklärt.

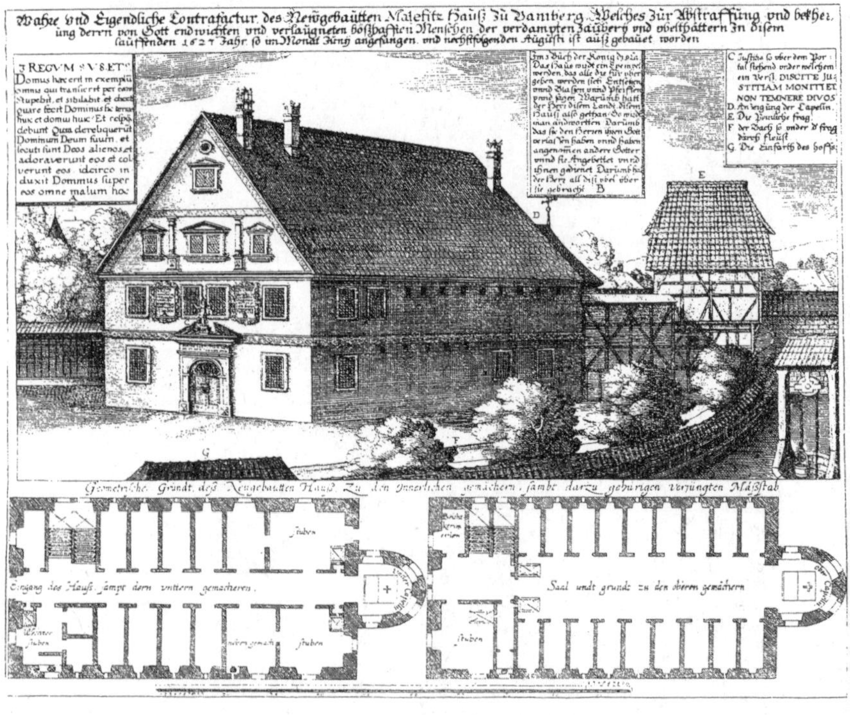

15 (Oben) Dieser Holzschnitt aus dem 16. Jahrhundert stellt die Verbrennung dreier Hexen im Harz dar.

16 (Unten) Eine aus dem 17. Jahrhundert stammende Illustration des Malefitz-Hauses in Bamberg, das eigens dafür gebaut worden war, um Personen, die der Hexerei verdächtigt wurden, zu verhören und zu foltern.

17/18 (Oben und unten) Bei Anklagen wegen Hexerei wurde allen Inquisitoren und weltlichen Richtern der Einsatz der Folter empfohlen, um Geständnisse zu erpressen.

19 (Vorhergehende Seite) Ob eine Frau zu Recht der Hexerei bezichtigt wurde, überprüfte man auch, wie hier in Schweden, indem man sie ins Wasser warf. Wenn sie ertrank, galt sie als unschuldig; überlebte sie, nahm man an, sie stehe mit dem Teufel im Bunde, und sie wurde verbrannt.

20 (Oben) Eine vermeintliche Hexe wird einem Verhör unterzogen: Jede Ohnmacht oder Schwäche wurde als Beweis dämonischer Besessenheit aufgefaßt.

21/22 (Oben und rechte Seite oben)
Diese beiden Illustrationen geben die allgemeinen Vorstellungen über das Hexenwesen im 18. Jahrhundert und in der Zeit davor wieder.

23 (Unten) Neun Frauen wurden am 13. April 1659 in Dumfries, Schottland, wegen Hexerei verbrannt.

24 Matthew Hopkins, der von Oliver Cromwell ernannte »Hexensucher-General«, hatte während des englischen Bürgerkrieges im Osten Englands zahlreiche Anklagen wegen angeblicher Hexerei erhoben.

sich dem neuen Dogma unterwarfen; wer sich weigerte, wurde bestraft oder seines Postens enthoben. Ebenso erging es den aufmüpfigen Religionslehrern und Theologieprofessoren. Die päpstlichen Nuntien erhielten Order, widerspenstige Kirchenleute und Gelehrte als Häretiker zu denunzieren. Alle Bücher und Aufsätze, in denen das Dogma der päpstlichen Unfehlbarkeit kritisiert oder auch bloß zur Diskussion gestellt wurde, landeten automatisch auf dem Index. Zumindest in einem Fall versuchte man, ein unerwünschtes Buch durch Bestechung vom Markt zu nehmen.

Etliche Berichte über das Konzil selbst wurden beschlagnahmt, weggeschlossen, zensiert oder eingestampft. Ein Gegner des neuen Dogmas, der Erzbischof Vincenzo Tizzani, Professor für Kirchengeschichte an der päpstlichen Universität zu Rom, hatte zum Beispiel eine umfassende Dokumentation über die Verhandlungen verfaßt; unmittelbar nach seinem Tod erwarb der Vatikan das Manuskript und ließ es im Giftschrank verschwinden.[24]

Gegen den Lauf der Geschichte konnte aber auch die neuerworbene Unfehlbarkeit des Papstes nichts ausrichten. Anfang September erlitt die französische Armee bei Sedan ihre endgültige Niederlage, Napoleon III. mußte abdanken, und das Zweite Kaiserreich brach zusammen. In dem aussichtslosen, da viel zu spät gestarteten Bemühen, die Katastrophe doch noch abzuwenden, wurden die französischen Truppenteile, die den Vatikan beschützt hatten, abgezogen und an die Front verlegt. Am 20. September marschierten italienische Soldaten im Triumph in Rom ein. Die Beratungen im Rahmen des Ersten Vatikanischen Konzils wurden abrupt eingestellt, und vierzehn Tage später wurde das Konzil für beendet erklärt. Im Juli 1871 wurde Rom die Hauptstadt des neuen, vereinigten und säkularisierten Königreiches Italien. Der Monarch Viktor Emanuel richtete sich im Palazzo del Quirinale ein, dem ehemaligen Sitz des Papstes.

Zwei Monate zuvor, im Mai, hatte die italienische Regierung das sogenannte Garantiegesetz verabschiedet, das die Unverletzlichkeit der Person des Papstes festschrieb und ihm den Status eines souveränen Regenten über den Vatikan zubilligte. Die Vatikanstadt – ein Gebiet von etwa 440000 Quadratmetern, zur Gänze innerhalb der alten Vatikanmauern gelegen – wurde zum unabhängigen Fürstentum erklärt, das nicht als italienischer Boden anzusehen sei.

Den Papst konnte das nicht zufriedenstellen, und so zog er sich demonstrativ und öffentlichkeitswirksam in den Schmollwinkel zurück. Er weigerte sich, den Vatikan zu verlassen, und klagte, er werde dort gefangengehalten. Innerhalb der Mauern seines zusammengeschrumpften Herrschaftsgebiets versuchte der Papst, die Existenz der Außenwelt einfach zu ignorieren, und es gibt einige Anzeichen dafür, daß ihm die Unfehlbarkeit zu diesem Zeitpunkt bereits sehr zu Kopf gestiegen war.

Ein zeitgenössischer Kommentator beschrieb seinen damaligen Zustand so: »Der Papst hat vor kurzem seine Unfehlbarkeit probiren wollen, wie die Franzosen ihre neuen Chassepots; auf einem Spaziergange hat er einem Paralytischen zugerufen: Erhebe dich und wandle. Der arme Teufel versuchte es und stürzte zusammen. Das hat den Vicegott sehr verstimmt... Ich glaube wirklich, daß er verrückt ist.«[25]

In den folgenden achtundfünfzig Jahren weigerte sich das Papsttum standhaft, den italienischen Staat anzuerkennen. Während dieser ganzen Zeit besuchte kein Papst Rom, keiner geruhte, auch nur einen Fuß auf italienischen Boden zu setzen. Im Februar 1929 wurden schließlich die Lateranverträge ratifiziert. Die Vatikanstadt wurde offiziell als souveräner Staat nach internationalem Recht anerkannt, und der Katholizismus wurde zur Staatsreligion des italienischen Volkes erklärt. Im Gegenzug erkannte das Papsttum nun förmlich die italienische Regierung an – die Regierung unter Benito Mussolini.

Zu diesem Zeitpunkt war Papst Pius IX. längst tot; er starb 1878. Er war einer der einflußreichsten Päpste der neueren Zeit, aber auch einer der unbeliebtesten. Als sein Leichnam 1881 in einer pompösen Beisetzungsprozession vom Petersdom über den Tiber und quer durch Rom getragen wurde, strömten die Massen zusammen, und einige der Zuschauer riefen empört: »Es lebe Italien! Nieder mit dem Papst! Werft das Schwein in den Fluß!« Auf dem ganzen Weg warfen Leute Steine auf den Sarg, und sechs Unruhestifter wurden festgenommen – offenbar weil sie versucht hatten, den Sarg des verstorbenen Pontifex in ihre Gewalt zu bringen und in den Tiber zu werfen. Man verurteilte sie wegen »Störung einer religiösen Zeremonie«, und der amtierende Papst, Leo XIII., richtete eine förmliche Protestnote an die italienische Regierung, in der er die »Beschimpfung … der Papstwürde« beklagte.[26]

Bei aller Feindseligkeit, die er auf sich gezogen hatte, hat Pius IX. der Geschichte doch auch seinen Stempel aufgedrückt: »Als er starb, hatte er praktisch das moderne Papsttum geschaffen, das – von ihm stets bedauert – seiner weltlichen Herrschaft beraubt, dafür aber mit ungeheuer gesteigerter geistlicher Autorität bewehrt war.«[27]

12. DAS HEILIGE OFFIZIUM

Als das letzte Drittel des 19. Jahrhunderts angebrochen war, besaß die katholische Kirche weniger weltliche Macht als je zuvor während der letzten anderthalb Jahrtausende. Und sie konnte nicht viel tun, um ihre Lage zu verbessern. Gewisse Kreise spielten zwar mit dem Gedanken, nach dem Vorbild des 16. Jahrhunderts eine neue Heilige Allianz zu schmieden, die alle katholischen Mächte Europas vereinen sollte. Nach 1870 gab es jedoch auf dem alten Kontinent kaum noch katholische Regierungen. Die wichtigste war die Habsburger Doppelmonarchie Österreich-Ungarn, aber »sie gab gerade eben genug für ihre Armee aus«, wie Robert Musil später einmal spottete, »um ihre Position als zweitschwächste Militärmacht der Region abzusichern«. Das Schlußlicht bildete das erst kürzlich vereinigte Königreich Italien, dessen Bevölkerung immer noch überwiegend katholischen Glaubens war, dessen Regierung aber nicht bereit war, sich als bewaffneter Arm der Kirche benutzen zu lassen, nachdem man sich gerade erst aus deren Würgegriff befreit hatte. Ebensowenig war zu erwarten, daß das italienische Königreich sich auf ein Bündnis mit dem Erzfeind Österreich einließ.

Auch das französische Volk war, wie das italienische, größtenteils katholischer Konfession, aber die Dritte Republik wachte argwöhnisch über die strikte Einhaltung der alten, seit der Revolution gültigen Trennung von Kirche und Staat. Und nach der verheerenden Niederlage im Deutsch-Französischen Krieg würde sich die französische Regierung hüten, das neugeschaffene Deutsche Reich herauszufordern, das in Europa nun eine klare militärische Vormachtstellung einnahm. Spanien und Portugal waren offiziell immer noch katholisch, politisch-militärisch aber mittlerweile ins zweite Glied zurückgetreten.

Zur selben Zeit war im Osten eine neue Bedrohung herangewachsen. Jahrhundertelang hatte die östliche orthodoxe Kirche in weltlichen Angelegenheiten die zweite Geige gespielt und Rom den Vortritt gelassen. Jetzt war sie aber zur offiziellen Kirche des zaristischen Rußland aufgestiegen und verfügte über weit größere weltlich-materielle Ressourcen als Rom. In Bosnien und anderen Balkanreichen drang sie mehr und mehr auf ehemals römisch-katholisches Terrain vor. Die Spannungen zwischen der katholischen und der orthodoxen Kirche nahmen zu, und sie trugen einen nicht geringen Teil dazu bei, daß im Jahr 1914 jene Schüsse in Sarajevo fielen, die den Ersten Weltkrieg auslösten.

So schwach und verwundbar die Kirche des Papstes in weltlichen Angelegenheiten auch war, in anderen Sphären wähnte sie sich frisch gerüstet und wohl gewappnet. Mit der Doktrin der päpstlichen Unfehlbarkeit hatte sie, wenn schon sonst nichts, immerhin ein vermeintlich uneinnehmbares Bollwerk gegen die Fortschritte und Übergriffe der Naturwissenschaften errichtet. Zumindest für die Frommen stand die Unfehlbarkeit vor und über jedem logischen Argument. Zwar konnte die Kirche ihre Widersacherin nicht besiegen, aber zumindest wurde ihr die Schmach erspart, im Zweikampf für alle sichtbar zu unterliegen, denn dank der Unfehlbarkeitsdoktrin brauchte sie nicht einmal die Arena zu betreten. Den ergebenen Katholiken war die Unfehlbarkeit ein neuer »Fels« in der Brandung, an dem sich die Wellen der unaufhörlich voranschreitenden, systematischen Naturerkenntnis wirkungslos brachen.

Gegen die Naturwissenschaften gelang der Kirche also, wenn man so wollte, ein zum Teil durchaus erfolgreicher Abwehrkampf. Gegen ihren anderen Hauptgegner auf dem Schlachtfeld der Ideen – nämlich gegen die Forschungen der Historiker, Archäologen und Bibelgelehrten – glaubte sie sogar offensiv vorgehen zu können. Diese Überzeugung sollte letzten Endes zur Entstehung eines neuen, Rom in äußerste Verlegenheit bringenden Widersachers führen: des katholischen Modernismus.

Die Modernisierungsbewegung erwuchs zunächst aus dem dringlichen Wunsch, »die von Renan und der deutschen Bibelforschung angerichteten Schäden wieder wettzumachen«.[1] Mit dem Modernismus wagte erneut eine militante Kirchenbewegung – eine kirchliche Armee auf dem Feld des Geistes – eine Gegenoffensive. »Die Modernisten sollten sich eigentlich der Strenge und Genauigkeit deutscher Methodologie bedienen, um die schriftliche Überlieferung zu stützen, nicht um sie anzugreifen.

Eine Generation klerikaler Wissenschaftler wurde bestens dazu ausgebildet, als eine Art Streitmacht im Interesse der Kirche zu arbeiten. Sie sollten unter Aufbietung aller moderner kritischer Methoden beweisen, daß die Schriften wörtlich zu nehmen seien.«[2] Wie die Dominikaner im 13. und die Jesuiten im 16. Jahrhundert wurden nun die Modernisten aufgeboten, um einen Kreuzzug zur Wiedereroberung verlorenen Terrains zu führen.

»Zu Roms großem Kummer ging der Schuß jedoch nach hinten los. Je besser die jungen Kleriker mit dem Rüstzeug für den Kampf in der Arena moderner Polemik umgehen konnten, um so häufiger wandten sie sich von dem Gebiet ab, für das sie ausgebildet waren. Die kritische Erforschung der Bibel brachte eine derartige Fülle von Ungereimtheiten, Diskrepanzen und Widersprüchen ans Licht, die dem römischen Dogma entgegenstanden«[3] und die Doktrin der päpstlichen Unfehlbarkeit noch zwielichtiger erscheinen ließen als bisher. So kam es dazu, daß »die Modernisten schon bald eben das in Frage stellten, was sie hätten verteidigen sollen«.[4] Sie warfen auch erneut die Frage auf, ob die starke Zentralisierung im Machtgefüge der katholischen Kirche zu akzeptieren sei.

»So fragte sich zum Beispiel Alfred Loisy, einer der renommiertesten und profiliertesten unter ihnen, in aller Öffentlichkeit, ob es denn im Licht der neueren historischen, archäologischen Bibelforschung überhaupt möglich sei, so manchen kirchlichen Lehrsatz aufrechtzuerhalten. ›Jesus verhieß die Ankunft des Königreiches‹, erklärte Loisy. ›Statt dessen kam die Kirche‹«[5] – eine Differenzierung, bei der einem sofort wieder Dostojewskis Großinquisitor in den Sinn kommt. – »Loisy legte dar, daß die Dogmen vielfach unter bestimmten historischen Bedingungen als Reaktion auf bestimmte Ereignisse an bestimmten Orten und zu bestimmten Zeiten entstanden waren. Deshalb dürfe man sie nicht als ewige Wahrheiten betrachten, sondern – bestenfalls – als eine Art Symbole. Nach Loisy waren Eckpfeiler der christlichen Lehre wie die Jungfräulichkeit Marias oder Jesu Göttlichkeit nicht länger haltbar.«[6]

Im Jahr 1893 wurde Loisy seines Lehramts enthoben, was die Situation jedoch auch nicht entschärfen konnte: Er schrieb weiter und verschaffte sich Gehör. Was Loisy und seine modernistischen Kollegen anging, hatte sich die katholische Kirche in die verzweifelte Lage eines Brandstifters manövriert, der in dem Gebäude, das er angesteckt hat, selbst festsitzt. Der Modernismus war nicht länger einfach nur ein Ärgernis, er hatte sich vielmehr zu einer veritablen Gefahr ausgewachsen, die die Kirche zu spalten und zu zerstören drohte.

»1903 gründete Papst Leo XIII. kurz vor seinem Tod die Päpstliche Bibelkommission zur Überwachung der Arbeit katholischer Bibelwissenschaftler.«[7] Der offizielle Auftrag der Kommission lautete, »mit der größtmöglichen Sorgfalt … danach zu streben, daß Gottes Worte … nicht nur von jedem Hauch der Verfehlung, sondern auch von jedem Makel der Parteilichkeit abgeschirmt werden«.[8] Sie sollte gewährleisten, daß die Gelehrten »es als ihre Aufgabe begreifen, die Autorität der Heiligen Schrift abzusichern und ihre richtige Ausdeutung zu verbreiten«.[9]

Leo XIII. starb im Juli 1903; ihm folgte Pius X. Der neue Papst führte sich gleich mit zwei Personalentscheidungen ein, die sich im Hinblick darauf, welches Gesicht die katholische Kirche im 20. Jahrhundert haben würde, als sehr bedeutsam erweisen sollten. Eine dieser Entscheidungen betraf Kardinal Rafael Merry del Val (1865–1930), einen kalten und sinistren Mann, der als Sohn einer Engländerin und eines adligen spanischen Diplomaten in London zur Welt gekommen war. Er hatte im diplomatischen Dienst des Vatikans gearbeitet und war 1898 zum Konsultor, zum Berater, jener Kommission bestimmt worden, die sich um den Index der verbotenen Bücher kümmerte. Bei der Durchführung der Papstwahl hatte Merry del Val eine Schlüsselrolle gespielt, und er übte enormen Einfluß auf den neuen Papst aus.

Pius X. ernannte ihn zum Kardinal und zum Staatssekretär des Vatikans, und diese Stellung hatte er bis zum Tode Pius' im Jahr 1914 inne. Seine menschliche Härte und seine doktrinäre Haltung drückten der ganzen Amtszeit von Pius den Stempel auf. Er war ein erbitterter Gegner des Modernismus und sah es als seine Aufgabe an, diese Strömung zu zerschlagen. Er wirkte sogar am Aufbau eines Netzwerks von Informanten mit, das Kleriker und Lehrer denunzierte, bei denen sich modernistische Tendenzen zeigten. Als Pius starb, wurde Merry del Val Präfekt des Heiligen Offiziums – also Großinquisitor –, und diese Funktion übte er aus, bis er 1930 starb.

Pius' zweite wichtige Personalentscheidung betraf Kardinal Mariano Rampolla del Tindaro (1843–1913), Sproß eines sizilianischen Adelsgeschlechts. Er war 1887 zum Kardinal berufen worden und hatte als Vorgänger von Merry del Val den Posten des vatikanischen Staatssekretärs innegehabt. Unter Pius X. wurde er Sekretär der Heiligen Inquisition. Darüber hinaus wurde er zunächst zum Mitglied, später zum Vorsitzenden der Päpstlichen Bibelkommission ernannt, die dadurch der Autorität der Inquisition unterworfen wurde.

Gemeinsam verwandelten Rampolla del Tindaro und Merry del Val die Kommission – nach den Worten eines modernen

Autors – in »ein militantes Sprachrohr ihrer eigenen Interessen«.[10] 1905 erklärte die Kommission alle Bibeltexte offiziell für absolut »wahre« Geschichtsschreibung, die wortwörtlich aufzufassen sei. Sie gab auch verpflichtende Anordnungen über »die richtige Weise, die Bibel zu lehren«,[11] heraus: Dekrete, die Papst Pius X. im Jahr 1907 für die gesamte Kirche als verbindlich erklärte.

Unmittelbar nach seiner Wahl im Jahr 1903, die Rampolla del Tindaro und Merry del Val nach Kräften unterstützt hatten, setzte »Papst Pius X. Loisys Werke auf den Index der verbotenen Bücher. 1904 veröffentlichte der Papst zwei Enzykliken, die sich gegen die Erforschung der Ursprünge des Christentums und seine Frühgeschichte richteten«.[12] Priesterseminare und theologische Fakultäten mußten jetzt immer damit rechnen, Kontrollbesuche von willfährigen Handlangern des Papstes zu erhalten. »Alle katholischen Lehrer, die sich ›modernistischer Tendenzen‹ verdächtig machten, wurden ihrer Ämter enthoben.

Die Modernisten, hervorragend ausgebildet, belesen und sprachgewaltig, hoben den Fehdehandschuh auf. Sie erhielten Beistand von seiten bekannter Denker und berühmter Persönlichkeiten aus Kultur und Literatur. Einer von ihnen war der Italiener Antonio Fogazzaro«,[13] ein anderer Roger Martin du Gard aus Frankreich, der spätere Literatur-Nobelpreisträger. Fogazzaro war 1896 Senator geworden.

»Er galt als einer der führenden katholischen Laien seiner Zeit und, zumindest für seine Zeitgenossen, als der größte italienische Romancier seit Manzoni. 1905 schrieb Fogazzaro in *Der Heilige*: ›Die katholische Kirche bezeichnet sich als Quelle der Wahrheit, doch heute widersetzt sie sich der Suche nach der Wahrheit, sobald ihre Quellen, die Heilige Schrift, die Dogmen, ihre vorgebliche Unfehlbarkeit Gegenstand der Forschung werden. Das heißt für uns nichts anderes, als daß sie nicht mehr an sich selbst glaubt.‹[14] Unnötig zu erwähnen, daß auch Fogazzaros Werk sofort auf den Index gesetzt wurde. Die Kampagne der Kirche gegen die Bewegung, die sie selbst genährt und groß gemacht hatte, wurde immer heftiger.«[15]

Im Jahr 1907 gab der Papst eine Enzyklika heraus, in der der Modernismus offiziell verdammt wurde. Im selben Jahr »veröffentlichte das Heilige Offizium ein Dekret, in dem die Versuche des Modernismus, die Lehren der Kirche, die Autorität des Papstes und die historische Wahrheit der Heiligen Schrift zu hinterfragen, offiziell verurteilt wurden. Knapp zwei Monate später, im September, wurde der Modernismus offiziell zur Häresie erklärt und die gesamte Bewegung förmlich mit dem Bann belegt.

Die Anzahl der Bücher auf dem Index stieg sprunghaft an. Es wurde eine neue, weit striktere Zensur ausgeübt. Klerikale Kommissare überwachten die Lehre mit einer orthodoxen Strenge, wie es sie seit dem Mittelalter nicht mehr gegeben hatte. 1910 wurde schließlich ein Dekret erlassen, das von allen Katholiken, die predigten oder lehrten, forderte, ›sämtlichen Irrtümern des Modernismus‹ abzuschwören«. (Dieser Eid wurde übrigens erst 1967 wieder abgeschafft.) »Mehrere modernistische Schriftsteller wurden exkommuniziert. Die Studenten in den Priesterseminaren durften nicht einmal Zeitungen lesen.«[16]

Mit der anfänglichen Unterstützung und Förderung der modernistischen Bewegung hatte die katholische Kirche den Versuch unternommen, in der modernen Welt Fuß zu fassen: Sie hatte sich die intellektuellen Fähigkeiten und den Methodenkanon der Gelehrten der neuen Zeit angeeignet. Betrachtet man den Ausgang dieses Experiments, kann man durchaus zu dem Ergebnis kommen, daß die katholische Kirche und die moderne Welt einfach inkompatibel sind. Zu dieser Schlußfolgerung schien zumindest die Kirche selbst zu gelangen. Rom zog sich in seinen Bunker zurück und traute sich bis zu den sechziger Jahren nicht mehr heraus.

Das öffentliche Image der Inquisition hatte im Verlauf des Modernismusstreits einige Schrammen abbekommen und benötigte dringend ein Facelifting. Im Jahr 1908 wurde das Wort »Inquisition« offiziell aus dem Namen der Behörde gestrichen, die von nun an nicht mehr »Heilige Kongregation der Römischen und Universalen Inquisition«, sondern einfach »Kongregation des Heiligen Offiziums« hieß.

MONSIGNORE BENIGNIS GEHEIMDIENST

Der Einfluß des Kardinals Merry del Val, Präfekt des Heiligen Offiziums (oder Großinquisitor), reichte weit ins 20. Jahrhundert hinein. Als er 1930 starb, waren alle elf Kardinalsposten im Führungsgremium des Heiligen Offiziums mit seinen Schützlingen besetzt. Einer von ihnen, Kardinal Eugenio Pacelli, wurde im Jahr 1939 zum Papst gewählt und hieß fortan Pius XII. Ein weiterer, Kardinal Donato Sbarretti, wurde zum neuen Präfekten bestimmt und übte dieses Amt während der ganzen dreißiger und zu Beginn der vierziger Jahre aus. Zwei der Konsultoren des Heiligen Offiziums unter Merry del Val wurden Amtsnachfolger des Präfekten Sbarretti und saßen dem Gremium bis 1982 vor. Einer dieser Berater war Giovanni Battista Montini, der 1963 als Papst Paul VI. den Stuhl Petri bestieg. So gesehen lag der finstere Schatten Merry del Vals während eines Großteils des 20. Jahrhunderts über dem Heiligen Offizium und dem Papsttum. Und wie wir in Kürze sehen werden, ist er immer noch nicht vertrieben.

Angesichts ihrer Geisteshaltung kann es nicht überraschen, daß der Kardinal und seine Zöglinge versuchten, ihren Einfluß auch in der Politik geltend zu machen. Einer von Merry del Vals unheilvollsten Schützlingen in der politischen Arena war Monsignore Umberto Benigni (1862–1934), den einer seiner Zeitgenossen als »seltsamen Charakter und völlig skrupellosen Menschen« beschrieb.[17]

Benigni stammte aus Perugia, war 1884 ordiniert worden und lehrte dann zunächst Kirchengeschichte am örtlichen Priesterseminar. Dann wechselte er ins journalistische Fach und gründete eine populäre katholische Zeitschrift. Im Jahr 1901 zog er nach Rom, wirkte auch dort als Lehrer, gab diese Arbeit aber schon bald auf, um in der Kurie tätig zu werden. Er wurde zunächst ein Sekretär der Kongregation für die Verbreitung des Glaubens und wechselte 1906 in das Pressebüro des vatikanischen Staatssekretärs, Merry del Val. In den folgenden fünf Jahren arbeitete Benigni unter der Aufsicht des künftigen Großinquisitors. 1911 verließ er schließlich das Büro mit dem Segen Merry del Vals, um sich ganz der Leitung jenes Geheimbundes zu widmen, den er zwei Jahre zuvor, also 1909, gegründet hatte: der Pius-Gesellschaft *(Sodalitium pianum)*.

Ihre primäre Aufgabe sah sie in der Unterstützung und Durchsetzung der Maßnahmen, die Papst Pius X. gegen den Modernismus ergriffen hatte. 1907 hatte Pius »die Bischöfe eindringlich dazu aufgefordert, den Lehrbetrieb in den Seminaren und das von Priestern verfaßte Schrifttum genauestens zu überprüfen und in jeder Diözese Überwachungsausschüsse zu bilden«.[18] Im Geiste dieser Verfügung hatte Benigni seine Geheimgesellschaft als internationalen Spionagering aufgezogen, der mutmaßliche Sympathisanten des Modernismus aufspüren und ausspitzeln sollte, die dann – wenn die gesammelten und geprüften Informationen den Verdacht bestätigten – öffentlich bloßgestellt und verdammt wurden.

Das *Sodalitium pianum* arbeitete also als eine Art selbsternannter Ad-hoc-Inquisition und entwickelte Geheimcodes, verwendete Pseudonyme und setzte all die anderen Tricks ein, derer sich Geheimdienste normalerweise bedienen. Viele seiner Aktivitäten sind bis heute noch nicht bekannt, ebensowenig weiß man über die heimlichen Kontakte Bescheid, die es mit einer Vielzahl von religiösen und politischen Organisationen knüpfte. Alle Dokumente, die sich auf das *Sodalitium pianum* beziehen, liegen in den Vatikanarchiven unter Verschluß und wurden noch nie zur Einsicht freigegeben.

Als flankierende Maßnahme zu dem Aufbau seines geheimen Spionagenetzes gab Benigni ein Periodikum heraus, *Corrispondenza di Roma*, das später mit Rücksicht auf seine wichtigste Lesergruppe unter dem französischen Titel *Correspondance de Rome* erschien. Genau wie das *Sodalitium pianum* setzte sich auch die *Correspondance* das Ziel, den Modernismus aufzuspüren und seine Sympathisanten zu entlarven, Lehrer, Gelehrte und Kirchenleute zu denunzieren, die sich der Abweichung von der orthodoxen Doktrin verdächtig gemacht hatten. Beide Unternehmungen Benignis wurden sowohl von Papst Pius X. als auch von Merry del Val ausdrücklich gebilligt.

Nach dem Tod von Pius ließ die allgemeine Unterstützung jedoch nach, und 1913 mußte die *Correspondance* ihr Erscheinen einstellen. Kurz nach dem Ausbruch des Ersten Weltkrieges, 1914, erbeuteten deutsche Truppen in Belgien ein Archiv mit Dokumenten, die sich auf das *Sodalitium pianum* bezogen. Die Papiere enthielten belastendes Material, und der Vatikan geriet unter Druck: Man forderte, er solle Benignis Machenschaften ein Ende setzen. Im Jahr 1921 wurde das *Sodalitium pianum* schließlich von Papst Benedikt XV. abgeschafft.

In Merry del Val besaß Benigni jedoch einen mächtigen Schutzherrn, und unter dessen Fittichen konnte er weitere dubiose Projekte in Angriff nehmen. Seit Jahrhunderten hatte die römisch-katholische Kirche mit dem Gedanken geliebäugelt, in Rußland Fuß zu fassen und die russisch-orthodoxe Kirche dort nach und nach zu verdrängen oder zu absorbieren. Wäre ein solches Vorhaben erst einmal realisiert, dann stünde die griechisch-orthodoxe Kirche weitgehend isoliert da – und Rom hätte endlich die strategische Position erlangt, die es ermöglichen würde, das Schisma mit Byzanz zu überwinden, das die Christenheit seit anderthalb Jahrtausenden entzweite. In diesem Sinne hatte Pius X. 1907 in Lwów (Lemberg) in der heutigen Ukraine einen unierten Erzbischof installiert. Unmittelbar danach machte sich Benigni daran, sich in die russischen Angelegenheiten einzumischen. Um 1910 herum stand er auf freundschaftlichem Fuß mit panslawistischen russischen Diplomaten und Politikern, Hardlinern vom rechten Rand des politischen Spektrums.

Wie auch immer die Pläne ausgesehen haben mögen, die er verfolgte: Sie wurden zunächst durch den Ersten Weltkrieg, der bald darauf ausbrach, auf Eis gelegt und dann von der Revolution und dem blutigen Bürgerkrieg, der folgte, endgültig vom Tisch gewischt. Als die Bolschewiken die Oberhand gewonnen hatten, muß ihm aufgegangen sein, daß Rußland für seine Sache verloren war – zumindest zu seinen Lebzeiten. Also wandte er sich anderen Aufgaben zu.

Im Jahr 1920 gründete Benigni, immer noch protegiert von Merry del Val, ein französischsprachiges Bulletin namens *Antisémite*. Der Kardinal beharrte trotz dieses Titels darauf, kein echter Antisemit zu sein. Er sei lediglich ein Gegner der jüdischen Weltverschwörung, die angeblich das Bankwesen, die Freimaurerszene und den Bolschewismus beherrschte. Hätte man ihm bohrende Fragen gestellt, so hätte er wahrscheinlich behauptet, daß einige seiner besten Freunde Juden seien. Oder vielleicht auch nicht, denn schließlich bezeichnete er das jüdische Volk als »die Auserwählten des Antichristen«.[19]

1923, zwei Jahre nachdem Benignis *Sodalitium pianum* aufgelöst worden war, tauchte in Frankreich eine neue Organisation auf, die sich ERDS nannte: *Entente romaine de défense sociale*. So mancher Kommentator hat den Verdacht geäußert, daß hier im Grunde das *Sodalitium pianum* unter neuem Etikett wiederauferstanden war. Um in die Reihen von ERDS aufgenommen zu werden, mußte man Christ sein, einer »arischen oder arisierten Nation« angehören und sich dem Motto »Religion, Familie, Heimatland«[20] anschließen, einem Sinnspruch, der auch heute wieder von einer gewissen katholischen Organisation aufgegriffen und hochgehalten wird.

Einer der wichtigsten Wortführer von ERDS war Abbé Boulin, der aggressive Streitschriften über die »Eroberung« Europas durch das internationale jüdische Bankwesen verfaßte.[21] 1924 trat Boulin in Paris als einer der Gastgeber einer sogenannten »Antijüdischen Internationale« auf. Ein weiteres Treffen dieser Art wurde im folgenden Jahr in Österreich abgehalten, und Benigni war wieder dabei.[22]

Nach allem zu urteilen, was wir über ERDS wissen, entwickelte sich diese Organisation in eine ähnliche Richtung wie die *Action française*, jene rechtsextreme, nationalistische Bewegung, deren »Blut-und-Boden«-Kult ganz dem der deutschen Nationalsozialisten entsprach. Benigni war ein glühender Unterstützer der *Action française*, zu deren Mitgliedern nach allgemeiner Überzeugung auch einige französische Führungsgestalten des alten *Sodalitium pianum* zählten.[23] Allerdings erwies sich die Beziehung zwischen dem Kardinal und der *Action française* als problematisch. 1926 tat sich zwischen beiden Seiten eine Kluft auf, die nie wieder überwunden werden sollte.

Am 11. Februar 1929 unterzeichneten der Vatikan und Benito Mussolini, Ministerpräsident Italiens seit 1922, die Lateranverträge. Darin wurde die Vatikanstadt als unabhängiger und souveräner Staat anerkannt, als eigenständige Enklave, die nicht zum italienischen Staatsgebiet gehörte. Für den Verlust des alten päpstlichen Territoriums wurde die katholische Kirche finanziell entschädigt, und Italien nahm den Katholizismus offiziell als Staatsreligion an. Im Gegenzug erkannte das Papsttum das Königreich Italien und Rom als dessen Hauptstadt an. Zum erstenmal seit 1870 wagte es ein Papst, seinen Fuß in die Ewige Stadt zu setzen.

Monsignore Benigni war's zufrieden. Später sollte er eng mit OVRA zusammenarbeiten, dem italienischen Äquivalent der deutschen Gestapo. Man kann sich gut vorstellen, mit welcher Begeisterung dieser Mann, wenn er lange genug gelebt hätte, auch Francos Falange-Bewegung begrüßt hätte.

13. DIE SCHRIFTROLLEN VOM TOTEN MEER

Die traumatischen Ereignisse in der ersten Hälfte des 20. Jahrhunderts – zwei Weltkriege, der Zusammenprall der Ideologien, die Revolutionen und Bürgerkriege in Mexiko, Rußland, Spanien und anderen Ländern – hatten gezeigt, wie unbedeutend die Rolle geworden war, die die Kirche in der Geschichte der westlichen Welt noch spielte. Von Ausnahmen wie Irland einmal abgesehen, waren die großen Konflikte der neuen Zeit säkularer Natur. Und Rom, weiter denn je von weltlicher Macht und Einflußnahme entfernt, war nun nicht mehr als eine schwache, klagende Stimme in einem großen Chor. Es ist zwar einzuräumen, daß die katholische Kirche auch in der Vergangenheit in zahlreichen Fällen nichts hat ausrichten können, so bei den Napoleonischen Kriegen oder, noch früher, während der Hegemonialkonflikte im Europa des 18. Jahrhunderts. Damals war der Westen jedoch zumindest dem Etikett nach christlich gewesen, und solange dem so war, hatte die Kirche immerhin eine Funktion für sich in Anspruch nehmen können. Im Verlauf des 20. Jahrhunderts verlor das Christentum jedoch immer mehr an Bedeutung und die Kirche folglich immer mehr an Einfluß. Im Gedränge der miteinander um die Vorherrschaft ringenden »Ismen« der Moderne gehörte der Katholizismus zu den schwächeren Kandidaten.

Das war die Situation, zumindest was die Sphäre der weltlichen Macht betraf, jener Entscheidungsmaschinerie, die über die allgemeine Politik und den Gang der Ereignisse bestimmte. Bei den unglücklichen Massen, die dieser Maschinerie auf Gedeih und Verderb ausgeliefert waren, hatte die katholische Kirche immer noch die größte Anhängerschaft: Ihr gehörten immerhin mehr Menschen an als jeder anderen Konfession weltweit. Zwar konnte man diese Gemeinde nicht mehr für Kreuzzüge oder heilige Kriege mobilisieren, aber in Angelegenheiten der Seele und des Geistes war sie immer noch stark beeinflußbar, immer noch weitgehend ungeschützt. Und die römische Kirche verfügte immer noch über die nötigen Mittel, um diese Wehrlosigkeit auszunutzen. Eine dieser Waffen war das uralte Werkzeug der Exkommunikation.

Fast ein Jahrtausend zuvor hatte Papst Gregor VII. (1073 bis 1085) aus der Exkommunikation ein scharf geschliffenes politisches Instrument gemacht. Mit seiner Hilfe konnte man sogar Fürsten, Könige und Kaiser entthronen. Im Laufe der folgenden Jahrhunderte war die Waffe der Exkommunikation jedoch durch übermäßig häufige Anwendung stumpf geworden. Im 19. Jahrhundert exkommunizierte das Heilige Offizium zum Beispiel regelmäßig Jugendliche, die es verabsäumt hatten, ihre Eltern zu denunzieren, wenn diese freitags Fleisch aßen oder Bücher lasen, die auf dem Index standen.[1]

Nach dem Zweiten Weltkrieg drohte Papst Pius XII. jedem mit der Exkommunikation, der bei einer Wahl für einen kommunistischen statt für einen katholischen Kandidaten zu stimmen wagte. Bei einem solch verschwenderischen Einsatz konnte es nicht ausbleiben, daß diese Disziplinierungsmaßnahme immer mehr an Wirkung verlor, ja oft geradezu lächerlich erschien.

Trotzdem blieb für die meisten Katholiken die Exkommunikation – bis heute! – eine furchterregende Vorstellung und damit ein potentielles Einschüchterungsmittel. Aus der trostspendenden Gemeinschaft der katholischen Kirche »exkommuniziert«, also ausgestoßen zu werden heißt, ein Geächteter zu sein und die Isolation und Einsamkeit ertragen zu müssen, die damit verbunden sind. Wer exkommuniziert ist, darf weder an einer Messe noch an irgendeinem anderen öffentlich abgehaltenen Gottesdienst teilnehmen. Er kann, außer der Letzten Ölung, keine Sakramente empfangen. Er darf nicht von einem Priester oder gar Bischof getraut werden, hat von der Kirche keinerlei Unterstützung zu erwarten und wird von allen spirituellen Privilegien ausgeschlossen, die ihm seine Konfession zuvor gewährt hat.

Es gibt zwei Formen der Exkommunikation, und wer von der strengeren der beiden getroffen wird, den müssen alle seine Glaubensbrüder und -schwestern künftig ganz meiden. Genau genommen kann die Exkommunikation einen Menschen nur aus der Kirche ausschließen, aus der Gemeinschaft der Gläubigen verstoßen, sie kann ihn aber nicht von Gott entfremden. Vielen Gläubigen ist dieser Unterschied jedoch nicht klar, und so wird die Exkommunikation oft mit der Verdammnis der Seele gleichgesetzt. Die psychischen Schäden, die der Betroffene davonträgt, können verheerend sein.

Das moderne kanonische Recht kennt eine Reihe von Vergehen, die mit Exkommunikation bestraft werden können. Dazu zählen Abtreibung, Abfall oder Lossagung vom christlichen Glauben, Häresie, das Wegwerfen oder Zweckentfremden einer geweihten Hostie, körperliche Angriffe auf den Papst sowie der Vollzug der Bischofsweihe ohne Genehmigung des Papstes. Oft genug wurde diese Maßnahme auch eingesetzt, um Abweichler und Kritiker innerhalb der Kirche mundtot zu machen.

So wurde 1908 der Modernist Alfred Loisy exkommuniziert, und auch in jüngerer Zeit traf dieses Mittel etliche katholische Schriftsteller und Kommentatoren. Die Ermittlungen und Verfahren, die einer möglichen Exkommunikation vorangehen, liegen offiziell in Händen des Heiligen Offiziums. Auf dessen Anraten pflegt der Papst dann die Exkommunikation auszusprechen.

Die Exkommunikation war nur eines der Mittel, derer sich die Kirche, vertreten durch das Heilige Offizium, zur Disziplinierung ihrer Anhängerschaft bediente. Ein weiteres Werkzeug – zumindest während der ersten Jahrhunderthälfte – war der Index, der den Katholiken den Zugang zu allen Informationsquellen verwehrte, die Rom als schädlich einstufte, einschließlich geschichtswissenschaftlicher Abhandlungen zum Beispiel über die Freimaurerei und über die Inquisition selbst.

Wie bereits ausgeführt, war der Index 1559 erstmals angelegt worden, und er wurde mehr als vierhundert Jahre fortgeführt. Noch in den sechziger Jahren war es katholischen Studenten und Gelehrten an den Universitäten nicht gestattet, die Werke wichtiger klassischer Autoren wie Voltaire und Stendhal oder aktuelle Publikationen zeitgenössischer Schriftsteller wie Sartre, Simone de Beauvoir und André Gide zu lesen – also Standardwerke, die damals an fast jeder Universität auf dem Lehrplan standen.

In diesen Jahren erwies sich der Index aber schon als unhaltbar. Texte, deren Verbreitung früher auch von den weltlichen Behörden verboten worden war – *Ulysses*, *Lady Chatterley*, *Lolita*, ja sogar die Werke des Marquis de Sade –, waren nun in jeder gutsortierten großstädtischen oder universitätsnahen Buchhandlung problemlos zu erwerben. Die Literatur selbst wurde insgesamt drastischer, und »unanständige« Worte aller Art, plastische Schilderungen sexueller Szenen sowie gotteslästerliche Passagen, die noch vor wenigen Jahren unmöglich gedruckt hätten werden können, waren nun fast obligatorisch geworden.

In seinem Werk *Die letzte Versuchung* hat Nikos Kazantzakis nicht nur Jesus in einer Weise porträtiert, die stark von der herrschenden Kirchenlehre abwich, sondern ihn auch – wenngleich nur in einer Traumszene – in geschlechtlicher Vereinigung mit Maria Magdalena dargestellt. Trotz der Proteste solch großer und unterschiedlich ausgerichteter Geister wie zum Beispiel Thomas Mann und Albert Schweitzer landete Kazantzakis' Roman unverzüglich auf dem Index. Aber es kamen so viele weitere Werke, teilweise von unbestritten hoher literarischer Qualität, auf den Markt, daß selbst der eifrigste Inquisitor damit nicht Schritt halten konnte. 1966 erklärte Papst Paul VI. den Index offiziell für abgeschafft.

DIE VERFÜGUNGSGEWALT ÜBER DIE QUMRAN-TEXTE

Die Abschaffung des Index war im Grunde nur noch eine reine Formalität. Sein Schicksal war, dank der Strömungen in der zeitgenössischen weltlichen Literatur, bereits seit einiger Zeit besiegelt. Belesene Katholiken waren unausweichlich immer häufiger mit theologisch untragbarem Material konfrontiert worden, ganz gleich, ob sich die katholische Kirche per Verbot dagegen sträubte oder nicht. Aber es blieben der Kirche andere Wirkungsfelder, in denen sie noch immer – mit derselben Effizienz wie im Mittelalter – in der Lage war, sowohl den Zugang zu Informationen als auch ihre anschließende Verbreitung zu steuern, zu überwachen und auch einzuschränken. Das vielleicht berüchtigtste Beispiel dieser Art ist der Fall der Schriftrollen vom Toten Meer. Das Vorgehen des Heiligen Offiziums in dieser Angelegenheit, das im Namen der katholischen Kirche und durch die Päpstliche Bibelkommission agierte, hat ein Gelehrter einmal als den »akademischen Skandal par excellence des 20. Jahrhunderts« bezeichnet.[2]

In den achtziger Jahren des vorigen Jahrhunderts hatte sich die gerade entstehende modernistische Bewegung noch nicht gegen ihren Schöpfer – die Kirche – gewandt, sie war noch nicht in Ungnade gefallen. »Unter den jungen modernistischen Klerikern herrschten naive Gläubigkeit und Optimismus vor und die glühende Überzeugung, daß die methodische historische, archäologische Forschung die buchstäbliche Wahrheit der Schrift nicht widerlegen, sondern bestätigen werde. Die École Biblique et Archéologique Française de Jérusalem – die später die Qumran-Forschung beherrschen sollte – hat ihre Wurzeln in dieser ersten Generation der Modernisten, in einer Zeit also, in der die Kirche noch nicht realisiert hatte, daß sie sich selbst das Wasser abgrub.

Die École Biblique wurde 1882 von einem französischen Dominikaner gegründet. Er hatte auf einer Pilgerfahrt in Jerusalem den Entschluß gefaßt, dort eine Niederlassung der Dominikaner zu errichten. Für das Kloster und die Kirche wählte er ein Grundstück..., wo bei Ausgrabungen die Überreste einer Kirche entdeckt worden waren. Nach der Überlieferung soll an dieser Stelle der heilige Stephan als erster christlicher Märtyrer gesteinigt worden sein.

Rom stimmte dieser Gründung nicht nur zu, sondern förderte sie. Papst Leo XIII. schlug vor, darin eine Stätte der Bibelforschung einzurichten. Dies wurde denn auch 1890 von Pater Albert Lagrange in die Wege geleitet, und das Institut wurde 1892 eröffnet. Es bot fünfzehn Studierenden Quartier. Etwa zur gleichen Zeit wurde eine ganze Reihe weiterer solcher Institutionen gegründet mit dem Ziel, katholische Wissenschaftler mit dem akademischen Rüstzeug auszustatten, das sie benötigten, um ihren Glauben gegen die Bedrohung durch die historische und archäologische Forschung verteidigen zu können.«[3]

Zehn Jahre später hatte sich Ernüchterung breitgemacht, und der Modernismus war in Ungnade gefallen. Im Jahr 1903 setzte Papst Leo die Päpstliche Bibelkommission ein, ein Gremium, das Hand in Hand mit dem Heiligen Offizium die Arbeit katholischer Bibelforscher überwachen und koordinieren sollte. Zu dieser Zeit reichte es schon aus, historische oder archäologische Untersuchungen zur Klärung offener Fragen auch nur *vorzuschlagen*, um in Ungnade zu fallen. Pater Lagrange und seine Jerusalemer Bibelschule gerieten bald ins Visier der Kommission, aber beim genaueren Hinsehen zeigte sich, »daß Lagranges Glauben unerschüttert war und daß er in bezug auf die Kirche das Herz am rechten Fleck hatte. Diese Einschätzung entsprach durchaus der Wirklichkeit, denn vieles in Lagranges Werk läuft auf eine systematische Zurückweisung der Ansichten von ... Modernisten hinaus. Aus dieser Erkenntnis heraus wurde Lagrange als Mitglied beziehungsweise ›Berater‹ in die Päpstliche Bibelkommission berufen, und seine Zeitschrift, die *Revue biblique*, wurde deren offizielles Organ. Dieses Arrangement blieb bis 1908 bestehen. Von da an verfügte die Kommission über eine eigene Zeitschrift«.[4]

Trotz der Anerkennung, die man Lagrange von berufener Seite zollte, wurde er von »den niederen Rängen der kirchlichen Hierarchie ... weiter des Modernismus bezichtigt. Die Anschuldigungen demoralisierten ihn derart, daß er 1907 zeitweilig seine alttestamentarischen Studien unterbrach. 1912 entschloß er sich, die Bibelforschung ganz aufzugeben und Jerusalem zu verlassen ... aber erneut setzte sich der Papst für ihn ein und schickte ihn wieder auf seinen Posten nach Jerusalem zurück mit dem Auftrag, seine Arbeit fortzusetzen«.[5] Lagrange gehorchte, und unter seiner Leitung wurde die »ursprünglich als Forum des Modernismus gegründete École Biblique ... fortan zum Bollwerk gegen ihn«.[6] Es war diese Institution, die es ein halbes Jahrhundert später fertigbrachte, ein nahezu perfektes Monopol über die Schriftrollen vom Toten Meer aufzubauen.

Die ersten dieser uralten Texte – Dokumente vom Beginn der christlichen Ära und aus der Zeit davor – wurden 1947 in einer Höhle an den Ufern des Toten Meers nahe Qumran gefunden, das etwa vierzig Autominuten östlich von Jerusalem liegt. Wie sich im folgenden zeigte, barg der Fundort, später »Höhle 1« genannt, mehr als nur *eine* Schriftrolle. In den folgenden zehn Jahren fand man in weiteren zehn Höhlen Schriftrollen, manche nahezu vollständig erhalten, manche zu winzigen Fragmenten zerfallen, die man wie ein Puzzle zusammensetzen mußte. Amerikanische und israelische Forscher waren mit Veröffentlichungen über ihre Entdeckungen rasch bei der Hand, und sie fanden weltweit große

Beachtung. Die Qumran-Texte waren die ältesten Dokumente, die man im Heiligen Land je gefunden hatte. Sie stammten eindeutig aus den Jahren um die Zeitenwende und legten Zeugnis ab von einer messianischen, apokalyptischen Religionsgemeinschaft, die vor zweitausend oder mehr Jahren an diesem Ort gelebt hatte.

Solange die Rollen ausschließlich mit einer isolierten jüdischen Sekte in Verbindung gebracht werden konnten, waren sie der katholischen Kirche und dem Heiligen Offizium mehr oder minder gleichgültig: Sie sahen in ihnen nicht mehr als historisch und archäologisch interessantes Material.

1950 stellte jedoch ein Professor der Sorbonne, André Dupont-Sommer, in einem öffentlichen Vortrag eine These auf, die international für Wirbel sorgte. Er referierte über einen der Texte vom Toten Meer, der von einer »Sekte des neuen Bundes« handelte. Deren Führer sei »Lehrer der Gerechtigkeit« genannt worden, habe messianische Züge getragen und sei verfolgt und hingerichtet worden. Seine Anhänger hatten geglaubt, das Ende stehe unmittelbar bevor, und nur wer an ihren »Lehrmeister« glaube, werde errettet. Weltweite Bestürzung löste Dupont-Sommer mit seiner Schlußfolgerung aus, der »Lehrer der Gerechtigkeit« entspreche unter vielen Gesichtspunkten »genau dem Prototyp Jesu«.[7]

In der katholischen Kirche brach hektische Betriebsamkeit aus. Funde, die die Existenz einer isolierten jüdischen Sekte belegten, waren eine Sache – Dokumente, die die Ursprünge des Christentums in ein kompromittierendes oder zweifelhaftes Licht tauchen könnten, eine ganz andere. Die katholischen Gelehrten, denen man angeboten hatte, sie könnten die Schriftrollen untersuchen, hatten bislang wenig Interesse daran gezeigt.

Jetzt aber mußte ganz schnell Schadensbegrenzung betrieben und eine Vertuschungsaktion eingeleitet werden. Man mußte die Kontrolle über die Forschung zu den Schriftrollen erlangen; es ging darum, die Qumran-Texte der Öffentlichkeit so zu präsentieren, daß sie keinesfalls mit den Wurzeln des Christentums in Verbindung gebracht werden konnten. Es sollte also klargestellt werden, daß sie in bezug auf die katholische Überlieferung, Lehre, Doktrin und Dogmatik überhaupt keine oder allenfalls geringfügige Bedeutung besaßen. Obwohl der Direktor der École Biblique, der dominikanische Pater Roland de Vaux, keinerlei archäologische Ausbildung genossen hatte, startete er eine breitangelegte Kampagne, um so viel von dem Schriftmaterial wie irgend möglich unter seine Fittiche zu bringen.

Von 1951 bis 1956 führte de Vaux in Qumran selbst Grabungen durch, um Belege für die These zu finden – notfalls zu erfinden –, daß die Schriftrollen nichts mit den ersten Christen zu tun hatten, sondern einfach Überbleibsel einer abseitigen und nicht repräsentativen Wüstengemeinde waren, die sich sogar vom »offiziellen« Judentum jener Tage isoliert hatte. Die Datierung der Schriftrollen hatte selbstverständlich so zu erfolgen, daß sie mit dieser Interpretation im Einklang war. Dafür mußte sich de Vaux einiger höchst fragwürdiger archäologischer Tricks bedienen: So erfand er Wände, wo es keine gab, indem er an der Ausgrabungsstätte einfach bestimmte Partien stehenließ und die Grabung um sie herum vornahm.[8] Mit solchen Mitteln gelang es ihm, seine eigene Chronologie aufzustellen, der zufolge die Schriftrollen unzweifelhaft deutlich *vor* der Zeitenwende entstanden sein mußten.[9]

Unterdessen tauchten immer neue Schriftrollen und Rollenfragmente auf, an manchen Stellen gleich in größeren Mengen. Das Bild, das sich allmählich aus den Funden zusammenfügte, mußte der katholischen Kirche sogar noch bedrohlicher erscheinen, als sie zunächst befürchtet hatte. Unübersehbar mehrten sich die Parallelen zwischen dem frühen Christentum und jener Glaubensgemeinschaft in Qumran, von der die Rollen Zeugnis ablegten. Zur selben Zeit stellte sich heraus, daß die Gemeinde von Qumran keineswegs eine abgelegene Einsiedelei irgendwo in der Wüste, sondern zu Zeiten des Neuen Testaments ein Knotenpunkt von überregionaler Bedeutung gewesen war, der eine nicht unwichtige Rolle bei den Ereignissen jener Periode gespielt hatte.

Und schlimmer noch: Die Qumran-Gemeinde war, wie sich zeigte, nicht nur messianisch und apokalyptisch orientiert, sondern auch militant und revolutionär. Offenbar hatte sie sich vorgenommen, das Heilige Land vom Joch der römischen Fremdherrschaft zu befreien und das jüdische Königreich des Alten Testaments wiederherzustellen. Die Bewegung war, mit anderen Worten, mindestens ebensosehr politisch wie religiös ausgerichtet gewesen.[10]

Eine solche Haltung ließ sich natürlich ganz schlecht mit dem Bild des sanftmütigen, lammgleichen Heilands der christlichen Überlieferung in Einklang bringen, der seine Gefolgsleute aufforderte, dem Kaiser zu geben, was des Kaisers ist, und in pazifistischer Märtyrermanier notfalls auch noch die andere Wange hinzuhalten. Um so dringlicher erschien es der römischen Kirche nun, Kontrolle über die Schriftrollen – und das, was sie an peinlichen Enthüllungen noch bieten mochten – zu erlangen.

Mit machiavellistischer Raffinesse gelang es de Vaux, zum Leiter jenes internationalen Forscherteams berufen zu werden, das den Auftrag erhielt, die in Qumran gefundenen Texte zu sammeln, zu übersetzen und herauszugeben. Er konnte auch durchsetzen, daß dieses internationale Team – und damit die gesamte wissenschaftliche Erschließung der Schriftrollen vom Toten Meer – organisatorisch der École Biblique angegliedert wurde, die ja, wie man sich in Erinnerung rufen sollte, eine Einrichtung der Dominikaner war und, vermittels der Päpstlichen Bibelkommission, dem Heiligen Offizium Rechenschaft schuldete. Er festigte seine Autorität außerdem durch die Herausgabe einer akademischen Fachzeitschrift, die sich ausschließlich dem in Qumran gefundenen Material widmete. Und es gelang ihm, als Hauptherausgeber der offiziellen (und dem Anspruch nach definitiven) Übersetzung der Qumran-Texte engagiert zu werden, die unter dem Titel *Discoveries in the Judaean Desert* bei der Oxford University Press verlegt wurde.

Dadurch war er in der Lage zu bestimmen, was überhaupt veröffentlicht werden sollte, wie die Dokumente bearbeitet und wie sie übersetzt wurden. Und aufgrund dessen konnte er eine nahezu unanfechtbare Deutung sämtlicher Qumran-Texte durchsetzen, gleichsam eine Orthodoxie ihrer Interpretation etablieren. De Vaux und seine Schützlinge stiegen so zu international anerkannten Experten für die Schriftrollen vom Toten Meer auf, und es schien keinen Grund zu geben, an ihrer Lauterkeit zu zweifeln.

Unter diesen Bedingungen wurde etwa fünfundvierzig Jahre lang Forschung zu den Qumran-Rollen betrieben. In unserem Buch *Verschlußsache Jesus* (1991) haben wir die ganze Geschichte im Detail aufgearbeitet. Hier sei nur festgehalten, daß die École Biblique ihr nahezu völliges Monopol auf die Erforschung der Schriftrollen vom Toten Meer und aller nachfolgenden Entdeckungen bis zum Beginn der neunziger Jahre verteidigen konnte. Nur botmäßige Wissenschaftler, deren Interpretationen die katholische Kirche nicht vor den Kopf stießen und ihre offizielle Lehrmeinung nicht in Frage zu stellen drohten, erhielten Zugang zu den Texten. Als John Allegro – ein nichtkatholisches Mitglied des Teams, dessen Obhut die Rollen anvertraut worden waren – sich erdreistete, die »offizielle« Deutung anzuzweifeln, wurde er systematisch ausgegrenzt und in akademischen Kreisen in Verruf gebracht.

Fünfundvierzig Jahre lang blieben die Rollen im Grunde Privatbesitz: Sie waren das exklusive Betätigungsfeld einer Gruppe vorwiegend katholischer Gelehrter, die der École Biblique, der Päpstlichen Bibelkommission und dem Heiligen Offizium verantwortlich war. Dieses Team erging sich in vagen Andeutungen, vollführte Ausweichmanöver und griff zu Verzögerungstaktiken.

Die Veröffentlichung bestimmter Quellen, die Rom unangenehm hätte werden können, mußte aus unerfindlichen Gründen immer wieder verschoben werden. Anderes Material wurde erst veröffentlicht, nachdem man sich intern auf eine Interpretation geeinigt hatte, die die Aussage weniger verfänglich erscheinen ließ. Man legte mit Absicht zweifelhafte Datierungen der Dokumente vor – auf eine Zeit weit vor Beginn des Christentums –, damit niemand auf die Idee kam, ihren Inhalt in irgendeiner Hinsicht mit Jesus, Paulus, Jakobus oder jener Strömung in Verbindung zu bringen, aus der schließlich die Kirche der Urchristen hervorgegangen war. Textstellen, deren Ähnlichkeit mit Passagen des Neuen Testaments allzu offensichtlich war, wurden falsch übersetzt und – in mindestens einem dramatischen Fall – jahrzehntelang zurückgehalten.

Am 9. Juli 1958 erhielt das Forscherteam um de Vaux, um nur ein Beispiel zu nennen, ein neues Rollenfragment mit einem Stück Text. Es erhielt, wie es sich gehört, eine Identifikationsnummer: 4Q246, also Fragment 246 aus der Qumran-Höhle 4. Es stellte sich heraus, daß der Text mühelos zu übersetzen war. Tatsächlich lag die Rohübersetzung schon am Morgen nach dem Eintreffen des Fragments vor, wie ein Forscher, der damals zugegen war, einem der Autoren des vorliegenden Buches verriet, und alle Mitglieder des Forscherteams um de Vaux hatten sie bereits gelesen oder von ihr gehört. Ihre Aussage barg einigen Sprengstoff: »Er wird Sohn des Großen Gottes genannt werden, mit Seinem Namen soll er bezeichnet werden… Sein Reich wird ein Ewiges Reich sein.«[11]

Die Parallelen zur Heiligen Schrift der Christen sind offensichtlich. Dieses winzige Textstück konnte alle Bemühungen von de Vaux und seinem Team, zwischen den Schriftrollen vom Toten Meer und der Entstehung des Christentums eine Mauer zu errichten, zunichte machen. Folglich blieb seine bloße Existenz über vierzehn Jahre hinweg ein wohlgehütetes Geheimnis. Vielleicht wäre es das bis heute geblieben, hätte nicht ein Mitglied von de Vaux' Gelehrtentruppe bei einem Vortrag an der Harvard University im Dezember 1972 eine Bemerkung fallenlassen, die sich auf diese Textstelle bezog. Sogar als das Kind schon in den Brunnen gefallen war, weigerte sich de Vaux, für die Arbeit unabhängiger Forscher ein Faksimile dieses Stücks anzufertigen. Weitere achtzehn Jahre sollten verstreichen, bis der Text von anonymer Seite an die *Biblical Archaeology Review* geschickt wurde, eine Zeitschrift über Bibelforschung, die ihn 1990 veröffentlichte.[12]

Zu diesem Zeitpunkt war der fragliche Text den Forschern um de Vaux bereits zweiunddreißig Jahre bekannt, aber sie hatten ihn so lange der Welt vorenthalten. Ohne ein Sterbenswörtchen über ihn zu verlieren, hatten die kirchlichen Kommentatoren die Sache unterdessen fröhlich vertuscht und verdreht. Zum Beispiel schrieb Xavier Leon-Dufour, ein Freund von de Vaux und Mitglied der Päpstlichen Bibelkommission, im Jahr 1968 heuchlerisch: »In keinem der Qumran-Texte ist von einem ›Menschensohn‹ die Rede.«[13]

Über die Erwähnung eines »Gottessohnes« verlor er kein Wort; vielmehr behauptete er im folgenden, der Führer der Qumran-Gemeinde, wie er in den Schriftrollen dargestellt werde, habe nichts mit der Gestalt Jesu gemein. Elf Jahre später, 1979, veröffentlichte Kardinal Jean Danielou, ein weiterer Freund de Vaux', die englische Übersetzung seines Buches *The Dead Sea Scrolls and Primitive Christianity.* Darin käute er bloß das wieder, was sich inzwischen als offizielle »Parteilinie« herauskristallisiert hatte. Auch er ignorierte die Existenz des »Gottessohn«-Textes und wiederholte, zwischen Jesus und dem Führer der Qumran-Gemeinde könne es keine Verbindung geben.

Erst zu Beginn der neunziger Jahre änderten sich die Rahmenbedingungen für die den Schriftrollen vom Toten Meer gewidmete Forschung. Das war vor allem der geradezu dickköpfigen Beharrlichkeit zweier Gelehrter zu verdanken: Professor James Robinson, dem Leiter jenes Teams, das die sogenannten »Gnostischen Evangelien« übersetzt hatte, die bei Nag Hammadi in Ägypten gefunden worden waren, und Professor Robert Eisenman von der University of California in Long Beach, der sich schon lange an vorderster Front um die Freigabe der Qumran-Texte bemüht hatte. Auf der Grundlage von Fotonegativen, die ihnen von anonymer Seite zugespielt worden waren, gaben Robinson und Eisenman das zweibändige Werk *A Facsimile Edition of the Dead Sea Scrolls* heraus. Zum erstenmal stand nun der gesamte Korpus der Qumran-Texte unabhängigen Forschern zur Verfügung.

Damit hatten sich die Schleusentore nun doch noch geöffnet. Eines der Institute, die aus Sicherheitsgründen Fotografien sämtlicher Schriftrollen vom Toten Meer archiviert hatten – für den Fall, daß die Originale bei einem weiteren Nahostkrieg zerstört werden sollten –, war die Huntington Library in Kalifornien. Nur drei Monate nach der Veröffentlichung von Robinson und Eisenman setzte sich die Huntington Library über die Vorgaben der École Biblique hinweg und kündigte an, sie werde ihre Materialien künftig der Forschung zur Verfügung stellen.

Eisenman war der erste, dem man die Sichtung der Dokumente gestattete. Er und Professor Michael Wise von der University of Chicago stellten zwei Teams zusammen, an jeder Universität eins, die sofort mit der Übersetzung der fünfzig wichtigsten bislang unveröffentlichten Texte begannen. Als Buch veröffentlicht wurde sie 1992, ein Jahr darauf folgte die deutsche Fassung unter dem Titel *Jesus und die Urchristen. Die Qumran-Rollen entschlüsselt.*

Heute hat die Kirche nicht länger die Möglichkeit, den Zugang zu den Texten nach Gutdünken zu gewähren oder zu versagen, aber sie bemüht sich immer noch, deren Interpretation zu steuern. Katholische Gelehrte verkünden weiterhin ihre altbekannte, orthodoxe Deutung und versuchen dabei, alles niederzuschreien, was anderer Meinung ist. Aus der Sicht der katholischen Kirche *dürfen* die Qumran-Rollen einfach nichts mit den Wurzeln des Christentums zu tun haben, denn sonst würde das Christentum in einem ganz neuen Licht erscheinen, das sich mit der offiziellen Doktrin und dem Dogma Roms überhaupt nicht verträgt.

14. DIE KONGREGATION FÜR DIE GLAUBENSLEHRE

Anno 1962 funktionierte die Geheimhaltung um die Qumran-Rollen noch so gut, daß die breite Öffentlichkeit nichts von ihnen wußte. Die katholische Kirche bewegten damals ohnehin andere, viel stärker auf die Gegenwart bezogene Fragen, an denen der gesamte Klerus, die Gemeinschaft der Gläubigen, die Medien und die Weltöffentlichkeit leidenschaftlich Anteil nahmen. Unter Papst Johannes XXIII., dem liberalsten, verständigsten, fortschrittlichsten und energischsten Heiligen Vater des 20. Jahrhunderts, machte sich die Kirche endlich daran, ihr Haus in Ordnung zu bringen und sich auf konstruktive und kreative Weise in die Gesellschaft der Moderne zu integrieren. Diese Unternehmung wurde in Gestalt des Zweiten Vatikanischen Konzils ausgeführt, das sich am 11. Oktober 1962 zusammenfand und bis zum Ende des Jahres 1965 tagte.

Johannes XXIII. hatte seine Überlegungen zu einem Konzil das erste Mal im Januar 1959 einer Kardinalsversammlung vorgetragen. Er äußerte den Wunsch nach einem Reformkonzil, das die katholische Kirche erneuern und mit der Welt, so wie sie sich nach dem Zweiten Weltkrieg darstellte, in Einklang bringen sollte. Er wollte einen Heilungsprozeß in Gang setzen, der die unterschiedlichen christlichen Kirchen der Welt einander näherbringen sollte. Er wünschte eine Aussöhnung mit dem Protestantismus. Und er strebte eine Überwindung der Kluft zwischen der römisch-katholischen Kirche und den orthodoxen Ostkirchen an, die sich durch die wechselseitige Exkommunikation im Jahr 1054 aufgetan hatte.

Die Kurie reagierte schockiert. Man setzte alles daran, das Zustandekommen des vom Papst gewünschten Konzils zu verhindern oder zumindest hinauszuzögern. Der Pontifex setzte sich jedoch über diese Widerstände hinweg und trieb entschlossen seine Planung voran. Die Machtfülle, die seine Vorgänger für das Papsttum eingefordert hatten, setzte er nun zu einem positiven Zweck ein. Das Konzil, das ihm vorschwebte, sollte international und ökumenisch ausgerichtet sein, und an diesem Ziel orientierten sich seine Vorbereitungen: Er trat nicht nur mit den anderen christlichen Kirchen in Verhandlungen ein, sondern streckte seine Fühler auch in Richtung anderer Glaubensgemeinschaften aus.

Zum erstenmal seit der Gründung der englischen Staatskirche kam es zwischen einem Papst aus Rom und einem anglikanischen Erzbischof aus Canterbury zu einem persönlichen Treffen. Auch mit der griechisch-orthodoxen und der russisch-orthodoxen Kirche wurden Kontakte geknüpft. Erstmals wurde römisch-katholischen Vertretern erlaubt, an einem Treffen des Ökumenischen Rats der Kirchen teilzunehmen. Und auch mit dem Judentum wurde der Dialog eröffnet, der schließlich in einer Enzyklika gipfelte, in der das jüdische Volk von jeder Schuld am Tode Jesu freigesprochen wurde.

Johannes XXIII. erweiterte auch das Kardinalskollegium um neue Mitglieder aus allen Kontinenten und machte die Kurie damit in einem Maße international, wie sie es nie zuvor gewesen war. Im Jahr 1960 richtete er innerhalb der Kurie einen Rat ein, der den offiziellen Auftrag erhielt, die Vereinigung aller christlichen Kirchen zu fördern. Im März 1962 gab er den Startschuß zu einer gründlichen Überarbeitung des kanonischen Rechts, dessen Neufassung schließlich 1983 der Öffentlichkeit vorgestellt werden konnte.

Schon in diesen Vorbereitungen zum Zweiten Vatikanischen Konzil zeigte sich die Richtung, in die es gehen sollte. Als das Konzil im Oktober 1962 zusammentrat, nahm es seine Geschäfte in aller Öffentlichkeit auf – und nicht mit jener paranoiden Heimlichtuerei, die früher in Kirchenangelegenheiten vorgeherrscht hatte. Offizielle Beobachter von nicht weniger als achtzehn nichtkatholischen Kirchen nahmen teil. Dadurch fühlten sich allerdings einige Mitglieder der Kurie und des Heiligen Offiziums provoziert; sie beschwerten sich, der Papst lasse sich mit Ketzern ein – was nach Kirchenrecht ein Verbrechen war.

Die Opposition gegen den Papst wurde – wen wundert's – vom damaligen Präfekten des Heiligen Offiziums angeführt, dem Kardinal Alfredo Ottaviani. Er versuchte mehrmals, das Konzil unter die Kontrolle der Kurie, also der päpstlichen Behörden, zu bringen. Das Charisma des Papstes sowie die Gegenwart der neuen, von ihm bestimmten Kardinäle sorgten jedoch dafür, daß die Stimmung papstfreundlich blieb. Die Bestrebungen der Kurie, sich zur obersten Autorität über das Konzil aufzuschwingen, wurden abgeschmettert. Sowohl den versammelten Kirchenleuten als auch der Weltöffentlichkeit wurde schlagartig klar, daß die Kurie – entgegen der landläufigen Meinung – nicht mehr die Kirche als Ganzes vertrat.

Im weiteren Verlauf des Konzils wurde die kampfeslustige »alte Garde« in nahezu jedem der verhandelten Punkte in die Knie gezwungen, und man leitete einen radikalen Reformprozeß ein. Eine der unmittelbar spürbaren Neuerungen betraf den Meßgottesdienst, der künftig nicht mehr auf Latein, sondern in der jeweiligen Volkssprache abgehalten werden sollte. Zugleich wurde der berüchtigte »Syllabus der Irrtümer«, den Papst Pius IX. durch das Heilige Offizium hatte verbreiten lassen, für überholt und nicht länger verbindlich erklärt. Noch bevor das Konzil auseinanderging, sollte auch die wechselseitige Exkommunikation der römischen Kirche und der Ostkirchen aufgehoben werden.

In einer Enzyklika, die im Frühjahr 1963 veröffentlicht wurde, hieß Papst Johannes XXIII. genau jenen Fortschrittsprozeß, den seine Amtsvorgänger im 19. Jahrhundert ausdrücklich verdammt hatten, ebenso ausdrücklich gut. Die Enzyklika enthielt auch eine Stellungnahme, wie man sie aus der Feder eines römischen Pontifex überhaupt noch nie gesehen hatte: Jedem menschlichen Wesen wurde das Recht zugesprochen, »Gott nach den Geboten seines eigenen Gewissens zu ehren«.[1]

Am 3. Juni 1963, kurz nach der Bekanntmachung dieser Enzyklika, starb Johannes XXIII. Am 21. Juni wählte das Konklave Giovanni Battista Montini, einen Konsultor des Heiligen Offiziums, zu seinem Nachfolger; er nahm den Namen Paul VI. an. Zu dieser Zeit hatte das Reformprogramm des Konzils bereits soviel Eigendynamik erhalten, daß es sich nicht mehr zur Gänze aufhalten ließ. Es wurde jedoch spürbar gebremst, und der Prozeß, den die ganze Welt – Katholiken wie Nichtkatholiken – so hoffnungsfroh begrüßt hatte, wurde nach und nach zum Stillstand gebracht. Später wurde das Rad dann tatsächlich zurückgedreht.

Hier und da ist der progressive Geist des Zweiten Vatikanischen Konzils noch heute zu spüren. Die Messe wird zum Beispiel immer noch in der jeweiligen Landessprache abgehalten. Der Index war abgeschafft worden, und niemand hat ernsthaft den Versuch unternommen, ihn wiederzubeleben. Auch den »Syllabus der Irrtümer« hat niemand aus der Versenkung holen wollen. Aber auf vielen anderen Feldern, die für alle Katholiken von unmittelbarer, praktischer Bedeutung sind, hat sich der Geist des Zweiten Vatikanischen Konzils längst verabschiedet.

Abtreibung gilt weiterhin als Sünde, die mit Exkommunikation zu bestrafen ist. Und während Gefahren wie die Überbevölkerung oder die übermäßige Ausbeutung der natürlichen Ressourcen unseres Planeten wie Schreckgespenster über der Menschheit schweben, betreibt Rom weiterhin seine alte Vogel-Strauß-Politik, weigert sich stur, die Bedrohung zur Kenntnis zu nehmen, und beharrt auf seiner kompromißlosen Ablehnung der Geburtenkontrolle. Viele Katholiken fühlen sich dieser Institution, die mit dem Entwicklungstempo der Gesellschaft nicht mehr Schritt halten kann und will, mittlerweile völlig entfremdet, andere sehen sich angesichts dieser Diskrepanz in quälende Gewissenskonflikte getrieben.

Am Beginn des Zweiten Vatikanischen Konzils hatte Papst Johannes XXIII. eine Kommission eingerichtet, die sich mit Fragen der Geburtenkontrolle befassen sollte. War der Einsatz empfängnisverhütender Mittel tatsächlich eine Todsünde, die mit der Verdammung zu ewigen Höllenqualen geahndet werden mußte? Unglücklicherweise verstarb der Papst, bevor dieses Thema auf dem Konzil verhandelt werden konnte. Als es im Oktober 1964 auf die Tagesordnung gesetzt wurde, war offenbar eine erhebliche Anzahl der Kirchenleute der Ansicht, die Kirche solle hier künftig eine größere Flexibilität an den Tag legen.

Da ihm schwante, wie eine Abstimmung zu diesem Zeitpunkt ausfallen würde, setzte Kardinal Agagianian, ein prominentes Mitglied sowohl des Heiligen Offiziums als auch der Päpstlichen Bibelkommission, der Debatte ein jähes Ende: Die strittige Frage, die eigentlich vom Konzil geklärt werden sollte, wurde statt dessen dem neuen Papst übergeben, der auf seine Autorität pochte und die Entscheidung im Alleingang fällen wollte.

Als das Konzil sich hinter die Empfehlung der Kommission stellte, in Fragen der Familienplanung künftig flexibler zu agieren, nahm Paul VI. einige »Verbesserungen« an dem Entwurfstext vor und verwässerte damit die anstehende Reform bis zur Unkenntlichkeit. Die Mehrheit der Kommission verwahrte sich heftig gegen diese »Verbesserungen«. Auf diesen Widerstand reagierte der Papst mit der Herausgabe der berüchtigten Enzyklika vom 25. Juli 1968, in der er – mit der geballten Autorität der Unfehlbarkeit – jedwede künstliche Empfängnisverhütung definitiv untersagte. Der alte »Syllabus der Irrtümer« war zwar abgeschafft, aber an seine Stelle trat nun etwas, das kein bißchen weniger weltfremd, anachronistisch und rückwärtsgewandt war.

Im November 1963, während einer der Debatten des Zweiten Vatikanischen Konzils, hatte Kardinal Frings aus Köln es gewagt, das Heilige Offizium zu kritisieren. Dessen Methoden, so meinte er, »stehen nicht mehr im Einklang mit der heutigen Zeit und erregen weltweit Anstoß … Niemand sollte verurteilt und bestraft werden, ohne vorher angehört zu werden, ja ohne zu erfahren, wessen er angeklagt ist«.[2]

Kardinal Alfredo Ottaviani, der damals dem Heiligen Offizium vorstand, war fest entschlossen, das Erbe seines Vorgängers und Mentors, des sinistren Merry del Val, zu verteidigen. Jeder Angriff auf das Heilige Offizium, so erwiderte Ottaviani, sei »eine direkte Beleidigung des Papstes«.[3]

Im Zeitalter des Fernsehens und der Massenmedien konnte sich aber nicht einmal das Heilige Offizium ganz den Erfordernissen von Public Relations und Imagepflege entziehen. Unter der Schirmherrschaft von Papst Paul VI. schüttelte die Institution 1965 jenen Namen ab, der jahrhundertelang Angst und Schrecken verbreitet hatte. Unter der Anleitung ihres neuen Präfekten, des jugoslawischen Kardinals Franjo Šeper, mutierte sie zur »Kongregation für die Glaubenslehre«, was weniger bedrohlich, zugleich aber auch ziemlich vermessen klang. Unter diesem gewichtigen Namen setzt die ehemalige Inquisition bis heute ihre Arbeit fort – als ob die Annahme eines neuen, reinlichen Titels das Blut und den Brandgeruch der Vergangenheit zu beseitigen vermöchte. Im Jahr 1997 schrieb Paul Collins, ein Harvard-Absolvent und Priester:

»Das Heilige Offizium mag seinen Namen geändert haben, aber der ideologische Unterbau ist derselbe geblieben. Ganz sicher hat es nichts an seinen Methoden geändert. Immer noch akzeptiert es anonyme Bezichtigungen, verhandelt kaum je direkt mit den Angeklagten selbst, verlangt Widerrufe und verbietet Menschen den Mund, und immer noch rekrutiert es seine Ratgeber unter drittklassigen Theologen. Diese Körperschaft hat in der modernen Kirche nichts verloren. Sie ist nicht reformierbar und sollte daher abgeschafft werden.«[4]

Collins fährt mit der Feststellung fort, die Mängel der Kongregation für die Glaubenslehre seien im Grunde die Mängel der gesamten römischen Kurie, die einzig existiere, »um das Papsttum zu stützen... um der päpstlichen Macht zu dienen, nicht etwa der katholischen Geistlichkeit als Ganzes«.[5]

In den Augen eines weniger kritischen Kommentators ist die Kongregation »ja das Instrument, durch das der Heilige Stuhl die Vertiefung des Glaubens anregt und über seine Reinheit wacht. Sie ist folglich die eigentliche Hüterin der katholischen Orthodoxie. Nicht zufällig steht sie in der offiziellen Liste der Kongregationen der Römischen Kurie an erster Stelle«.[6]

Die Vorrangstellung dieser Kongregation wurde nach dem Ende des Zweiten Vatikanischen Konzils von Papst Paul VI. bekräftigt, der feststellte, sie befasse sich »mit Fragen von höchster Wichtigkeit«. Gegenwärtig ist sie keine sehr große Einrichtung. Sie hat nicht mehr die Mittel, ganze Heerscharen kampfeslustiger Inquisitoren in die Welt hinauszuschicken. Man nimmt an, daß ihr rund dreißig vollbeschäftigte Personen angehören. Obwohl ihr erklärter Daseinszweck die »Reinerhaltung« des Glaubens ist, dient sie in der Praxis der Verteidigung des päpstlichen Machtanspruchs und der Unterdrückung abweichlerischer Positionen. Zu diesem Zweck haben ihre Mitglieder eine Methode zur Perfektion entwickelt, die ihr Präfekt als »die Kunst des *soprassedere*« bezeichnet – der italienische Ausdruck für das »Aussitzen« von Entscheidungen: Sie lassen den Dingen Zeit »zu reifen«.[7]

Mit anderen Worten: Wenn die Kongregation davon ausgehen kann, ungeschoren davonzukommen, dann geht sie auf altbewährte Weise vor, bindet abweichlerischen Theologen Maulkörbe um, bespitzelt sie, setzt sie unter Druck, ja exkommuniziert sie notfalls. Wenn sie andererseits befürchten muß, auf Widerstand zu stoßen – wenn zum Beispiel die Gefahr besteht, daß ein Aufschrei der Empörung durch die katholische Welt geht –, dann verschleppt die Kongregation den Prozeß zur Entscheidungsfindung (und damit auch den Wandel in der Kirche) und spielt auf Zeit. Währenddessen verstreut sie Gerüchte, nährt Verstimmungen und Neidereien, päppelt den Groll gegen die Abweichler geradezu liebevoll hoch, bis er Früchte trägt.

Mitte der neunziger Jahre kursierte unter den Angestellten des Vatikans ein Witz: »In der Kongregation für die Glaubenslehre wird ein neugeborenes Baby gefunden. Kardinal Ratzinger [der Präfekt der Kongregation] ist schockiert, weil er glaubt, daß es zu einem der Priester gehören könnte. Doch ein Monsignore beruhigt ihn: ›Das ist mit Sicherheit nicht von uns. In diesem Büro wird doch nichts in neun Monaten fertiggestellt.‹ Ein zweiter Beamter stimmt zu: ›Ein Kind ist etwas Wunderbares, es ist die Frucht der Liebe. Es kann also gar nicht von uns sein.‹«[8]

Von allen sogenannten Kongregationen oder Dikasterien ist die Kongregation für die Glaubenslehre die wichtigste. Sie beherrscht die Kurie. Sie wird stets an erster Stelle genannt. Tatsächlich ist sie die mächtigste Einzelinstanz im Vatikan. Offiziell sitzt ihr der Papst vor. Ihr eigentlicher Leiter ist die moderne Inkarnation des Großinquisitors und trägt heute den Titel Präfekt. Der *Catholic Encyclopaedia* zufolge hat die Kongregation »in erster Linie die Funktion, dem Papst bei seiner Aufgabe zu assistieren, die Integrität der kirchlichen Glaubensdoktrin und der Moral zu wahren«.[9]

Glaubt man einem unabhängigeren Kommentator, so war das Papsttum seit dem Ersten Vatikanischen Konzil von 1870, wenn nicht noch früher, »entschlossen, die Theologie unter ihre Kontrolle zu bringen«,[10] und die Kongregation ist das wichtigste Instrument bei der Realisierung dieses Vorhabens.

Die Kongregation ist in demselben Gebäude untergebracht, das früher als Palast der Inquisition bekannt war: in der Casa Santa, einem großen Komplex mit eindrucksvollem Portal an der

Via del Sant'Ufficio, unweit der Peterskirche. Die ehemaligen Folterkammern sind in Büros und Archivräume umfunktioniert worden. Von dieser Zentrale aus betreibt die Kongregation ihr Geschäft, das zu weiten Teilen dem Gerichtswesen zuzuordnen ist. Der oberste Richter der Kongregation sowie mindestens zwei seiner Beisitzer sind Dominikaner, wodurch die Tradition einer engen Bindung zwischen der Inquisitionsbehörde und dem Orden, die seit dem 13. Jahrhundert besteht, fortgeführt wird.

Als die Kongregation für die Glaubenslehre 1965 ihren gegenwärtigen Namen annahm, wurde zugleich eine weitere Instanz geschaffen, die mit ihr zusammenarbeiten sollte: die internationale Theologenkommission. Die Rolle der Kommission besteht in der Beratung der Kongregation. 1976 empfahl die Kommission der Kongregation eindringlich, bei ihrer Arbeit künftig »weniger inquisitorische« und mehr auf Vermittlung zielende Methoden einzusetzen. Sieht man sich an, welche Schritte die Kongregation seither unternommen hat, so wird klar, daß sie diesen Rat in den Wind geschlagen hat. Ein Kommentator faßte ihre jüngeren Aktivitäten folgendermaßen zusammen:

»Auch wenn es nicht um eine Berufung oder Beförderung an einer theologischen Fakultät geht, examiniert die Glaubenskongregation theologische Schriften. Meist werden sie ihr von Bischöfen, Nuntien oder anderen Theologen zur Kenntnis gebracht. Am meisten Aufmerksamkeit widmet sie natürlich den Theologen, die die Massenmedien populär gemacht haben und deren Werke ein großes Publikum finden. Aber sie konzentriert sich auch auf solche, die sich ganz bestimmten Fragen zugewandt haben, beispielsweise der Sexualmoral, Empfängnisverhütung, Abtreibung, dem Zölibat, der Wiederverheiratung Geschiedener, der päpstlichen Autorität, der Auferstehung oder der Göttlichkeit Christi. Die Befreiungstheologen in Lateinamerika und Afrika wurden wegen ihrer Schriften über die Autorität der Kirche und den Klassenkampf genauso aufmerksam beobachtet wie asiatische Theologen wegen ihrer Analysen des Verhältnisses zwischen dem Christentum und asiatischen Religionen. Sorgen bereiten dem Vatikan auch feministische Theologinnen mit ihren Texten über Sexualität, kirchliches Patriarchat und Priesterinnen.«[11]

Die Kongregation für die Glaubenslehre nimmt jeden Theologen, Lehrer oder Kirchenmann unter die Lupe, dessen Äußerungen – seien sie schriftlich oder mündlich vorgetragen – möglicherweise Abweichungen von der offiziellen Orthodoxie enthalten könnten. Meldungen über solche Vergehen werden gerne auch von anderen Theologen, Lehrern oder Kirchenleuten entgegengenommen. Wenn die Kongregation ein Ermittlungsverfahren eröffnet, wird eine Akte angelegt, die alle wichtigen Informationen enthält: die Aussagen der zu überprüfenden Person, Zeitungsausschnitte, weitere Medienmeldungen, Beschwerdebriefe von Kollegen oder Gemeindemitgliedern.

Die 1971 verabschiedete Verfahrensordnung sieht vor, daß der Stab und die Superioren der Kongregation sich jeden Samstag zusammenfinden, um den fraglichen Fall zu verhandeln. Wenn sie zu dem Schluß kommen, daß tatsächlich ein Irrglaube vorliegt, werden unweigerlich – und stets in aller Heimlichkeit – die entsprechenden Maßnahmen eingeleitet: Die Kongregation nimmt zunächst Verbindung zum unmittelbaren Vorgesetzten des Angeklagten auf, zum Beispiel zum örtlichen Bischof, der ihn auffordert, seine Behauptungen zu widerrufen oder zu modifizieren. Wenn die nach Ansicht der Kongregation falschen oder gefährlichen Ansichten in Schriftform verbreitet worden sind, kann sie mit dem Verfasser direkt in Kontakt treten. Eine Verwarnung durch den Vorgesetzten oder durch die Kongregation selbst ist für den Beschuldigten überhaupt das erste Indiz dafür, daß er unter Beobachtung steht. Man gewährt ihm einen Monat, um zu den gegen ihn erhobenen Vorwürfen Stellung zu beziehen. Er kann auch nach Rom zitiert werden, um sich persönlich zu rechtfertigen.

Im Jahr 1978, kurz nachdem Johannes Paul II. zum Heiligen Vater gewählt worden war, leitete die Kongregation eine Untersuchung gegen den französischen Dominikaner Jacques Pohier ein, befand ihn für schuldig und erlegte ihm zur Strafe ein Lehrverbot auf. Ein Jahr später entzog man auch Hans Küng, einem der hervorragendsten katholischen Theologen der Gegenwart, die Lehrbefugnis für Theologie. Unmittelbar danach wurde er als Direktor des Theologischen Seminars der Universität Tübingen entlassen. Er folgte daraufhin dem Ruf auf einen anderen Lehrstuhl, für dessen Besetzung keine Zustimmung von Rom erforderlich war, und kommentierte den Vorgang mit diesen Worten:

»Ich bin von einem Papst verurteilt worden, der meine Theologie verworfen hat, ohne jemals eines meiner Bücher gelesen zu haben, und der sich weigert, mich zu empfangen. In Wahrheit geht es Rom nicht um einen Dialog, sondern um Unterwerfung.«[12]

Das neue kanonische Recht verfügte 1983, daß alle Lehrer theologischer Inhalte in den höheren Bildungseinrichtungen ein Mandat oder eine Lehrerlaubnis von »der befugten kirchlichen Behörde« vorweisen mußten – also vom jeweiligen Ortsbischof. Das hieß, um es mit den Worten eines Kritikers zu sagen, »daß Theologen dem ordentlichen Lehramt zu dienen und dieses keinesfalls in Frage zu stellen haben«.[13]

Kurze Zeit später unterzeichneten mehr als fünfhundert deutschsprachige Theologen eine Protestnote, die als »Kölner Erklärung« bekannt wurde. Darin äußerten sie Besorgnis über die anschwellende Zahl qualifizierter Theologen, denen die Lehrbefugnis verweigert wurde. Wörtlich heißt es in der »Kölner Erklärung« unter anderem: »Die Erteilung der kirchlichen Lehrerlaubnis wird als Instrument der Disziplinierung mißbraucht.«[14]

Die Kongregation für die Glaubenslehre zeigte sich von solchen Protesten unbeeindruckt. Im September 1984 wurde Pater

Leonardo Boff, ein brasilianischer Franziskaner, nach Rom beordert und dort nach seiner Anhörung durch die Kongregation zu einem Schweigejahr verurteilt. Im November desselben Jahres erhielt der angesehene niederländische Schriftsteller Pater Edward Schillebeeckx, ein Dominikaner, gegen den seit 1968 schon zum drittenmal ermittelt wurde, ebenfalls eine solche Vorladung. Im März 1986 entzog man Pater Charles Curran, einem Theologen an der Katholischen Universität von Kalifornien, die Lehrbefugnis, und ein Jahr später verlor er seine Stelle. Ebenfalls im Jahr 1987 geriet Erzbischof Hunthausen aus Seattle, ein bekannter Vertreter des Reformgeistes des Zweiten Vatikanischen Konzils, ins Visier der eifrigen Ermittler. Der indische Jesuit Luis Bermejo wurde 1988 verurteilt.

Einem amerikanischen Jesuiten, Pater Terence Sweeney, wurde befohlen, seine Forschungsarbeit über Haltungen in der Kirche zur Ehe von Geistlichen einzustellen und all seine Unterlagen zu verbrennen. Aus Protest gegen diesen Versuch, die Tradition der inquisitorischen »Freudenfeuer« wiederzubeleben, verließ Pater Sweeney den Jesuitenorden. Ebenso empört reagierte der deutsche Moraltheologe Bernhard Häring. Pater Häring fühlte sich durch die Examination seiner Schriften durch die Kongregation weitaus mehr in seiner Ehre verletzt als bei den vier Malen, die er sich während der Nazi-Ära vor Gericht hatte verantworten müssen.[15]

Im Jahr 1989 stellte die Kongregation offiziell die Forderung auf, alle neu berufenen Rektoren, Präsidenten, Theologie- und Philosophieprofessoren in den Seminaren und katholischen Universitäten müßten künftig nicht nur das Glaubensbekenntnis, sondern darüber hinaus auch einen Treueid ablegen. Ein ähnliches Gelöbnis wurde von den neuen Pfarrern verlangt. Das bislang übliche Glaubensbekenntnis wurde um einen Zusatz ergänzt: »Auch was die Kirche über die Glaubens- und Sittenlehre durch feierliche Lehrentscheidung oder durch ihr ordentliches

Lehramt vorträgt und festlegt, nehme ich im ganzen und im einzelnen an ...«[16]

Diese Maßnahme war von der Glaubenskongregation aus eigener Initiative ergriffen worden. Weder hatte es zuvor Rücksprachen mit der Theologengemeinde gegeben, noch war mit den Teilnehmern irgendeiner Bischofskonferenz darüber verhandelt worden. Sogar die anderen Büros der Kurie reagierten überrascht, ja schockiert auf die Neuerung. Die katholischen Akademiker in aller Welt waren »zutiefst beunruhigt«.[17]

Im Mai 1990 legte die Kongregation den ersten Entwurf einer Neuausgabe des *Allgemeinen Katechismus der Katholischen Kirche* vor. In ihm wurde die päpstliche Unfehlbarkeit vehement verteidigt, und die Annäherung an andere Glaubensrichtungen und Konfessionen, die vom Zweiten Vatikanischen Konzil in die Wege geleitet worden war, wurde implizit verworfen. Im Text der Kongregation heißt es: »Die Aufgabe einer authentischen Interpretation des Wortes Gottes, sei es nun schriftlich niedergelegt oder mündlich überliefert, steht allein dem jeweiligen Lehramtsvertreter der Kirche zu.«[18]

Natürlich wurde die Verdammung der künstlichen Geburtenkontrolle und der Abtreibung bekräftigt. Verurteilt wurden ebenso der voreheliche Beischlaf und die Sterbehilfe. Scheidungen wurden als unmoralisch und die gesellschaftliche Ordnung zersetzend gebrandmarkt. Selbstbefriedigung wurde als moralisch verwerflich, Homosexualität als sündige Entartung verurteilt.

Der Entwurf des Katechismus wurde, mit der Bitte um Kommentare, an alle 2421 römisch-katholischen Bischöfe der Welt verschickt. Es konnte nicht ausbleiben, daß die Medien ihn in die Hände bekamen und auszugsweise in den Tageszeitungen abdruckten. Eine überwältigende Zahl von Menschen, Katholiken wie Nichtkatholiken, traf es wie ein Schock: Die dumpfe Verbissenheit, die psychologische Ahnungslosigkeit und der fanatisch reaktionäre Geist des Dokuments lösten Furcht und Entsetzen aus. Die Hoffnungen auf eine etwas fortschrittlichere Kirche, die vom Reformgeist des Zweiten Vatikanischen Konzils genährt worden waren, wurden rüde enttäuscht, ja zerschlagen. Die Kongregation für die Glaubenslehre war anscheinend wild entschlossen, jene Reformen rückgängig zu machen, das Rad der Geschichte zurückzudrehen und die Kirche noch weiter von der Welt der Moderne, in der sie lebte, zu entfremden.

Kurz nachdem die Rohfassung des neuen Katechismus verbreitet worden war, beeilte sich Kardinal Ratzinger, der Präfekt der Kongregation, ein Bollwerk gegen die zu erwartende innerkirchliche Opposition aufzuschütten. Zu diesem Zweck verfaßte er ein siebenundzwanzigseitiges Dokument, das offiziell von der Kongregation für die Glaubenslehre herausgegeben wurde: *The Ecclesial Vocation of the Theologian (Die geistliche Berufung des Theologen)*. In diesem Text verurteilt Ratzinger nicht nur die Abweichler im engeren Sinne, sondern stellt klar, »daß die öffentliche Opposition gegen das Magisterium ebenfalls Abweichlerei genannt wird«.[19]

Der Kardinal versagte kategorisch jedem das »Recht auf Abweichung«. Ja, der Text hielt ausdrücklich fest, daß katholische Geistliche kein Recht auf Abweichung von der feststehenden Lehrmeinung der römischen Kirche haben und daß »der Theologe ein Instrument des Glaubens sein sollte und nicht sein Analytiker«.[20] Die Abweichung selbst wurde sogar als nachweisliche Sünde betrachtet: »Der Versuchung abweichender Meinung zu erliegen ... [bedeutet,] dem Heiligen Geist zu entsagen.«[21]

Die Kirche erhebe nicht den Anspruch, eine demokratische Einrichtung zu sein. »Verfahrensweisen, die in einer Zivilgesellschaft oder einer funktionierenden Demokratie angemessen sein mögen, können in dieser Form nicht einfach unverändert auf die katholische Kirche übertragen werden.«[22]

Ebensowenig dürfe die – wie auch immer geartete – persönliche Einstellung zum Heiligen zur Handlungsgrundlage gemacht werden. »Der Verweis auf die Pflicht, dem eigenen Gewissen zu folgen, darf nicht zur Rechtfertigung einer Abweichung dienen.«[23] Der Text endet mit einer Warnung:

»Aus der Freiheit des Glaubensaktes kann nicht ein Recht auf Abweichung hergeleitet werden. Diese Freiheit beinhaltet nicht die Freiheit in bezug auf die Wahrheit, sondern bedeutet die freie Bestimmung des Menschen, in Übereinstimmung mit seinen moralischen Verpflichtungen die Wahrheit zu akzeptieren.«[24]

Insoweit dieses Paradebeispiel für Vernebelung und Spitzfindigkeit überhaupt konsistent ausgelegt werden kann, soll das wohl heißen, daß man frei ist, in Übereinstimmung mit der kirchlichen Lehrmeinung zu handeln. Anders zu handeln ist demnach kein Beweis für Freiheit, sondern für eine Irrmeinung. Freiheit besteht einzig darin, die »Wahrheit« zu akzeptieren, und das vollkommene Monopol auf diese »Wahrheit« hat das Papsttum inne, das sie nach Gutdünken definieren kann.

Zum Beispiel verlor Pater Matthew Fox, ein amerikanischer Dominikaner, 1992 seine Stelle in Chicago, weil er in Kalifornien ein Institut für kreative und spirituelle Studien gegründet hatte, zu dessen Lehrkörper auch eine selbsternannte »Hexe« gehörte. 1993 zwang die Glaubenskongregation drei deutsche Bischöfe, ihre Behauptung zu widerrufen, daß auch Katholiken, die ohne vorherige kirchliche Annullierung ihrer ersten Ehe erneut geheiratet hätten, die Kommunion empfangen könnten. 1995 wurde der Bischof von Evreux, Jacques Gaillot, seines Amtes enthoben, weil er für einen Priester eingetreten war, der geheiratet hatte, weil er sich für den Gebrauch von Kondomen zum Schutz vor AIDS aussprach und weil er öffentlich Überlegungen zur Segnung homosexueller »Ehen« angestellt hatte. Als er sich weigerte, sein Amt niederzulegen, warf ihn der Vatikan hinaus. Mehr als zwanzigtausend Menschen nahmen an seinem Abschiedsgottesdienst teil.

Im selben Jahr wurde die brasilianische Nonne Ivone Gebara in ein zweijähriges Exil geschickt: In einem belgischen Augustiner-Konvent sollte sie sich dem »Studium« widmen, um ihre »theologischen Ungenauigkeiten zu korrigieren«. Während dieser zwei Jahre durfte sie weder publizieren noch vor der Öffentlichkeit sprechen. Ebenfalls 1995 wurde die amerikanische Nonne Carmel McEnroy, die an einer theologischen Lehranstalt in Indiana angestellt war, entlassen, weil sie eine Erklärung zur Unterstützung der Ordination von Frauen unterzeichnet hatte.

Im Januar 1997 wurde Pater Tissa Balasuriya aus Sri Lanka, ein Absolvent der Gregoriania in Rom, Gründer und Direktor des Zentrums für Gesellschaft und Religion in Sri Lanka sowie Gründungsmitglied des Ökumenischen Verbandes von Theologen aus der Dritten Welt, wegen eines Aufsatzes über die Jungfrau Maria und die Rechte der Frauen in der katholischen Kirche, den er sieben Jahre zuvor veröffentlicht hatte, exkommuniziert. Pater Balasuriya hatte vorzuschlagen gewagt, den Frauen innerhalb der Kirchengemeinschaft denselben Status zuzubilligen wie den Männern.

Diese repräsentative Auswahl aus den Aktivitäten der Kongregation für die Glaubenslehre innerhalb der letzten zwanzig Jahre spricht wohl für sich selbst. Hans Küng hat dazu angemerkt: »Kardinal Ratzinger fürchtet sich. Genau wie Dostojewskis Großinquisitor fürchtet er nichts mehr als die Freiheit.«[25]

DER GROSSINQUISITOR

Kardinal Joseph Ratzinger ist der Großinquisitor unserer Zeit, der augenblicklich amtierende Präfekt der Kongregation für die Glaubenslehre. Er wurde 1927 in Bayern geboren und 1954 zum Priester geweiht. Nachdem er einige Zeit für die Diözese München-Freising gearbeitet hatte, schrieb er eine Dissertation über den heiligen Augustinus und lehrte dann katholische Dogmatik an einer Reihe deutscher Universitäten: Bonn, Münster, Tübingen und Regensburg. Er nahm am Zweiten Vatikanischen Konzil teil und veröffentlichte zahlreiche Bücher. 1977 ernannte Papst Paul VI. ihn zum Kardinal, später wurde er Erzbischof von München. Im Januar 1982 berief Papst Johannes Paul II. ihn an die Spitze der Glaubenskongregation.

Kardinal Ratzinger ist ein enger Freund und langjähriger Vertrauter des gegenwärtigen Papstes. Sie treffen sich, wie verlautet, jeden Freitag zu Besprechungen. Dank ihrer persönlichen Beziehung und aufgrund seiner herausgehobenen Stellung als Präfekt der Glaubenskongregation ist der Kardinal die sprichwörtliche »rechte Hand« des Heiligen Vaters. Immer wieder äußern Kommentatoren ihr Befremden über das reaktionäre Wesen des gegenwärtigen Papsttums, und immer wieder gibt Rom ihnen neuen Anlaß zu solcher Verwunderung.

Diese Neigung des Heiligen Stuhls, wie der Vogel Strauß den Kopf in den Sand zu stecken und vor den Veränderungen der Welt außerhalb des Vatikans ganz bewußt die Augen zu verschließen, wird zumeist – und sicher nicht ganz zu Unrecht – auf die Persönlichkeit Johannes Pauls II. zurückgeführt. Oft wird dabei übersehen, daß diese Charakterisierung mindestens ebensogut auf Ratzinger zutrifft. Er ist in Wirklichkeit der »oberste diensthabende Theologe« des Vatikans und als solcher ganz wesentlich für die Politik der katholischen Kirche mitverantwortlich.

Wie man es von einem hochrangigen Prälaten und ehemaligen Theologieprofessor erwarten darf, ist Ratzinger hochintelligent, wenn auch nicht besonders phantasievoll. Er äußert sich klar und deutlich, oft sogar eloquent. Seine Argumentation ist pointiert, konzentriert, luzide, konsistent und – innerhalb ihres festen Bezugsrahmens – auf den ersten Blick überzeugend, auch wenn sie auf sophistische Haarspaltereien nicht verzichtet. Zirkelschlüsse werden einem selten in einem solch schönen Gewand urbaner Kultiviertheit serviert wie bei ihm.

Im Gegensatz zu Dostojewskis Großinquisitor ist Ratzinger kein weltverdrossener Zyniker. An der Ernsthaftigkeit und Aufrichtigkeit, mit der er seine Wahrheiten verkündet, kann kein Zweifel bestehen: Er glaubt inbrünstig an das, was er sagt und tut. Ja, gelegentlich scheinen seine Ernsthaftigkeit und sein Glaubenseifer an Fanatismus zu grenzen. Man fragt sich manchmal, welcher Zug an einem Großinquisitor furchterregender ist: ein solcher Fanatismus oder aber machiavellistische Kaltschnäuzigkeit. Beide Charakterzüge können gleichermaßen zu arroganter Mitleidslosigkeit und zu jener entmenschlichten Unbeirrbarkeit führen, mit der moderne Fernlenkwaffen auf ihr Ziel zustreben.

Ratzinger ist aufrichtig um das gegenwärtige und künftige Schicksal der katholischen Kirche besorgt. Es geht ihm darum, eine ganze Reihe von Gefahren abzuwenden, von denen er die moderne katholische Kirche bedroht sieht: Krisen des Glaubens und der Moral, das erschütterte Vertrauen in das Dogma. Er ist überzeugt, daß man die Kirche vor solchen Unbilden schützen muß. In einer höheren, exklusiven Sphäre angesiedelt, sollte die Kirche unangreifbar bleiben und mit den Unvollkommenheiten und Zwistigkeiten »bloß« menschlicher Einrichtungen nicht behelligt werden.

Für Ratzinger ist die Kirche geradezu im wörtlichen Sinne der »mystische Leib Christi«. Jede Andeutung, daß sie letztlich von Menschenhand geschaffen worden sein könnte, weist er brüsk zurück. Die grundlegenden Strukturen der Kirche seien vielmehr »von Gott selbst gewollt und somit unantastbar. Hinter dem *menschlichen* Äußeren steht das Mysterium einer *übermenschlichen* Wirklichkeit, in die einzugreifen Reformern, Soziologen und Organisatoren keinerlei Autorität zukommt«.[26]

Sein Glaube an die Institution Kirche ist so stark, daß er notfalls auch bereit ist, sie noch über die Heilige Schrift zu stellen:

»Es kann nicht einfach eine Gruppe zusammentreten, das Neue Testament lesen und sagen: ›Wir sind nun Kirche, weil ja da der Herr ist, wo sich zwei oder drei in seinem Namen versammeln.‹«[27]

Gläubigkeit allein ist nach Ratzingers Ansicht nicht genug. Es bedarf auch einer Organisation, einer Struktur, also des hierarchischen Gebäudes der Kirche: »Die Kirche ist wahrhaft in allen *rechtmäßigen* Ortsgemeinschaften der Gläubigen anwesend, die *in Verbundenheit mit ihren Hirten* ... Kirchen heißen.«[28]

Es versteht sich von selbst, daß »rechtmäßig« in diesem Zusammenhang bedeutet: von Rom erschaffen und Rom untertan. Daß die Gläubigen »mit ihren Hirten verbunden« sein müssen, heißt, daß ihnen ein Priester die Kommunion erteilt, der in der autorisierten und einzig richtigen Tradition steht – der also von einem Bischof ordiniert wurde, welcher in die apostolische Amtsabfolge eingebunden ist, die angeblich direkt bis zu Sankt Petrus zurückgeführt werden kann. Die Sakramente der katholischen Kirche erhalten ihre Legitimität in den Augen Ratzingers dadurch, daß sie von Hand zu Hand durch die Geschichte weitergereicht wurden. Würde diese Übertragungskette unterbrochen, so verlören die Sakramente ihre Gültigkeit. Daß die Kette der Überlieferung tatsächlich schon oft unterbrochen und oft auch verdreht und verfälscht wurde, scheint Ratzinger nicht weiter zu bekümmern. »Kirche kann man nicht machen, nur empfangen, und zwar empfangen von dort her, wo sie schon ist und wo sie wirklich ist: aus der sakramentalen Gemeinschaft seines durch die Geschichte hindurchgehenden Leibes.«[29]

Folglich kann Ratzingers Kirchenkonzept auf irgendwelche persönlichen Begegnungen mit dem Göttlichen, auf spirituelle Erfahrungen oder individuelle Erweckungserlebnisse keinerlei Rücksicht nehmen. Ratzinger sagt sogar ganz ausdrücklich: Die »Offenbarung ist mit Jesus Christus abgeschlossen«.[30] Und weiter: »Abgeschlossen ist die ›Offenbarung‹, aber nicht abgeschlossen ist die verbindliche Auslegung.«[31] Diese Interpretation vorzunehmen, ist natürlich ausschließlich die Kirche berechtigt. Niemand darf die Offenbarung für sich persönlich ausdeuten. Man darf nicht denken. Man muß einfach diejenige Interpretation hinnehmen, die einem von der einzig legitimierten Instanz angeboten wird.

Aus dieser Überzeugung leitet sich Ratzingers Intoleranz gegenüber Kritik oder Abweichungen her. »Auch bei einigen Theologen«, so klagt er, »erscheint die Kirche als ein menschliches Konstrukt.«[32] Es gelingt ihm offenbar zu vergessen, daß die katholische Kirche, wie sie heute existiert und wie sie im Laufe ihrer Geschichte existiert hat, in der Tat von Menschen geschaffen wurde. Es gelingt ihm zu vergessen, daß zum Beispiel das erste Konzil von Nizäa im Jahr 325 die Göttlichkeit Jesu *per Wahl* – mit 217 zu 3 Stimmen – beschloß.

Es gelingt ihm zu vergessen, daß der Papst 1870 ebenfalls per Wahl unfehlbar wurde, und zwar mit einer denkbar knappen Mehrheit von 535 Stimmen bei insgesamt 1084 wahlberechtigten Geistlichen. Locker über diese Tatsachen hinwegsehend, betont Ratzinger: »Die Autorität hier gründet sich nicht auf Mehrheitsvoten.«[33] Sie leite sich vielmehr einzig aus »der Autorität Christi« her – dem es wohl im Traum nicht eingefallen wäre, eine Kirche zu begründen, geschweige denn ein so dogmatisches, komplexes Gebilde wie die Kirche Roms.

Ohne jeden erkennbaren ironischen Unterton versichert uns Ratzinger, daß »Wahrheit nicht durch Abstimmungen geschaffen werden kann«.[34] Die Kirche erhebe keinen Anspruch auf Demokratie. »In Sachen des Glaubens und der Sitten kann niemand durch Mehrheitsbeschlüsse gebunden werden.«[35] Tatsächlich »können auch ökumenische Konzilien in Glaubens- und Sittenfragen nur in moralischer Einmütigkeit entscheiden, da man Wahrheit nicht durch Beschluß herstellen, sondern nur erkennend annehmen kann«.[36]

Mit der ihm eigenen Raffinesse läßt Ratzinger entscheidende Differenzierungen hinter Rhetorik verschwinden. »Wir sündigen«, erklärt er, »aber nicht die Kirche sündigt, die die Trägerin von Glauben ist.«[37] Wie das funktionieren soll, daß die Kirche von den Sünden unbefleckt bleibt, wo sie doch die Entscheidungen jener sündhaften Menschen umsetzt, aus denen sie besteht: das erklärt uns Ratzinger nicht. Ebensowenig erfahren wir, ob die Kirche in seinen Augen wenn schon nicht sündigen, so doch zumindest irren kann. Die jüngsten Rehabilitationen historischer Gestalten wie Galilei deuten zumindest darauf hin, daß Rom – zögerlich zwar – bereit ist, gelegentliche Irrtümer einzuräumen. In diesem Fall steht allerdings zu befürchten, daß jene Hunderttausende, deren Leiber die Kirche ihrem vermeintlichen Seelenheil geopfert hat, als bloße Flüchtigkeitsfehler oder Versehen abgetan werden.

Es versteht sich von selbst und wird auch allgemein anerkannt, daß die katholische Kirche nur überleben konnte, indem sie sich den jeweiligen Verhältnissen anzupassen bereit war – und sei es auch zähneknirschend. Nur indem sie ihre Strukturen, ihre Taktik, ihre Lehre, ihre Einstellung zu jeder neuen Menschengeneration, zu jedem neuen Jahrhundert regelmäßig veränderte, konnte sie bis heute überdauern. In seiner souveränen Blindheit gegenüber dieser offenkundigen und elementaren Tatsache behauptet Ratzinger, das katholische Dogma, wie es auf uns gekommen ist, sei »eine Botschaft, die uns übergeben ist, und wir haben nicht das Recht, sie nach Belieben umzugestalten«.[38]

Folglich mißt er auch der ökumenischen Bewegung nicht den geringsten Wert zu: Man müsse sich »vor einem zu leichtfertigen Ökumenismus hüten, aufgrund dessen katholische charismatische Gruppen ihre Identität verlieren und sich gerade im Namen des ›Geistes‹ ... in unkritischer Weise Formen von Pfingstlertum nichtkatholischen Ursprungs anschließen könnten«.[39]

Hartnäckig besteht Ratzinger auf dem Verbot für Katholiken, die Kommunion in einer nichtkatholischen christlichen Kirche zu empfangen: »Für das katholische Bekenntnis gibt es ohne apostolische Sukzession kein authentisches Priestertum, folglich kann es keine im eigentlichen Sinn sakramentale Eucharistie geben.«[40]

Wenn sich der Kardinal schon den anderen christlichen Konfessionen gegenüber sehr reserviert gibt, so gerät er nachgerade in Panik, wenn es um das zunehmende Interesse vieler Katholiken an fremden Religionen und anderen Arten vorgeblich spiritueller Bemühungen geht. In einem Interview machte er seiner Empörung Luft: »Bei einem Besuch in einer katholischen Buchhandlung… bemerkte ich, daß dort… die geistlichen Traktate von einst durch die weitverbreiteten Handbücher der Psychoanalyse ersetzt waren… In manchen Männer- und Frauenklöstern hat das Kreuz bisweilen Symbolen der asiatischen religiösen Tradition weichen müssen. Verschwunden sind mancherorts auch die früheren Andachten, um Yoga- oder Zen-Techniken Platz zu machen.«[41]

In gleicher Weise beklagt Ratzinger eine »übertriebene Akzentverlagerung auf die nichtchristlichen Religionen«,[42] die er als »Zonen der Angst und Unfreiheit«[43] abkanzelt – als habe diese Beschreibung auf die katholische Kirche niemals zugetroffen. Im obsessiven, verkrusteten, mittelalterlich-dogmatischen Weltbild dieses Kardinals ist im irdischen Königreich Gottes kein Platz für das Judentum, den Islam, den Hinduismus, den Buddhismus oder irgendeine andere Glaubensrichtung.

Die römisch-katholische Kirche gilt ihm als die einzig wahre, lebendige Verkörperung Gottes. Alles andere ist entweder Unwissenheit – der Zustand der »umnachteten Heiden« bei den anderen Glaubensrichtungen – oder aber Häresie. Das moderne kanonische Recht definiert Häresie, die immer noch als ein Prinzip des Bösen gilt, als »die nach Empfang der Taufe erfolgte beharrliche Leugnung einer kraft göttlichen und katholischen Glaubens zu glaubenden Wahrheit oder einen beharrlichen Zweifel an einer solchen Glaubenswahrheit«.[44] Nach diesem Kriterium wären also alle Formen des Protestantismus als Ketzerei zu werten.

Eine der dringlichsten Aufgaben für die Katholiken der Gegenwart besteht laut Ratzinger in der Abwehr der modernen Welt. Im August 1984 sagte er einem Journalisten: »Ich bin überzeugt, daß die Schäden, auf die wir in diesen zwanzig Jahren zugegangen sind, weniger dem ›wahren Konzil‹ zuzuschreiben sind als vielmehr – auf *interner* Ebene – der Tatsache, daß sich latent vorhandene polemische und zentrifugale Kräfte in den Vordergrund gedrängt haben; und auf *externer* Ebene durch das Konfrontiertsein mit einer kulturellen Revolution im Westen.«[45]

Und weiter: »Zu den dringlichsten Aufgaben des Christen gehört die Wiedererlangung der Fähigkeit zum Nonkonformismus, das heißt die Fähigkeit, sich so manchen kulturellen Entwicklungen der Umwelt zu widersetzen.«[46]

Das Verblüffende an dieser Äußerung ist die Nonchalance, mit der der Kardinal seinen Lesern ohne jeden ironischen Unterton eine derart eigenwillige Definition von »Nonkonformismus« unterjubelt. Nach seinem Verständnis ist die Jugendrevolte der sechziger Jahre, die so viele Leute vom Christentum fortgeführt und der Psychologie, dem östlichen Denken und der sogenannten esoterischen Tradition nähergebracht hat, wohl ein Akt des »Konformismus« gewesen. »Nonkonformismus« wird so umdefiniert, daß er im Grunde nichts anderes meint als Unterwerfung unter die römische Kirche.

MARIENVEREHRUNG

Papst Johannes Paul II. ist eine eifriger Heiligsprecher. Zur Rechtfertigung der vielen Kanonisierungen braucht er viele Wunder. Um den ganzen Vorgang zu beschleunigen, hat er die Regeln geändert: Die Anzahl der Wunder, die ein Mensch vollbracht haben muß, um sich für die Heiligsprechung zu qualifizieren, wurde von zwei auf eins gesenkt.

Alle Kandidaten für die Heiligkeit müssen, zumindest seit 1940, ein Zertifikat der spirituellen Reinheit zuerkannt bekommen, eine schriftliche Erklärung, daß in den Vatikanarchiven nichts Anstößiges gegen sie vorliegt. Die Akten, aus denen die dafür relevanten Daten entnommen werden können, werden von der Kongregation für die Glaubenslehre verwahrt. Das ist nicht verwunderlich: Wo, wenn nicht in den Unterlagen der ehemaligen Inquisition, sollte man sowohl nach den vergrabenen Schätzen als auch nach den Leichen im Keller eines Menschen suchen? In einem Fall wurde der Prozeß der Heiligsprechung ganz plötzlich beendet, weil sich herausstellte, daß der Kandidat in bezug auf die moralischen Qualitäten, die man normalerweise mit dem Begriff »Heiliger« verbindet, erhebliche Defizite aufwies: Er war ein unverbesserlicher Kinderschänder gewesen.

Genaugenommen ist die Durchleuchtung der Kandidaten für eine Heiligsprechung gar nicht Sache der Kongregation für die Glaubenslehre, sondern einer anderen Dikasterie: der Kongregation für die Selig- und Heiligsprechungsprozesse. Auch mit der Untersuchung und Beglaubigung von Wundern schlägt sich Ratzingers Glaubenskongregation normalerweise nicht herum. Marienerscheinungen aber und die damit einhergehenden Wunder sind für den Kardinal und sein Gremium von besonderem Interesse. Es gibt sogar eine eigene Abteilung innerhalb der Kongregation, die ausschließlich damit befaßt ist, die Glaubwürdigkeit von Mariensichtungen und der damit verknüpften Wunder zu prüfen.

Zu den wenigen wirklich vernünftigen und psychologisch scharfsichtigen Auffassungen Ratzingers gehört seine Überzeugung, die Muttergottes sei für den Fortbestand der römischen Kirche überlebensnotwendig. In seinen Augen ist die Marienverehrung der Schlüssel zu vielem; ohne diesen Aspekt wäre die katholische Kirche unvollständig. Maria ist notwendig für »das Gleichgewicht und die Vollständigkeit des katholischen Glaubens«.[47] Ihr verdankt Rom »die rechte Beziehung, die notwendige Integration von Schrift und Tradition«.[48]

Der Kardinal führt diesen Punkt weiter aus: »Die rechte Marienverehrung sichert dem Glauben das gemeinsame Bestehen von unerläßlicher ›Vernunft‹ und den ebenso unerläßlichen ›Gründen des Herzens‹ ... Für die Kirche ist der Mensch weder bloß Verstand noch bloß Gefühl, er ist die Einheit dieser beiden Dimensionen. Der Kopf muß mit Klarheit reflektieren, aber das Herz muß Wärme verspüren können: Die Marienverehrung ... sichert so dem Glauben seine volle menschliche Dimension.«[49]

Für Ratzinger ist Maria zugleich eine wichtige Vermittlungsinstanz zwischen dem Alten und dem Neuen Testament, zwischen dem alten und dem neuen Glaubenssystem: »Gerade in ihrer Person als einem jüdischen Mädchen, das Mutter des Messias geworden ist, bindet Maria lebendig und unlösbar das alte und neue Volk Gottes in eins: Israel und das Christentum, Synagoge und Kirche.«[50]

Und Maria dient auch als Bild oder Symbol für die katholische Kirche: »In Maria, in ihrer Gestalt und ihrem Vorbild, findet die Kirche ihr eigenes Antlitz als Mutter wieder und kann nicht zur Kompliziertheit einer Partei, einer Organisation oder einer Pressure group im Dienst menschlicher, wenn auch sehr edler Interessen verkommen.«[51]

In seiner Anerkennung Mariens – oder des »weiblichen Prinzips« – scheint Ratzinger ausnahmsweise mit dem anspruchsvolleren psychologischen Denken unserer Zeit im Einklang zu stehen. Die Muttergottes mag ein idealisiertes, übermenschliches Frauenbild verkörpern: ein Wesen, zu gut, um wahr zu sein. Aber immerhin ist sie weiblich, und daß Ratzinger sie als integratives Prinzip, als Bindeglied so überaus schätzt, geht durchaus mit den Äußerungen C. G. Jungs und der Mystiker, Visionäre und Künstler der vergangenen Jahrhunderte konform. Der Kardinal würde zum Beispiel den Goetheschen Pantheismus zweifellos als Heidenglauben mißbilligen, aber das feminine Prinzip, das er in der Gestalt Mariens verehrt, ist gar nicht so weit entfernt von Goethes »Ewig-Weiblichem«, das den Menschen »hinanzieht«.

Unglücklicherweise beschränkt sich Ratzingers Respekt vor der Weiblichkeit jedoch auf Maria; andere, sterbliche Frauen, die in unserer materiellen und äußerlichen Welt zu Hause sind, genießen ihn nicht. Dank dem unfehlbaren Ratschluß des Papstes sind diese immer noch von der katholischen Ordination ausgeschlossen. Und genau wie die Inquisition des Mittelalters beäugt die Kongregation für die Glaubenslehre sie immer noch – implizit oder explizit – voller Mißtrauen.

Hier auf wenigen Seiten die problematische Beziehung zwischen der katholischen Kirche und den Frauen angemessen darzustellen und zu beurteilen ist schlechterdings unmöglich. Die Regalborde in den Bibliotheken und Buchhandlungen biegen sich unter der Last der Werke, die die Schicksale jener Frauen aufarbeiten, die im Laufe der Jahrhunderte unter der Herrschaft Roms leiden mußten. Die Frau ganz allgemein ist durch die römische Kirche herabgewürdigt, das »weibliche Prinzip« von ihr verunglimpft und verzerrt dargestellt worden. Über einen sehr langen Zeitraum, in dem sie als Institution bestand, wollte die katholische Kirche nicht einmal anerkennen, daß Frauen Seelen haben.

Was die Bevölkerung im großen und ganzen angeht, haben sich die Auffassungen und Einstellungen in bezug auf die Frau allmählich gewandelt. Und selbst die Kirche konnte sich in diesem Punkte nicht völlig von der allgemeinen gesellschaftlichen Entwicklung abkoppeln. So hat zum Beispiel Pater Tissa Balasuriya klargestellt, daß die Priesterschaft »eine geistliche und nicht etwa eine biologische Funktion ist«.[52] 1990 schrieb Pater Balasuriya: »Es gibt keinen Grund, weder einen biologischen noch einen psychologischen, seelsorgerischen, theologischen oder spirituellen, warum wir nicht eine gelbe, braune, schwarze oder weiße Päpstin haben sollten.«[53]

Das sehen jedoch Kardinal Ratzinger und seine Kongregation für die Glaubenslehre ganz anders. 1996 tat die Kongregation förmlich kund, »das päpstliche Verbot der Frauenordination sei ein unfehlbarer Bestandteil der katholischen Doktrin und könne nicht neu verhandelt oder aufgehoben werden«.[54] Ein Jahr später wurde Pater Balasuriya exkommuniziert.

Ratzinger und die Kongregation für die Glaubenslehre sind vom Feminismus alles andere als begeistert. »Ich bin in der Tat überzeugt«, hält der Kardinal fest, »daß das, wohin der Feminismus in seiner radikalen Form treibt, nicht mehr das Christentum ist, das wir kennen, es ist eine andere Religion«.[55] Dieser Feminismus verheißt »eine Befreiung, ... ein Heil, das ein anderes ist als das christliche, wenn nicht sein Gegenteil«.[56] Schon die gestrenge Wortwahl ist aufschlußreich.

Der Feminismus vertritt danach nicht lediglich eine abweichende Meinung, er wird vielmehr als direkter Widerpart zur katholischen Kirche hingestellt. In dieser Hinsicht scheint Ratzinger die Frauenbewegung geradezu als diabolisch anzusehen. Auf jeden Fall verunsichert und verärgert ihn die feministische Infiltration der Klöster, vor allem in Nordamerika, zutiefst. Man habe, so klagt er, »sich mit großem Vertrauen jenen profanen Beichtvätern zugewandt, jenen ›Experten der Seele‹, die die Psychologen und Psychoanalytiker angeblich sind«.[57]

Daß in der Politik oft die seltsamsten Freundschaften geschlossen werden, ist allgemein bekannt. Dasselbe gilt für den religiösen Dogmatismus. Die unnachgiebige Haltung der katholischen Kirche zur Frauenfrage hat sie in eine befremdliche Allianz mit einem der gefährlichsten ihrer traditionellen Feinde getrieben: dem islamischen Fundamentalismus. In der Vergangenheit haben diese beiden Parteien sich wechselseitig geradezu als Inkarnation des Bösen betrachtet. Beide Seiten sind jedoch gern bereit, mit dem Teufel zu Abend zu essen, wenn sich so die Chance auftut, die Frauen auf ihre angestammten Plätze zu verweisen. In ihrer vereinten Frauenfeindlichkeit machen der Katholizismus und der islamische Fundamentalismus also, so verrückt es klingt, gemeinsame Sache. In einer konzertierten Aktion haben sie sich bemüht, die Meinungsführerschaft bei solchen Themen wie Geburtenkontrolle und Abtreibung zu erringen und politisch zu nutzen.

Im September 1994 fand in Kairo eine Konferenz der Vereinten Nationen statt, die UN-Konferenz über Bevölkerungsentwicklung. Sie sollte nach Möglichkeiten suchen, das Wachstum der Weltbevölkerung durch Familienplanung – vor allem in der Dritten Welt – zu reduzieren und den Trend langfristig vielleicht sogar umzukehren. Die Konferenz setzte sich auch mit Themen wie Abtreibung auseinander, diskutierte Maßnahmen zur Eindämmung von AIDS und beschäftigte sich mit den alarmierenden Folgen der Landflucht. Insgesamt 171 Länder waren in Kairo vertreten.

Für den Vatikan und für Teile der islamischen Geistlichkeit waren Abtreibung und Familienplanung – also künstliche Empfängnisverhütung – natürlich zu verdammen. In den Wochen vor Konferenzbeginn machten Gerüchte die Runde, daß zwischen den moslemischen Kräften und Rom insgeheim ein Bündnis geschmiedet würde. Im August wurden päpstliche Delegationen in Teheran und Tripolis gesichtet. Für eine geheime Absprache konnten jedoch noch keine Beweise erbracht werden.

Erst als die Konferenz bereits begonnen hatte, kam eine italienische Zeitung in den Besitz eines drei Seiten langen Dokuments auf arabisch, das belegte, daß sich drei Monate zuvor, im Juni, Vertreter der katholischen Kirche und moslemische Funktionäre im Vatikan getroffen hatten. Sie hatten ein Abkommen unterzeichnet, in dem eine abgestimmte Strategie zur Vereitelung der von den Vereinten Nationen angestrebten Maßnahmen zur Kontrolle des Bevölkerungswachstums verabredet wurde.[58]

Auf der Konferenz weigerten sich sowohl der Vatikan als auch seine islamischen Verbündeten, sich in den Fragen der Geburtenkontrolle auch nur einen Millimeter vom Fleck zu bewegen, und sorgten so dafür, daß die Verhandlungen hoffnungslos ins Stocken gerieten. Alle anderen Teilnehmer signalisierten Kompromißbereitschaft und waren willens, den Fundamentalisten weitreichende Zugeständnisse zu machen. Zum Beispiel boten sie an, sich kategorisch gegen jeden Versuch zu wehren, Abtreibung als Mittel zur Geburtenkontrolle einzusetzen. Den Delegationen des Vatikans und seiner Bundesgenossen war das nicht genug. Nachdem diese Pattsituation einige Tage angedauert hatte, wurde der Ton der Debatte schärfer, Verbitterung machte sich breit.

Großbritannien, die Vereinigten Staaten und die Europäische Union waren verärgert über Rom. Die Baroneß Chalker, Leiterin der britischen Delegation, beschrieb die Haltung des Vatikans als »zeitvergeudende Blockadepolitik«.[59] Sogar der Herausgeber der britischen katholischen Zeitung *The Tablet* machte seinem Unmut Luft. »Wenn der Heilige Stuhl nicht zum Verhandeln nach Kairo gekommen ist«, fragte er, »wozu dann?« Er kam zu dem Schluß, daß eine ganz andere Absicht dahinterstecken müsse. Wie sah die »geheime Agenda« aus?

Der Herausgeber der Zeitung beantwortete die gestellte Frage gleich selbst: »Der Kairoer Konflikt dreht sich nicht einfach um Sexualmoral. Es geht um die Werte der westlichen Welt, insbesondere um die Werte der europäischen Aufklärung. Der Wachhund von Johannes Paul II. in Fragen der Doktrin, Kardinal Ratzinger, hat aus seiner Ablehnung der Aufklärung keinen Hehl gemacht.«[60]

Am Ende der Konferenz war klar, daß der Vatikan die Grenzen des Zumutbaren überschritten hatte: Fragen nach dem Sinn und der Zulässigkeit seiner Teilnahme wurden laut. Die Delegation der katholischen Kirche war ja – zumindest der Form nach – als Vertretung eines souveränen Staates und nicht etwa einer Religion angereist. Die anderen Delegationen beschwerten sich zunehmend über den übermäßigen und durch nichts gerechtfertigten Einfluß dieser Gruppe. Wie *The Times* berichtete, warfen sie die Frage auf, »warum eine Religion auf dieser Konferenz einen Repräsentantenstatus genießen sollte, während der Islam, der Buddhismus und die anderen Religionen als solche nicht vertreten waren«.[61]

Hinter dieser Frage stand unausgesprochen eine weitere: Sollte der Vatikan auch künftig den Status eines souveränen Staates genießen dürfen? *The Times* kam zu dem Schluß: Der »Hauptverlierer der Konferenz ist der Vatikan, der den Bogen so weit überspannt hat ..., daß er die meisten Delegationen der Dritten Welt gegen sich aufgebracht hat«[62] – und darüber hinaus die Abgesandten der entwickelten westlichen Länder.

Im September 1992 wurde die Endfassung des überarbeiteten *Allgemeinen Katechismus* veröffentlicht. Die öffentlichen sowie kircheninternen Unmutsäußerungen über den Entwurfstext waren munter ignoriert worden, man hatte keinerlei Konzessionen gemacht. Der neue *Katechismus*, der so gar nicht in die moderne Welt passen wollte, mußte damit zwangsläufig die Gemüter erhitzen.

Bischöfe in aller Welt, insbesondere in den westlichen Industriestaaten, brachten ihre tiefe Sorge zum Ausdruck. In Großbritannien meinte der *Observer*, der Papst habe, unterstützt durch Kardinal Ratzinger, »zum erstenmal die Fragen der Geburtenkontrolle und der Sexualaufklärung an die Grundsätze der katholischen Doktrin gekoppelt«.[63] Die persönliche Moral war die längste Zeit persönlich gewesen: Von nun an war sie unauflöslich mit Theologie verwoben und unter das Joch des Glaubens gedrückt.

Wer in sexuellen Angelegenheiten die Regeln verletzte, riskierte damit seinen Status als vollwertiges Mitglied der römisch-katholischen Kirche.

Seit der Veröffentlichung des *Katechismus* sind die Stellungnahmen des Papstes und der Kongregation für die Glaubenslehre sogar noch doktrinärer und unversöhnlicher, noch überheblicher und gleichgültiger gegenüber den wahren Bedürfnissen, Nöten und Wünschen der Menschen geworden. So hat Papst Johannes Paul II. 1994 in einem apostolischen Brief die Ordination von Frauen zu Priesterinnen definitiv untersagt. Später erklärte die Glaubenskongregation, diese päpstliche Stellungnahme müsse als »unfehlbare Belehrung« gewertet werden.

Im Sommer des Jahres 1998 erließ der Papst ein weiteres Edikt, dem ein begleitender Kommentar der Kongregation für die Glaubenslehre an die Seite gestellt wurde. Das Edikt mahnt die vollständige und absolute Unterwerfung unter die offizielle päpstliche Haltung zu Fragen der Geburtenkontrolle, Abtreibung, außerehelichen sexuellen Beziehungen und der Ordination von Frauen an. Ausdrücklich verbietet der Papst jede Überlegung, die die angeblich »von Christus getroffene Entscheidung«, daß nur Männer in den Stand der Priesterschaft eintreten dürften, in Frage stellt.[64] Jede von den Bestimmungen der katholischen Kirche abweichende Meinung zu diesen oder anderen Themen sollte offiziell als Ketzerei eingestuft und mit Exkommunikation geahndet werden.

Der Kommentar der Glaubenskongregation hob den »unumstößlichen« Charakter der päpstlichen Verkündigungen hervor, die folglich von allen Katholiken unhinterfragt hinzunehmen seien. Die päpstliche Unfehlbarkeit wurde mit einer neuen und gesteigerten Autorität ausgestattet, die jede Debatte über ethische wie theologische Angelegenheiten im Keim erstickte. Eine abweichende Meinung zu haben und Häresie waren nun im Grunde gleichbedeutend.

Um es mit den Worten des *Daily Telegraph* zu sagen: »Man nimmt an, daß der Papst aus Furcht vor den erstarkenden liberalen Bewegungen eine Lücke im kanonischen Recht schließen wollte, durch die es Gelehrten bisher gestattet war, den Moraldoktrinen der katholischen Kirche zu widersprechen.«[65] Weiter heißt es über das Edikt: »Es zielt darauf ab, die liberalen Strömungen im Zaum zu halten und die wachsende Zahl von Katholiken auf Linie zu bringen, die bisher glaubte, sie müsse den Lehren ihrer Kirche nicht immer buchstabengetreu Folge leisten.«[66]

Die *New York Times* charakterisiert das päpstliche Edikt als »eines der bislang deutlichsten Anzeichen für das Bestreben Johannes Pauls II., am Abend seiner Amtszeit ... seine Entscheidungen unumkehrbar zu machen«.[67] Tatsächlich werden künftige Päpste dadurch, daß den jetzt getroffenen Entscheidungen das Etikett der Unfehlbarkeit anhaftet, in ihrer Bewegungsfreiheit eingeschränkt sein, und die im 21. Jahrhundert anstehenden Kirchenreformen werden aufgrund dessen zumindest verzögert, wenn nicht gänzlich verhindert werden.

Es entbehrt nicht der Ironie, daß der Papst, Kardinal Ratzinger und die Glaubenskongregation bei diesem Versuch, die Kirche zu disziplinieren, in ihrem autoritären Übereifer sogar gegen selbstgeschaffenes kanonisches Recht verstoßen haben. Denn nach Kanon 212 »haben sie [die Gläubigen] das Recht und bisweilen sogar die Pflicht, ihre Meinung in dem, was das Wohl der Kirche angeht, den geistlichen Hirten mitzuteilen und sie ... den übrigen Gläubigen kundzutun«.[68]

15. MARIENERSCHEINUNGEN

Aufgrund ihrer Unnachgiebigkeit und ihres Dogmatismus durchläuft die katholische Kirche zur Zeit eine der schwersten Krisen ihrer Geschichte – vielleicht die schwerste seit der Reformation. In den westlichen Industrieländern, also ihren ehemaligen Hochburgen, muß sie alarmierende Rückgänge bei den Mitgliederzahlen hinnehmen. Die Leute laufen der römisch-katholischen Kirche scharenweise davon. In den Vereinigten Staaten hatte Ende der achtziger Jahre bereits die Hälfte aller Priesterseminare die Pforten schließen müssen; die Zahl der jährlichen Ordinationen war auf unter ein Drittel des Wertes von 1967 geschrumpft. Während es 1962 noch 12 000 Priester gegeben hatte, waren es nun gerade noch 7000.

Heute, ein Jahrzehnt später, hat sich die Situation dramatisch zugespitzt. In England hat die katholische Gemeinde in der Zwischenzeit eine weitere Viertelmillion Mitglieder eingebüßt. Der Bischof von Hexham und Newcastle hat eine Berechnung veröffentlicht, der zufolge seine Diözese – wenn dieser Abwärtstrend ungebrochen anhält – im Jahr 2028 keinen einzigen Katholiken mehr aufweisen wird.[1] In Irland, traditionell die Bastion der katholischen Kirche auf den Britischen Inseln, hat sich die Anzahl der Priester von 1970 bis 1998 halbiert. Die Zahl der Nonnen ist im selben Zeitraum von 18 600 auf unter 7500 gesunken. Die Neuzugänge in den Seminaren lassen sich an zwei Händen abzählen.

Hinzu kommt die wachsende Bereitschaft, die Priesterschaft auch für weltliche Vergehen zur Rechenschaft zu ziehen, zum Beispiel für den sexuellen Mißbrauch Minderjähriger; und wenn solche Fälle öffentlich werden, trägt das nicht eben dazu bei, das

Vertrauen in den Priesterstand zu stärken. So wurde in Österreich Kardinal Groër, der ehemalige Erzbischof von Wien, wegen krimineller sexueller Verfehlungen belangt. In Irland wurden zwischen 1980 und 1998 dreiundzwanzig Angehörige des katholischen Klerus wegen sexuellen Mißbrauchs und anderer Straftaten verurteilt, und weitere fünfzehn derartige Fälle sind zur Zeit noch bei Gericht anhängig.[2] Von daher kann es nicht überraschen, daß in vielen ehemaligen Hochburgen klerikaler Autorität die Einstellungen und Werte sich zunehmend säkular ausgerichtet haben.

Hinzu kommt, daß dank der verbesserten Allgemeinbildung immer mehr Leute Fragen zu stellen wagen; und eine Kirche, die genau dieses verbieten will, muß ihnen immer anmaßender, tyrannischer und lebensfremder erscheinen. So entstand zum Beispiel in Österreich eine Bewegung mit dem Namen »Wir sind Kirche«, die sich rasch auch international ausbreitete und inzwischen mehr als eine halbe Million Mitglieder hat, die sich selbst immer noch als gläubige Katholiken verstehen.

Wie der Name der Bewegung schon andeutet, sind nach ihrer Auffassung sie und all die weiteren Millionen von Katholiken rund um den Erdball die wahre Kirche – und nicht etwa die starre Hierarchie, die ihren Sitz in Rom hat. Sie beharren darauf, daß die Kirche *ihre* Kirche sei und nicht die Kirche des Papstes oder der Kurie. Sie wehren sich gegen den Zentralismus des Papsttums und möchten im Pontifex weiter nichts sehen als den Bischof von Rom, dem höchstens noch der überwiegend symbolische Status eines konstitutionellen Monarchen zuzubilligen wäre.

Halsstarrig verschließen Papst Johannes Paul II., Kardinal Ratzinger und die Kongregation für die Glaubenslehre die Augen vor solchen Entwicklungen und verharren eisern in ihren geistigen Schützengräben. So mancher Kommentator hat den Verdacht geäußert, die katholische Kirche habe die westlichen Industrieländer im Grunde bereits »abgeschrieben«, vor allem seit dem

Zusammenbruch des kommunistischen Ostblocks, mit dem Rom ja seinen Lieblingsfeind, den leibhaftigen Antichristen, eingebüßt hat. Dieselben Kommentatoren vermuten, die Kirche würde nun darangehen, ihren Schwerpunkt in die Entwicklungsländer der sogenannten Dritten Welt zu verlagern – nach Afrika, Asien und Südamerika. Und tatsächlich gibt es unwiderlegliche Beweise für die Existenz eines solchen zynischen Plans. Offenbar konzentriert Rom seine Kräfte jetzt auf jene Weltgegenden, in denen Armut, Entbehrungen, niedriger Lebensstandard und ein genereller Mangel an Bildung der Frömmigkeit einen fruchtbaren Boden bereitet haben.

Wie im vorigen Kapitel erwähnt, legen der Papst, Kardinal Ratzinger und die Glaubenskongregation besonderen Wert auf die Verehrung der Jungfrau Maria und betonen ihre Sonderstellung. Bei den Bemühungen, die katholische Kirche auch außerhalb der westlichen Industrieländer zu etablieren, haben Marienerscheinungen und wundersame Manifestationen der Madonna eine bedeutende Rolle gespielt. Als Mariä Himmelfahrt 1950 als Dogma verkündet wurde, merkte C. G. Jung an, daß die Muttergottes damit »in den Status einer Göttin erhoben«[3] worden sei.

In dieser neuen Herrlichkeit erscheint Maria nun immer häufiger: in Ägypten und anderen Teilen Afrikas hat man sie angeblich gesehen, in Vietnam, auf den Philippinen, in Mexiko, in Teilen des früheren Jugoslawien, ja sogar in der Russischen Föderation, auf deren Gebiet Rom seit Jahrhunderten vergebens versucht hatte, der russisch-orthodoxen Kirche ihre Vormachtstellung streitig zu machen. Nach dem Zusammenbruch der Sowjetunion hat hier, in der allgemeinen Verwirrung, eine tiefe Sehnsucht nach spirituellem Trost den Proselytenmachern jeglicher Couleur Tür und Tor geöffnet. Die Zahl der Gläubigen, die heutzutage zu den Marienheiligtümern pilgern, zu jenen aus alter Zeit wie zu den neuentstandenen, schwillt immer weiter an.

Aber wenn Maria schon dafür in Anspruch genommen wird, die Gemeinde der Gläubigen zu vergrößern und ihr neuen Halt zu geben, müßte sie Ratzinger und seiner Kongregation für die Glaubenslehre sowie Papst Johannes Paul II. selbst doch zugleich auch als Vorbotin zutiefst beunruhigender Ereignisse gelten. Manchen Überlieferungen zufolge kündigen Erscheinungen der Heiligen Jungfrau nämlich das bevorstehende Ende der Welt an. In anderen Quellen heißt es, sie deuten auf das baldige Ende der katholischen Kirche oder zumindest des Papsttums hin. Diese Gerüchte speisen sich größtenteils aus dem Rätsel um die ominöse »dritte Prophezeiung von Fátima«.

DIE GEHEIMNISSE VON FÁTIMA

Im Mai 1916 schien die westliche Zivilisation vor allem mit ihrer Selbstzerstörung befaßt zu sein. Seit Februar rissen sich die französische und die deutsche Armee bei Verdun gegenseitig in Stücke; am Ende hatte diese Schlacht mehr als eine Million Menschen das Leben gekostet. An der Somme rüstete sich die britische Armee für ein Blutbad, das noch entsetzlichere Ausmaße annehmen sollte.

Im abgelegenen, rückständigen Portugal war von diesen furchtbaren Ereignissen nichts zu spüren. In der Nähe des Dorfes Fátima tollte eine junge Schafhirtin namens Lúcia dos Santos mit ein paar Freunden über die Hügel, als plötzlich, wie sie später aussagen sollte, eine Baumgruppe im Wind erzitterte und tief im Blattwerk ein reines, weißes Licht erstrahlte. Das Licht gerann, so berichtete sie, zu einer transparenten Gestalt, einem jungen Mann, der sich den Kindern näherte, sich ihnen als »Friedensengel« zu erkennen gab und sie zum Gebet aufforderte.

In jenem Sommer erblickte Lúcia, diesmal in der Begleitung zweier jüngerer Kinder, eines Vetters und einer Kusine, die Gestalt angeblich noch einmal. Auch im Herbst kehrte die Erscheinung wieder; diesmal hielt sie einen Kelch in die Höhe, über dem eine Hostie schwebte, von der Blut in das Gefäß tropfte. Die Erscheinung legte die blutende Hostie auf Lúcias Zunge, betete ein letztes Mal und verschwand.[4]

Am 13. Mai des folgenden Jahres, 1917, wurden Lúcia, inzwischen zehn Jahre alt, und ihre Verwandten, neun und sieben Jahre alt, an derselben Stelle erneut von einer Vision heimgesucht. Diesmal erschien ihnen – nach Lúcias Worten – »eine ganz in Weiß gekleidete Dame«, die »heller als die Sonne« leuchtete und »Lichtstrahlen aussandte«. Sie war jung, etwa sechzehn Jahre, und hielt einen Rosenkranz aus weißen Perlen in der Hand. »Ich komme vom Himmel«, soll sie zu den Kindern gesagt haben.[5] Als Lúcia fragte, was sie wolle, forderte die weiße Frau die Kinder auf, sie möchten sich jeweils am dreizehnten Tag der folgenden sechs Monate wiederum auf derselben Hügelkuppe einfinden. Bei der letzten Begegnung, so versprach sie, wolle sie sich zu erkennen geben.

Lúcia, ihre Kusine und ihr Vetter befolgten die Anweisung und kamen sechs Monate lang jeweils am Dreizehnten wieder auf den Hügel. Die Vision stellte sich stets pünktlich ein, begleitet von drei Lichtblitzen und einmal von einer »leuchtenden Kugel«, und verschwand anschließend unter Donnerschlägen. Moderne Kommentatoren haben mehrfach auf die verblüffende Ähnlichkeit zwischen dieser Beschreibung und den heutigen Augenzeugenberichten sogenannter UFO-Sichtungen hingewiesen. Damals waren viele Leute skeptisch, was die Berichte der Kinder anging, und der zuständige Bischof weigerte sich, die Sache eingehender zu untersuchen. Anders die einfache Bevölkerung, die von der Echtheit der Erscheinung überzeugt war: Am 13. Oktober 1917, dem angekündigten Tag der letzten Vision, fanden sich 70 000 Pilger aus ganz Portugal in Fátima ein.

Am Abend des 12. Oktober brach ein gewaltiger Sturm los. Am

nächsten Nachmittag erklommen Lúcia und ihre beiden Begleiter zur verabredeten Zeit den besagten Hügel. Lúcia berichtete später, die Wolken hätten sich geteilt, und die Frau aus ihren früheren Visionen sei wieder erschienen. Ein unabhängiger Bericht schildert, was unmittelbar danach geschah:

»Plötzlich hörte der Regen auf, und durch einen Spalt oder ein Loch in den Wolken konnte man die Silberscheibe der Sonne sehen. Es schien, als würde diese Scheibe sich zu drehen beginnen, dann innehalten und sich noch ein zweites und drittes Mal drehen, wobei sie Strahlen verschiedenfarbigen Lichts aussandte. Dann schien sie der Erde näher zu kommen; sie strahlte rotes Licht und große Hitze aus. Die Menge geriet in Panik, denn sie glaubte, das Ende der Welt sei gekommen, und überall wurde laut gebetet.«[6]

Als die Sonne wieder ihren angestammten Platz eingenommen hatte, beruhigten sich auch die Wallfahrer wieder. Was immer sich dort abgespielt haben mochte: Es gab 70000 Zeugen, und das außergewöhnliche Sonnenspektakel war sogar noch aus einer Entfernung von vierzig Kilometern sichtbar gewesen. Allerdings hatte außer den drei Kindern offenbar niemand etwas Besonderes auf der Hügelkuppe wahrgenommen.

Die Berichte der Kinder über ihre Vision unterschieden sich deutlich voneinander. Lúcia berichtete später, sie habe die Frau aus ihren vormaligen Erlebnissen zunächst als »Schmerzensmutter« erlebt, dann habe sie sich in »Unsere Liebe Frau vom Karmel« verwandelt. Sie behauptete außerdem, den heiligen Joseph mit dem Jesuskind auf dem Arm gesehen zu haben und einige Zeit darauf auch »Unseren Herrn«, der die versammelte Menge gesegnet habe. Ihre neunjährige Kusine gab an, sie habe Jesus als Kind neben dem heiligen Joseph stehen sehen. Das jüngste Kind, ihr Vetter, sagte zunächst gar nichts. Ein paar Tage später erklärte er, weder die »beiden Madonnen« noch »Unseren Herrn« beim Austeilen des Segens gesehen zu haben. Er habe lediglich den heiligen Joseph und das Jesuskind wahrgenommen.

Lúcias kleiner Vetter starb 1919, die Kusine 1920. Lúcia selbst, die zur Zeit der Visionen Analphabetin gewesen war, wurde 1921 auf ein Internat geschickt und kam so zumindest in den Genuß einer elementaren Schulbildung. Anschließend wurde sie Karmeliternonne. Von 1936 bis 1937 verfaßte sie einen Bericht über ihre Erlebnisse in Fátima. Die Frau, so schrieb sie, habe »ganz aus Licht« bestanden, und Wellen wogenden Lichts seien durcheinandergewabert. Sie beschrieb den Schleier und das Kleid der Frau als Wellen fließenden Lichts, und auch ihr Gesicht habe eher aus Licht denn aus Fleisch bestanden: Sie nannte dies »carnea luz« oder »Fleischlicht«.[7] Die Frau habe sich als »Unsere Liebe Frau vom Rosenkranz« vorgestellt, also – für römisch-katholische Gläubige – eindeutig als Jungfrau Maria. Recht voreilig hatte sie den Krieg für beendet erklärt. Tatsächlich hatte aber an der Westfront die blutige britische Offensive bei Ypern gerade erst begonnen, und auch die deutsche Hauptattacke sollte erst im Jahr 1918 erfolgen. Kaum eine Woche nach Lúcias Vision sollten die österreichisch-deutschen Truppenteile an der italienischen Front ihren massiven Angriff auf Caporetto starten, und in Rußland brach die Revolution aus, an die sich ein vier Jahre dauernder, verheerender Bürgerkrieg anschloß.

In den Jahren 1941 und 1942, als die Welt wieder einmal in Flammen stand, schrieb Lúcia einen zweiten Bericht ihrer Visionen von 1917 nieder. Zum erstenmal erklärte sie nun, die Erscheinung bei Fátima habe ihr drei geheime Botschaften mitgeteilt, oder genauer: eine dreigeteilte Geheimbotschaft. Sie werde nun, so schrieb sie, die ersten beiden Teile des Geheimnisses enthüllen, nicht aber den dritten.

Der erste Teil war offenbar eine Höllenvision, mit der sowohl die Situation im Oktober 1917 als auch die Lage im Winter 1941/42 ziemlich angemessen beschrieben war. Dem zweiten Teil zufolge sollte die Welt Frieden finden, wenn zu Beginn eines jeden Monats ein besonderes Abendmahl dargebracht würde und wenn Rußland vom Papst und allen katholischen Bischöfen dem Unbefleckten Herzen geweiht würde – eine Weihe, die zur Bekehrung des Landes führen werde. Da diese Botschaft angeblich im Herbst des Jahres 1917 übermittelt worden war, bleibt unklar, von welcher Irrlehre Rußland eigentlich bekehrt werden sollte: vom russisch-orthodoxen Glauben oder vom atheistischen Bolschewismus. Den dritten Teil der Botschaft nannte Lúcia so schrecklich, daß sie ihn nicht offenbaren könne.

Der Bischof von Leiria befürchtete, Lúcia könnte den Rest des ihr anvertrauten Geheimnisses mit ins Grab nehmen. Auf sein Drängen hin überredete ein örtlicher Kleriker sie, den furchtbaren dritten Teil schriftlich festzuhalten. Am 2. Januar 1944 fing sie an zu schreiben, und erst eine Woche später schloß sie ihren Bericht ab.[8] Sie steckte ihn in einen Umschlag und versiegelte diesen mit Wachs. Der Umschlag wurde, wie verabredet, an den Bischof von Leiria geschickt, der ihn am 17. Juni erhielt.

Dieser wagte ihn nicht zu öffnen und wollte ihn dem Heiligen Offizium überlassen. Das Heilige Offizium weigerte sich aus unerfindlichen Gründen, ihn anzunehmen. Der Bischof steckte daraufhin Lúcias Umschlag in einen weiteren und gab Anweisung, diesen nach seinem Tod dem Kardinal von Lissabon zukommen zu lassen. Auf Lúcias Drängen versprach er, die Botschaft werde der Weltöffentlichkeit im Jahr 1960 oder aber, sollte sie früher sterben, direkt nach ihrem Tod bekannt gemacht.

Im Jahr 1957 – Lúcia lebte noch – änderte das Heilige Offizium plötzlich seine Meinung und verlangte, daß ihm der Umschlag mit ihrem Bericht sofort ausgehändigt werde. Man gab keinerlei Erklärung für diesen Sinneswandel an, und niemand weiß, wer den Entschluß gefällt hatte. Im März wurde der Umschlag dem Nuntius in Lissabon ausgehändigt, der ihn einem Bischof übergab, der beauftragt war, ihn nach Rom zu bringen. Der Bischof hielt den Umschlag gegen das Licht und sah, daß er nur ein einziges, kleines Blatt Papier enthielt. Wie auch immer das unheilvolle Geheimnis lauten mochte: Obwohl Lúcia eine ganze Woche gebraucht hatte, um es zu Papier zu bringen, schien es doch in nicht mehr als fünfundzwanzig handgeschriebenen Zeilen Platz zu haben.

Am 16. April 1957 nahm der Vatikan den Umschlag in Empfang, und Papst Pius XII. legte ihn in seinem Privatarchiv ab, offenbar ohne die Botschaft gelesen zu haben. Kardinal Ottaviani, der Präfekt des Heiligen Offiziums unter Papst Johannes XXIII., erklärte, der Umschlag sei noch versiegelt gewesen, als Johannes ihn 1959, also ein Jahr nach seiner Wahl zum Pontifex, schließlich öffnete. Anschließend las auch Kardinal Ottaviani den Text. Am 8. Februar 1960 wurde mitgeteilt, daß die öffentliche Bekanntgabe des »dritten Geheimnisses von Fátima« auf unbestimmte Zeit verschoben werde.

Bis zu seinem Tod im Jahr 1963 bewahrte Johannes XXIII. Lúcias Text in einer Schublade seines Schreibtisches auf. Sein Nachfolger, Papst Paul VI., verlangte den Text unmittelbar nach seiner Wahl zu sehen. Er las ihn, weigerte sich aber, darüber zu sprechen. Am 11. Februar 1967 bestätigte Kardinal Ottaviani noch einmal die frühere Entscheidung des Vatikans: Lúcias Text würde nicht enthüllt werden. Das Geheimnis sollte geheim bleiben. Am 13. Oktober desselben Jahres – also am fünfzigsten Jahrestag von Lúcias Vision – besuchte Papst Paul VI. Fátima, wo in der Zwischenzeit eine Basilika und ein Heiligtumskomplex errichtet worden waren. Vor einer Million Pilgern zelebrierte der Papst eine Messe und betete für den Weltfrieden.

Am 13. Mai 1981, am vierundsechzigsten Jahrestag von Lúcias erster Vision, wurde Papst Johannes Paul II. auf einer Portugal-Reise von der Kugel eines Attentäters niedergestreckt. Während seiner Genesung las auch er den Text Lúcias, wobei er offenbar die Unterstützung eines portugiesischen Übersetzers benötigte, um gewisse Nuancen zu verstehen. Auch Kardinal Ratzinger las die Zeilen. Ein Jahr später, am 13. Mai 1982, kam der Papst nach Fátima, um der Jungfrau zu danken, »deren Hand auf wunderbare Weise das Geschoß gelenkt hat«.[9]

Ein italienischer Journalist, Vittorio Messori, erhielt 1984 die Erlaubnis, ein ausführliches Interview mit Ratzinger zu führen, und er nutzte die Gelegenheit, um den Kardinal eindringlich nach dem »dritten Geheimnis von Fátima« zu befragen. Auf die Frage, ob er den Text gelesen habe, antwortete der Kardinal kurz und knapp mit Ja. Warum durfte die Botschaft nicht veröffentlicht werden? Enthüllte sie etwas Schreckliches? Ratzinger wich der direkten Beantwortung dieser Fragen aus: »Wenn es auch so wäre …, dies würde nur den schon bekannten Teil der Botschaft von Fátima bestätigen. Von jenem Ort aus ist ein ernstes, gegen die vorherrschende Leichtfertigkeit gerichtetes Signal ergangen, eine Mahnung in bezug auf den Ernst des Lebens, der Geschichte und in bezug auf die Gefahren, die die Menschheit bedrohen.«[10]

Also würde es, hakte Messori nach, keine Veröffentlichung geben? Diesmal antwortete Ratzinger etwas direkter: »Der Heilige Vater ist der Ansicht, daß es dem nichts Neues hinzufügen würde, was ein Christ aus der Offenbarung und auch aus den von der Kirche anerkannten Marienerscheinungen mit ihren bekannten Inhalten wissen muß, die die Dringlichkeit von Buße, Bekehrung, Vergebung, Fasten nur bestätigen. Würde man das ›dritte Geheimnis‹ veröffentlichen, so würde man sich auch der Gefahr aussetzen, daß der Inhalt für Sensationen mißbraucht wird.«[11]

Befragt, ob das »Geheimnis« womöglich eine politische Dimension habe – sich also zum Beispiel auf die damalige Sowjetunion beziehe –, erwiderte Ratzinger, er sehe sich nicht in der Lage, sich dazu im einzelnen zu äußern, und er weigerte sich strikt, die näheren Umstände zu diskutieren. An anderer Stelle hielt er jedoch fest, es sei »eines der Zeichen unserer Zeit, daß sich die Meldungen über ›Marienerscheinungen‹ in der ganzen Welt häufen. Zum Beispiel erreichen auch aus Afrika und aus anderen Kontinenten unsere Disziplinarabteilung entsprechende Berichte«.[12]

Und er ließ sich sogar zu einer Stellungnahme herab, die wohl so etwas wie eine Interpretation sein soll: »Die richtige Würdigung von Botschaften wie der von Fátima könnte eine Weise unserer Antwort darstellen: Im Hinhören auf die Botschaft Christi, die durch Maria an unsere Zeit ergeht, fühlt die Kirche die Bedrohung aller und jedes einzelnen und antwortet mit einer entschiedenen Umkehr und Buße.«[13]

Auch Papst Johannes Paul II. wiederholte in einigen seiner Stellungnahmen die düsteren Andeutungen, die sich durch Ratzingers Ausführungen ziehen. Anläßlich seines Besuchs an dem Ort, an dem Lúcia ihre Visionen empfing, erklärte er 1982: »Marias Botschaft von Fátima ist heute noch wichtiger als vor fünfundsechzig Jahren. Sie ist noch dringlicher als damals.«[14] Anderthalb Jahre später, im Dezember 1983, sagte der Papst: »Just zum Ende des zweiten Jahrtausends ballen sich am Horizont der gesamten Menschheit ungeheuer bedrohliche Wolken zusammen, und Düsternis befällt die Menschenseele.«[15]

Und in seinem Buch *Die Schwelle der Hoffnung überschreiten* gedenkt Johannes Paul II. jenes Ereignisses, »da Maria den drei Kindern aus Fátima in Portugal erschienen war und die Worte zu ihnen gesprochen hatte, die nun, am Ende des Jahrhunderts, in Erfüllung zu gehen scheinen«.[16] Eine katholische Zeitschrift zitiert ihn mit der Warnung, die Marienerscheinungen in aller Welt seien »ein Zeichen der Zeit … einer schrecklichen Zeit«.[17] Und über den verschwiegenen Teil von Lúcias Botschaft heißt es, der Papst sorge sich »täglich« darüber.

Spekulationen über das »dritte Geheimnis von Fátima« gibt es wie Sand am Meer. In bestimmten radikalen Kreisen ist man überzeugt, es prophezeie, daß der Teufel beziehungsweise der

Antichrist das Papsttum unter seine Kontrolle bringen werde. Auch andere, etwas weniger apokalyptische Vermutungen wurden angestellt: Es werde eine allgemeine Abkehr vom Glauben eintreten oder vielleicht eine Nachlässigkeit in Glaubensdingen speziell im katholischen Klerus, es werde eine Demontage des Papsttums geben oder einfach Konflikte innerhalb der katholischen Kirche. Kurz vor seinem Tod im Jahr 1981 schrieb Pater Joaquim Alonso, ein anerkannter Fátima-Experte, der Lúcia oft begegnet ist und viel mit ihr gesprochen hat:

»Es ist also durchaus wahrscheinlich, daß der Text des dritten Geheimnisses konkrete Anspielungen auf die Glaubenskrise innerhalb der Kirche und die Gleichgültigkeit ihrer Hirten enthält … auf interne Konflikte im Herzen der Kirche und auf schwerwiegende seelsorgerische Pflichtvergessenheit in Teilen ihrer oberen Führungsschichten … auf Unzulänglichkeiten in der oberen Hierarchie der katholischen Kirche.«[18]

Aufgrund der Bedeutung, die Kardinal Ratzinger und die Päpste unserer Zeit den Visionen von Fátima beimessen, und aufgrund des Geheimnisses, das sie umgibt (von den oftmals wilden Spekulationen ganz zu schweigen), genießen diese Marienerscheinungen heute in gewissen Teilen der katholischen Kirche eine Sonderstellung, ja sie sind geradezu sakrosankt. Aber die Kirche versucht immer noch, sich als Muster von Beständigkeit zu präsentieren, sie versucht immer noch, sich zur Arche zu stilisieren, die sich tapfer gegen die Fluten der heutigen Zeit stemmt – und dadurch wird die Tatsache verschleiert, daß der Katholizismus in seinem Inneren einen apokalyptischen Fundamentalismus hervorgebracht hat, der in vieler Hinsicht ebenso extrem erscheint wie der Fundamentalismus vieler unabhängiger Sekten.

Genau wie diese Sekten erliegen bestimmte Gruppierungen innerhalb der Kirche apokalyptischen Ängsten; sie sind der Überzeugung, in die »Endzeit« hineingeboren zu sein, die »letzten

Tage« zu durchleben. Dieses Gefühl, dem Untergang entgegenzugehen, durchzieht einen Großteil der randständigen katholischen Andachtsliteratur, in der auch die Erscheinungen der heiligen Jungfrauen immer wieder als böse Omen herhalten müssen. Tatsächlich wandelt diese Literatur oft hart am Abgrund der Häresie, ist nahe daran, einen regelrechten Göttinnenkult zu erschaffen. Die Grenzen zwischen der Himmelskönigin auf der einen und einer veritablen Muttergöttin des Altertums auf der anderen Seite können leicht fließend werden.

In diesen Zusammenhang muß man die Erscheinungen der Heiligen Jungfrau bei Fátima stellen. Die Visionen von Fátima waren kein Einzelfall, kein isoliertes Phänomen. Sie entsprechen vielmehr ganz offensichtlich einem Muster der Marienerscheinungen, das mindestens bis ins 19. Jahrhundert zurückreicht. Seit 1830, mehr als neunzig Jahre vor Lúcias Visionen bei Fátima, hat die Heilige Jungfrau sich immer wieder zu Wort gemeldet, und in ihren Stellungnahmen waren politische Erklärungen und apokalyptische Drohungen oft eng miteinander verwoben.

In der Nacht des 18. Juli 1830 wurde in der Rue du Bac in Paris eine Nonne namens Catherine Labouré von einer Vision geweckt: Sie sah – wie sie später berichtete – ein etwa fünf Jahre altes, weißgekleidetes Kind, das sie in die Kapelle des Konvents führte, wo, wie es sagte, »die Heilige Jungfrau auf dich wartet«. Die Muttergottes gab ihr einen Ratschlag rein persönlicher Natur, mit dem sie Catherine in ihrem Noviziat unterstützen wollte. Einige Monate später erschien die Jungfrau jedoch erneut, und diesmal traten Lichtströme aus ihren Händen hervor. Sie bescherte der Nonne eine Vision von zwei Herzen: das Herz Jesu, das in Dornen gehüllt war, und ihr eigenes Herz, das zur Veranschaulichung ihrer Leiden von einem Schwert durchbohrt war. Maria befahl Catherine, eine Medaille anfertigen zu lassen, auf der dieses Bild festgehalten werden sollte. Sie wurde später als »die Medaille von der Unbefleckten Empfängnis« bekannt.[19] Und bei dieser Erscheinung ließ sich die Jungfrau auch zu einem Kommentar über den Kampf zwischen Rechtschaffenheit und Verderbnis herab, der damals die Welt erschütterte. Die Zeiten, so erklärte sie, waren böse. Frankreich würde vom Unglück heimgesucht werden. Der Thron würde gestürzt, die ganze Welt von Übeln aller Art überschwemmt werden.

Moderne katholische Apokalyptiker messen der Erscheinung in der Rue du Bac große Bedeutung bei. Sie glauben, daß die Jungfrau gekommen war, um die Welt zu warnen: Von jenem Augenblick an werde sich das »Böse« der Menschheit als das »Gute« präsentieren und die göttliche Ordnung durch diese Täuschung untergraben.

Einem dieser Schriftsteller zufolge »würde das Böse als ein modernes ›Gutes‹ gepriesen werden, und zwar in der Gestalt vieler Liberalismen, und Gott würde unterliegen. Kleine Samen des Okkulten, Sporen von bestimmten Geheimbünden wie den Freimaurern würden auskeimen und schließlich zu einem gewaltigen Dickicht heranwachsen, das die politische Landschaft sowie das Denken des Menschen völlig verändern sollte«.[20]

Ein solches Szenario wäre zweifellos ganz nach dem Geschmack Papst Pius' IX. gewesen. Und es könnte durchaus auch Kardinal Ratzinger gefallen.

Am 19. September 1846 hüteten zwei Bauernkinder – Mélanie Mathieu, vierzehn Jahre alt, und Maximin Giraud, elf – auf einer felsigen Bergweide mit Blick auf das Dorf La Salette in den französischen Alpen das Vieh. In einem Hohlweg direkt unter ihnen sahen sie einen Kreis aus hellem Licht. Als sie näher herankamen, konnten sie in dessen Inneren eine schöne Frau ausmachen, die eine Krone aufhatte und weinte. Über ihrem Kleid trug sie, wie Mélanie später aussagte, eine Schürze, die »heller als mehrere Sonnen auf einmal« strahlte und nicht aus einem gewöhnlichen Stoff, sondern aus irgendeiner funkelnden, überirdischen Substanz gewoben war.[21] Unter Tränen teilte die Frau den

Kindern mit, daß sie ihnen eine wichtige Nachricht anzuvertrauen habe. Wenn sich nicht jedermann Gottes Willen unterwerfe, so sagte sie, dann werde Christus die Menschen im Stich lassen.

Und sie fuhr fort: »Alle zivilen Regierungen werden ein und denselben Plan verfolgen, nämlich die Abschaffung und Aufhebung aller religiösen Grundsätze; sie werden dem Materialismus, dem Atheismus, dem Okkultismus und Lastern jeder erdenklichen Art weichen.«[22]

Man fragt sich schon, was zwei einfache und wahrscheinlich des Lesens und Schreibens unkundige Bauernkinder von einer so gewichtigen Verkündigung gehalten haben mögen, die zudem in so gelehrten Worten daherkam. Offenbar ließ ihnen die Jungfrau keine Zeit, darüber nachzudenken, sie ging sofort dazu über, die Führergestalten der Welt, offenbar einschließlich des Papstes, zu kritisieren: »Die Oberhäupter, die Führer des Gottesvolkes, haben das Gebet und die Buße vernachlässigt, und der Teufel hat ihren Verstand getrübt. Sie sind zu Wandelsternen geworden, die der alte Teufel mit seinem Schwanz fortwischen und auslöschen wird.«[23]

Und darauf folgte sogleich die apokalyptische Vorhersage: »Gott wird die Menschheit ihrem Schicksal überlassen und wird Strafen herniedersenden, eine nach der anderen, mehr als fünfunddreißig Jahre lang. Der Gesellschaft der Menschen stehen die fürchterlichsten Plagen und schlimmsten Erlebnisse bevor. Die Menschheit muß sich darauf gefaßt machen, unter einem eisernen Zepter zu leben und aus einem Kelch zu trinken, der mit dem Zorn Gottes gefüllt ist.«[24]

Das Jahr 1864 sollte eine besonders üble Strafe mit sich bringen: »Im Jahr 1864 werden Luzifer und mit ihm Heerscharen von Dämonen aus der Hölle losgelassen. Sie werden dem Glauben Stück für Stück ein Ende setzen … Böse Bücher werden die Erde überschwemmen.«[25]

Kardinal Fornari, der damalige Nuntius in Frankreich, ließ wissen, diese Prophezeiungen »ängstigten« ihn, und die Hierarchie des Vatikans scheint seine Gefühle geteilt zu haben. Im Jahr 1851 wurde die Erscheinung der Jungfrau von La Salette für echt erklärt und offiziell anerkannt. Ihre Enthüllungen wurden allerdings erst später bekanntgegeben – was der Grund dafür sein mag, daß die Worte der Jungfrau, so wie sie schließlich veröffentlicht wurden, in ihrem Ton denen von Papst Pius IX. verdächtig ähnelten.

Als das Jahr 1864 kam, waren tatsächlich viele zutiefst »böse« Bücher auf dem Markt. Darwins *Über die Entstehung der Arten* war 1859 erschienen, Renans *Das Leben Jesu* 1863, und die Bearbeiter des Index hatten alle Hände voll zu tun, um auf dem laufenden zu bleiben. Auch in anderer Hinsicht verlief das Jahr 1864 ziemlich übel: So steuerte der amerikanische Bürgerkrieg seinem Höhepunkt zu, und Bismarcks Militär überrannte in nur sechs Tagen das kleine Dänemark. Aber man hätte wohl auch bei jedem beliebigen anderen Jahr dieser Ära ebenso deutliche Anzeichen für das Wirken dämonischer Kräfte gefunden.

Die vorhergesagte fünfunddreißigjährige Zeit der »Strafen« sollte 1881 enden. Innerhalb dieser Frist geschah zweifellos Dramatisches. Frankreich unterlag im Deutsch-Französischen Krieg, und das Zweite Imperium verschwand von der Bildfläche. Sowohl Deutschland als auch Italien wurden geeint. Das Papsttum büßte die letzten Reste seiner säkularen Macht ein. Aber die Welt überstand all das; und zum Ausgleich für seine Verluste an weltlicher Herrschaft erlangte der Papst immerhin die Unfehlbarkeit.

Am 11. Februar 1858, zwölf Jahre nach ihrer Manifestation in La Salette, hatte die Heilige Jungfrau einen weiteren aufsehenerregenden Auftritt: Sie erschien der jungen Bernadette Soubirous in Lourdes. Sie gab sich als die »Unbefleckte Empfängnis« zu erkennen – was sich gut fügte, denn Papst Pius IX. hatte die Unbefleckte Empfängnis gerade vier Jahre zuvor zum offiziellen

Dogma erhoben, und die Manifestation in Lourdes »war die erste Bestätigung der Erklärung, daß Maria ohne Erbsünde empfangen worden war«.[26] In Lourdes scheint sie auf jede fürchterliche politische Prophezeiung verzichtet zu haben; sie beschränkte sich darauf, Bußfertigkeit, ein reines Leben und den fleißigen Gebrauch des Rosenkranzes als Mittel zur Bekämpfung satanischer Umtriebe zu empfehlen.

Nicht nur vor, sondern auch nach den Geschehnissen in Fátima hat es Marienerscheinungen gegeben. Seit 1917 wurden Visionen der Jungfrau aus Italien, Spanien, Irland, der Tschechoslowakei, Litauen, Ungarn, Österreich, den Niederlanden, Indien, Japan, den Philippinen, Vietnam, Rußland, der Ukraine, Kroatien, Ägypten, Venezuela und Mexiko gemeldet. Eine beträchtliche Anzahl dieser Visionen ging mit apokalyptischen Botschaften einher. Eine dieser Heimsuchungen widerfuhr am 20. Dezember 1953 einer Frau nahe dem Dorf Dubovytsya in der Ukraine. Die Jungfrau erschien, während die Messe rezitiert wurde, und kündigte an:

»Uns steht Unheil bevor wie zu Zeiten Noahs. Nicht als Flut, sondern als Feuersbrunst wird die Zerstörung kommen. Eine riesige Feuerflut soll die Nationen verzehren, die sich gegen Gott versündigt haben. Seit Anbeginn der Welt hat es niemals solche Sündhaftigkeit gegeben wie heute. Das ist das Königreich Satans. Rom läuft Gefahr, zerstört zu werden, der Papst läuft Gefahr, getötet zu werden.«[27]

Der Zeitpunkt dieser Vorhersage spricht Bände: Zwei Jahre zuvor hatte die Sowjetunion ihre erste Atombombe getestet, und das Schreckgespenst eines nuklearen Holocaust hatte sich wie ein übermächtiger Schatten über das Bewußtsein der Menschen gelegt. Es ist nie verscheucht worden, ganz im Gegenteil: andere, ebenso furchtbare Gespenster leisten ihm nun Gesellschaft.

Der Kalte Krieg, der internationale Terrorismus, Schreckensregime und der Jahrtausendwechsel haben in den letzten fünfzig

Jahren zur Verbreitung einer allgemeinen Endzeitstimmung beigetragen. So erschien die Heilige Jungfrau 1962 einer Spanierin und ließ sie wissen, daß es nach Paul VI. nur noch zwei Päpste geben werde – womit der gegenwärtige Pontifex also der letzte wäre.

Am 25. Juni 1981 gab es in Medjugorje im heutigen Kroatien eine Heimsuchung Mariä, über deren Anerkennung der Vatikan noch heute berät. Einen Tag nach einem heftigen Gewitter sahen zwei jugendliche Schafhirtinnen ein mysteriöses Leuchten auf einem nahen Hang. Im Inneren dieses Lichts stand eine Frau, die die beiden Mädchen sofort als die Heilige Jungfrau erkannten. Die Erscheinung soll seither noch oft wiedergekehrt sein. Ihre Botschaft, falls sie eine übermittelt, ist oft beängstigend:

»Ich bin gekommen, um die Welt ein letztes Mal zur Umkehr aufzurufen. Nach dieser Zeit werde ich nie wieder auf die Erde hinabsteigen.«[28] Einmal bewies sie lobenswerte Toleranz: »Ihr seid keine wahren Christen, solange ihr die anderen Religionen nicht respektiert.« Unglücklicherweise widerrief sie später ihre ökumenische Anwandlung: »Es gibt nur einen Vermittler zwischen Gott und Mensch, und zwar Jesus Christus.«[29]

Der Großteil ihrer Botschaften ist jedoch apokalyptischer Natur: »Nun ist die Stunde gekommen, da dem Teufel gestattet wird, mit all seiner Kraft und Macht zuzuschlagen.«[30] Oder, sogar noch eindringlicher: »Die Strafe wird kommen, wenn die Welt nicht innehält. Ruft die ganze Menschheit zur Umkehr auf. Von eurer Umkehr hängt alles ab.«[31]

Die Erscheinung von Medjugorje war offenbar eifersüchtig auf andere Marienmanifestationen. Sie schimpfte über andere, falsche Visionen und warnte uns: »Viele behaupten, Jesus und die Muttergottes zu sehen und ihre Worte zu hören, aber das ist gelogen.«[32] Kardinal Ratzinger und die Kongregation für die Glaubenslehre stehen vor der Schwierigkeit, entscheiden zu müssen, welche Visionen als falsch und welche als echt gelten sollen. Sie haben alle Hände voll zu tun. In den frühen neunziger Jahren lagen schon mehr als zweihundertsechzig Berichte von Marienerscheinungen jüngeren Datums vor, und seither ist die Zahl ständig weiter gestiegen.

DAS ENDE DES PAPSTTUMS?

Die Prophezeiungen von Fátima und die anderer Manifestationen der Heiligen Jungfrau sind nicht die einzigen düsteren Vorhersagen, die über der katholischen Kirche lasten. Es heißt, sowohl Kardinal Ratzinger als auch Papst Johannes Paul II. seien ebenfalls sehr besorgt über die Prophezeiungen von Sankt Malachias. Malachias, ein irischer Mönch, war 1094 in Armagh geboren worden und 1148 in Clairvaux im Beisein seines Freundes, Kollegen und Vertrauten, des heiligen Bernhard, gestorben. In gedruckter Form tauchten seine Prophezeiungen erstmals in einer 1559 erschienenen Kirchenchronik auf.

In ihrer bildreichen Vieldeutigkeit haben Malachias' Vorhersagen viel mit denen des Nostradamus gemein. Bei seiner eigenen Zeit beginnend, listet er insgesamt einhundertzwölf Päpste auf und liefert zu jedem einen lateinischen Sinnspruch, der angeblich seinen Charakter und die Zeit seines Pontifikats zusammenfaßt beziehungsweise umschreibt. Der gegenwärtige Pontifex, Johannes Paul II., ist der einhundertelfte, also der vorletzte in dieser Abfolge. Das ihm geltende Motto lautet »De Labore Solis« (»Von der Arbeit der Sonne«).[33]

Wie aus den Vierzeilern des Nostradamus kann man aus diesen Worten alles herauslesen, was man will. Manche Interpreten haben sich darauf versteift, zwischen der ausgedehnten Reisetätigkeit Johannes Pauls II. – der weit mehr unterwegs war als jeder andere Papst vor ihm – und der scheinbaren Bewegung der Sonne um die Erde eine Parallele zu sehen. Man könnte ohne große Mühen andere Deutungen des Sinnspruchs aus dem Hut zaubern, die ähnlich gut (oder ähnlich schlecht) paßten. Darauf kommt es aber gar nicht an. Wichtig ist nicht die Interpretation der Sprüche, sondern der Umstand, daß der jetzige Papst nach der Aussage Malachias der vorletzte überhaupt ist.

Dem hundertzwölften Pontifex, dem letzten in der Reihe, hat Malachias das Motto »Gloria Olivae«[34] zugeordnet, was soviel bedeutet wie: Ruhm oder Ehre der Olive, dem Olivenbaum oder dem Holz des Olivenbaums, aus dem vielleicht der Stab des Oberhirten geschnitzt sein mag. Auch hier tut sich den Möchtegern-Interpretatoren wieder ein weites Feld auf. Leichtfertiger Optimismus bei der Ausdeutung verbietet sich jedoch zumindest für fromme Katholiken, denn Malachias beschließt die Liste mit folgenden finsteren Worten:

»Im letzten Stadium der Heiligen Römischen Kirche wird Peter der Römer herrschen, der seiner Herde unter großem Leid Nahrung geben wird; danach wird die Stadt der sieben Hügel zerstört werden, und der schreckliche Richter wird das Volk richten.«[35]

16. DAS PROBLEM IST DER PAPST

Mit der gespenstischen Aussicht konfrontiert, daß es sie in Zukunft – und sogar schon sehr bald – nicht mehr geben könnte, ist die Kirche heute von lähmender Angst ergriffen. Die Stupidität, mit der sie sich an ihre überholte Dogmatik klammert, kann man als Symptom ihrer Verzweiflung deuten, einer mühsam unterdrückten Panikstimmung, die gelegentlich in Hysterie auszuarten droht. Aber ihre Auslöschung ist nicht die einzige Gefahr, die der katholischen Kirche heute droht.

Die Kirche fürchtet sich vor der zunehmenden Säkularisierung der westlichen Gesellschaft und dem rasanten Schrumpfen ihrer Anhängerschar in ehemaligen katholischen Hochburgen wie Irland, Süddeutschland, Österreich und Spanien. Sie fürchtet sich vor der zunehmenden Öffnung der multikulturellen Gesellschaft für andere Konfessionen, wie wir sie in Großbritannien, auf dem westeuropäischen Festland und in den Vereinigten Staaten beobachten können. Sie fürchtet sich vor der zunehmenden Bereitschaft psychologisch und kulturell interessierter Menschen, Formen von Spiritualität in Sphären zu suchen, die nicht von einer Priesterschaft kontrolliert werden, zum Beispiel in den bildenden Künsten. Sie fürchtet sich vor dem neu aufkeimenden Pantheismus und der Wiedergeburt hermetischer Auffassungen, die zum Beispiel in der Sorge um die Umwelt, in dem Gedanken der Vernetztheit und Ganzheitlichkeit der Natur angelegt sind. Sie fürchtet sich immer noch vor den Naturwissenschaften und der Psychologie, die mehr und mehr das angestammte Terrain der Kirche erobern. Sie fürchtet sich auch vor der ökumenischen Bewegung, wie ihre erst kürzlich wiederholte Weigerung belegt, die

Weihen der anglikanischen Kirche anzuerkennen; anglikanische Ordinationen gelten ihr weiterhin als »absolut null und nichtig«. Nach dem Zusammenbruch des Kommunismus und der Sowjetunion fürchtet sich die Kirche außerdem vor einer Wiederannäherung der westlichen und der östlichen Christenheit, bei der sie einen Teil ihrer selbsterklärten Vorrangstellung einbüßen könnte. Sie fürchtet sich sogar vor der Entdeckung außerirdischen Lebens, vor der Möglichkeit, daß es zu einer »unheimlichen Begegnung der dritten Art« kommen könnte.

Einige katholische Kleriker scheinen sich – auch wenn sie keine erklärten Fans von Mulder und Scully sind – heftig über die Schwierigkeiten den Kopf zu zerbrechen, die sich auftun könnten, wenn Außerirdische auf unserem Planeten landen, die von Jesus keine Ahnung haben. Pater Corrado Balducci, ein offizieller Angehöriger des päpstlichen Hauses und der anerkannte Experte des Vatikans für Exorzismus, Dämonologie und den Antichristen, wurde kürzlich mit einer Aussage zitiert, in welcher er den Berichten über »Entführungen durch Außerirdische« eine gewisse Glaubwürdigkeit zusprach: »Es ist vernünftig zu glauben und davon auszugehen, daß es Außerirdische gibt. Ihre Existenz kann nun nicht mehr geleugnet werden, denn die Belege für die Existenz von Außerirdischen und fliegenden Untertassen häufen sich.«[1]

Es ist durchaus nicht so, daß diese Überzeugung irgendwie mit seinem offiziellen Glauben kollidieren würde. Mit Bezug auf die Verkündigung des heiligen Paulus, Jesus sei nicht nur der »König der Welt«, sondern gleich der »König des Universums«, erklärte Pater Balducci: »Das heißt, alles im Universum, einschließlich der Außerirdischen und der UFOs, kann mit Gott versöhnt werden.«[2]

Als *The Times* von einem Sprecher des päpstlichen Medienrates mehr zu diesem Thema erfahren wollte, reagierte dieser etwas zurückhaltender: »Die Kernaussage des Schöpfungsberichts bezieht sich auf die Erschaffung des Menschen hier auf Erden. Wenn sich zeigen sollte, daß außerirdische Lebensformen existieren, würde die Wahrhaftigkeit des Evangeliums dadurch nicht in Zweifel gezogen. Aber wir müßten uns fragen, ob das Sühneopfer Christi auch für sie gelten würde.«[3]

Papst Johannes Paul II. scheint sich gegen alle Eventualitäten absichern zu wollen: Die *Sunday Times* wußte am 14. Dezember 1997 auf ihrer Titelseite zu berichten, daß der Papst ein Astronomenteam beauftragt habe, den Kosmos nach »den Fingerabdrücken Gottes« abzusuchen. Zur Zeit läuft ein vatikanisches Forschungsprojekt, das sich speziell den möglichen Auswirkungen einer Begegnung mit außerirdischen Lebensformen widmet. Auf dem Mount Graham in Arizona unterhält der Vatikan sein eigenes Observatorium, dessen Personal aus Jesuiten besteht. Sie gehen unter anderem der Frage nach, ob die Kreuzigung Jesu die außerirdischen Wesen möglicherweise vor der Erbsünde bewahrt habe.

Pater Chris Corbally, der stellvertretende Leiter des Projekts, stellt klar: »Wenn man auf anderen Planeten Zivilisationen finden sollte und wir in der Lage sein sollten, mit ihnen Kontakt aufzunehmen, dann wollen wir Missionare zu ihnen schicken, um ihre Seelen zu retten.«[4] Es hat den Anschein, als sei sich Pater Corbally nicht einmal ansatzweise bewußt, welch atemberaubende Arroganz in dieser Äußerung steckt.

DER BISCHOF ROMS

Die Ängste der heutigen katholischen Kirche sind so zahlreich und tiefgreifend, daß sie sich geradezu in einem Zustand der Belagerung wähnt. Aber es gibt eine Befürchtung, die allen anderen zugrunde liegt, sie dominiert und prägt: die Furcht vor dem Wandel. Und das, obwohl den meisten Menschen unmittelbar einleuchtet, daß die Kirche *gerade* und *nur* durch Veränderungen eine Chance hat, in der Zukunft überhaupt noch eine Rolle zu spielen. Auch in der Vergangenheit hat die katholische Kirche ihr Überleben durch die Bereitschaft und Fähigkeit gesichert, sich den veränderten Umständen - wenn auch zögerlich - anzupassen. Um weiter zu existieren, müßte sie auch jetzt eine ähnliche Anpassungsfähigkeit unter Beweis stellen.

Heutzutage präsentiert sich die katholische Kirche als ein einziges, einheitliches, monolithisches Gebilde, das sich in der Lebensspanne eines Menschen kaum zu verändern scheint und in autokratischer Manier über die von ihr selbst definierte Sphäre alles »Geistlichen« herrscht. Dieses Bild der Kirche hat sich sowohl in der Psyche des einzelnen als auch im kollektiven Bewußtsein fest verankert. Aber solche Bilder sind weiter nichts als das Ergebnis von Denkgewohnheiten, Produkte einer gewissen geistigen Trägheit.

Zum Beispiel erscheinen uns die Vereinigten Staaten ebenfalls als monolithischer Block, als die »eine, unteilbare Nation« - wie es im amerikanischen Fahneneid für Schulkinder heißt -, die schon seit undenklichen Zeiten existiert haben mag. Dabei wird allzu leicht vergessen, daß die Vereinigten Staaten vor gerade einmal hundertvierzig Jahren um Haaresbreite in zwei Nationen zerfallen wären und daß es dieses Gebilde überhaupt erst seit zweieinviertel Jahrhunderten gibt.

Dieselben Mechanismen, dieselben Denkblockaden beeinträchtigen auch unsere Wahrnehmung der katholischen Kirche. Nach der kirchlichen Überlieferung wandte sich Jesus an Petrus und sprach, auf diesem Felsen werde er seine Kirche errichten. Dieselbe Überlieferung besagt, Petrus sei der erste Papst gewesen, der Begründer einer apostolischen Abfolge von geistlichen Führern, die sich ohne Unterbrechungen und Verwerfungen von den Anfängen der christlichen Ära bis zum heutigen Tag erstrecke. Diese Behauptung läßt sich aber bei näherer Betrachtung der Geschichte nicht aufrechterhalten.

Bis zum 4. Jahrhundert ist im Christentum nichts auszumachen, was man im heutigen Sinne als »orthodoxen Katholizismus« bezeichnen könnte. Dessen Vorläufer war vielmehr nur eine unter vielen christlichen Glaubensströmungen, die miteinander um die theologische, gesellschaftliche und politische Vorherrschaft rangen. Erst später, als sich eines dieser Systeme als »Orthodoxie« etabliert hatte, wurden eben dadurch die konkurrierenden Systeme rückwirkend zu »Häresien« abgestempelt.

Und selbst als die Kirche Roms über die anderen Spielarten des christlichen Glaubens triumphiert hatte, besaß sie noch herzlich wenig Ähnlichkeit mit der katholischen Kirche, wie wir sie heute kennen. Der Titel »Papst« wurde nicht vor dem Ende des 4. Jahrhunderts eingeführt, Siricius (384–399) war der erste, der sich mit ihm schmückte. Und bis zur Mitte des 5. Jahrhunderts war die römische Kirche alles andere als monolithisch. Sie war im Gegenteil dezentral organisiert, und der sogenannte Papst war weiter nichts als der Bischof Roms, nur einer in einer Schar von Bischöfen. Bestenfalls konnte man ihn als den sprichwörtlichen »Ersten unter Gleichen« ansehen, vergleichbar in mancher Hinsicht einem Ministerpräsidenten. Die Bischöfe beziehungsweise Patriarchen solcher Verwaltungsbezirke wie Antiochia, Alexandria oder Konstantinopel besaßen eine ähnlich große Autorität.

Selbst als sich später das Papsttum als Zentrum der kirchlichen Macht profilierte, war dieser besondere Status zu einem großen Teil rein nomineller Natur. Damals war das Papsttum an die Entscheidungen der Kirchenkonzilien gebunden, denen es unterstand. Noch bis 1870 war es, wie die Auseinandersetzung zwischen den Gallikanern und den Ultramontanen zeigte, zumindest strittig, inwieweit es den Kirchenkonzilien Rechenschaft schuldete. Erst in der Zeit nach 1870, als die Kirche ihre weltliche Herrschaft einbüßte und, gleichsam zur Entschädigung, die päpstliche Unfehlbarkeit verkündet wurde, bildete sich endgültig jene monolithische Struktur heraus, die wir heute als selbstverständlich hinnehmen.

Dieses monolithische Gebilde, das so krampfhaft am Dogma festhält und die Augen vor der Komplexität der modernen Zivilisation verschließt, wirkt für eine rasch wachsende Zahl von Menschen überholt. In Zeiten der Überbevölkerung und angesichts einer Vielzahl ungewollter Schwangerschaften die Geburtenkontrolle zu verdammen erscheint ihnen bestenfalls lächerlich, schlimmstenfalls sträflich menschenverachtend. In der AIDS-Ära gegen Kondome zu wettern, das ist für sie bestenfalls gefährlicher Leichtsinn, schlimmstenfalls kriminelle Verantwortungslosigkeit.

Und diese Kirchenschelte wird keineswegs nur von feindlich gesinnten Kritikern, von kirchenfernen oder desinteressierten Menschen geübt. Sie wird auch aus den Reihen der eigenen Gemeinde laut, in der viele Mitglieder Gewissensqualen durchleiden und sich mit inneren Konflikten herumschlagen. Sie müssen sowohl den Erfordernissen der modernen Welt, in der sie leben, als auch den Ansprüchen der Kirche genügen – einer Kirche, der sie treu bleiben möchten, die sich aber den Nöten der Menschen gegenüber gleichgültig verhält.

Es gibt einfach zu viele Gebiete, auf denen die Kirche sich den Anforderungen der modernen Zeit entzieht; nicht etwa, weil sie so weltfremd wäre, sondern aus einer bizarren, geradezu neurotischen Verweigerungshaltung heraus: Als ob sie einem inneren Automatismus gehorchen würde, legt sie sich, vorsätzlich und gewaltsam, doktrinäre Scheuklappen an, um die sehr realen Bedürfnisse ihrer Gemeinde nicht zur Kenntnis nehmen zu müssen.

Es gibt zu viele Fälle, in denen diese Kirche ganz vergessen zu haben scheint, daß diese Gemeinde, eine Gemeinschaft menschlicher Wesen mit menschlichen Fehlern, menschlichen Schwächen und menschlichen Bedürfnissen, überhaupt existiert. Statt sich um sie zu kümmern, verfolgt diese Kirche mit der erbarmungslosen Sturheit einer Maschine ihr naives, abgehobenes Programm zur »Seelenrettung«, das sich ein Computer ausgedacht haben könnte.

In dieser Situation sehen immer mehr besorgte Menschen in der Dezentralisierung der Kirche eine erfolgversprechende Alternative. In der Kirche, die ihnen vorschwebt, wäre immer noch Platz für einen Bischof Roms, einen neu definierten »Papst«, der als Schiedsmann oder Vorsitzender, als das religiöse Äquivalent zu einem militärischen Stabsleiter dienen könnte. In dieser Funktion könnte er immer noch ein gewisses Maß an administrativer Autorität ausüben, wäre aber gezwungen, die Wünsche und Nöte seiner Gemeinde und ihrer Bischöfe in aller Welt angemessen zu berücksichtigen.

Diesen Bedürfnissen – die in den westlichen Industriestaaten, in Afrika, Asien, Südamerika und anderswo sicher ganz verschieden ausfallen – würde endlich die gebührende Aufmerksamkeit zuteil. Die moralische und geistliche Autorität läge dann bei den jeweiligen Bistümern und Diözesen, die die Flexibilität hätten, sich an die von Ort zu Ort unterschiedlichen, oft ganz spezifischen Umstände anzupassen. Kurz: Die Kirche würde aus vielen kleinen Zentren bestehen, den Diözesen, die auf die Bedürfnisse ihrer jeweiligen Gemeinde eingehen könnten.

Dieser Vorschlag enthält natürlich einige grobe Vereinfachungen – wahrscheinlich mehr, als sich viele von denen, die ihn unterstützen, eingestehen. Ihn in die Praxis umzusetzen, wäre vermutlich ein komplizierter, langwieriger und hindernisreicher Prozeß. Aber er ist ja nicht die einzige mögliche Antwort auf die Frage nach der Rolle und Bedeutung der Kirche in der Zukunft. Es gibt viele Alternativen. Ein gewisses Maß an Veränderungen erscheint unausweichlich, wenn die katholische Kirche dem Schicksal entgehen will, historisch ebenso überholt zu werden wie zum Beispiel das Heilige Römische Reich, das einstmals ihr säkulares und weltliches Herrschaftsgebiet darstellte, und sei es auch nur in der Theorie.

Im schlimmsten Fall kann die Kirche – wie sie in der Vergangenheit oft genug unter Beweis gestellt hat – eine Tyrannin sein, nicht minder gewalttätig, schädlich und monströs als die übelsten weltlichen Diktatoren. Im besten Fall kann sie den Menschen Trost, Geborgenheit, Rat, Unterstützung, Nächstenliebe, Verständnis und einen Zugang – einen von vielen möglichen Zugängen, die nicht alle notwendig »religiös« sein müßten – zu den Sphären des Sakralen anbieten. Aber in der modernen Welt kann eine solche Einrichtung nicht mehr das Monopol auf die absolute Wahrheit und auf das »Seelenheil« ausüben; diese Vermessenheit käme der Sünde des Stolzes, für die Luzifer – der Überlieferung zufolge – aus dem Himmel verstoßen wurde, ziemlich nahe und würde somit den häretischen Katharern des Mittelalters im nachhinein recht geben, die Rom als Werk des dämonischen »Rex Mundi« ansahen, des »Königs der Welt«, des ultimativen Prinzips des Bösen.

Wir haben die Jahrtausendwende gerade vollzogen, und die Kirche hat ihren Willen bekundet, zumindest gewisse Exzesse aus der Vergangenheit einzuräumen und sich dafür zu entschuldigen. Während dieses Buch entsteht, machen Gerüchte die Runde, die katholische Kirche beabsichtige, sich für die Inquisition zu entschuldigen – oder zumindest für die sadistischen und pyromanischen Auswüchse, derer sich die Inquisition in den ersten Jahrhunderten nach ihrer Gründung schuldig gemacht hat – sowie einige ihrer Opfer, Giordano Bruno zum Beispiel, auf ähnliche Weise zu rehabilitieren, wie sie es bei Galilei schon getan hat.

Solche Maßnahmen sind begrüßenswert und ermutigend. Um zu überleben, muß man sich anpassen. Um reifer zu werden, bedarf es allerdings größerer Anstrengungen: Man muß sich der eigenen Vergangenheit stellen, sie anerkennen und sie in ein neues, ausgeglichenes Ganzes einfügen. Die Vergangenheit kann man nicht abstreiten oder außer acht lassen, nicht leugnen oder einfach herunterspielen. Sie muß mit der Gegenwart versöhnt werden, und beide zusammen müssen die Grundlage bilden, auf der eine neue, ausgewogenere Zukunft errichtet werden kann. In früheren Zeiten hat die Kirche diese Notwendigkeit nur selten erkannt. Daß sie es jetzt wohl tut, ist wirklich bemerkenswert und ein Anzeichen für einen echten Reifungsprozeß.

Aber eine Entschuldigung ist nur eine Geste, sie ist oft nicht viel mehr als ein kleines Zugeständnis an die heutige Mode der *political correctness*. Sich leichthin für längst vergangene Fehltritte und Greueltaten zu entschuldigen, gilt in unserer Epoche als Pflichtübung. Die Geschichte kann jedoch bestenfalls umgeschrieben, nicht aber ungeschehen gemacht werden. Es hat wenig Sinn, sich für das Schicksal der längst zu Staub zerfallenen Katharer zu entschuldigen, die genausowenig wie irgend jemand sonst aus dieser Geste einen Vorteil ziehen. Und wenn die Kirche ernsthaft vorhat, ihr Image zu »läutern«, zivilisierter und humaner zu werden, dann muß sie mehr tun als sich bloß zu entschuldigen. Sie muß glaubwürdig Reue zeigen und Sühne leisten. Und Reue und Wiedergutmachung dürfen sich nicht ausschließlich auf die Vergangenheit richten, sondern müssen in den Taten der Gegenwart spürbar werden.

Die Inquisition – oder, um ihren gegenwärtigen Namen zu verwenden: die Kongregation für die Glaubenslehre – ist natürlich nicht mit der Kirche insgesamt gleichzusetzen. Sie ist nur ein Aspekt derselben, nur ein Offizium, nur eine Abteilung. Dennoch machen heutzutage viele Menschen, auch viele Gläubige, keinen Unterschied zwischen der Kirche und der Kongregation. Oft wird letztere als die einzige und unüberhörbare Stimme wahrgenommen, mit der die Kirche zu allen Fragen der Doktrin Stellung bezieht, und die Kongregation unternimmt keinerlei Anstrengungen, um diesen Eindruck zurechtzurücken.

Dieses Problem wird wahrscheinlich fortbestehen, bis entweder die anderen Einrichtungen, Offizien und Abteilungen der katholischen Kirche eine vergleichbare Autorität für sich anmahnen – oder aber die Glaubenskongregation ihre rigide, unflexible Geisteshaltung aufgibt. Nicht nur die Kirche im allgemeinen, sondern auch die Kongregation im besonderen sollte für das Vergangene Reue zeigen und Sühne leisten. Und diese Reue und Sühne sollten sich unmittelbar auf das Leben der gläubigen Katholiken unserer Tage auswirken.

Die organisierte Religion hat seit jeher den Anspruch erhoben, für zwei große, unerforschte Gebiete zuständig zu sein: für das Unbekannte im Inneren der Menschennatur und für das Unbekannte in der Welt jenseits des Menschen, in der irdischen Natur und im ganzen Kosmos. Im Laufe der Entwicklung der westlichen Zivilisation haben die Human- und die Naturwissenschaften beide Gegenden peu à peu kartiert. Diese Regionen sind heute längst nicht mehr so rätselhaft, wie sie einst schienen, und folglich hat sich die organisierte Religion aus ihnen zurückgezogen. Im unerforschten Terrain jenseits des Menschen mußte die Religion widerstrebend vor dem offenbar unaufhaltsamen Vormarsch der Naturwissenschaften kapitulieren, und das unbekannte Terrain im Inneren der Menschheit wurde der Religion Stück für Stück von der Psychologie streitig gemacht. An beiden Fronten hat sich die organisierte Religion bemüht, ihren Rückzug so geordnet wie nur möglich zu vollziehen.

Doch trotz der Offensive der Naturwissenschaften und der Psychologie, trotz der Abwehrkämpfe der organisierten Religion sind immer noch weite Landstriche beider Kontinente, der Innen- wie der Außenwelt, unerforscht. Das Unbekannte mag sich zwar an den Horizont, in unerreichbare Ferne zurückgezogen haben, aber es ist unwahrscheinlich, daß es jemals ganz verschwinden wird, daß man es jemals voll und ganz wird ausmessen können. Es ist – vorsichtig formuliert – naiv, anzunehmen, daß wir eines

Tages alles wissen werden, was gewußt werden kann. Das Gegenteil trifft zu: Wir können sicher annehmen, daß es sowohl in uns als auch um uns herum stets ein genuin rätselhaftes Etwas geben wird. Und wer wollte, daß es anders wäre?

Die organisierte Religion kann also in unserem Dasein, unserer Gesellschaft, unserer Welt immer noch eine Rolle spielen. Die Millionen von Menschen, die sich in ihrem Verlangen nach Trost, Hilfe, Mitleid, Verständnis und auch Weisheit an die Kirche wenden, wollen ja nicht, daß diese Institution in der Bedeutungslosigkeit verschwindet oder auf den Kehrichthaufen der Geschichte gefegt wird wie das alte Heilige Römische Reich. Damit sie jedoch diesem Schicksal entgehen kann, müssen die Kirche und die Kongregation, die ihre Doktrin kodifiziert, aus ihren Schützengräben herauskriechen.

Neue, tragfähige Brücken müssen errichtet werden, um wieder den Kontakt zu den anderen christlichen Konfessionen und auch zum ganzen Spektrum der nichtchristlichen Religionen und Weltanschauungen herzustellen. Ähnlich stabile Brücken müssen auch die Kluft zur Psychologie und zu den Naturwissenschaften überspannen. Ein Pakt muß geschlossen werden: Diese Erzfeinde der organisierten Religion sollen ungehindert erforschen, was erforschbar ist, und jene Regionen unberührt lassen, in denen das wahre, echte und notwendige Mysterium lebt.

Auch zu den Künsten müssen Brücken geschlagen werden. Früher standen die Künste im Dienst der organisierten Religion; sie sollten der Priesterschaft helfen, das Sakrale zu bezeugen und anschaulich zu machen. Mitte des 19. Jahrhunderts hat die Religion sich jedoch, wie Flaubert es beschrieb, dieser Verantwortung entzogen, und der Künstler, inzwischen selbstbewußt und eigenmächtig geworden, sprang in die Bresche: Er wurde zum Priester der modernen Zeit. Will heute der Priester erneut versuchen, das Sakrale, Numinose, Spirituelle – oder wie immer man es nennen will – zu erfassen und zu vermitteln, so muß er beim

Künstler in die Lehre gehen. Der Papst und die Kongregation für die Glaubenslehre müssen sich um ein neues Verständnis des Spirituellen bemühen, um ein Verständnis, das mit der Auffassungsgabe eines Rilke, eines Yeats oder Patrick White mithalten kann.

Ein neues Jahrtausend ist angebrochen, und die Aufgaben sind gestellt. Ob und wie weit die katholische Kirche im allgemeinen und die Glaubenskongregation im besonderen sich diesen Anforderungen gewachsen zeigen und gereift aus ihnen hervorgehen werden – davon hängt nicht weniger als das Schicksal des Katholizismus im 21. Jahrhundert ab.

DANKSAGUNG

Wie immer gebührt unser Dank Ann Evans und Jonathan Clowes für die Dienste, die sie uns nicht nur als unsere Agenten, sondern auch als Berater, Manager, Fürsprecher, Anwälte, heidnische Zisterzienser und Freunde geleistet haben. Sie gaben den Kräften von Sainte-Quittière die Möglichkeit, uns Schutz zu gewähren.

Für Hilfe und Unterstützung in vielfältiger Hinsicht möchten wir außerdem Sacha Abercorn, John Ashby, Jane Baigent, Brie Burkeman, Bela Cunha, Helen Fraser, Margaret Hill, Tony Lacey, Alan McClymont, Andrew Nurnberg, Peter Ostacchini, David Peabody, John Saul, Yuri Stoyanov und Lisa Whadcock danken.

Auch dieses Mal stehen wir tief in der Schuld der Bibliotheken. Unser Dank geht an die Mitarbeiter der British Library, St. Pancras, der Library of the United Grand Lodge of England, Covent Garden, und der Bodleian Library in Oxford.

ANMERKUNGEN

Einleitung

[1] Dostojewski, *Die Brüder Karamasoff*, S. 405.
[2] ebd.
[3] ebd., S. 406.
[4] ebd.
[5] ebd., S. 428.

1. Mit Feuereifer für den Glauben

[1] Le Roy Ladurie, *Montaillou*, S. 108.
[2] ebd., S. 111.
[3] Lea, *Geschichte der Inquisition im Mittelalter*, I, S. 58.
[4] Zitiert nach: ebd., S. 59.
[5] ebd., S. 23.
[6] Sumption, *The Albigensian Crusade*, S. 93 (deutsche Übersetzung nach: Grigulevič, *Ketzer – Hexen – Inquisitoren*, S. 88).
[7] ebd.

2. Die Ursprünge der Inquisition

[1] Vicaire, *Saint Dominic and His Times*, S. 146.
[2] Lea, *Geschichte der Inquisition im Mittelalter*, I, S. 368.
[3] ebd., S. 369.
[4] Wakefield, *Heresy, Crusade and Inquisition in Southern France 1100–1250*, S. 208.
[5] ebd., S. 211.
[6] ebd., S. 211 f.
[7] ebd., S. 214.
[8] ebd., S. 215.
[9] ebd., S. 216.
[10] ebd., S. 217.
[11] ebd., S. 224.
[12] Chadwick, *Priscillian of Avila*, S. 233.
[13] Lea, a.a.O., I, S. 519.
[14] Maycock, *The Inquisition*, S. 157.
[15] ebd., S. 158.
[16] Lea, a.a.O., I, S. 606.
[17] ebd.

[18] Maycock, a.a.O., S. 157.
[19] Lea, a.a.O., I, 618.
[20] ebd., 619.
[21] ebd., II, S. 378.
[22] ebd., I, S. 553.
[23] ebd., S. 412.

3. Die Feinde der Dominikaner

[1] Stoyanov, *The Hidden Tradition in Europe*, S. XVI.
[2] ebd., S. 193.
[3] Lea, a.a.O., II, S. 404.
[4] ebd., S. 404.
[5] ebd., S. 405.
[6] Zum Beispiel der vierte Großmeister Bertrand de Blanchefort (1153–1170). Näheres dazu in: Lincoln/Baigent/Leigh, *Der Heilige Gral und seine Erben*, S. 55.
[7] ebd., S. 55. Die Ausführungen dort beziehen sich auf die Darstellung des Abbé M.-R. Mazières, »La Venue et le séjour des Templiers du Roussillon à la fin du XIIIme siècle et au début du XIVme dans la vallée du Bézu (Aude)«. In: *Mémoires de la Société des arts et des sciences de Carcassonne*, 4. Reihe, Bd. 3, Carcassonne 1957–1959, S. 229 bis 254.
[8] Addison, *The History of the Knights Templars*, S. 206.
[9] Siehe dazu: Baigent/Leigh, *Der Tempel und die Loge*, S. 84 ff.
[10] Lea, a.a.O., I, S. 291.
[11] ebd., S. 331.
[12] ebd., S. 332.
[13] ebd., II, S. 192 f.
[14] ebd., S. 193.
[15] ebd., S. 195.

4. Die spanische Inquisition

[1] Kamen, *The Spanish Inquisition*, S. 139.
[2] ebd., S. 137.
[3] Lea, *Geschichte der spanischen Inquisition*, I, S. 143. Die englische Originalausgabe enthält den gesamten Text der Bulle im Anhang (*A History of the Inquisition in Spain*, I, S. 587 ff.).
[4] ebd.
[5] Kamen, a.a.O., S. 50. Der

ganze Text findet sich in: Lea, *A History of the Inquisition in Spain*, I, S. 590 ff.

6 Lea, *Geschichte der spanischen Inquisition*, I, S. 107.

7 Kamen, a.a.O., S. 69.

8 ebd., S. 174.

9 ebd., S. 178.

10 ebd., S. 176.

11 ebd., S. 186.

12 ebd., S. 188.

13 Lea, *Geschichte der spanischen Inquisition*, II, S. 161.

14 ebd., S. 172.

15 ebd., S. 168.

16 Kamen, a.a.O., S. 20.

17 ebd., S. 21.

18 Netanyahu, *The Origins of the Inquisition in Fifteenth Century Spain*, S. 1090.

19 Kamen, a.a.O., S. 57.

20 ebd., S. 301.

5. Die Errettung der Neuen Welt

1 Lea, *The Inquisition in the Spanish Dependencies*, S. 233.

2 ebd.

3 ebd., S. 286.

4 ebd., S. 347.

5 ebd., S. 455.

6 ebd., S. 461.

7 ebd., S. 466.

8 ebd., S. 510.

6. Ein Kreuzzug wider die Hexerei

1 Lea, *Geschichte der Inquisition im Mittelalter*, III, S. 552.

2 ebd., S. 551.

3 Bede, *A History of the English Church and People*, I, 30 (S. 86 f.).

4 Thomas, *Religion and the Decline of Magic*, S. 521.

5 Trevor-Roper, *The European Witch-Craze of the Sixteenth and Seventeenth Centuries*, S. 32.

6 Lea, *Geschichte der spanischen Inquisition*, III, S. 166.

7 Lea, *Geschichte der Inquisition im Mittelalter*, III, S. 556.

8 Sprenger/Institoris, *Der Hexenhammer*, Vorwort, S. XXXVII.

9 Lea, *Geschichte der Inquisition im Mittelalter*, III, S. 565.

[10] ebd., S. 557.
[11] Kieckhefer, *Magic in the Middle Ages*, S. 194.
[12] Sprenger/Institoris, a.a.O., Vorwort, S. XXXVIII f.
[13] *Malleus Maleficarum*, S. 19.
[14] ebd., S. 24.
[15] ebd., S. 19.
[16] Sprenger/Institoris, a.a.O., I, S. 1.
[17] ebd., S. 20.
[18] ebd., S. 216.
[19] ebd., II, S. 3
[20] ebd., S. 6.
[21] ebd., I, S. 99.
[22] ebd., S. 100.
[23] ebd., S. 104.
[24] ebd., S. 106.
[25] ebd., II, S. 23.
[26] ebd., S. 67.
[27] ebd.
[28] ebd., S. 85.
[29] ebd., S. 86.
[30] ebd., S. 111.
[31] ebd., III, S. 52.
[32] ebd.
[33] ebd., S. 92.
[34] ebd., S. 85.
[35] ebd.
[36] ebd., S. 86.
[37] ebd.
[38] ebd., S. 87.
[39] ebd.
[40] ebd., S. 88 f.
[41] ebd., II, S. 36 f.
[42] ebd., III, S. 103.
[43] ebd., S. 100.
[44] Lea, *Geschichte der spanischen Inquisition*, III, S. 167.
[45] Lea, *Geschichte der Inquisition im Mittelalter*, III, S. 602.

7. Der Kampf gegen die protestantische Häresie

[1] Trevor-Roper, a.a.O., S. 66.
[2] Chastel, *Art of the Italian Renaissance*, S. 202.
[3] ebd.
[4] Kidd, *The Counter-Reformation*, S. 44.
[5] ebd., S. 59.
[6] ebd., S. 57.
[7] *Index Librorum Prohibitorum*, S. 509 ff.
[8] Agrippa von Nettesheim, *Die Eitelkeit und Unsicherheit der Wissenschaften und die Verteidigungsschrift*, II, S. 138 f.
[9] Thorndike, *A History of Magic and Experimental Science*, VII, S. 292.

[10] ebd., S. 293.
[11] ebd.

8. Die Angst vor den Mystikern

[1] *The Cloud of Unknowing*, Kap. 67, S. 96.
[2] ebd., Kap. 13, S. 31.
[3] ebd., Kap. 55, S. 81.
[4] Theresia von Jesu, *Sämtliche Schriften*, Bd. 1, S. 168.
[5] ebd., S. 409.
[6] ebd., S. 169.
[7] ebd., S. 104.
[8] ebd., S. 324.
[9] ebd., S. 402.
[10] ebd., S. 396.
[11] ebd., S. 404.
[12] ebd., S. 402.
[13] ebd., S. 405.
[14] ebd., S. 419.
[15] Lea, *Geschichte der spanischen Inquisition*, I, S. 55.

9. Freimaurerei und Inquisition

[1] Lennhoff, *The Freemasons*, S. 283.
[2] ebd., S. 284.
[3] ebd., S. 286.
[4] Thory, *Acta Latomorum*, I, S. 43
[5] Lennhoff, a.a.O., S. 289 f.
[6] Ferrer Benimeli, *Masoneria, Iglesia e Ilustración*, II, S. 234.
[7] Gould, *The History of Freemasonry*, III, S. 314.
[8] Coustos, *The Sufferings of John Coustos for Freemasonry*, S. 52. Eine englische Übersetzung von Inquisitionsdokumenten zu diesem Fall, einschließlich seiner »Geständnisse«, findet sich bei: Vatcher, »John Coustos and the Portuguese Inquisition«. In: *Ars Quatuor Coronatorum*, 81, 1968, S. 9–87.
[9] Vatcher, a.a.O., S. 66.
[10] Coustos, a.a.O., S. 61–64.
[11] Vatcher, a.a.O., S. 68.
[12] Coustos, a.a.O., S. 64 f.
[13] Vatcher, a.a.O., S. 73.
[14] Coustos, a.a.O., S. 67.
[15] Gervaso, *Cagliostro*, S. 229.
[16] Lennhoff, a.a.O., S. 293.
[17] ebd., S. 297.
[18] ebd.
[19] ebd., S. 299. Eine Auflistung der wichtigsten päpstlichen

Angriffe auf die Freimaurerei findet sich in: Read, »The Church of Rome and Freemasonry«. In: *Ars Quatuor Coronatorum*, 104, 1991, S. 51–73.

10. Die Eroberung des Kirchenstaates

[1] Baigent/Leigh, *Verschlußsache Jesus*, S. 137.
[2] ebd., S. 138 f.
[3] ebd., S. 139 f.
[4] ebd., S. 140.
[5] ebd., S. 142.
[6] ebd.
[7] ebd.
[8] ebd., S. 143.
[9] Stolper, »Garibaldi: Freemason«. In: *Ars Quatuor Coronatorum*, 102, 1989, S. 10 f.
[10] Siehe auch: Rosa, *Gottes erste Diener*, S. 114.
[11] Küng, *Das Christentum*, S. 537.
[12] ebd., S. 538.
[13] ebd.
[14] ebd., S. 539.
[15] ebd., S. 543.

11. Unfehlbarkeit

[1] Hales, *Papst Pius IX.*, S. 232.
[2] Hibbert, *Garibaldi and his Enemies*, S. 24.
[3] Rosa, a.a.O., S. 217.
[4] ebd., S. 304.
[5] ebd.
[6] ebd., S. 304 f.
[7] ebd., S. 305.
[8] Hales, a.a.O., S. 360.
[9] ebd., S. 387.
[10] Hasler, *Wie der Papst unfehlbar wurde*, S. 50 f.
[11] ebd., S. 58.
[12] ebd., S. 38 f.
[13] ebd., S. 35.
[14] ebd., S. 27.
[15] ebd., S. 66.
[16] ebd., S. 67.
[17] ebd., S. 150.
[18] ebd., S. 152.
[19] Kelly, *Reclams Lexikon der Päpste*, S. 328.
[20] ebd.
[21] Hasler, a.a.O., S. 155.
[22] ebd.
[23] ebd.
[24] ebd., S. 257.
[25] ebd., S. 92.
[26] ebd., S. 203.
[27] Kelly, a.a.O., S. 328.

12. Das Heilige Offizium

[1] Baigent/Leigh, *Verschlußsache Jesus*, S. 143.
[2] ebd., S. 144.
[3] ebd.
[4] ebd.
[5] Ausführlich dargestellt in: Hasler, a.a.O., S. 207.
[6] Baigent/Leigh, *Verschlußsache Jesus*, S. 144.
[7] ebd.
[8] *New Catholic Encyclopaedia*, Bd. 11, S. 551.
[9] ebd.
[10] Burman, *The Inquisition*, S. 209.
[11] *New Catholic Encyclopaedia*, Bd. 11, S. 551.
[12] Baigent/Leigh, *Verschlußsache Jesus*, S. 144 f.
[13] ebd., S. 145.
[14] Fogazzaro, *Der Heilige*, S. 242.
[15] Baigent/Leigh, *Verschlußsache Jesus*, S. 145.
[16] ebd.
[17] Poulat, *Catholicisme, Démocratie et Socialisme*, S. 40. Einen kurzen Überblick über Benignis Aktivitäten findet man auch bei: Hasler, a.a.O., S. 211–214.
[18] Enzyklika *Pascendi*, 8. 9. 1907. In: *New Catholic Encyclopaedia*, Bd. 7, S. 552.
[19] Poulat, a.a.O., S. 442.
[20] ebd., S. 461.
[21] ebd., S. 460.
[22] ebd., S. 444 f.
[23] *New Catholic Encyclopaedia*, Bd. 2, S. 310; Bd. 13, S. 411; siehe auch: Hasler, a.a.O., S. 214.

13. Die Schriftrollen vom Toten Meer

[1] Rosa, a.a.O., S. 217.
[2] Geza Vermes in: *Times Literary Supplement*, 3. 5. 1985, S. 502.
[3] Baigent/Leigh, *Verschlußsache Jesus*, S. 146.
[4] ebd., S. 148.
[5] ebd.
[6] ebd.
[7] ebd., S. 69 f.
[8] Mitte Dezember 1991 spülte ein heftiger Regenguß eine von de Vaux' »Wänden« fort, und zutage trat ein großer Krug, der auf einem Sims stand.

[9] Zu den Machenschaften um die fragwürdige Qumran-Datierung durch de Vaux und seine Kollegen siehe auch: Baigent/Leigh, *Verschlußsache Jesus*, S. 192–208.

[10] ebd., S. 266–274.

[11] Eisenman/Wise, *Jesus und die Urchristen*, S. 76 f. Garcia Martinez gibt in seinem Buch *The Dead Sea Scrolls Translated* dieselbe Übersetzung an.

[12] *Biblical Archaeology Review*, März/April 1990, S. 24.

[13] Leon-Dufour, *The Gospels and the Jesus of History*, S. 70.

14. Die Kongregation für die Glaubenslehre

[1] Rosa, a.a.O., S. 350.

[2] Collins, *Papal Power*, S. 7.

[3] ebd.

[4] ebd.

[5] ebd.

[6] Ratzinger, *Zur Lage des Glaubens*, S. 8.

[7] ebd., S. 70.

[8] Reese, *Im Inneren des Vatikan*, S. 225.

[9] *The New Catholic Encyclopaedia*, Bd. 4, S. 944.

[10] Collins, a.a.O., S. 16.

[11] Reese, a.a.O., S. 349.

[12] *Sunday Times*, 2. 12. 1984, S. 13. Siehe auch: Baigent/Leigh, *Verschlußsache Jesus*, S. 160.

[13] Reese, a.a.O., S. 345.

[14] *Wider die Entmündigung – für eine offene Katholizität. Kölner Erklärung katholischer Theologieprofessorinnen und Theologieprofessoren vom Dreikönigsfest*, 6. 1. 1989, 1.2; siehe auch: Reese, a.a.O., S. 349.

[15] Reese, a.a.O., S. 353.

[16] ebd., S. 358.

[17] ebd.

[18] *Observer*, 27. 6. 1990, S. 1.

[19] *Independent*, 27. 6. 1990, S. 10.

[20] *The Times*, 27. 6. 1990, S. 9.

[21] *Independent*, 27. 6. 1990, S. 10.

[22] ebd.

[23] ebd.

[24] *The Times*, 27. 6. 1990, S. 9.

[25] Reese, a.a.O., S. 353.

[26] Ratzinger, *Zur Lage des Glaubens*, S. 46.
[27] Ratzinger, *Kirche, Ökumene und Politik*, S. 18.
[28] ebd.
[29] ebd., S. 19.
[30] Ratzinger, *Zur Lage des Glaubens*, S. 113.
[31] Ratzinger, *Kirche, Ökumene und Politik*, S. 79.
[32] Ratzinger, *Zur Lage des Glaubens*, S. 45.
[33] ebd., S. 49.
[34] ebd., S. 62.
[35] Ratzinger, *Kirche, Ökumene und Politik*, S. 59.
[36] ebd.
[37] Ratzinger, *Zur Lage des Glaubens*, S. 53.
[38] ebd., S. 97.
[39] ebd., S. 160.
[40] ebd., S. 170.
[41] ebd., S. 99 f.
[42] ebd., S. 144.
[43] ebd., S. 145.
[44] *Codex des kanonischen Rechtes*, Kanon 751 (S. 345).
[45] Ratzinger, *Zur Lage des Glaubens*, S. 28.
[46] ebd., S. 117 f.
[47] ebd., S. 107.
[48] ebd., S. 108.
[49] ebd., S. 109.
[50] ebd., S. 108 f.
[51] ebd., S. 109.
[52] Balasuriya, *Mary and Human Liberation*, S. 91.
[53] ebd.
[54] Hutchison, *Their Kingdom Come*, S. 439.
[55] Ratzinger, *Zur Lage des Glaubens*, S. 98.
[56] ebd.
[57] ebd., S. 101.
[58] *Independent*, 8. 9. 1994, S. 11.
[59] *The Times*, 9. 9. 1994, S. 15.
[60] *The Tablet*, 10. 9. 1994, S. 7.
[61] *The Times*, 9. 9. 1994, S. 15.
[62] ebd., 14. 9. 1994, S. 9.
[63] *Observer*, 27. 5. 1990, S. 4.
[64] *Daily Telegraph*, 3. 7. 1998, S. 14.
[65] ebd.
[66] ebd.
[67] *New York Times*, 1.7.1998, S. A1.
[68] *Codex des kanonischen Rechtes*, Kanon 212:3 (S. 87).

15. Marienerscheinungen

[1] *The Times*, 3. 1. 1998, S. 19.
[2] *The Times*, 27. 1.1998, S. 4.

[3] Jung, »Answer to Job«, S. 399.
[4] Martindale, *What Happened at Fatima*, S. 12 f.
[5] ebd., S. 37.
[6] ebd., S. 7.
[7] ebd., S. 11.
[8] Michael [Brother], *The Third Secret of Fatima*, S. 4.
[9] Ratzinger, *Zur Lage des Glaubens*, S. 112.
[10] ebd., S. 111.
[11] ebd., S. 112.
[12] ebd., S. 113.
[13] ebd., S. 120.
[14] Brown, *The Final Hour*, S. 211.
[15] ebd.
[16] Johannes Paul II., *Die Schwelle der Hoffnung überschreiten*, S. 246.
[17] Petrisko, *The Last Crusade*, S. 15.
[18] Michael [Brother], a.a.O., S. 28.
[19] Brown, a.a.O., S. 12 f.
[20] ebd., S. 14.
[21] ebd., S. 15.
[22] ebd., S. 16.
[23] ebd.
[24] ebd.
[25] ebd., S. 18.
[26] ebd., S. 21.
[27] ebd., S. 105 f.
[28] ebd., S. 214 f.
[29] ebd., S. 215.
[30] ebd., S. 225.
[31] ebd., S. 249.
[32] ebd., S. 219.
[33] Bander, *The Prophecies of St. Malachy & St. Columbkille*, S. 97.
[34] ebd., S. 98.
[35] ebd., S. 99.

16. Das Problem ist der Papst

[1] *The Times*, 29. 8. 1998, S. 1.
[2] ebd.
[3] ebd.
[4] *Sunday Times*, 14. 12. 1997, S. 2.

LITERATURVERZEICHNIS

Addison, Charles G., *The History of the Knights Templars*, London 1842.

Agrippa von Nettesheim (eigentlich: Heinrich Cornelius), *De occulta philosophia*, 1610.

Agrippa von Nettesheim (eigentlich: Heinrich Cornelius), *Die Eitelkeit und Unsicherheit der Wissenschaften und die Verteidigungsschrift*, 2 Bde., München 1913.

Baigent, Michael, »Freemasonry, Hermetic Thought and The Royal Society of London«. In: *Ars Quatuor Coronatorum*, 109, 1996, S. 154–164.

Baigent, Michael/Richard Leigh, *Der Tempel und die Loge. Das geheime Erbe der Templer in der Freimaurerei*, Bergisch Gladbach 1990.

Baigent, Michael/Richard Leigh, *Verschlußsache Jesus. Die Qumranrollen und die Wahrheit über das frühe Christentum*, München 1991.

Balasuriya, Fr. Tissa, *Mary and Human Liberation: The Story and the Text*, London 1997.

Bander, Peter, *The Prophecies of St. Malachy & St. Columbkille*, Gerrards Cross 1979.

Barber, Malcolm, *The Trial of the Templars*, Cambridge 1978.

Bede, *A History of the English Church and People*, Harmondsworth 1979.

Brown, Michael H., *The Final Hour*, Milford (Ohio) 1992.

Burman, Edward, *The Inquisition: The Hammer of Heresy*, Wellingborough 1984.

Chastel, André, *Art of the Italian Renaissance*, London 1988.

Chevallier, Pierre, *Les ducs sous l'Acacia*, Paris 1964.
Chevallier, Pierre, *Histoire de la Franc-Maçonnerie française*, 3 Bde., Paris 1974.
The Cloud of Unknowing, hrsg. von William Johnston, London 1997.
Codex des kanonischen Rechtes, Kevelaer 1983.
Cohn, Norman, *The Pursuit of the Millennium*, Frogmore 1978.
Collins, Paul, *Papal Power*, London 1997.
Costa, Joseph da, *A Narrative of the Persecution of Hippolyto Joseph da Costa Pereira Furtado de Mendonça*, London 1811.
Coustos, John, *The Sufferings of John Coustos for Freemasonry*, London 1745.
Cross, Frank Moore, *The Ancient Library of Qumran*, London 1958.
Denslow, William R., *10 000 Famous Freemasons*, 4 Bde., Richmond 1957 bis 1961.
Dickens, A. G., *The Counter Reformation*, London 1977.
Dostojewski, F. M., *Die Brüder Karamasoff*, München 1980.
Drane, Augusta Theodosia, *The Life of Saint Dominic*, Rockford 1988.
Dumas, François Ribadeau, *Cagliostro*, London 1967.
Eisenman, Robert/Michael Wise, *Jesus und die Urchristen. Die Qumran-Rollen entschlüsselt*, München 1993.
Fahy, Conor, »The *Index Librorum Prohibitorum* and the Venetian printing industry in the sixteenth century«. In: *Italian Studies*, 35, 1980, S. 52–61.
Ferrer Benimeli, José Antonio, *Masoneria, Iglesia e Ilustración*, 4 Bde., Madrid, 1976 f.
Fogazzaro, A., *Der Heilige*, München, Leipzig 1908.
Garcia Martinez, Florentino, *The Dead Sea Scrolls Translated*, Leiden 1994.
Gervaso, Roberto, *Cagliostro*, London 1974.
Gould, Robert Freke, *The History of Freemasonry*, 6 Bde., London o. J.
Grigulevič, J. R., *Ketzer –*

Hexen – Inquisitoren, Freiburg 1995.

Gui, Bernard, *Manuel de l'Inquisiteur*, Paris 1964. (Société d'Édition »Les Belles Lettres«.)

Hales, Edward Elton Young, *Papst Pius IX. Politik und Religion*, Graz 1957.

Hasler, August Bernhard, *Wie der Papst unfehlbar wurde. Macht und Ohnmacht eines Dogmas*, München 1979.

Henningsen, Gustav/John Tedeschi (Hrsg.), *The Inquisition in Early Modern Europe*, Dekalb 1986.

Hibbert, Christopher, *Garibaldi and his Enemies*, London 1987.

Hollis, Christopher, *A History of the Jesuits*, London 1968.

Hutchison, Robert, *Their Kingdom Come*, London 1997.

Index Librorum Prohibitorum, Vatikanstadt 1948.

Janelle, Pierre, *The Catholic Reformation*, London 1975.

Jarrett, Bede, *Life of St Dominic (1170–1221)*, London 1934.

Johannes Paul II., *Die Schwelle der Hoffnung überschreiten*, Bergisch Gladbach 1996.

Jung, C. G., »Answer to Job«. In: *Psychology and Religion: West and East*, 2. Aufl., London 1981.

Kamen, Henry, *Inquisition and Society in Spain in the Sixteenth and Seventeenth Centuries*, London 1985.

Kamen, Henry, *The Spanish Inquisition*, London 1997.

Kelly, J. N. D., *Reclams Lexikon der Päpste*, Stuttgart 1988.

Kidd, B. J., *The Counter-Reformation 1550–1600*, London 1963.

Kieckhefer, Richard, *Magic in the Middle Ages*, Cambridge 1993.

Koudelka, Vladimir, *Dominic*, London 1997.

Küng, Hans, *Die Kirche*, München 1992.

Küng, Hans, *Das Christentum. Wesen und Geschichte*, München 1994.

Lea, Henry Charles, *Geschichte der spanischen Inquisition*, 3 Bde., Leipzig 1911/12.

Lea, Henry Charles, *A History*

of the Inquisition in Spain, 4 Bde., New York 1922.

Lea, Henry Charles, *The Inquisition in the Spanish Dependencies*, New York 1922.

Lea, Henry Charles, *Geschichte der Inquisition im Mittelalter*, 3 Bde., Frankfurt am Main 1997.

Lennhoff, Eugen, *The Freemasons*, London 1978.

Leon-Dufour, Xavier, *The Gospels and the Jesus of History*, London 1968.

Le Roy Ladurie, Emmanuel, *Montaillou. Ein Dorf vor dem Inquisitor. 1294–1324*, Berlin 1980.

Lincoln, Henry/Michael Baigent/Richard Leigh, *Der Heilige Gral und seine Erben. Ursprung und Gegenwart eines geheimen Ordens. Sein Wissen und seine Macht*, Bergisch Gladbach 1984. (Neuausgabe 1997.)

Malleus Maleficarum, übersetzt von Montague Summers, London 1986.

Martindale, C. C., *What Happened at Fatima*, London 1950.

Matt, Leonard v./Marie-Humbert Vicaire, *St Dominic: A Pictoral Biography*, London 1957.

Maycock, A. L., *The Inquisition*, London 1926.

Michael [Brother], *The Third Secret of Fatima*, Rockford (Ill.) 1991.

Nauert, Charles G., *Agrippa and the Crisis of Renaissance Thought*, Urbana 1965.

Netanyahu, B., *The Origins of the Inquisition in Fifteenth Century Spain*, New York 1995.

Perkins, Clarence, »The Trial of the Knights Templars in England«. In: *The English Historical Review*, XXIV, 1909, S. 432–447.

Petrisko, Thomas W., *The Last Crusade*, McKees Rocks (Penn.) 1996.

Poel, Marc van der, *Cornelius Agrippa: The Humanist Theologian and His Declamations*, Leiden 1997.

Poulat, Émile, *Catholicisme, Démocratie et Socialisme*, Tournai 1977.

Priolkar, Anant Kakba, *The*

Goa Inquisition, Bombay 1961.

Ratzinger, Joseph, *Zur Lage des Glaubens. Ein Gespräch mit Vittorio Messori*, München, Zürich, Wien 1985.

Ratzinger, Joseph, *Kirche, Ökumene und Politik. Neue Versuche zur Ekklesiologie*, Einsiedeln 1987.

Read, Will, »The Church of Rome and Freemasonry«. In: *Ars Quatuor Coronatorum*, 104, 1991, S. 51–73.

Reese, Thomas J., *Im Inneren des Vatikan*, Frankfurt am Main 1998.

Rosa, Peter de, *Gottes erste Diener. Die dunkle Seite des Papsttums*, München 1989.

Roth, Cecil, *The Spanish Inquisition*, New York 1964.

Runciman, Steven, *The Medieval Manichee*, Cambridge 1984.

Sismondi, Jean-Charles-Léonard Simonde de, *History of the Crusades Against the Albigenses in the Thirteenth Century*, Trowbridge 1996.

Sprenger, Jakob/Heinrich Institoris, *Der Hexenhammer (Malleus Maleficarum)*, München 1996.

Stolper, E. E., »Garibaldi: Freemason«. In: *Ars Quatuor Coronatorum*, 102, 1989, S. 1–22.

Stoyanov, Y., *The Hidden Tradition in Europe*, London 1994.

Sumption, Jonathan, *The Albigensian Crusade*, London 1978.

Theresia von Jesu, *Sämtliche Schriften*, Bd. 1, München, Kempten 1931.

Thomas, Keith, *Religion and the Decline of Magic*, Harmondsworth 1980.

Thorndike, Lynn, *A History of Magic and Experimental Science*, 8 Bde., New York 1958.

Thory, Claude-Antoine, *Acta Latomorum ou Chronologie de l'Histoire de la Franche-Maçonnerie Française et Étrangère*, 2 Bde., Paris 1815.

Trevor-Roper, H. R., *The European Witch-Craze of the Sixteenth and Seventeenth Centuries*, London 1988.

Vatcher, S., »John Coustos and the Portuguese Inquisition«. In: *Ars Quatuor Coronatorum*, 81, 1968, S. 9–87.

Vicaire, Marie-Humbert, *Saint Dominic and His Times*, London 1964.

Wakefield, Walter L., *Heresy, Crusade and Inquisition in Southern France 1100–1250*, London 1974.

Walker, D. P., *Spiritual and Demonic Magic from Ficino to Campanella*, Notre Dame 1975.

Wiesenthal, Simon, *Segel der Hoffnung. Christoph Columbus auf der Suche nach dem gelobten Land*, Berlin 1992.

Woodrow, Alain, *The Jesuits: A Story of Power*, London 1996.

Woodward, Kenneth L., *Die Helfer Gottes. Wie die katholische Kirche ihre Heiligen macht*, München 1991.

REGISTER

(Abkürzungen: Ap. = Apostel; B. = Bischof; Bt. = Bistum; Eb. = Erzbischof; Ebt. = Erzbistum; Gf. = Graf; Hl. = Heilige(r); Hs. = Haus; Hz. = Herzog; Inq. = Inquisitor; Kard. = Kardinal; Kg(n). = König(in); Kgr. = Königreich; Ks(n). = Kaiser(in); Ksr. = Kaiserreich; Ord.prov. = Ordensprovinz; p. L. = päpstlicher Legat; Pp. = Papst; Pr. = Prinz)